FOM-Edition

FOM Hochschule für Oekonomie & Management

Reihe herausgegeben von
FOM Hochschule für Oekonomie & Management, Essen, Deutschland

Bücher, die relevante Themen aus wissenschaftlicher Perspektive beleuchten, sowie Lehrbücher schärfen das Profil einer Hochschule. Im Zuge des Aufbaus der FOM gründete die Hochschule mit der *FOM-Edition* eine wissenschaftliche Schriftenreihe, die allen Hochschullehrenden der FOM ofensteht. Sie gliedert sich in die Bereiche Lehrbuch, Fachbuch, Sachbuch, International Series sowie Dissertationen. Die Besonderheit der Titel in der Rubrik Lehrbuch liegt darin, dass den Studierenden die Lehrinhalte in Form von Modulen in einer speziell für das berufsbegleitende Studium aufbereiteten Didaktik angeboten werden. Die FOM ergreift mit der Herausgabe eigener Lehrbücher die Initiative, der Zielgruppe der studierenden Berufstätigen sowie den Dozierenden bislang in dieser Ausprägung nicht erhältliche, passgenaue Lehr- und Lernmittel zur Verfügung zu stellen, die eine ideale und didaktisch abgestimmte Ergänzung des Präsenzunterrichtes der Hochschule darstellen. Die Sachbücher hingegen fokussieren in Abgrenzung zu den wissenschaftlich-theoretischen Fachbüchern den Praxistransfer der FOM und transportieren konkrete Handlungsimplikationen. Fallstudienbücher, die zielgerichtet für Bachelor- und Master-Studierende eine Bereicherung bieten, sowie die englischsprachige *International Series,* mit der die Internationalisierungsstrategie der Hochschule flankiert wird, ergänzen das Portfolio. Darüber hinaus wurden in der FOM-Edition jüngst die Voraussetzungen zur Veröffentlichung von Dissertationen aus kooperativen Promotionsprogrammen der FOM geschaffen.

Weitere Bände in der Reihe http://www.springer.com/series/12753

Markus H. Dahm
(Hrsg.)

Kooperationsmanagement in der Praxis

Lösungsansätze und Beispiele erfolgreicher Kooperationsgestaltung

 Springer Gabler

Hrsg.
Markus H. Dahm
FOM Hochschule für Oekonomie &
Management
Hamburg, Deutschland

ISSN 2625-7114   ISSN 2625-7122   (electronic)
FOM-Edition
ISBN 978-3-658-28111-3   ISBN 978-3-658-28112-0   (eBook)
https://doi.org/10.1007/978-3-658-28112-0

Die Deutsche Nationalbibliothek verzeichnet diese Publikation in der Deutschen Nationalbibliografie; detaillierte bibliografische Daten sind im Internet über http://dnb.d-nb.de abrufbar.

Planung/Lektorat: Angela Meffert
Springer Gabler ist ein Imprint der eingetragenen Gesellschaft Springer Fachmedien Wiesbaden GmbH und ist ein Teil von Springer Nature.
Die Anschrift der Gesellschaft ist: Abraham-Lincoln-Str. 46, 65189 Wiesbaden, Germany

Geleitwort

Die Betrachtung des industriellen Strukturwandels und der damit einhergehenden Steigerung der Komplexität in allen Teilen von Wirtschaft und Gesellschaft verdeutlicht schon auf den ersten Blick die wachsende Bedeutung von Kooperationen. Das erfolgreiche Management strategischer Partnerschaften wird damit zukünftig immer mehr zu einer zentralen Herausforderung für Organisationen.

Die veränderungsbedingten Anforderungen sind in einem Maße gestiegen, dass sie von den Unternehmen zunehmend nicht mehr alleine bewältigt werden können. Dies äußert sich unter anderem darin, dass die hierfür notwendigen finanziellen Aufwendungen gerade von kleinen und mittleren Unternehmen nicht erwirtschaftet werden können. Gleichzeitig ist die zunehmende Vielschichtigkeit der Produkte und Technologien nur noch durch eine entsprechende Spezialisierung zu gewährleisten.[1] Die logische Konsequenz hieraus ist die zunehmende Zusammenarbeit von Unternehmen, um zum einen durch horizontale Kooperation gegenüber Wettbewerbern bestehen zu können oder zum anderen durch vertikale Kooperation die zunehmende Prozesskomplexität bewältigen zu können. Aber nach welchen Kriterien soll ein geeigneter Kooperationspartner ausgewählt werden? Welche Einflüsse bestimmen den Erfolg oder Misserfolg einer Kooperation?

Vertrauen spielt eine wesentliche Rolle im Kontext von Kooperationen. Diese werden in der realen Wirtschaft im Allgemeinen auf Verträgen aufgebaut. Dadurch sollen die Partner an ihre Vereinbarungen gebunden und eine Benachteiligung des einen zu Gunsten des anderen Partners vermieden werden. Oliver E. Williamson hat im Rahmen der Transaktionskostentheorie deutlich gemacht, dass aufgrund begrenzter Rationalität der Akteure davon auszugehen ist, dass komplexe Verträge immer unvollständig sind.

---

[1]Beispiel aus der Vergangenheit: die Kooperation zwischen den Spezialisten Zeiss (Feinmechanik), Abbe (Physik) und Schott (Chemie) als Initialzündung für die Begründung des Erfolges des späteren Carl Zeiss Konzerns. Aktuelle Beispiele sind die Konzentration von hochinnovativen kleineren Unternehmen zu transdisziplinären regionalen Clustern wie dem US-amerikanischen Silicon Valley oder dem Großraum München in Deutschland.

Wenn eine Kooperation aber nicht allein durch Verträge zwischen den Partnern abzu-sichern ist und Zufall für den Erfolg der Unternehmung ausgeschlossen wird, wie lässt sich dann diese Lücke schließen? Die Lücke, die sich aus der Unvollständigkeit der ver-traglichen Regelungen ergibt, bietet Platz für Opportunismus und wird nach Williamson stark geprägt durch das Maß der Faktorspezifität. Die Faktorspezifität charakterisiert unter anderem das Maß des Wertbeitrages eines Partners zu einer gemeinsamen Unter-nehmung. Es ist gerade diese Spezifität, die den Partner so interessant macht und die je nach Stärke ihrer Ausprägung eine Abhängigkeit beider Partner schafft. So ist der spezialisierte Partner abhängig, da nur durch die Kooperation seine hohen Investitionen refinanzierbar sind. Der Partner, der die Kooperation eingegangen ist, um an der Spezi-fität des anderen teilzuhaben, ist wiederum abhängig, da er selbst die ansonsten not-wendigen Investitionen nicht leisten will oder kann.

Vertrauen zwischen den Vertragspartnern scheint in diesem Fall die einzige Möglich-keit zu sein, vorhandene Lücken zu schließen. Damit ergibt sich ein Kontinuum zwischen absoluter Kontrolle und absolutem Vertrauen. Da beide Faktoren einen ent-scheidenden Einfluss auf die Gestaltung der Vertragsbeziehung haben, ergibt sich daraus die Fragestellung, wo das richtige Verhältnis liegt und von welchen Faktoren es bestimmt wird.

Der Strukturwandel impliziert gerade wegen der Komplexität von Einflussfaktoren eine nicht unerhebliche Ungewissheit über die Vorhersagbarkeit von Ergebnissen. Auch Kooperationen entstehen typischerweise zunächst aus dem Glauben an ein gemeinsames Ziel und nicht aus einer Gewissheit für den beiderseitigen Erfolg. Diese Unvorhersagbar-keit der Zukunft, verstärkt durch die erwähnte zunehmende technologische Komplexität der Welt, führt zu vielschichtigen und teilweise sehr hohen Risiken. Der Grund, warum es dennoch zur Aufnahme ökonomischer Aktivitäten kommt, ist das Vertrauen sowohl in die eigenen Fähigkeiten und Fertigkeiten als auch in die des Kooperationspartners. Ver-trauen wird somit die zentrale Basis einer potenziellen Risikoakzeptanz. Wie aber gelingt es, genau dieses Vertrauen zu schaffen, damit es zu einer Kooperation kommen kann?

Vertrauen und Kooperation müssen für Organisationen zu zentralen Elementen strategischer Überlegungen werden. Dies beinhaltet auf der einen Seite die konkrete Ausgestaltung der Unternehmensstrategie und auf der anderen Seite eine zielgerichtete Auseinandersetzung mit Vertrauen und Kooperation als Teil der Unternehmenskultur. Wenn angenommen wird, dass das Eingehen einer Kooperation für ein Unternehmen von strategischer Bedeutung ist, so sollte nicht nur die Kooperation an sich Teil der Strategie sein, sondern auch die Wahl der Kooperationspraktiken. Deren Basis wiederum sind soziale Prozesse der unmittelbar an der Umsetzung der strategischen Kooperation Beteiligten. Es geht also um die Wechselwirkung des Menschen mit seiner Umwelt. Hierbei stehen soziale Interaktionen wie etwa die Kommunikation sowie die dafür essentiellen Grundlagen, beispielsweise Verlässlichkeit und Ehrlichkeit, im Fokus. Das Bindeglied dieser sozialen Prozesse bildet jedoch einmal mehr „Vertrauen im Sinne gegenseitiger Berechenbarkeit". Damit werden gezielte Überlegungen zur Gestaltung einer Kooperation Teil einer übergeordneten Strategie. Es ist also von strategischer Bedeutung für ein Unternehmen, Kenntnis zu haben von Praktiken der Analyse und Gestaltung von Kooperationen und der Förderung von Vertrauen zwischen den Akteuren. Doch welche Praktiken sind die geeigneten? Auch darauf gibt das Buch Antworten.

Hamburg,
im Frühjahr 2021

Prof. Dr. Ralf Keim
Wissenschaftliche Gesamtstudienleitung
FOM Hochschulzentrum Hamburg

Vorwort

„Früher hatten wir einen Zustand, dann kam die Veränderung, dann ein neuer Zustand. Jetzt ist die Veränderung der Zustand." (Michael Urban, Verleger)

Die moderne Wirtschaftswelt ist gekennzeichnet durch Turbulenzen und einschneidende Veränderungen. So oder so ähnlich lauten viele Einleitungen der jüngeren und aktuellen Wirtschaftsliteratur. Aber ist dies nicht ein altbekanntes Phänomen? Ist stetiger Wandel der Umgebungsbedingungen nicht der Antrieb der Evolution jeglicher Form? Nur wer es vermag, sich den Veränderungen anzupassen, sich die entstehenden Chancen zunutze zu machen, der wird letztlich erfolgreich bestehen. Der starke Wandel wird geprägt durch ökonomische, technologische, ökologische, soziale und politische Einflüsse. Diese fünf werden gemeinhin unter dem Begriff „Strukturwandel" zusammengefasst.

Erfolgreiche Unternehmen stellen sich den Herausforderungen des Wandels, passen sich den veränderten Bedingungen an und zeigen somit eine hohe Veränderungsfähigkeit und -bereitschaft. Eine mögliche Einflussnahme ist die Kooperation mit anderen Unternehmen. Dabei kommt es zur Ausbildung von Synergien bei kongruenten Zielen. Eigene Schwächen können somit ausgeglichen und Vorteile im Sinne eines Nicht-Null-Summenspiels für jeden Kooperationspartner erzielt werden.

Der Strukturwandel ist die wesentliche Ursache für den zu beobachtenden zunehmenden Anstieg zwischenbetrieblicher Kooperationen. Kooperationen erlauben es den Unternehmen, komplementäre Stärken zu bündeln, ohne ihre Selbstbestimmung aufzugeben. Kooperationen sind damit ein Mittel, den Herausforderungen der Wirtschaftswelt zu begegnen. Was aber zeichnet erfolgreiche Kooperationen aus? Welches sind die Ursachen für ein ebenfalls oft zu beobachtendes Kooperationsversagen? Wie sollen Kooperationen gestaltet werden, um im stetigen Wandel bestehen zu können? Auf diese und viele weitere Fragen gibt das Buch detaillierte Antworten.

Das Buch ist in drei Teile gegliedert. Teil 1 geht auf die Wirkungsweisen und den Nutzen von Kooperationen ein. Teil 2 schließt mit Kooperationsmanagement und den benötigten Skills der Akteuere an. In Teil 3 folgen unterschiedliche Beispiele für Kooperationen aus der Praxis.

Ich wünsche mir, dass das Buch hilft und nützlich ist, eigene Herausforderungen bei der Kooperationsgestaltung erfolgreich zu bewältigen. In einem Szenario zunehmender zwischenbetrieblicher Kooperationen und zeitlich begrenzter Interaktionen einer stetig wachsenden Projektwirtschaft erscheint das Buch sicherlich zu einer sehr geeigneten Zeit.

Hamburg,   Prof. Dr. Markus H. Dahm
im Frühjahr 2021

Inhaltsverzeichnis

Über den Herausgeber

Prof. Dr. Markus H. Dahm ist Professor für Business Consulting, Strategisches Management und Change Management an der FOM Hochschule für Oekonomie & Management in Hamburg. Ferner ist er als Führungskraft in der IBM Deutschland GmbH tätig. Seit 2003 leitet er für IBM ein europaweit agierendes Outsourcing Beratungsteam, Relationship Alignment Solutions genannt, das Fragestellungen der Governance und Relationship zwischen den Vertragsparteien im Zusammenhang mit komplexen Outsourcing Partnerschaften adressiert.

Er ist Autor und Herausgeber zahlreicher Bücher und publiziert regelmäßig in einschlägigen Fachmagazinen, online Journals und Blogs zu aktuellen betriebswirtschaftlichen Fragestellungen sowie Management und Leadership-Themen.

Teil I
Wirkungsweise & Nutzen von Kooperationen

Strategische Allianzen und Kooperationen – Ein Leitfaden für mehr Erfolg

1

Markus H. Dahm und Sonja Hollerbach

Inhaltsverzeichnis

M. H. Dahm (✉)
FOM Hochschule für Oekonomie & Management, Hamburg, Deutschland
E-Mail: markus.dahm@fom.de

S. Hollerbach
Sonja Hollerbach Consulting, Frankfurt am Main, Deutschland
E-Mail: mail@sonja-hollerbach.de

© Springer Fachmedien Wiesbaden GmbH, ein Teil von Springer Nature 2021
M. H. Dahm (Hrsg.), *Kooperationsmanagement in der Praxis,* FOM-Edition,
https://doi.org/10.1007/978-3-658-28112-0_1

Zusammenfassung

Die Vorstellung des „Relationship Building Concept" in Vor-Verhandlungs-Work-shops stellt die Lösung hinsichtlich einer ersten Vertrauensbildung zwischen Allianz-partnern dar. Beide Vertragsparteien legen Metriken fest, wie der Allianzerfolg gemessen werden kann. Weiterhin helfen neben den fünf Elementen des Relationship Building Concepts zum Vertrauensaufbau gemeinsame Governance-Mechanismen, um die nötige Sicherheit zu etablieren. Mit einer Risikoreduzierung des Scheiterns von strategischen Allianzen sowie einer intensiven Auseinandersetzung mit dem Beziehungsmanagement, können erhebliche Wettbewerbsvorteile aufgebaut werden. Der Fokus sollte auf einer langfristigen Qualität der Beziehung liegen, welche von formalen und relationalen Governance-Mechanismen gesichert wird.

▶ **Nutzen für den Leser**

Die Leser dieses Beitrages erhalten nützliche Informationen mit Hinblick auf die hohe Bedeutung von Vertrauen zwischen Allianzpartnern in einer geschäftlichen Beziehung sowie der Risikoreduzierung mithilfe einer Risiko-evaluierung und Anwendung von Governance-Mechanismen. In diesem Bei-trag erfahren Sie, wie Sie mithilfe des „Relationship Building Concepts" einen Leitfaden zur Beziehungsbildung für Vertragsphasen anwenden können. Weiterhin erhalten Sie wertvolle Einblicke in Vorvertrags-Workshops, mit denen eine erste Vertrauensbasis erschaffen wird. Neben der Bedeutung von stabilen Beziehungen zwischen Geschäftspartnern wird aufgezeigt, wie das Risiko des Scheiterns von strategischen Allianzen reduziert werden kann. Somit erhalten Sie einen umfassenden Überblick darüber, wie sich mit einem effizienten Beziehungsmanagement sowie mit einer Risikoreduzierung erheb-liche Wettbewerbsvorteile schaffen lassen.

1.1 Die Bedeutung der Vorvertragsphase für eine initiale Vertrauensbildung zwischen Allianzpartnern

Strategische Allianzen haben sich über die Jahre hinweg zu einer beliebten Strategie für Unternehmen zur Erschließung neuer Märkte, zur Erhöhung der eigenen Wettbewerbs-fähigkeit, oder zur Komplementierung notwendiger Kenntnisse und Fähigkeiten in Bezug auf humane Ressourcen entwickelt. Sie sind damit zu einer gleichwertigen, dennoch risikoärmeren Alternative zu M&As geworden. Darüber hinaus bieten strategische Allianzen mehr Flexibilität, was vor allem in Industrien wie Hightech, Telekommunikation, IT und Pharma hoch geschätzt wird (John und Windt 2011). Ein bekanntes Beispiel hierfür ist die gemeinsame Produktionsplattform von Porsche Cayenne und VW Touareg. Ebenso kooperiert der Pharmakonzern Bayer mit der Bio-techfirma Morphosys im Rahmen von Antikörper-Forschungsprojekten.

Obwohl sich die daraus ergebenen Partnerschaften auf dem Papier sehr vielversprechend präsentieren, scheitert ein Großteil an der nicht erfolgreichen Umsetzung. Denn auch strategische Allianzen bergen Risiken. Hier dominiert vor allem die Schwierigkeit der geteilten Kontrolle zwischen den kollaborierenden Partnern, welche sich durch unterschiedliche Firmenkulturen noch weiter intensivieren kann (John und Windt 2011). Die Quote des Scheiterns von strategischen Allianzen lag in den letzten Jahren bei knapp 60 bis 70 % (Ertel et al. 2008).

Warum ist der Großteil der strategischen Allianzen zum Scheitern verurteilt? Eine erfolgsentscheidende Komponente ist eine vertrauensvolle, proaktive und institutionalisierte Beziehung zwischen den Vertragspartnern. Dies bedeutet, dass die wahre Herausforderung im Management solcher Kollaborationen in der Umwandlung von Vertragsbestandteilen in eine produktive und prosperierende Beziehung liegt. Gerade in der Anfangsphase einer Allianz fällt vielen Firmen die Umstellung auf eine gemeinsame Zusammenarbeit schwer. Hauptsächlich, da sich an diesem Punkt der Fokus von operationellen Aufgaben hin zur menschlichen Komponente der Beziehung verlagert. Bereits frühere Forschungsergebnisse zeigen auf, dass eine gute Beziehung zwischen Kollaborationspartnern die Entstehung von Synergien und positiven Geschäftsergebnissen fördert (More und McGrath 1996). Eine gute Beziehung legt den Grundstein für eine offene und ehrliche Kommunikation sowie für die Definition von klaren Zielen im Rahmen der zukünftigen Kooperation. Um der Komplexität der Beziehungsbildung zu begegnen und diese greifbar zu machen, stellen die Autoren im Folgenden die „Relationship Building Concept (RBC)"-Methodik vor. Die RBC-Methodik findet ihre Anwendung in der Vorvertragsphase. Diese bietet einen geeigneten Zeitpunkt für erste Schritte in Richtung Vertrauensbildung. Sie besteht aus einem strukturierten Fünf-Phasen Plan, welcher während zwei unterstützenden Workshops realisiert wird. Sie kann als Leitfaden zur Beziehungsbildung für zukünftige Vertragsparteien dienen.

1.1.1 Die Vorvertragsphase als Zeitraum der initialen Vertrauensbildung

In jeder strategischen Allianz spiegelt sich ein gewisser Grad an Informationsasymmetrie wider. Keinem der zukünftigen Vertragspartner ist ein ganzheitlicher Überblick über die Optionen, Alternativen und Präferenzen des Gegenübers gewährt. Um diese Asymmetrie zu überbrücken ist es daher maßgeblich, durch frühzeitige Interaktion eine erste Basis von Vertrauen aufzubauen (Henderson et al. 1999; Sharma 1998). In diesem Rahmen können nicht nur gegenseitige Erwartungen abgeglichen und angepasst werden, sondern ebenso Ungewissheiten bezüglich des Kooperationsverhaltens. Konzentriert man sich auf den Aufbau institutionellen Vertrauens in der Vorvertragsphase, treten fünf Elemente des Vertrauensaufbaus in den Fokus: Leistungsvermögen, Berechenbarkeit, Gemeinsamkeiten, Kommunikation und Kompatibilität (Cox et al. 2003) (siehe Abb. 1.1). Diese schaffen die Grundlage für die Entwicklung einer initialen

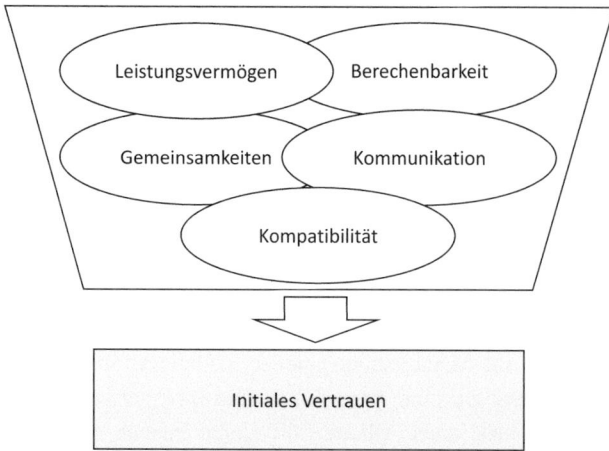

Abb. 1.1 Die fünf Elemente des Vertrauensaufbaus. (Quelle: In Anlehnung an Cox et al. 2003)

Vertrauensbasis. Unter Leistungsvermögen sind technische und finanzielle Ressourcen sowie Leistungsvermögen beider Vertragspartner einzuordnen, während Berechenbarkeit die Fähigkeit beschreibt, finanzielle und performance-technische Erwartungen zu setzen und letztendlich auch zu erfüllen. Unter Gemeinsamkeiten fallen gemeinsame Ziele und eine einheitliche, von beiden Seiten aufgestellte und gelebte Vision, welche durch eine umfangreiche, wahrheitsgetreue und zeitgerechte Kommunikation gefestigt werden. Das komplexeste der fünf Elemente ist jenes der Kompatibilität, welches die Evaluierung des sogenannten „kulturellem Fit" beinhaltet.

Gerade die Vorvertragsphase bietet eine geeignete Plattform für einen ersten Austausch der zukünftigen Vertragspartner bezüglich der für Allianzaktivitäten reservierten Kapazitäten, der jeweiligen Unternehmenskulturen und -strukturen, Sichtweisen und Standpunkte.

1.1.2 Workshops zur vorvertraglichen Beziehungsbildung

Um dieses erste Zusammentreffen greifbar zu machen und mit einer erfolgsversprechenden Herangehensweise zu hinterlegen, wurden zwei sogenannte „Vor-Verhandlungs-Workshops" konzipiert. In diese Workshops wird das im nächsten Schritt erläuterte „Relationship Building Concept" integriert. Um ein erstes Verständnis zu schaffen, werden zunächst Aufbau und Intention der Workshops behandelt, bevor die einzelnen Phasen des „Relationship Building Concepts" den einzelnen Workshops zugeordnet werden (siehe Abb. 1.2).

Die Workshops finden zeitversetzt nacheinander statt. So ist der erste Workshop ca. vier Wochen vor Verhandlungsbeginn angesetzt, wobei der zweite Workshop ca. zwei Wochen vor Beginn stattfindet. Als Verhandlungsbeginn wird in diesem Zusammen-

Abb. 1.2 Zeitliche Einordnung der Vor-Verhandlungs-Workshops

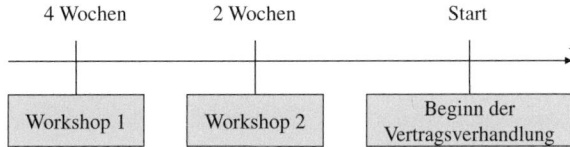

hang die Phase bezeichnet, in welcher sich die finalen Allianzpartner zum ersten Mal zusammensetzen, um gemeinsame Ziele festzulegen, eine Strategie für die kommende Zusammenarbeit zu definieren und um sich auf eine gemeinsame Governance, in Form von organisatorischen sowie rechtlichen Richtlinien, zu einigen. Das Ergebnis dieser Phase ist ein erster Entwurf des Allianzvertrages, welcher von beiden Seiten im Anschluss überprüft und überdacht wird. Zwischen beiden Workshops wird eine mindestens einwöchige Pause eingeräumt, was den zukünftigen Vertragsparteien die Möglichkeit eröffnet, die während der Workshops stattgefundene Interaktion und Ergebnisse Revue passieren zu lassen und sich entsprechend auf den zweiten Workshop bzw. die Vertragsverhandlung vorzubereiten. Trotz der einwöchigen Unterbrechungen bieten vier Wochen einen angemessenen Zeitraum, um sich kontinuierlich mit der Allianzthematik zu beschäftigen. Während beider Workshops kommen Vertragskandidaten in einem Meeting-Raum zusammen, begleitet von externen Relationship Consultants. Zu Beginn des ersten Workshops unterzeichnet jede Vertragspartei eine Geheimhaltungserklärung, um die Vertraulichkeit der geteilten Informationen und Diskussionsergebnisse zu wahren. Da sich die beteiligten Parteien außerhalb eines Vertragsrahmens befinden, ist die vertrauliche Handhabung gegenseitiger Informationen unerlässlich für eine spätere Möglichkeit, die Gespräche vorzeitig und ohne Konsequenzen abzubrechen. Die Aufgabe der externen Relationship Consultants ist, neben der Implementierung des „Relationship Building Concepts", die Moderation der Workshops, sowie dafür zu sorgen, dass jeder Vertragskandidat gleichmäßig involviert ist und ihm der nötige Respekt entgegengebracht wird.

Der erste Workshop hilft bei der Evaluierung des „Fits" der Vertragspartner und der Aufdeckung von Konfliktpotenzial aufgrund schwer überbrückbarer Differenzen. Hier spielt offene Kommunikation eine entscheidende Rolle. Diese ermöglicht den Austausch relevanter Informationen und ebnet den Weg für das Verständnis der jeweiligen Standpunkte und der Entwicklung einer gemeinsamen Vision. Um solch offene Kommunikation zwischen zwei sich potenziell unbekannten Parteien gewährleisten zu können, werden beide Parteien mit dem Prinzip der „Principled Negotiation" (Prinzipien-basierte Verhandlung) vertraut gemacht. Dieses Prinzip wurde im Rahmen des Harvard-Negotiation-Projektes entwickelt, weshalb es auch unter dem Namen „Harvard-Prinzip" bekannt ist. Es stellt folgende Verhandlungsstrategie dar: „Being hard on the merits, but soft on the people" (Fisher et al. 2011). Dies bedeutet, dass „softe" Verhandlungselemente, wie persönliche Interessen, vom eigentlichen Gegenstand der Verhandlung getrennt zu betrachten sind. Somit wird eine übermäßige Emotionalität der Verhandlung eingedämmt und Konflikten auf persönlicher Ebene vorgebeugt. Des Weiteren schlägt das Harvard-Prinzip die Fokussierung auf gegenseitigen Gewinn vor, sodass jede Partei eine positive Bilanz des Zusammenkommens ziehen kann. Bezeichnet wird dieser Gewinn als „Best Alternative to a Negotiated Agreement" (BATNA). Er zeigt auf, dass die Alternativen der involvierten Parteien so aufeinander abgestimmt werden können, dass sich positive Resultate für beide Parteien während der Vertragsverhandlung herausarbeiten lassen. Tab. 1.1 zeigt konkrete Beispiele des Harvard-Prinzips auf. Relationship Consultants unterstützen bei der aktiven Umsetzung dieser Kommunikationsrichtlinien. Darauf baut, in einem nächsten Schritt, ein offener Austausch von gegenseitigen Erwartungen, Interessen, sowie möglichen Ängsten auf. Ebenso werden die Ziele der Allianz diskutiert. Das Ziel des ersten Workshops ist die Bildung eines einheitlichen Allianzverständnisses.

Der zweite Workshop baut auf den Ergebnissen des ersten Workshops auf. Zu diesem Zeitpunkt hatten die Vertragsparteien bereits ausreichend Zeit, eine erste Basis an gemeinsamen Verständnisses aufzubauen. In einem nächsten Schritt legen die Vertragsparteien nun Metriken fest, wie der Allianzerfolg in zum Beispiel sechs Monaten gemessen werden kann, was eventuell schiefgelaufen sein könnte und welche Verantwortlichen eventuell zuvor hätten involviert werden sollen. Die Einbindung von erfahrenen Mitarbeitern, die aktuell in jenem Umfeld agieren, welches später mit der Allianz in Berührung kommt, ist eine wichtige Aktivität. Es sind jene, die tiefere Einblicke in die Ressourcen, Kapazitäten und Eigenheiten der entsprechenden Abteilung geben und zum Beispiel Allianzpotenziale bewerten können. Basierend auf der genannten Zukunftseinschätzung werden die Rollen und Zuständigkeiten festgelegt sowie Pläne für gemeinsame Governance-Mechanismen entworfen. Hierbei werden die Risikolevel, welche sich aus den vorhergehenden Gesprächen und Interaktionen ergeben haben, beachtet. Je nach Risikolevel werden die Governance-Mechanismen angepasst. In einem nächsten Schritt werden die Verhandlungsstrukturen für die spätere

Tab. 1.1 Vergleich der Verhandlungsformen. (Quelle: Fisher et al. 2011)

Softe Verhandlung	Harte Verhandlung	Harvard-Prinzip
Freundliche Atmosphäre	Feindliche Atmosphäre	Atmosphäre der Problemlösung
Ziel: Vereinbarung/Vertrag	Ziel: Sieg	Ziel: faires Ergebnis, effizient und einvernehmlich erreicht
Personen und Probleme als weiche Faktoren	Personen und Probleme als harte Faktoren	Personen als weicher Faktor, Probleme als harter Faktor
Akzeptanz der Vereinbarung trotz Verlust	Forderung nach Gewinn unter Akzeptanz von Einbußen der Gegenseite	Erzielung von gegenseitigem Gewinn
Beharrung auf eine Einigung	Beharrung auf seiner Position	Beharrung auf den Gebrauch objektiver Entscheidungskriterien

Vertragsverhandlung diskutiert und zusammengefasst, sowie das weitere Vorgehen nach Vertragsabschluss erarbeitet. Das schriftliche Festhalten der Verhandlungsstrukturen reduziert die Komplexität der späteren Vertragsverhandlung und ermöglicht somit eine Konzentration auf die Diskussion wesentlicher Vertragsinhalte. Durch das frühzeitige Festlegen des Vorgehens nach Vertragsschluss wird das Vertrauen zunehmend gestärkt.

1.1.3 Das Fünf-Phasen-Modell der initialen Vertrauensbildung

Im Folgenden wird das schrittweise Vorgehen der vorvertraglichen Beziehungsbildung im Rahmen des „Relationship Building Concepts" näher erläutert. Die einzelnen Schritte sind den zwei Workshops zuzuordnen, wobei Schritt 1 und 2 im initialen Workshop aufgegriffen werden, und Schritt 3 bis 5 im zweiten Workshop Anwendung finden.

1.1.3.1 Sammlung relevanter Informationen

Je umfangreicher die Fülle an Informationen über den jeweiligen Geschäftspartner, desto höher ist der wahrgenommene Grad an Sicherheit in Bezug auf die Erfolgswahrscheinlichkeit der späteren Allianz und die damit verknüpfte Bereitschaft, initiales Vertrauen zuzulassen. Zudem wird durch eine tiefgehende Recherche sichergestellt, dass jegliche Kooperationsanforderungen in Bezug auf finanzielle Ressourcen und technischen Kapazitäten von den Vertragspartnern erfüllt werden. Jene Geschäftsbereiche werden genauer betrachtet, die direkt in die Allianz involviert sind. Zusätzlich ist es empfehlenswert – über die Relationship Consultants – Informationen in Bezug auf vorherige Projekte, Erfahrungen und Vorgehensmethodik einzuholen. Gerade externe Consultants besitzen ein breites Portfolio an Erfahrung in den unterschiedlichsten Projekten. Das dadurch erlangte Markt-Know-how erlaubt Allianzpartnern den Zugriff auf Erfahrungswerte und Informationen, welche ansonsten unzugänglich bleiben würden. Solche Erfahrungswerte umfassen zum Beispiel Einblicke in die aufgekommenen Schwierigkeiten vergleichbarer Allianzen. Des Weiteren besitzen Relationship Consultants ein hohes Maß an Verhandlungserfahrung, was bei der Festlegung von Verhandlungsrichtlinien sowie -inhalten von Nutzen ist.

1.1.3.2 Bildung eines einheitlichen Allianzverständnisses

Im zweiten Schritt wird eine gemeinsam entwickelte Vision betont. Die Verfolgung eines gemeinsamen Ziels bildet das Fundament einer jeden erfolgsversprechenden Zusammenarbeit und festigt den Zusammenhalt der Vertragsparteien. Zur Festigung des gegenseitigen Vertrauens kommen bereits zu diesem Zeitpunkt erste Verhaltensregeln, wie zum Beispiel Kommunikationsrichtlinien, ins Spiel. Eine offene und dennoch respektvolle Kommunikation beeinflusst die Qualität einer Allianz positiv. Durch die anschließende Erarbeitung des Allianzgesamtziels, der Prioritäten sowie die Festlegung der gemeinsamen Vorgehensweise, wird die in Schritt 1 geschaffene Grundlage für initiales Vertrauen gefestigt und das Gefühl eines gemeinsamen Interesses gestärkt.

1.1.3.3 Planung von Allianz-Governance – Mechanismen und Elemente der Geschäftsbeziehung

In einem dritten Schritt wird das Gefühl eines geteilten Interesses durch ein gemeinsam erarbeitetes Regelwerk für die zukünftige Zusammenarbeit gefestigt. Das Regelwerk umfasst detaillierte Pläne, Performance-Ziele und Richtlinien für die Zusammenarbeit. Des Weiteren werden die für die Allianz benötigten Ressourcen, Risiken, Eigentums- und Entscheidungshoheiten ermittelt. Ressourcen umfassen zum Beispiel die Fähigkeiten der Mitarbeiter, die Gestaltung und der Umfang der IT-Infrastruktur sowie Produktionskapazitäten für im Rahmen der Allianz produzierten Produkte. Das Leistungsrisiko beschreibt einerseits die Stabilität des Marktumfelds, sowie die Verfügbarkeit der finanziellen Ressourcen der Vertragspartner, welche die Leistungsfähigkeit der Allianz beeinflussen. Andererseits beschreibt das Beziehungsrisiko die mögliche Instabilität des gegenseitigen Vertrauens, welches zu opportunistischem Verhalten führen könnte. Eigentums- und Entscheidungshoheiten werden nach dem Grad der jeweiligen Kapitalbeteiligung der Vertragsparteien an der Allianz vergeben. Sie sichern eine ausgeglichene Verteilung von Autorität und Verantwortlichkeit und beugen so möglichen Konflikten vor, welche durch Überlappungen von Entscheidungshoheiten entstehen könnten. Gleichzeitig werden Kriterien für Erfolge festgelegt. Da jegliche Geschäftsbeziehung einen natürlichen Grad an Risiko innehat, muss der Umgang mit Eventualitäten und der Einbezug von Ausstiegsklauseln ebenso im Regelwerk verankert werden.

Um der in Schritt 2 aufgestellten Vision die nötige Authentizität zu verleihen, sollte die Verlässlichkeit der gegenseitigen Zugeständnisse durch Strafregularien im Falle einer Nichtbefolgung oder eines Bruchs abgesichert sein. Gerade bei Allianzen im Anfangsstadium bietet eine gemeinsam festgelegte Vertrags- und Beziehungs-Governance ein Rahmenwerk für flexible Kontrollmechanismen, und somit die nötige Sicherheit zur Etablierung des initialen Vertrauens. Gerade in Bezug auf Kontrollmechanismen ist darauf zu achten, dass Kontrolle nicht als Überwachungsinstrument missbraucht wird, sondern sich an das jeweilige Level von Vertrauen sowie an das gegebene Beziehungs- und Performance-Risiko anpasst. Unter Performance-Risiko versteht man die Wahrscheinlichkeit der Nichterbringung einer erwarteten Leistung, während sich das Beziehungsrisiko auf die Ausprägung der Wahrscheinlichkeit bezieht, dass sich die Vertragsparteien gegenseitig hintergehen (Das und Bing-Sheng 2011). Je geringer das gegenseitige Vertrauen, desto höher ist sowohl das Beziehungs- wie auch Performance-Risiko. Das Ausmaß der Kontrollmechanismen verhält sich gegenläufig zum Grad des Vertrauens und sollte daher im Idealfall in der initialen Phase der Kooperation seinen Höhepunkt haben. Ein vielversprechender Indikator zur Ermittlung des vorherrschenden Vertrauensgrades ist der Umfang und die Tiefe der untereinander ausgetauschten Informationen. Relationship Consultants unterstützen im Rahmen des Relationship Building Concepts (Abb. 1.3) bei der Bestimmung des Risikogrades sowie bei der darauffolgenden Entwicklung geeigneter Vertrags- und Beziehungs-Governance-Mechanismen.

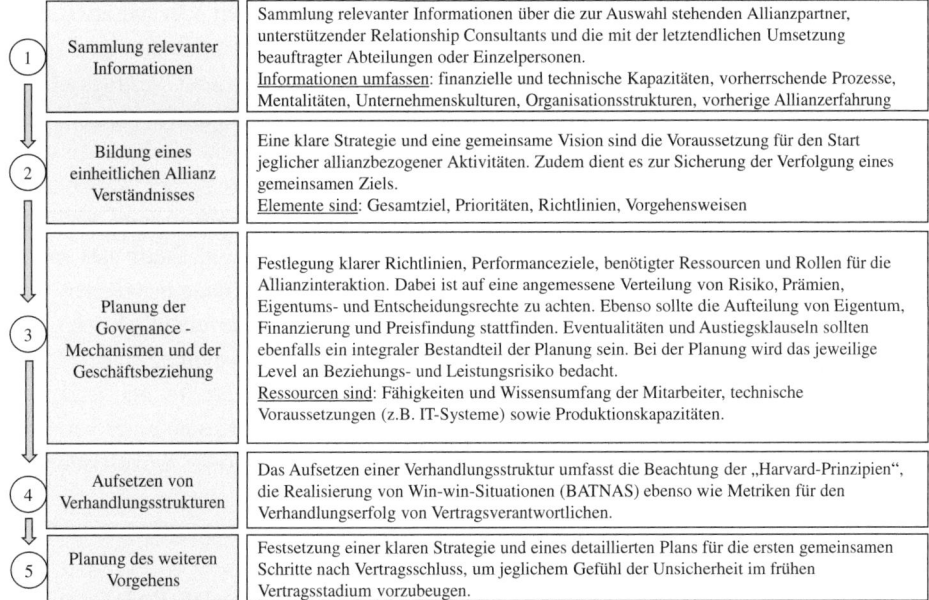

1	Sammlung relevanter Informationen	Sammlung relevanter Informationen über die zur Auswahl stehenden Allianzpartner, unterstützender Relationship Consultants und die mit der letztendlichen Umsetzung beauftragter Abteilungen oder Einzelpersonen. Informationen umfassen: finanzielle und technische Kapazitäten, vorherrschende Prozesse, Mentalitäten, Unternehmenskulturen, Organisationsstrukturen, vorherige Allianzerfahrung
2	Bildung eines einheitlichen Allianz Verständnisses	Eine klare Strategie und eine gemeinsame Vision sind die Voraussetzung für den Start jeglicher allianzbezogener Aktivitäten. Zudem dient es zur Sicherung der Verfolgung eines gemeinsamen Ziels. Elemente sind: Gesamtziel, Prioritäten, Richtlinien, Vorgehensweisen
3	Planung der Governance - Mechanismen und der Geschäftsbeziehung	Festlegung klarer Richtlinien, Performanceziele, benötigter Ressourcen und Rollen für die Allianzinteraktion. Dabei ist auf eine angemessene Verteilung von Risiko, Prämien, Eigentums- und Entscheidungsrechte zu achten. Ebenso sollte die Aufteilung von Eigentum, Finanzierung und Preisfindung stattfinden. Eventualitäten und Austiegsklauseln sollten ebenfalls ein integraler Bestandteil der Planung sein. Bei der Planung wird das jeweilige Level an Beziehungs- und Leistungsrisiko bedacht. Ressourcen sind: Fähigkeiten und Wissensumfang der Mitarbeiter, technische Voraussetzungen (z.B. IT-Systeme) sowie Produktionskapazitäten.
4	Aufsetzen von Verhandlungsstrukturen	Das Aufsetzen einer Verhandlungsstruktur umfasst die Beachtung der „Harvard-Prinzipien", die Realisierung von Win-win-Situationen (BATNAS) ebenso wie Metriken für den Verhandlungserfolg von Vertragsverantwortlichen.
5	Planung des weiteren Vorgehens	Festsetzung einer klaren Strategie und eines detaillierten Plans für die ersten gemeinsamen Schritte nach Vertragsschluss, um jeglichem Gefühl der Unsicherheit im frühen Vertragsstadium vorzubeugen.

Abb. 1.3 Relationship Building Concept. (Quelle: Basierend auf den Ergebnissen von Weiss und Visioni 2002; Patton 2005)

1.1.3.4 Aufsetzen von Verhandlungsstrukturen

Um in der späteren Vertragsverhandlung eine möglichst konfliktfreie Kommunikation gewährleisten zu können, sind Kommunikationskonzepte wie zum Beispiel das „Harvard-Prinzip" sowie die „BATNA" Herangehensweise von großer Bedeutung. Diese sollen opportunistischem Verhalten vorbeugen, da jede Vertragsseite dazu aufgefordert wird, gemäß des „BATNA"-Prinzips zu handeln. Wie bereits zuvor erläutert, hat das BATNA seinen Ursprung im „Harvard-Prinzip", welches eine konstruktive Einigung als Ziel einer jeden Verhandlung betrachtet. Grundlage ist die Abwägung von möglichen Alternativen und Zugeständnissen im Rahmen einer vertraglichen Zusammenarbeit. Vertragsparteien werden dazu aufgefordert, beidseitige Zugeständnisse einzugehen. Jede Partei kann ein Interesse einfordern, muss jedoch gleichzeitig der anderen Partei mit einem Zugeständnis entgegenkommen. Dadurch entsteht eine Win–win-Situation. Durch diesen Ausgleich wird verhindert, dass eine der Vertragsparteien die Oberhand gewinnt und ihr Interesse zum Nachteil der Allianz an vorderste Stelle stellt. Generell stellt die Vorvertragsphase ein erstes Abbild der zukünftigen Zusammenarbeit dar, weshalb unkooperatives Verhalten bereits hier keine Grundlage für eine langfristig erfolgreiche Allianz bietet.

Bei der Auswahl der Verhandlungsverantwortlichen ist darauf zu achten, mindestens eine Person aus dem von der Allianz tangierten Bereich zu involvieren, da diese einen genauen Überblick über die jeweiligen Kapazitäten und Eigenheiten besitzt. In vielen

Fällen werden Vertragsverhandlungen an interne Vertragsabteilungen oder gar an externe Berater gegeben. Dieses Vorgehen ist meist tückisch. Interne Vertragsabteilungen sowie externe Berater verfolgen oftmals ein standardisiertes Vorgehen zum Vertragsschluss und besitzen stark limitierte Einblicke in Allianz-tangierte Abteilungen. Spannt man den Bogen zu den Metriken für Verhandlungserfolg, sollte bedacht werden, dass der Abschluss eines Vertrags erst der Anfang des komplexen Prozesses der Kooperation ist. Daher sollten stabile, umsetzbare und zukunftsfähige Commitments und BATNAs das Hauptziel einer jeden Vertragsverhandlung sein. Sollte sich im Laufe des ersten Zusammentreffens, während der Workshops oder während der darauffolgenden Verhandlung herausstellen, dass der Verhandlungsausgang höchstwahrscheinlich weit entfernt von einem akzeptablen BATNA liegen wird, sollte die Verhandlung abgebrochen werden. Häufig wird diese Option aber als Versagen interpretiert. In der Langzeitperspektive betrachtet erspart ein frühzeitiger Abbruch jedoch die Kosten einer Vertragsauflösung, damit verbundene Opportunitäts- und Anwaltskosten sowie Unzufriedenheit von Share- und Stakeholdern.

1.1.3.5 Planung des weiteren Vorgehens

Generell helfen ausgereifte Mission-Statements und Pläne bei der Reduktion von Unsicherheit und bei der Festigung des gegenseitigen Vertrauens. Obwohl die Vertragsverhandlungen noch nicht stattgefunden haben, ist es sinnvoll, in dieser, von einem geringen Stressfaktor geprägten Phase, einen detaillierten Plan für die ersten gemeinsamen Schritte nach Vertragsschluss aufzustellen. Dieses Vorgehen ist vor allem in der späteren Vertragsverhandlung nützlich, wenn Zwischenziele in Bezug auf Zeit sowie Umfang festgelegt werden sollen, da die klare Richtung der Allianz bereits gegenseitig abgesegnet wurde. Zudem wird durch den intensiven Austausch von Erwartungen die Anzahl potenzieller Konflikte nach Vertragsschluss reduziert. Weiterhin besteht auch hier aufgrund von unüberbrückbaren Uneinigkeiten oder Misstrauen die Möglichkeit, aus den Allianzverhandlungen auszusteigen, ohne kostspielige Konsequenzen fürchten zu müssen.

1.1.4 Die Nutzung der Vorvertragsphase für eine strukturierte Beziehungsbildung zwischen Allianzpartnern

Die Vorvertragsphase strategischer Allianzen bietet einen idealen Ausgangspunkt für die initiale Vertrauensbildung zwischen den potenziellen Vertragsparteien. Vertrauen ist der Grundstein jeder erfolgreichen und langfristigen Geschäftsbeziehung. Die hohe Quote des Scheiterns strategischer Allianzen von knapp 60 bis 70 % (Ertel et al. 2008) lenkte bisher den Fokus auf die Bedeutung der Beziehungsqualität zwischen den Allianzpartnern. Eine vertrauensvolle, proaktive und institutionalisierte Beziehung ist ausschlaggebend für den Erfolg. Vor diesem Hintergrund betonten die Autoren das Potenzial der Vorvertragsphase für die initiale Vertrauensbildung. Ebenso wurden zwei

Methoden vorgestellt, welche eingebettet in Vorvertrags-Workshops, den Vertrauens-aufbau strukturiert unterstützen: die „fünf Elemente des Vertrauensaufbaus" sowie das „Relationship Building Concept". Dennoch spielt noch eine weitere Komponente eine entscheidende Rolle für den Erfolg einer Zusammenarbeit: das vorherrschende Risiko. Die Art und Ausprägung des vorherrschenden Risikos beeinflusst die Beziehungsbildung fundamental. Die Autoren erläutern, welche Risikoformen es im Kontext strategischer Allianzen gibt, und wie diese erfolgreich gemanaged werden können.

1.2 Risikobegrenzung bei strategischen Allianzen mittels Risikoevaluierung und Implementierung von Governance-Mechanismen

1.2.1 Risikoformen in strategischen Allianzen

In Bezug auf die Beziehungsbildung gibt es zwei vorherrschende Risikoformen: das relationale Risiko, auch Beziehungsrisiko genannt, sowie das Performance-Risiko (Das und Bing-Sheng 2011). Das Beziehungsrisiko beschreibt die Gefahr, dass sich Geschäftspartner gegenseitig hintergehen, während das Performance-Risiko die Konsequenzen potenzieller Nichterreichung von festgesetzten Geschäftszielen umfasst. Die gängigste Methode, Risiken in Kooperationen einzudämmen, ist das Aufsetzen von Kontrollmechanismen, wie zum Beispiel Vertragsklauseln, welche mit konkreten Strafmaßnahmen verknüpft sind. Dieses Vorgehen spiegelt den weit verbreiteten „Control View" des Ökonomen Oliver E. Williamson wider. Er betrachtet Kontrolle als ein Konstrukt rigider Governance-Mechanismen zur Überwachung und Eindämmung opportunistischen Verhaltens (Williamson 2012). Seine Theorie basiert auf der Trans-aktionskostentheorie, welche Geschäftsbeziehungen als Umfeld für Opportunismus und eingeschränkter Rationalität betrachtet (de Man und Roijakkers 2009). Dennoch ist die signifikant hohe Quote des Scheiterns strategischer Allianzen ein Indikator dafür, dass Kontrollmechanismen allein weder das relationale noch das Performance-Risiko erfolg-reich einschränken können.

Dem „Control View" steht der „Trust View" (Moran 1996) gegenüber. Dieser sieht Vertrauen als notwendiges Element, um die Beziehungsbildung in Allianzen zu ver-stehen. Grundannahme ist eine intrinsische Motivation der Vertragsparteien, die Allianz durch partnerschaftliches und nachhaltiges Verhalten erfolgreich voranzubringen. Durch gemeinsame Allianzziele, wie zum Beispiel die Erreichung der Marktführerschaft, wird automatisch ein intensiver Informationsaustausch zwischen den Geschäftspartnern erwartet. Die Annahme einer geteilten Vision, lebendiger Kommunikation, sowie eines gegenseitigen Vertrauens führt zu der Betonung relationaler Governance-Richtlinien, während Kontrolle als „Misstrauens-fördernd" angesehen wird (Lee und Cavusgil 2006). Relationale Governance-Richtlinien betrachten gesellschaftliche Normen, wie zum Beispiel die Forderung nach Erfüllung von Pflichten oder Versprechungen als valide

Governance-Mechanismen. Solidarität sowie natürlicher Informationsaustausch werden hierbei als Grundvoraussetzung gesehen (Yu et al. 2006).

In Bezug auf die Wichtigkeit von aktivem Beziehungsmanagement für positive Resultate in strategischen Allianzen, dürfen risikominimierende Governance-Mechanismen folglich nicht ausschließlich auf Kontrolle basieren. Mehrere Studien kamen zu dem Ergebnis, dass eine gesunde Mischung aus Kontroll- und Beziehungs-Governance-Mechanismen dem Allianzerfolg zuträglich ist. Vor allem die Tatsache, dass Ungewissheit stets eine unkalkulierbare Variable in der Erfolgsgleichung darstellt, unterstützt diese Theorie. Der Grad an Ungewissheit, zum Beispiel in Bezug auf zukünftige Handlungs-entscheidungen des Allianzpartners, hängt stark von der Ausprägung des bestehenden Performance- und Beziehungsrisikos ab. Um beiden Arten des Risikos im Sinne der Allianz besser beeinflussen zu können, sollten relationale Governance-Mechanismen zur Komplementierung von Schwachstellen formaler Kontrollmechanismen eingesetzt werden. Vor allem in Konfliktsituationen, wie zum Beispiel bei der Zuordnung von Ver-antwortlichkeiten, fördern relationale Mechanismen die Fortführung der Kooperation.

1.2.2 Formale Governance-Mechanismen

Betrachtet man Allianzpartner als eigenständige und unabhängige operative Systeme, kommt formalen Allianz-Governance-Mechanismen die Aufgabe zu, diese Systeme zu verbinden. Vereinfacht dargestellt, besteht jede Partnerorganisation aus drei Ebenen. Die obere Ebene umfasst das Top-Management, welches die Geschäftsführung der Allianz bildet. Hier wird über das Zustandekommen der Allianz entschieden und die gemeinsame Strategie formuliert. Die zweite Ebene des Mittelmanagements ist deut-lich näher am täglichen Allianzgeschehen. Sie treffen Entscheidungen, steuern Prozesse und stellen die Kommunikation zwischen den Allianzpartnern sicher. Gemeinsam mit der Allianz-Geschäftsführung legt das mittlere Management jegliche Governance-Mechanismen fest. Die dritte Ebene umfasst die operative Ebene der Allianz, auf welcher die „tagtäglichen" Aktivitäten der Allianz stattfinden (siehe dazu Abb. 1.4).

Die Allianz-Governance-Mechanismen sind aufgeteilt in Strukturelemente sowie in Managementmechanismen. Während Strukturelemente das stabile und formale Gerüst der Allianz bilden, beziehen sich Mechanismen mehr auf die flexiblen Elemente der Koordination, Kontrolle sowie der besonderen Leistungsanreize (Albers 2010). Durch die Gliederung in starre sowie flexible Elemente sind veränderungsbedingte Anpassungen durch ein sich änderndes Umfeld in kurzer Zeit möglich. Im Folgenden werden die einzelnen Elemente näher erläutert.

Die strukturellen Elemente Zentralisierung, Spezialisierung und Formalisierung sind in ihrer Ausprägung je nach Allianz unterschiedlich. So gibt es drei Formen der Zentralisierung: vertikale Zentralisierung, vertikale Dezentralisierung sowie horizontale Zentralisierung. Jede der Formen beschreibt eine eigene Form der Ansiedlung und Ver-teilung von Autoritäten innerhalb der Allianz (siehe Abb. 1.5).

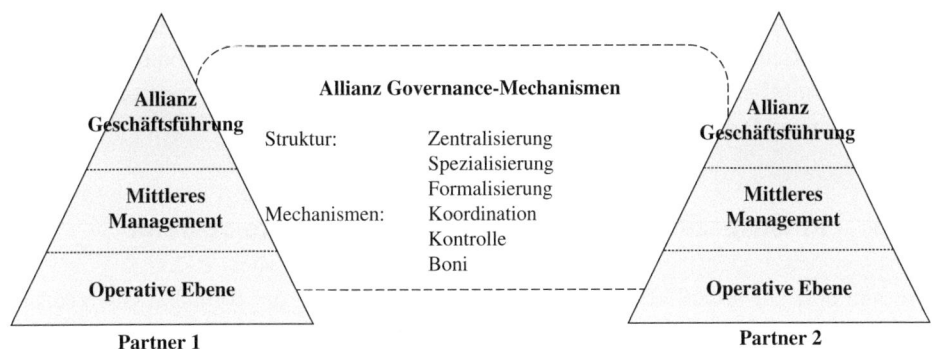

Abb. 1.4 Elemente der Allianz Governance. (Quelle: In Anlehnung an Albers 2010)

Abb. 1.5 Formen der Zentralisierung. (Quelle: Basierend auf Albers 2010)

Zentralisierung	
	Vertikale Zentralisierung Autorität ist in der oberen Hierarchieebene angesiedelt
	Vertikale Dezentralisierung Autorität liegt beim Mittleren Management sowie bei leitenden Angestellten der operativen Ebene
	Horizontale Zentralisierung Grad der Verteilung von Autorität innerhalb einer Hierarchieebene

Spezialisierung hingegen bezieht sich auf die Schaffung bestimmter Positionen zur Ausübung von allianzbezogenen Aufgaben (Dussauge et al. 2000). Ein Beispiel hierfür ist die Zuweisung einer Position für die Beschaffung von Material in einer produktionsbasierten Allianz. Durch eine höhere Anzahl an Allianz-spezifischen Positionen, steigt entsprechend der Grad der Spezialisierung.

Der Grad an Formalisierung wiederum beschreibt die Bandbreite der vordefinierten „Eventualitäten", welche während der Allianzlaufzeit auftreten können. So können sich zum Beispiel Kundenpräferenzen oder Preise für Rohmaterialien ändern, oder Mitarbeiter in zentralen Allianzpositionen das Unternehmen wechseln. Die Detailtiefe solcher Eventualitäten sowie die Ausprägung adäquater Gegenmaßnahmen der Allianzpartner wird ebenfalls durch den Grad der Formalisierung ausgedrückt (Albers 2010). So steht ein hoher Formalisierungsgrad für ein breites Spektrum an vordefinierten Eventualitäten und ausgereiften Gegenmaßnahmen.

Die drei genannten Strukturelemente bilden somit das langfristige Gerüst der Allianz-Governance, in welches sich die Mechanismen Koordination, Kontrolle und Leistungsanreize eingliedern. Koordination ist eine der grundlegendsten Governance-Funktionen, da diese alle allianzbezogenen Aktivitäten im Sinne einer Zielerreichung ausrichtet. Formale sowie relationale Kontrollmechanismen helfen bei der Messung dieser Zielerreichung. Hier lässt sich der Bogen zu den bereits erwähnten Beziehungs- und Performancerisiken spannen. Relationale Komponenten gründen auf der Erfüllung sozialer

Zwänge und Normen innerhalb der Allianz, wie zum Beispiel der Befolgung von vor-gegebenen Kommunikations- oder Verhaltensrichtlinien. Formelle Kontrolle umfasst wiederum zum Beispiel die Überprüfung von Arbeitsschritten anhand von vordefinierten Checklisten und Berichten (Cravens et al. 2000).

1.2.3 Firmenspezifische Ausprägung der Governance-Struktur

Um nun eine zur spezifischen Allianz passende Ausprägung der formalen Governance-Struktur festzulegen, gilt es, den Kontext der Allianz zu analysieren. Drei Komponenten stehen im Fokus: Firmencharakteristika, das interne, sowie das externe Umfeld der Allianz.

Zu den Firmencharakteristika zählen zum Beispiel die Firmengröße der Partner, deren bisherige Allianzerfahrung, sowie die Größe und Umfang der geplanten Allianz. Die Komponente des internen Umfelds der Allianz umfasst vor allem Informationen über die Ausprägung des vorherrschenden Beziehungsrisikos: die Ausprägung des gegenseitigen Vertrauens, und die damit verbundene Ungewissheit über das zukünftige Verhalten der Partner. Zudem enthält diese Komponente alle Informationen über die gemeinsamen Ziele der Allianz. Neben dem internen Umfeld ist das externe Umfeld eine bedeutende Komponente. Diese öffnet Einblicke in die wirtschaftliche sowie politische Stabilität des Umfelds, sowie in die Geschwindigkeit der technologischen Weiterentwicklung (Albers und Zajac 2008).

1.2.3.1 Firmencharakteristika

Die Größe der Allianzpartner hat einen direkten Einfluss auf das Design der erläuterten Governance-Strukturen. Es ist davon auszugehen, dass Großkonzerne traditionell ein höheres Maß an Formalisierung, Spezialisierung und Dezentralisierung aufweisen. Dies rührt vor allem daher, dass diese Zugang zu einem breiten Pool an firmeninternen Ressourcen besitzen. Ebenso wächst mit steigender Größe das Verlangen des Top-Managements nach gezielter Kontrolle und Standardisierung, welches zu einem „Mehr" an Reporting- und Kontrollsystemen führt.

Im Gegensatz dazu sind kleinere Firmen deutlich limitierter in ihren Ressourcen, was sich gewöhnlicher Weise in einer schlanken Governance-Struktur widerspiegelt. Das bedeutet, dass die Anzahl der Reporting- und Kontrollsysteme deutlich geringer ist als bei Großkonzernen, was ein höheres Maß an Flexibilität ermöglicht. Zudem liegt die Autorität meist bei Angestellten der operativen Ebene, was eine erhöhte Entscheidungs-geschwindigkeit zur Folge hat. Entsprechend werden meist kurze Koordinations-wege in Form von vertikaler Dezentralisierung genutzt. Außerdem ist der Grad an Spezialisierung gering, was bedeutet, dass viele allianzbezogene Verantwortlichkeiten zusätzlich zum bestehenden Aufgabenbereich zugeordnet werden.

Im Hinblick auf die Allianzerfahrung hängt die Ausprägung von Governance-Mechanismen von der Fülle an bisheriger Allianzerfahrung ab. Parallel zur Allianzerfahrung steigt der Grad an Spezialisierung, während der Grad an vertikaler Zentralisierung sinkt. In der Praxis bedeutet dies, dass dedizierte Positionen zum Management der Allianz aufgesetzt werden, welche dabei helfen, das gesammelte Allianz-Know-how zu sichern und weiterzugeben (Albers 2010). So entsteht beispielsweise eine Einkaufsposition, welche sich ausschließlich um die Beschaffung von Materialien im Rahmen der Allianz beschäftigt. Im Falle eines Wechsels des Allianzpartners besitzt die Person in der Verantwortlichkeit dieser Einkaufsposition das Wissen über bisher stattgefundene Transaktionen, Erfolgskriterien sowie aufgetretener Hürden. Durch effektives Wissensmanagement innerhalb der Firma sammelt sich somit handfestes sowie immaterielles Allianz-Know-how an.

1.2.3.2 Internes Allianzumfeld

Die zweite Komponente, das interne Umfeld der Allianz, beschäftigt sich mit dem vorherrschenden Vertrauen zwischen Vertragspartnern, dem damit verbundenen Beziehungsrisiko, sowie dem Hauptziel der Allianz. Hauptziele können beispielsweise die Schaffung von Produktionssynergien oder die Zusammenschließung von Forschungsressourcen zur Entwicklung eines neuen Medikaments sein. Bei der Definition von Governance-Mechanismen basierend auf Vertrauens- und Beziehungsrisiko knüpft man die Verbindung zur ergänzenden Eigenschaft von Vertrauen und Kontrolle. Sollten sich die Vertragspartner noch unbekannt sein, oder keine bisherige Allianzerfahrung haben, sollte sich durch die Vorvertrags-Workshops zwar ein erstes Maß an Vertrauen zwischen den Parteien entwickelt haben – jedoch erhöht die fehlende Erfahrung in der Zusammenarbeit das Beziehungsrisiko. Daher ist ein hoher Grad an vordefinierten Eventualitäten (Formalisierung) und Kontrollelementen, wie zum Beispiel Checklisten angebracht, um die Verhaltensungewissheit der Partner einzudämmen (Williamson 2012). Handelt es sich andererseits um erfahrene Allianzpartner, kommt der „Trust-View" zum Tragen. Durch die gesammelte Allianzerfahrung sinkt mit zunehmendem Vertrauen der Grad des Beziehungsrisikos (Das und Bing-Sheng 2011). Daher kann in solchen Allianzen der Fokus auf Maßnahmen zur Festigung der Beziehung und des Vertrauens gelegt werden.

Das Ziel der Allianz ist ebenfalls ein Faktor, der zum internen Allianzumfeld hinzuzählt. Hier gibt es zwei gegensätzliche Hauptorientierungen: Effizienz oder Wachstum (Dussauge et al. 2000). Allianzen mit dem Ziel der Effizienzerhöhung konzentrieren sich vor allem auf die Reduktion von Redundanzen und die Bündelung von Ressourcen. Möglichkeiten der Kosteneinsparung in Bezug auf Aktivitäten, Ressourcen sowie Prozesse werden ausgeschöpft. So wird zum Beispiel die Erschließung neuer Erwerbschancen durch die Einführung neuer Produktreihen oder der Verbesserung bestehender Produkte vernachlässigt, während die Schaffung von Synergien und Skaleneffekten im Fokus stehen. Folglich liegt der Schwerpunkt auf der Standardisierung von Prozessen sowie auf Kontrollmechanismen zur Validierung der gewonnenen Effizienz. Gleichzeitig ist bei solchen Allianzen die Autorität im oberen Management angesiedelt, was unter anderem eine geringe Anzahl an allianzspezifischen Positionen zur Folge hat.

Bei Allianzen mit dem Fokus auf Wachstum, steht die Ausnutzung von komplementären Fähigkeiten und gegenseitiges Lernen im Vordergrund (Albers 2010). Da Weiterentwicklung und Lernen Freiraum und Flexibilität benötigen, muss der Grad an Formalisierung und Kontrolle weniger ausgeprägt sein als in effizienzorientierten Allianzen.

1.2.3.3 Externes Allianzumfeld

Das externe Allianzumfeld stellt die dritte Komponente der firmenspezifischen Governance-Struktur dar. Es beschreibt die Vielfalt der externen Einflüsse, welche unmittelbar auf das Umfeld der Allianz einwirken. Gleichzeitig umfasst diese Komponente jedoch auch die Vorhersehbarkeit von Veränderungen, welche als Stabilität bezeichnet wird. Verknüpft mit der Stabilität des Umfelds ist die hierarchische Ansiedlung der Entscheidungsautorität. Da ein dynamisches, instabiles Umfeld ein schnelles und vor allem aktives Reaktionsmanagement benötigt, ist eine Ansiedlung von Entscheidungsautorität auf der operativen Ebene förderlich für die Minimierung von Performance- sowie Beziehungsrisiko (Albers 2010).

Da ein instabiles Umfeld eine umfassende Definition von Eventualitäten quasi unmöglich macht, ist der Grad an Formalisierung begrenzt.

1.2.4   Relationale Governance-Mechanismen

Relationale Governance-Mechanismen ergänzen das zuvor beschriebene formale Allianzgrundgerüst mit weichen Faktoren. Diese umfassen die Motivation der Allianzpartner, den Grad kultureller Anpassung, die Kommunikationsstrategie, Ansätze zum gegenseitigen Verständnis und zur Problemlösung sowie die Zuteilung von Rollen und Verantwortlichkeiten (Cravens et al. 2000). Je nach Umfang und damit verbundener Komplexität der Allianz, steigt die notwendige Intensität der relationalen Mechanismen. Abb. 1.6 demonstriert den positiven Effekt einer Einbindung von relationalen Faktoren in die Allianz-Governance.

Betrachtet man den wertschaffenden Beziehungskreislauf, wird die Bedeutung einer offenen und vertrauensvollen Kommunikation zwischen den Allianzpartnern deutlich. Mit zunehmender Kooperationszeit wiederholt sich der Kreislauf und festigt somit die gegenseitige Beziehung. Ein Hauptbestandteil der relationalen Governance ist die Formulierung von Richtlinien für die spätere Zusammenarbeit. Ein weiterer Hauptbestandteil ist die schriftlich festgehaltene Intention zur gemeinsamen Zusammenarbeit, welcher als Anker für beide Parteien dient. Des Weiteren zählen Regeln der Kommunikation dazu. Diese umfassen beispielsweise das Commitment zu einer offenen, respektvollen Kommunikation zwischen den Allianzpartnern, welche mindestens einmal pro Woche stattfindet und alle Informationen über neuerliche Allianzentwicklungen sowie mögliche Unzufriedenheit umfasst. Ein solches Regelwerk zur Zusammenarbeit kann zum Beispiel so aussehen wie im Folgenden dargestellt:

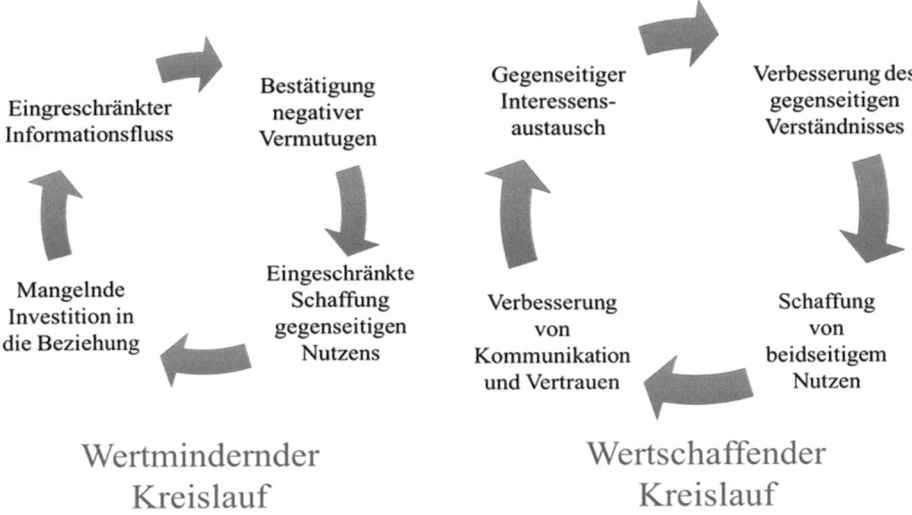

Abb. 1.6 Beziehungskreislauf. (Quelle: In Anlehnung an Parker 2004, S. 1)

Wir werden …

- Gefühle der Frustration oder Unfairness explizit und offen diskutieren.
- Konflikte zur Sprache bringen, ohne Anschuldigungen vorzubringen.
- Konflikte der Zusammenarbeit getrennt von Geschäftsbelangen ansprechen.
- Interessen der Kooperationspartner regelmäßig im Laufe der Zusammenarbeit abgleichen.
- regelmäßige Kommunikationsrunden durchführen (in Persona oder via Telefon-/ Videokonferenzen), um die nächsten Schritte des gemeinsamen Vorgehens zu
- im Falle von Konflikten verschiedene Optionen zur Konfliktlösung ausarbeiten und gegenseitig bewerten.
- die Qualität der Beziehung und die Einhaltung der Commitments regelmäßig, jedoch zumindest einmal pro Quartal besprechen.

Ein weiteres wirksames Instrument der relationalen Governance sind Entscheidungsprotokolle. Diese legen bereits im Vorfeld fest, welcher Mitarbeiter in welchen Angelegenheiten Entscheidungsautorität oder Einfluss besitzt, oder welche Stakeholder in eine Entscheidung miteinbezogen werden müssen. Diese Protokolle sind besonders beziehungsfördernd, da Missverständnisse über Rollen und Verantwortlichkeiten ein besonders hohes Konfliktrisiko darstellen. So kommt es häufig vor, dass sich kooperierende Parteien in einem Entweder-oder-Paradigma wiederfinden, in welchem eine Partei die Entscheidungshoheit für sich beansprucht, während bei der Partnerpartei das Gefühl von Fremdbestimmung aufkommt (Ertel und Gordon 2007).

Tab. 1.2 Risikoabhängige Gestaltung der Governance-Mechanismen

Art/Ausprägung des Risikos	Angemessene Governance-Mechanismen
Hohes Beziehungsrisiko, Geringes Performance-Risiko	Ausgeprägte formale Governance-Mechanismen (Kontrolle, regelmäßiges Feedback, Strafen für opportunistisches Verhalten)
Geringes Beziehungsrisiko, Hohes Performance-Risiko	Ausgeprägte Beziehungsgovernance (Protokolle, Autoritäten, Kommunikation) Geringes Maß an formalen Mechanismen
Hohes Beziehungsrisiko, Hohes Performance-Risiko	Ausgeglichenes Maß an formaler Governance und Beziehungsgovernance-Mechanismen
Geringes Beziehungsrisiko, Geringes Performance-Risiko	Fokus auf Beziehungsgovernance-Mechanismen

1.2.5 Governance-Strukturen für verschiedene Risikospezifika

Vertrauen und Kontrolle können, in angemessener Ergänzung, Beziehungs- sowie Performance-Risiko managen. Je nach Vertrauensgrad ändert sich der Fokus (siehe Abb. 1.5). Bei einem geringen Vertrauensgrad minimieren formale Governance-Mechanismen das verbleibende Beziehungsrisiko. Vor allem bei Allianzpartnern, welche sich noch fremd sind, und die Vorvertrags-Workshops die erste Begegnung darstellen, ist das gegenseitige Vertrauen gewöhnlicherweise instabil. Ein formales Governance-Gerüst bietet hier die nötige Sicherheit. Zudem unterstützt es bei dem schrittweisen Vertrauensaufbau. Sollten sich die Vertragsparteien bereits aus früherer Zusammenarbeit kennen, welche mit positiven Ergebnissen verbunden war, besteht bereits ein gefestigtes Maß an Vertrauen (siehe Tab. 1.2). Hier ist ein Fokus auf relationale Governance angemessen, um das Vertrauen weiter auszubauen. Generell kann das Verhalten – und somit das Risiko – eines Kooperationspartners aus früherer Zusammenarbeit sowie anhand der Intensität des Informationsaustauschs abgeleitet werden. Je mehr Informationen zwischen den Parteien während der Vorvertrags-Workshops ausgetauscht werden, desto größer ist das Vertrauen in die potenzielle Partnerpartei. Somit bieten die beiden Vorvertrags-Workshops geeignete Plattformen zur Bestimmung des vorherrschenden Risikos.

1.3 Fazit

Die Beziehungsbildung in der Vorvertragsphase ist komplex. Das Management des ersten Zusammentreffens potenzieller Vertragsparteien entscheidet über den späteren Erfolg der Geschäftsbeziehung. Es ist meist eine Situation des gegenseitigen Argwohns sowie des Strebens nach individueller Nutzenmaximierung. Umso wichtiger ist es, diesen Zeitpunkt zu nutzen, um eine Stimmung der Akzeptanz und des gemeinsamen

Allianzverständnisses zu schaffen, in welcher sich ein vertrauensbasierter Umgang miteinander mit dem Fokus auf gegenseitigem Nutzen entwickeln kann.

Neben den fünf Elementen des Vertrauensaufbaus und dem frühzeitigen Festlegen von gemeinsamen Zielen, hilft ein gemeinsam erarbeitetes Regelwerk an Governance-Mechanismen bei der Etablierung einer initialen Vertrauensbasis. In diesem Zusammenhang wurden zwei Vorvertrags-Workshops vorgestellt, welche potenziellen Vertragsparteien ein erstes Zusammentreffen, fernab jeglichen vertraglicher Verpflichtungen, ermöglichen. Des Weiteren bieten diese Workshops ein geeignetes Umfeld, um gemeinsame Interessen aufzudecken und um einen ersten Grad an Vertrauen und Glaubwürdigkeit aufzubauen. Durch seine klare Struktur, und der aufeinander aufbauenden Phasen, hilft das Relationship Building Concept dabei, die Vorvertragsphase effektiv zur initialen Beziehungsbildung zu nutzen, und deren Komplexität zu reduzieren.

Die Vorvertragsphase strategischer Allianzen bietet einen idealen Ausgangspunkt für die initiale Vertrauensbildung zwischen den potenziellen Vertragsparteien. Vertrauen ist der Grundstein jeder erfolgreichen und langfristigen Geschäftsbeziehung. Dennoch spielt noch eine weitere Komponente eine entscheidende Rolle für den Erfolg einer Zusammenarbeit: das vorherrschende Risiko. Die Autoren erläutern, welche Risikoformen es im Kontext strategischer Allianzen gibt, und wie diese erfolgreich gemanaged werden können.

Die Bedeutung stabiler Beziehungen zwischen Geschäftspartnern ist bereits heute ein erfolgsentscheidender Faktor, welcher in Zukunft zunehmend an Bedeutung erlangen wird. Dieser Beitrag zeigte einen ersten Schritt in Richtung Beziehungsbildung in der Vorvertragsphase auf. Wichtigste Bestandteile in diesem Kontext sind das Relationship-Building-Konzept sowie die Vorvertrags-Workshops, welche das Potenzial der Einbindung des vorvertraglichen Zeitraums aufzeigen. Gemeinsam mit der Verknüpfung von formaler sowie relationaler Governance, kann das Risiko des Scheiterns von strategischen Allianzen bedeutend reduziert werden. Zudem öffnet die intensive zeitliche Investition in das Beziehungsmanagement die Tür für einen starken und nachhaltigen Wettbewerbsvorteil. Trotz des vielversprechenden Potenzials, wird eine der größten Herausforderungen der Wechsel vom „Deal-Making" hin zum „Implementierungsfokussierten" Mindset darstellen. Ungeachtet der wirtschaftlichen Vorteile für jede Partei im Falle eines Vertragsschlusses, muss die langfristige Qualität der Beziehung im Vordergrund stehen. Diese wird durch Investitionen ins Beziehungsmanagement in Form von Zeit sowie einer entsprechenden Balance von formalen und relationalen Governance-Mechanismen gesichert.

Handlungsempfehlungen

- Vertrauensbildung basiert auf Glaubwürdigkeit und Kontinuität – auch im Business-Kontext.
- Nutzen Sie die Vorvertragsphase zur Vertrauensbildung und Beziehungsfestigung, um Überraschungen in der operativen Allianzphase vorzubeugen.

- Investieren Sie in greifbare Aspekte der Vertrauensbildung wie Planung, Ressourcen- und Risikoevaluierung, Metriken, Rollen sowie Verantwortlichkeiten.
- Schaffen Sie erfolgsentscheidende Win-win-Situationen durch Informationssymmetrie aufseiten aller Allianzpartner durch Transparenz über Optionen, Alternativen sowie individuelle Präferenzen.
- Evaluieren Sie zu Beginn das vorherrschende relationale Risiko sowie das Performancerisiko der strategischen Allianz, sowie den „Fit" der Allianzpartner. ◄

Literatur

Albers, S. (2010). Configurations of alliance governance systems, (July), 204–233.

Albers, S., & Zajac, J. E. (2008). What makes a strategic alliance? An organizaitonal analysis. *Paper Presented at the 28th Annual Conference of the Strategic Management Society, Cologne.*

Cox, R. A., Marriott, I., & Seabrook, D. (2003). Trust and control : The key to optimal outsourcing relationships, (April).

Cravens, K., Piercy, N., & Cravens, D. (2000). Assessing the performance of strategic alliances: Matching Metrics to Strategies. *European Management Journal, 18*(5), 529–541.

Das, T. K., & Bing-Sheng, T. (2011). Trust, control, and risk in strategic alliances: An integrated framework. *Organization Studies, 22*(2), 251–283.

de Man, A. P., & Roijakkers, N. (2009). Alliance governance: Balancing control and trust in dealing with risk. *Long Range Planning, 42*(1), 75–95.

Dussauge, P., Garrette, B., & Michell, W. (2000). Learning from competing partners: Outcomes and durations of scale and link alliances in Europe, North America and Asia. *Strategic Management Journal, 21*(August 1999), 99–126.

Ertel, D., Enlow, S., Bubman, J., Merrigan, L., & Branum, A. (2008). *The vantage guide to governance in outsourcing relationships a compilation of advice to providers on achieving value.*

Ertel, D., & Gordon, M. (2007). The value of adopting an implementation-matters mind-set and how to seize that value for your organization. *Business.*

Fisher, R., Ury, W., & Patton, B. (2011). Getting to yes : Negotiating an agreement without giving in, xxix, 204.

Henderson, J. C., Administration, R., Oblinger, D., & Eds, R. K. (1999). The shifting ground between markets and hierarchy : Managing a portfolio of relationships Mani Subramani Carlson school of management University of Minnesota October 1998, (October 1998), 1–43.

John, M., Windt, T., & Pharmaceuticals, R. (2011). Planning for and implementing a new alliance launch process for a worldwide collaboration.

Lee, Y., & Cavusgil, S. T. (2006). Enhancing alliance performance: The effects of contractual-based versus relational-based governance. *Journal of Business Research, 59*(8), 896–905.

Moran, P. (1996). Bad for practice : A critique of the transaction cost theory.

More, E., & McGrath, G. M. (1996). *Cooperative corporate strategies in Ausralia´s telecommunication sector – The nature of strategic alliances.* Australia: Canberra.

Parker, S. (2004). A key partnering challenge : Managing both substance and relationship. *Vantage Partners Review*, 1–4.

Patton, B. (2005). Negotiation. *The Handbook of Dispute Resolution*, 1–16.

Sharma, D. D. (1998). A model for governance in international strategic alliances. *Journal of Business & Industrial Marketing, 13*(6), 511–528.

Weiss, J., & Visioni, L. (2002). A first step in ensuring successful partnerships : The relationship launch. *Business.*

Williamson, O. E. (2012). Theories of economic organization: The and balance. *Management, 21*(1), 58–72.

Yu, C. M. J., Liao, T. J., & Lin, Z. D. (2006). Formal governance mechanisms, relational governance mechanisms, and transaction-specific investments in supplier-manufacturer relationships. *Industrial Marketing Management, 35*(2), 128–139.

Prof. Dr. Markus H. Dahm ist Professor für Business Consulting, Strategisches Management und Change Management an der FOM Hochschule für Oekonomie & Management in Hamburg. Ferner ist er als Führungskraft in der IBM Deutschland GmbH tätig. Seit 2003 leitet er für IBM ein europaweit agierendes Outsourcing Beratungsteam, Relationship Alignment Solutions genannt, das Fragestellungen der Governance und Relationship zwischen den Vertragsparteien im Zusammenhang mit komplexen Outsourcing Partnerschaften adressiert.

Er ist Autor und Herausgeber zahlreicher Bücher und publiziert regelmäßig in einschlägigen Fachmagazinen, online Journals und Blogs zu aktuellen betriebswirtschaftlichen Fragestellungen sowie Management und Leadership-Themen.

Sonja Hollerbach hat ihre Karriere 2011 in der Strategieberatung gestartet 2018 den Schritt aus der Corporate Welt in das Unternehmertum gewagt. Heute lebt und vermittelt sie mit ihrem Unternehmen „Frau Feedback" die Werte Wertschätzung, Authentizität und Klarheit. Als Mentorin unterstützt Sonja Geschäftsführer und Führungskräfte dabei, genau diese Werte in kritischen (Feedback-) Gesprächen zu verankern.

Gleichzeitig steht sie kurz vor dem Erhalt ihres Doktortitels zum Thema „Make Feedback Great Again" und ist gefragte Dozentin an der EBS Universität für Wirtschaft und Recht, an der HFU Business School, an der Hochschule der Bayrischen Wirtschaft in München sowie an der Universität Dubai.

Return on Relationship

Messung des Mehrwertes aus Kooperationen

Markus H. Dahm

Inhaltsverzeichnis

Zusammenfassung

Das Ziel des entwickelten Return-on-Relationship-Modells (RoR-Modell) basiert auf der Identifikation des Mehrwertes von Geschäftsbeziehungen zwischen Organisationen. Die Herausforderungen der Identifikation des Mehrwertes von Geschäftsbeziehungen bestehen aus vielfältigen Beziehungsarten sowie verschiedenen Motiven, um Kooperationen einzugehen. Mit dem Return-on-Relationship-Modell lässt sich der Nutzen von Beziehungen an individuellen Zielen evaluieren. Die Kernelemente und der Fokus des Modells beruhen auf der Erreichung

M. H. Dahm (✉)
FOM Hochschule für Oekonomie & Management, Hamburg, Deutschland
E-Mail: markus.dahm@fom.de

© Springer Fachmedien Wiesbaden GmbH, ein Teil von Springer Nature 2021
M. H. Dahm (Hrsg.), *Kooperationsmanagement in der Praxis,* FOM-Edition,
https://doi.org/10.1007/978-3-658-28112-0_2

des Geschäftsnutzens. Weiterhin erlaubt das Modell die Unterscheidung in eine individuelle Perspektive sowie eine kollektive Ebene. Materielle und immaterielle Werte werden zugeordnet und eine Entwicklungsebene der Beziehung wird erfasst. Die zentralen Indikatoren werden in einem dreidimensionalen Würfel miteinander in Bezug gesetzt, in dem Bereiche zur Messung der Performance-Indikatoren entstehen. Die Messung des Mehrwertes erfolgt nach einem Vorher-Nachher-Vergleich, bei dem insbesondere die Faktoren Effektivität mit Hinblick auf die Kundenzufriedenheit und die Effizienz im Hinblick auf die Wirtschaftlichkeit gemessen werden.

▶ **Nutzen für den Leser**

Die Leser dieses Beitrages erhalten nützliche Informationen mit Hinblick auf die Werte von Geschäftsbeziehungen. In diesem Beitrag erfahren Sie, wie Sie die Beziehungsgesundheit, die individuellen Ressourcenbeiträge und die Ergebnisse der Zusammenarbeit zwischen Organisationen messen und evaluieren können. Sie lernen die Dimensionen und Indikatoren des effizienten Return-on-Relationship-Modells kennen und können dieses in der Praxis anwenden. Weiterhin wird Ihnen in diesem Beitrag ein Vergleich des Modells mit anderen theoretischen Konzepten und Modellen präsentiert. Somit erhalten Sie einen strukturierten Leitfaden, mit dem sich die Messung des Nutzens von Geschäftsbeziehungen herausarbeiten lässt.

2.1   Das Return-on-Relationship-Modell (RoR-Modell)

Immer mehr Unternehmen gehen Outsourcing-Verträge ein, um Vorteile wie Kosten-reduzierung, Standardisierung, Flexibilisierung und Qualitätserhöhung zu erreichen, wie die Unternehmensberatung Vantage Partners in ihrer Studie „Transcending Organization Barriers" herausgefunden hat. Dabei erweist es sich bislang als äußerst schwierig, den Mehrwert, der in der Partnerschaft liegt, zu messen, da vor allem weiche Faktoren wie Vertrauen und Kommunikationsqualität maßgeblich für den Erfolg einer solchen Beziehung sind. In der Literatur lassen sich zwar bereits Ansätze finden, wie etwa der Collaboration-Index von Simatupang und Sridharan oder das Drei-Perspektiven-Modell von Parung und Bititci, jedoch beschränken sich diese Modelle entweder auf einen ganz bestimmten Typus von Beziehung oder erlauben keine quantitative Messung, die eine Vergleichbarkeit ermöglichen würde. Außerdem wird die Messung von Mehrwert in Geschäftsbeziehungen in der Praxis bisher eher unsystematisch und intuitiv durchgeführt, wie eine weitere Studie von Vantage Partners herausgefunden hat (vgl. Hughes et al. 2010, S. 6).

Das Ziel dieses Beitrages ist die Entwicklung eines konzeptionellen Rahmen-modells, das den Mehrwert von Geschäftsbeziehungen zwischen Organisationen mög-lichst ganzheitlich zu erfassen hilft. Dieses Modell soll idealerweise auf verschiedene

Beziehungstypen anwendbar sein, welche nach Henderson und Subramani (1999) verschiedene Beziehungsstufen von einem einmaligen Austausch bis zu einer strategischen Partnerschaft hin darstellen. Außerdem soll das Modell erste Anhaltspunkte zur Operationalisierung des Mehrwertes einer beliebigen Geschäftsbeziehung liefern.

Zunächst wird das Modell vorgestellt, bevor dessen Konstruktion im Detail hergeleitet wird. Anschließend soll die Tauglichkeit des Modells evaluiert werden, was durch eine Prüfung der Anwendbarkeit des Modells sowie durch einen Vergleich mit anderen Modellen erfolgt.

Die Entwicklung des RoR-Modells geht zum einen auf den konstruktiven Ansatz von Kasanen et al. zurück. Dieser Ansatz versteht die Konstruktion von Modellen und Prozeduren als praxisbezogene Methode zur Lösung realer Probleme und definiert dabei diese Eigenschaft der Praxisrelevanz als zentrale Voraussetzung für die Anwendbarkeit der Methodik. Neben der Praxisrelevanz zeichnet der Ansatz sich außerdem durch seine normative Ausrichtung aus (vgl. Kasanen et al. 1993, S. 244):

1. Identifikation eines praxisrelevanten Problems
2. Entwicklung eines umfassenden Problemverständnisses
3. Konstruktion einer neuartigen Lösungsidee
4. Demonstration der Einsetzbarkeit
5. Aufzeigen theoretischer Verbindungen und dem theoretischen Beitrag des Lösungskonzeptes
6. Bewertung des Anwendungs- und Geltungsbereiches

2.1.1 Praxisrelevanz und Problemkonkretisierung

Bei der Bestimmung des Geschäftsnutzens von interorganisationalen Beziehungen ergeben sich in der Praxis verschiedene Herausforderungen. Besonders die Vielfalt der existierenden Beziehungsarten und unterschiedlichen Motive, eine unternehmensübergreifende Kooperation einzugehen, erschweren dabei die Entwicklung eines universell anwendbaren Vorgehensmodelles.

Vor allem die Motive, eine Beziehung einzugehen, sind eng verknüpft mit dem anvisierten Mehrwert, der durch die Partnerschaft erreicht werden soll. Aufgrund des breit gefächerten Zielspektrums lassen sich in dieser Hinsicht jedoch kaum Faktoren identifizieren, die für alle Beziehungsarten, Kontexte und Konstellationen gleichermaßen relevant sind und sich somit als universelle Indikatoren für den Erfolg oder Misserfolg bzw. den Mehrwert der Beziehung eignen könnten.

Eine Messung des Nutzens oder Wertes von Beziehungen muss sich demnach an den individuellen Zielen der Beziehung orientieren. Dieses Ziel lässt sich jedoch meist nicht pauschal aus der Art der Beziehung ableiten. Eine besondere Herausforderung, die sich aus dieser Vielfalt und dem starken Situationsbezug ergibt, besteht in der Verallgemeinerbarkeit der Messkriterien. Bei der Entwicklung eines allgemeinen

Rahmenmodelles besteht somit eine Schwierigkeit darin, die Balance zwischen Offenheit für möglichst unterschiedliche Beziehungsziele und -arten zu erhalten und andererseits ein ausreichend konkretes Modell zu entwickeln.

Aus diesem Grund soll das Modell die folgenden Anforderungen berücksichtigen:

1. Ziele der Beziehung als zentrales Element
2. Trennung zwischen Maßnahmen, Geschäftsnutzen und Geschäftswert
3. Trennung zwischen den Perspektiven der Beteiligten
4. Berücksichtigung von Investitionen und Beiträgen und Festlegung des Betrachtungszeitraums
5. Ausgewogenheit zwischen dem Grad der Flexibilität und Konkretisierung
6. Berücksichtigung von materiellen und immateriellen Faktoren unter Definition von vordefinierten Kriterien zur Bestimmung der Werte
7. Anwendbarkeit auf möglichst heterogene Beziehungstypen

2.1.2 Lösungskonstruktion

Ziel ist es, ein allgemein anwendbares, möglichst pragmatisches Rahmenwerk zu entwickeln, das ein strukturiertes Vorgehen bei der Ermittlung der durch eine Beziehung entstehenden Mehrwerte ermöglicht. Kernelemente des Modells sind die Ziele der Beziehung, die alle anderen Aspekte des Modells bestimmen. Zuallererst werden die verschiedenen Ebenen der Zielsetzung verdeutlicht.

Der angestrebte Nutzen, der von den definierten Zielen abhängt, wird auf Basis des Geschäftswertes ermittelt. Beim eigentlichen Geschäftswert handelt es sich zum Beispiel um Kostenreduktionen oder Gewinnsteigerungen. Der Geschäftsnutzen kann, im Gegensatz zum Geschäftswert, in vielfältigen Ausführungen vorliegen. Deswegen liegt der Fokus des Modells auf der Betrachtung und der Erreichung des Geschäftsnutzens. Mögliche Ausprägungen des Nutzens bestehen beispielsweise in der Effizienzsteigerung oder in der Entwicklung neuer Patente und lassen somit wiederum eine Ausrichtung auf die Erreichung eines Geschäftswertes erkennen.

Dann wird die Ebene der Perspektive eingeführt, auf der zwischen einer kollektiven und einer individuellen Ebene differenziert wird. Die individuelle Perspektive umfasst dabei die entsprechenden Indikatoren aufseiten beider Organisationen, die jeweils separat betrachtet werden, während die kollektive Ebene gemeinsame Indikatoren betrachtet.

Der nächste Kernfaktor ist die Differenzierung zwischen materiellen und immateriellen Werten auf der Wertebene. Materielle Werte umfassen dabei Werte, denen unmittelbar ein finanzieller Wert zugeordnet werden kann, während immaterielle Werte als solche Werte verstanden werden, die nicht pauschal über finanzielle Werte abgebildet werden können, zum Beispiel Fähigkeiten des Personals.

Ein weiterer Kernfaktor ist die Entwicklungsebene. Sie berücksichtigt ausgehend von den Beiträgen (wie Maschinen, Kapital oder Produkte) den Input für die Beziehung, den Mechanismus, welcher die Messung der Gesundheit der Zusammenarbeit darstellt und Indikatoren wie Kontrollaufwand oder Vertrauen misst und das Ergebnis dieses Prozesses in Form des Geschäftsnutzens.

Die zentralen Elemente des vorgeschlagenen RoR-Modells sind demnach die Perspektive, die Wertebene und die Entwicklung der Beziehung. Diese Betrachtungsebenen gilt es nun miteinander zu kombinieren, um ein umfassendes Rahmenwerk zur Bestimmung der Beziehungsperformance zu erhalten und entsprechende Indikatoren zur Ermittlung der Performance ableiten zu können.

Dazu werden in der Abb. 2.1 die einzelnen Elemente in Form eines dreidimensionalen Würfels miteinander in Bezug gesetzt, wobei an jeder der entstehenden Schnittstellen ein potenzieller Bereich zur Messung von Performance-Indikatoren entsteht.

So ergeben sich alle Würfel aus den jeweiligen Faktorkombinationen mögliche Messbereiche. Betrachtet man beispielsweise in der Abb. 2.1 die Ebene des Geschäftsnutzens lassen sich die möglichen Indikatorbereiche relativ unabhängig von der Perspektive festlegen, da angenommen werden kann, dass aus jeder Perspektive prinzipiell ähnliche Ziele relevant sein können. Allerdings ist eine Unterteilung der Dimensionen im konkreten Anwendungsfall trotzdem sinnvoll, da diese Ziele nicht immer vollständig übereinstimmen müssen. In einer transaktionalen Beziehung einer Fast-Food-Kette beispielsweise gehen die Ziele zwischen Lieferant und Kunde auseinander. Der Lieferant

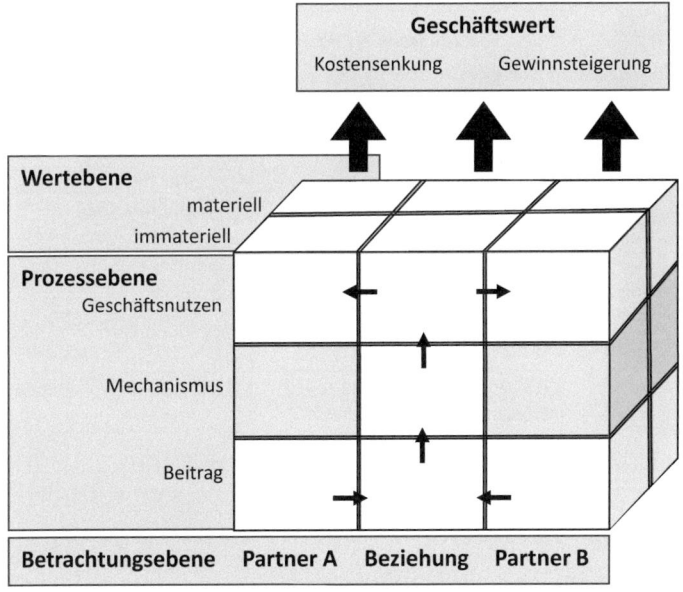

Abb. 2.1 Rahmenwerk zur Messung der Beziehungsperformance

strebt vor allen nach Prozessvereinfachung und -effizienz, wohingegen der Kunde nach einfacher Kostenreduzierung sucht.

2.1.3 Demonstration der Anwendbarkeit – Modellvalidierung auf praktischer Ebene

Nachdem das RoR-Modell entwickelt wurde, soll nun eine Bewertung der Anwendbarkeit auf praktischer Ebene durch das Beispiel einer transaktionalen Beziehung erfolgen. Eine transaktionale Beziehung ist nach dem sogenannten Henderson-Portfolio (Henderson und Subramani 1999), welches verschiedene Stufen einer Geschäftsbeziehung einteilt, eine klassische Kunden-Lieferanten-Beziehung, die hauptsächlich dem Austausch von Produkten und Dienstleistungen dient. Es werden Beziehungstypen in Bezug mit den Motiven zur Bildung von Beziehungen gesetzt. Aus einer Kombination der Charakteristika der Beziehungstypen und den möglichen strategischen Zielen von interorganisationalen Geschäftsbeziehungen ergibt sich in der Abb. 2.2, dass eine transaktionale Beziehung (tritt beispielsweise in Geschäftsbeziehungen von Fast-Food-Ketten oder Autowaschanlagen auf) in erster Linie auf die Steigerung von Effizienz und somit die Senkung von Kosten ausgerichtet ist.

Der Wert der Beziehung ist demnach direkt verbunden mit dem Beschaffungspreis, den Produkteigenschaften und der Lieferflexibilität für das Produkt oder der Dienstleistung. Zusätzliches Potenzial besteht in der Ausnutzung von Skaleneffekten.

| Beziehungstyp | Ausprägung des Interesses an strategischer Zielsetzung | | | |
	Steigerung von Marktmacht	Steigerung von politischem Einfluss	Steigerung der Effizienz	Differenzierung von Produkten
Transaktionale Beziehung	●○○○	○○○○	●●●●	○○○○
Performance-Vertrag	●●○○	○○○○	●●●○	○○○○
Spezialisierte Beziehung	●●○○	●●○○	●●○○	●●●●
Strategische Partnerschaft	●●○○	●●●○	●●○○	●●●●
	Nicht vorhandenes Interesse	Geringes Interesse	Mäßiges Interesse	Ausgeprägtes Interesse	Sehr ausgeprägtes Interesse
	○○○○	●○○○	●●○○	●●●○	●●●●

Abb. 2.2 Ausprägungen der strategischen Zielsetzungen nach Beziehungstypen

2.2   Theorieverknüpfung

2.2.1   Modellvalidierung durch Vergleich mit bestehenden Modellen auf theoretischer Ebene

Zur besseren Bewertung des entwickelten RoR-Modells soll ein Vergleich mit anderen theoretischen Modellen erfolgen, welche es ermöglichen, Wirkungszusammenhänge, relevante Einflussfaktoren und Zielgrößen zur Bemessung des Mehrwertes zu erfassen.

2.2.1.1 Collaboration-Index

Ein möglicher Ansatz zur Bewertung interorganisationaler Beziehungen auf Prozessebene ist der Collaboration-Index von Simatupang und Sridharan aus dem Jahr 2005. Dieser operationalisiert die kollaborative Praxis innerhalb einer interorganisationalen Beziehung basierend auf den Indikatoren Informationsaustausch, Entscheidungssynchronisation und Abstimmung der Leistungsanreize zwischen den Organisationen (vgl. Simatupang und Sridharan 2005, S. 46).

- **Informationsaustausch:** Zeitnahes Kommunizieren von planungs- und steuerungsrelevanten Informationen an die Entscheider. Grund des Austausches zum Beispiel: Preisveränderungen oder Lieferschwierigkeiten.
- **Synchronisation von Entscheidungen:** Die gemeinsame Entscheidungsfindung auf operativer und strategischer Ebene. Zum Beispiel die Erarbeitung von Lieferzeitplänen oder die Festlegung von Zielmärkten.
- **Abstimmung der Leistungsanreize:** Das Ausmaß, in dem Kosten, Risiken und Vorteile zwischen den Partnern geteilt werden. Zum Beispiel Vereinbarungen über Bestelländerungen oder die Aufteilung von eingesparten Lagerkosten.

Es gibt einen Zusammenhang zwischen der Kollaboration und der Performance der Lieferkettenbeziehung. Dazu wird die Performance ebenfalls als Index aus drei Indikatoren operationalisiert. Diese Indikatoren sind der Erfüllungsgrad, die Inventarisierung und die Reaktionsbereitschaft (vgl. Simatupang und Sridharan 2005, S. 51).

- **Erfüllungsgrad:** Dieser stellt Fähigkeit der Beteiligten, den erforderlichen Lieferbedingungen gerecht zu werden, dar und berücksichtigt demnach die Einhaltung von Lieferzeitpunkten und die korrekte Ausführung von Bestellungen.
- **Inventarisierung:** Dieser Faktor misst die Lagerkosten, die Lagerreichweite und den Lagerumschlag.
- **Reaktionsbereitschaft:** Der dritte Faktor bildet die Flexibilität, mit der auf Änderungen der Nachfrage reagiert wird, und die Vorlaufzeit einer Lieferung ab.

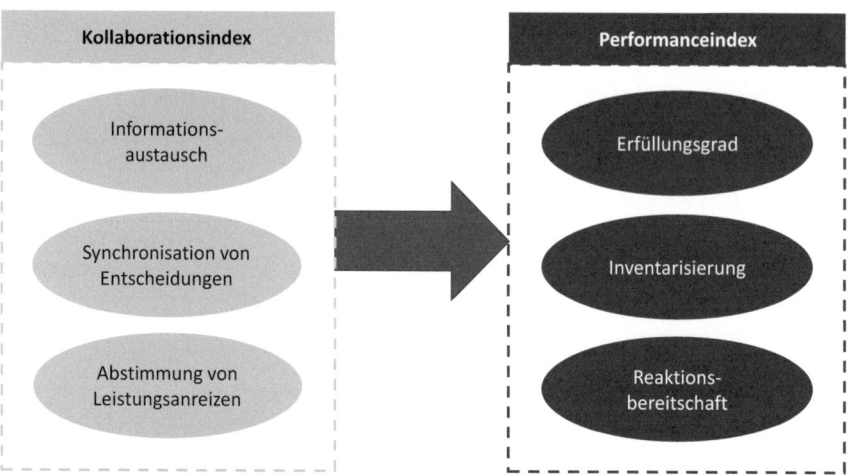

Abb. 2.3 Kollaborations- und Performanceindex. (Quelle: In Anlehnung an Simatupang und Sridharan 2005, S. 60)

Basierend auf ihrer Untersuchung kommen Simatupang und Sridharan zu dem Schluss, dass ein starker Zusammenhang zwischen diesen Dimensionen der Kollaboration und der Performance einer Beziehung besteht, welcher in Abb. 2.3 verdeutlicht wird (vgl. Simatupang und Sridharan 2005, S. 60).

2.2.1.2 Drei-Perspektiven-Modell

Im Gegensatz zu dem von Simatupang und Sridharan untersuchten Collaboration-Index, der sich auf einen spezifischen Beziehungstypen der Zulieferer-Händler-Beziehung beschränkt, findet sich bei Parung und Bititci aus dem Jahr 2008 ein Modell, das in beliebigen Beziehungskontexten anwendbar ist. Dieses Modell liefert Ansatzpunkte für ein metrisches System, das zur Erfolgsmessung in Kollaborationsnetzwerken herangezogen werden kann (vgl. Parung und Bititci 2008, S. 654). Kollaboration ist in diesem Zusammenhang die Zusammenarbeit in einer Win–win-Situation, die sich durch eine gesunde Beziehung, geteilte Ressourcen und das Bestreben, einen Beitrag zum gemeinsamen Mehrwert zu leisten, auszeichnet.

Kollaborationsnetzwerke sind ein System, welches aus den Elementen Input (Eingabe), Aktivität, Mechanismus, Steuerung und Output (Ergebnis), wie in Abb. 2.4 dargestellt, besteht (vgl. Parung und Bititci 2008, S. 655). Der Input sind die durch die Beziehungspartner eingebrachten Ressourcen, während der Output den durch die Beziehung erzeugten Wertzugewinn zeigt. Die Messung der Funktion oder der Aktivität beinhaltet für sie insbesondere die Unterscheidung zwischen „gesunden" und „ungesunden" Beziehungen und wird insbesondere durch die Mechanismen der Zusammenarbeit bestimmt.

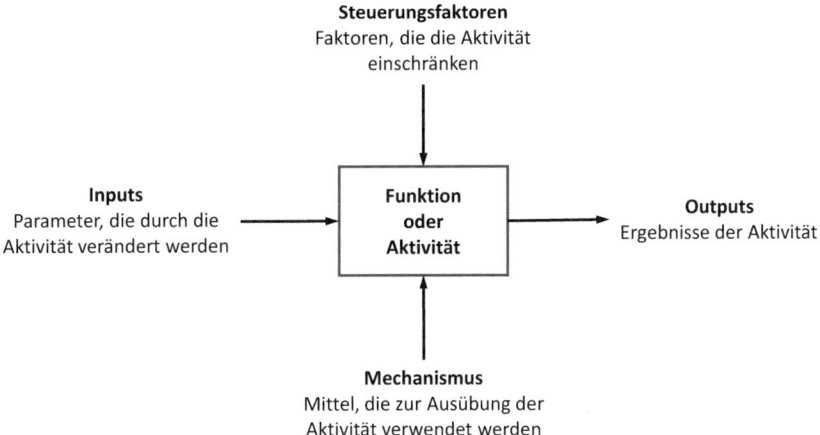

Abb. 2.4 Wirkungszusammenhänge und Einflussfaktoren in einem System nach IDEF0. (Quelle: In Anlehnung an Parung und Bititci 2008, S. 657)

In dem entwickelten RoR-Modell in Abb. 2.5 werden hauptsächlich die Faktoren Input, Mechanismus und Output beurteilt.

Damit das Modell angewendet werden kann, müssen die zu erfassenden Metriken an den Zielen der Beziehung ausgerichtet sein. Außerdem sollten diese Ziele gemeinsam mit allen Beteiligten definiert werden. Wenn dann alle relevanten Dimensionen abgestimmt sind, können konkrete Messungen durchgeführt werden.

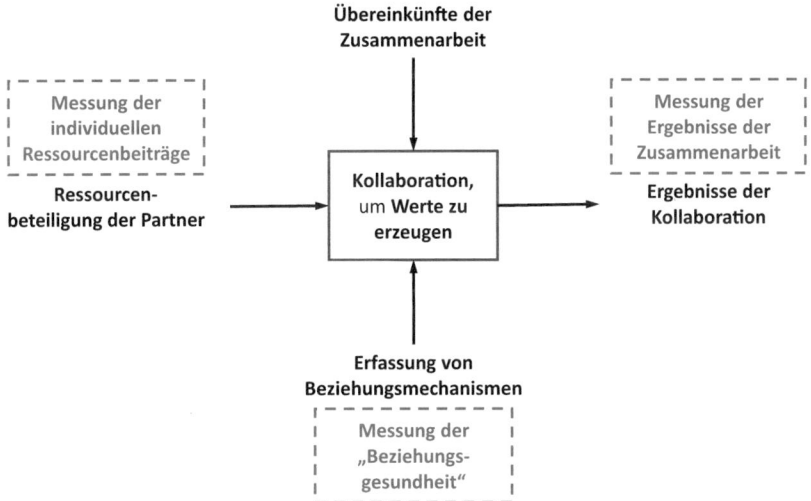

Abb. 2.5 Zusammenspiel der Elemente in Kollaborationsnetzwerken. (Quelle: In Anlehnung an Parung und Bititci 2008, S. 658)

Die Durchführung der Messung orientiert sich dabei an den folgenden Kern-elementen:

- Input für die Zusammenarbeit, der den Beitrag jeder involvierten Partei erfasst (wie Maschinen, Kapital und andere Produktionsfaktoren)
- Kollaborationsmechanismus, der in Form der Beziehungsgesundheit die Aktivität der Zusammenarbeit beeinflusst (wie operative Zusammenarbeit, strategische Abstimmung und allgemeine Managementaktivitäten)
- Output der Kollaboration, der das Ergebnis der Kollaborationsaktivitäten darstellt (wie ein Vorher-Nachher-Vergleich der eingebrachten Beiträge)

2.2.2 Input: Messung der Beteiligung

Zur Messung der Beteiligung der jeweiligen Beziehungspartner schlagen die Autoren eine mehrstufige, hierarchische Struktur vor, die sich an der AHP-Methode (Analytical Hierarchy Process-Methode) orientiert.

Dieses Konzept wird auf die Problematik übertragen, die potenziell gegensätzlichen Ziele der verschiedenen Beziehungspartner zu strukturieren. Dabei formulieren sie als allgemeingültiges, übergeordnetes Ziel die Steigerung und Maximierung der in die Beziehung eingebrachten Werte. Diese unterteilen sie im nächsten Schritt in verschiedene Wert-elemente wie beispielsweise physische Assets, finanzielle Assets, organisationales Kapital, relationales Kapital und personelles Kapital (vgl. Parung und Bititci 2008, S. 661 ff.).

Ausgehend von diesen grundsätzlichen Leistungsquellen werden im Anschluss konkrete Faktoren abgeleitet. Physische Assets umfassen dabei beispielsweise die Faktoren Maschinen oder Betriebsstätten, während organisationales Kapital unter anderem Patente und Designs enthalten. Diese Leistungstreiber und Faktoren gilt es anschließend zu priorisieren und den Beitrag der jeweiligen Beziehungspartner zu erfassen.

2.2.3 Mechanismus: Messung der Gesundheit der Zusammenarbeit

Entscheidend für die Effizienz und Effektivität der gemeinsamen Entscheidungen und Aktivitäten im Rahmen der Kollaboration betrachten Parung und Bititci (2008) die Gesundheit der Beziehung. Charakteristisch für diese Gesundheit sind nach ihrer Auffassung die Faktoren Verpflichtung (Commitment), Koordination, Vertrauen, Kommunikationsqualität und -teilnahme sowie der Umgang mit Konflikten im Rahmen der gemeinsamen Problemlösung. Diese Gesundheitsfaktoren der Partnerschaft wirken sich dabei nicht nur auf die operative Zusammenarbeit, sondern auch auf Management-aktivitäten und die strategische Entscheidungsfindung aus, wie in Abb. 2.6 beschrieben (vgl. Parung und Bititci 2008, S. 662–663).

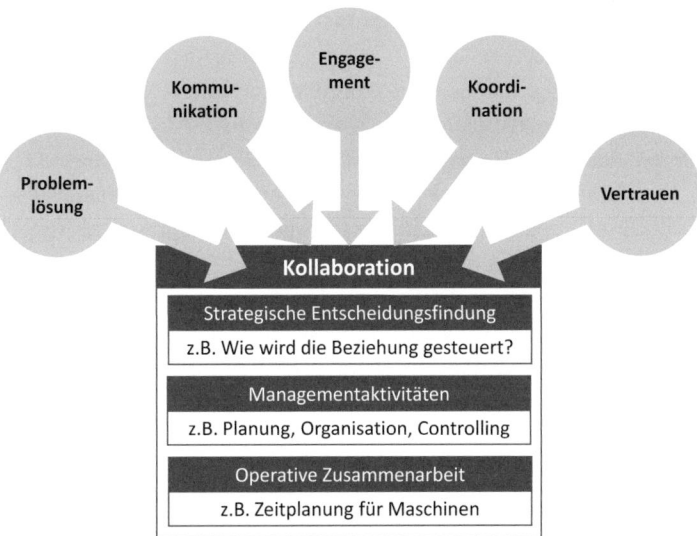

Abb. 2.6 Charakteristika gesunder Zusammenarbeit. (Quelle: in Anlehnung an Parung und Bititci 2008)

Die Auswahl der als relevant betrachteten Eigenschaften sollte dabei für jede Partnerschaft individuell mit allen Beteiligten abgestimmt werden. Anschließend können gemäß dem Vorgehensmodell diese Indikatoren durch Fragebögen zur Ermittlung der Zustimmung innerhalb der Organisationen erhoben werden.

Dabei zielt die Dimension Engagement auf den Grad des Einsatzes der Organisationen ab. Als mögliche Items werden dazu die Erfüllung von Erwartungen oder die Erreichung von Qualitätsstandards angeführt. Die Koordination erfasst den Grad der Abstimmung zwischen den Organisationen und zieht als mögliche Items unter anderem heran, dass die Partner Begründungen und Besonderheiten, beispielsweise im Umfeld regulatorischer Maßnahmen, den anderen Beteiligten nachvollziehbar und verständlich vermitteln (vgl. Parung und Bititci 2008, S. 664). Der Aspekt Vertrauen berücksichtigt zum Beispiel das Kontrollbedürfnis im Hinblick auf die Bearbeitung von Aufgaben. Die Kommunikationsdimension bezieht sich wiederum auf das interorganisationale Kommunikationsverhalten und erfasst unter anderem, ob Vorschläge und Kommentare aufgenommen werden und ob klare Statusinformationen für Produkte oder Services zur Verfügung gestellt werden. Der Bereich der Konfliktlösung berücksichtigt in erster Linie, wie stark Konfliktfälle sich auf die Zusammenarbeit und auf die Beschaffenheit des Konfliktmanagements auswirken. Relevante Einflussbereiche sehen die Autoren insbesondere in den Einflüssen auf die Offenheit von Diskussionen. Dabei bestehen mögliche Fragestellungen zur Erhebung beispielsweise darin, ob bei der Problemlösung auch innovative Lösungsansätze in Betracht gezogen werden, oder ob die Partner sich an einer konsensfähigen Lösungsfindung beteiligen (vgl. Parung und Bititci 2008, S. 664).

2.2.4   Output: Messung der Ergebnisse

Für die Ergebnismessung betonen die Autoren vor allem die Schwierigkeiten, die sich aus den vielfältigen existierenden Ansätzen ergeben. Aus ihrer Sicht stellt es eine Herausforderung dar, die interorganisationale Kollaboration anhand eines einzelnen Kriteriums zu erfassen. Insbesondere eine Beschränkung auf finanzielle Ergebnisse halten sie nicht für angemessen. Aus diesem Grund betrachten sie das Ergebnis eher im Sinne der Performance, die nach ihrer Auffassung vor allem mit der Frage der Effizienz und Effektivität verbunden ist. Effektivität beziehen sie in diesem Zusammenhang primär auf die Erfüllung der Kundenanforderungen. Unter Effizienz verstehen sie die Wirtschaftlichkeit der eingesetzten Mittel zur Erreichung eines bestimmten Niveaus der Kundenzufriedenheit.

Aus dieser Perspektive heraus schlagen sie vor, die Vorteile der Beziehung auf Ebene der Beteiligten durch einen Vorher-Nachher-Vergleich zu ermitteln. Dabei bestimmen sie zunächst die Werte der relevanten, eingebrachten Assets vor der Zusammenarbeit und gewichten diese mithilfe von bereits festgelegten Gewichtungsfaktoren. Die einzelnen Werte werden im Anschluss summiert. Ebenso verfahren sie mit den Werten der einzelnen Assets nach der Kooperation. Ein Vergleich der beiden Summen zeigt den Erfolg oder Misserfolg der Zusammenarbeit aus Sicht der einzelnen Parteien an (vgl. Parung und Bititci 2008, S. 665).

Eine Beziehung ist für eine einzelne der beteiligten Organisation dann erfolgreich, wenn der individuelle Ergebniswert (Total Individual Output (TIO)) geringer ist als der Wert, der durch die Kollaboration erreicht wird (Total Network Output (TNO)). Eine Win–win-Situation zeichnet sich demzufolge dadurch aus, dass sowohl die individuellen Werte (TIO) aller beteiligten Organisationen, als auch der gemeinsame Ergebniswert (TO) vor der Zusammenarbeit geringer sind als der gemeinsame Wert nach der Zusammenarbeit.

Insgesamt deckt dieses Modell somit den gesamten Prozess der Wertgenerierung in Beziehungen ab und erfasst in den einzelnen Bereichen (Einbringen der Werte, Zusammenarbeitsmechanismus und Ergebnis) verschiedene mögliche Metriken. Allerdings deutet sich im Rahmen der Ansätze zur Operationalisierung an, dass nicht exakt greifbare Werte, wie beispielsweise die Fähigkeiten des Personals, sich nur bedingt durch eindeutige, allgemeingültige Wertkennzahlen erfassen lassen. Die Bestimmung des Mehrwertes anhand einer Formel, die quantitative Werte als Eingabe heranzieht und somit gewissermaßen auch Vergleichbarkeit zwischen unterschiedlichen Beziehungen suggeriert, scheint somit nicht in jedem Fall realisierbar und erfordert die Definition einer Skala, um die Veränderungen erkennbar zu machen.

Fazit des Modellvergleiches auf theoretischer Ebene
Der Vergleich mit anderen passenden theoretischen Modellen hat das Ergebnis in Tab. 2.1 zum Vorschein gebracht.

Tab. 2.1 Vergleich von Kollaborationsindex und Drei-Perspektiven-Modell

Kriterium	Kollaborationsindex	Drei Perspektiven Modell	RoR-Modell
Geltungsbereich	Kunden-Lieferanten-Beziehung	Beliebiger Beziehungskontext	Beliebiger Beziehungskontext
Betrachtungsweise	Partiell	Ganzheitlich	Ganzheitlich auf verschiedenen Ebenen
Indikatoren	Informationsaustausch, Entscheidungs-synchronisation und Leistungsanreize	Input (Stakeholder-Werte), Kollaboration, Output	Betrachtungsebene, Prozessebene (Geschäftsnutzen, Mechanismus, Beitrag), Wertebene (materiell, immateriell), Geschäftswert (Kostensenkung, Gewinnsteigerung)
Erkenntnis	Performance abhängig von Art der Zusammenarbeit	Messung des individuellen Beitrages, Art der Zusammenarbeit sowie Ergebnisse	Allgemeines Rahmenmodell zur Bestimmung des Mehrwertes inter-organisationaler Beziehungen
Herausforderung/Limitierung	Eingeschränkt	Immaterielle Wertelemente	Vielfalt der individuellen Motive, eine Beziehung einzugehen, eingeschränkt validiert

Der Geltungsbereich des entwickelten RoR-Modells ist auf verschiedene Arten anwendbar und kann auch auf unterschiedliche Art bewertet werden. Es kann sowohl der Bestimmung des Mehrwertes beliebiger Beziehungstypen als Anhaltspunkt dienen als auch im Rahmen von Beziehungsmanagement für verschiedene Zwecke eingesetzt werden. Das Modell kann beispielsweise die Auswirkungen von Managementaktivitäten wie strategische Ausrichtungen, überprüfen oder den Rahmen bilden, um sich strukturiert über die Ziele und Vorstellungen einer möglichen interorganisationalen Beziehung auszutauschen.

2.3   Fazit

Kann man also den Mehrwert aus Geschäftsbeziehungen messen? Ja, es ist möglich, ein allgemeines Rahmenmodell zur Bestimmung des Mehrwertes interorganisationaler Beziehungen zu entwickeln. Allerdings stellte sich in diesem Zusammenhang insbesondere die Vielfalt der zugrundeliegenden Motive für das Eingehen von Kooperationen als Herausforderung dar. Es zeigte sich dabei, dass der Mehrwert einer Beziehung nicht pauschal ermittelbar ist, sondern vielmehr individuell von der Beziehung und den zugehörigen Rahmenbedingungen abhängig ist.

Es muss abhängig von den Zielen und dem angestrebten Mehrwert der Beziehung eine konkrete Auswahl von Indikatoren entwickelt werden. Dazu stellt das entwickelte Modell jedoch ein strukturiertes Vorgehen zur Verfügung, das einen ersten Anhaltspunkt für die Identifikation relevanter Aspekte liefert.

Handlungsempfehlungen

- Der Mehrwert einer Beziehung sollte individuell anhand von Zielen und Motiven gemessen werden.
- Es sollte eine konkrete Auswahl von Indikatoren für die Messung getroffen werden.
- Mit dem Return-on-Relationship-Modell können Managementaktivitäten, wie strategische Ausrichtungen, überprüft werden.
- Die Ergebnisse der Messung lassen sich in Form einer Performance mit den zwei Kriterien Effektivität und Effizienz formulieren. Effektivität wird in diesem Zusammenhang primär auf die Erfüllung der Kundenanforderungen bezogen. Unter Effizienz ist die Wirtschaftlichkeit der eingesetzten Mittel zur Erreichung eines bestimmten Niveaus der Kundenzufriedenheit zu verstehen. ◄

Literatur

Henderson, J. C., & Subramani, M. (1999). The shifting ground between markets and hierarchy. Managing a portfolio of relationships. In G. O. Diana & N. K. Richard (Hrsg.), *Renewing administration Preparing colleges and universities for the 21st Century* (S. 99–125). Bolton: Anker Pub. Co.

Hughes, J., Wadd, J., Webb, M., & Faneuil, A. (2010). Value delivered by strategic supplier relationship management in major organisations. Vantage Partners; future purchasing. Boston, Guildford. S. 6

Kasanen, E., Lukka, K., & Siitonen, A. (1993). The constructive approach in management accounting research. *Journal of Management Accounting Research, 5*(3), 243–264.

Parung, J., & Bititci, U. S. (2008). A metric for collaborative networks. *Business Process Mgmt Journal, 14*(5), 654–674.

Simatupang, T. M., & Sridharan, R. (2005). The collaboration index. A measure for supply chain collaboration. *Int Jnl Phys Dist & Log Manage, 35*(1), 44–62.

**Prof. Dr. Markus H. Dahm** ist Professor für Business Consulting, Strategisches Management und Change Management an der FOM Hochschule für Oekonomie & Management in Hamburg. Ferner ist er als Führungskraft in der IBM Deutschland GmbH tätig. Seit 2003 leitet er für IBM ein europaweit agierendes Outsourcing Beratungsteam, Relationship Alignment Solutions genannt, das Fragestellungen der Governance und Relationship zwischen den Vertragsparteien im Zusammenhang mit komplexen Outsourcing Partnerschaften adressiert.

Er ist Autor und Herausgeber zahlreicher Bücher und publiziert regelmäßig in einschlägigen Fachmagazinen, online Journals und Blogs zu aktuellen betriebswirtschaftlichen Fragestellungen sowie Management und Leadership-Themen.

Kooperationen aktiv steuern – Die Relationship-Alignment-Methode

3

Andreas Hein und Markus H. Dahm

Inhaltsverzeichnis

Zusammenfassung

In einer immer mehr vernetzteren und komplexeren Welt gewinnen Geschäftsbeziehungen zunehmend an Bedeutung. Jedoch zeigen Beispiele aus dem IT-Outsourcing, dass diese Vorhaben vermehrt scheitern und somit hohe Trennungskosten

A. Hein (✉)
Technische Universität München, München, Deutschland
E-Mail: andreas.hein@in.tum.de

M. H. Dahm
FOM Hochschule für Oekonomie & Management, Hamburg, Deutschland
E-Mail: markus.dahm@fom.de

© Springer Fachmedien Wiesbaden GmbH, ein Teil von Springer Nature 2021
M. H. Dahm (Hrsg.), *Kooperationsmanagement in der Praxis,* FOM-Edition,
https://doi.org/10.1007/978-3-658-28112-0_3

verursachen. Neben harten Faktoren wie Service-Level-Agreements spielen ins-
besondere weiche, zwischenmenschliche Faktoren eine wichtige Rolle. Um dem
Scheitern entgegenzuwirken, müssen zuerst die Ursachen verstanden werden.
Zudem ist ein Verständnis über die verschiedenen Arten sowie über die Phasen,
die eine Geschäftsbeziehung typischerweise durchläuft, unerlässlich. All diese
Aspekte werden in der Relationship-Alignment-Methode zur aktiven Steuerung von
Geschäftsbeziehungen gebündelt. Im Kern der Methode steht, dass sich beide Parteien
vorab auf einen gemeinsamen Beziehungstyp festlegen, Abweichungen auf dem Weg
dorthin proaktiv vorbeugen und die Stimmung zwischen und innerhalb der Partner als
Frühwarnsystem kontinuierlich messen.

> ▶ **Nutzen für den Leser**
> Dieser Beitrag veranschaulicht die zunehmende Relevanz von Geschäfts-
> beziehungen und wie diese aktiv konzipiert und gesteuert werden können.
> Im ersten Schritt erfährt der Leser die häufigsten Gründe für ein Scheitern
> von Geschäftsbeziehungen. Um dem entgegenzuwirken, werden im nächsten
> Kapitel die unterschiedlichen Typen und Phasen einer Geschäftsbeziehung
> erläutert. Nach der Erläuterung der Grundprinzipien einer Geschäfts-
> beziehung wird die Relationship-Alignment-Methode als systematischer
> Ansatz zur Konzeption, Realisierung und kontinuierlichen Erfolgsbegleitung
> einer Partnerschaft beschrieben. Mit diesem Wissen kann der Leser Geschäfts-
> beziehungen proaktiv gestalten und Veränderungen frühzeitig erkennen,
> anstatt diese ungeplant dem Zufall zu überlassen. Im letzten Abschnitt erhält
> der Leser einen Ausblick auf die Veränderung von Geschäftsbeziehungen
> durch die fortschreitende Digitalisierung.

3.1   Einleitung

Geschäftsbeziehungen sind ein fester Bestandteil, um in einer immer komplexeren Welt
wettbewerbsfähig zu bleiben. Jüngstes Beispiel ist die strategische Kooperation zwischen
Uber und Toyota, in der die technologische Expertise von Uber im Bereich autonomes
Fahren mit dem produktionszentrierten Wissen von Toyota kombiniert wird (Toyota
Motor Corporation 2018; Meyerhofer 2018). Die Partnerschaft bietet beiden Parteien
strategische Wettbewerbsvorteile. Auf der einen Seite hat Uber die Möglichkeit, seine
Technologie einer breiteren Öffentlichkeit von Toyota-Fahrern zugänglich zu machen
und damit größere Datenmengen zu sammeln. Auf der anderen Seite kann sich Toyota
durch die fortschrittliche Technologie seitens Uber von Wettbewerben abgrenzen und
schneller in den Bereich Mobility-as-a-Service vordringen.

Langfristige Interaktionen zwischen zwei oder mehreren Geschäftspartnern sind kein neues Phänomen und wurden bereits seit den Anfängen wirtschaftlicher Transaktionen gepflegt. Jedoch haben sich im Laufe der Zeit sowohl die Komplexität als auch Abhängigkeiten zwischen den Partnern erhöht. Dieser Effekt lässt sich am Beispiel von IT-Outsourcing zeigen, in dem der Outsourcing-Geber, die komplette IT-Landschaft eines Outsourcing-Nehmers übernimmt. Der Outsourcing-Nehmer lagert im Zuge des Outsourcings unterstützende Wertschöpfungsprozesse an einen Partner aus, um von Skalierungseffekten und einer erhöhten Flexibilität zu profitieren. Der Outsourcing-Nehmer wiederum hat die nötige Expertise, um die Prozesse effizient und kostengünstiger anzubieten. Das Beispiel zeigt, dass im Idealfall beide Parteien von der Geschäftsbeziehung profitieren.

Zahlreiche Beispiele aus dem Outsourcing zeigen aber auch die möglichen Konsequenzen eines Scheiterns. Neben sogenannten harten Faktoren wie beispielsweise die Erfüllung von Service-Level-Agreements (SLAs), sind es vornehmlich weiche Faktoren, die zum Scheitern einer Geschäftsbeziehung führen (Rayess 2016). Zu den Top-5-Problemen für das Scheitern einer Geschäftsbeziehung gehören: Unklarheiten gegenüber der eigenen Rolle in der Partnerschaft, ein mangelndes Verständnis über Abhängigkeiten, eine ungenügende Planung, fehlendes Vertrauen und eine unzureichende Kommunikation. Die aufgeführten Probleme veranschaulichen, dass Geschäftsbeziehungen – wie auch andere strategische Entscheidungen – aktiv geplant und gesteuert werden müssen.

Während gute Arbeitsbeziehungen zwischen Geschäftspartnern aus operativer Sicht oft von persönlichen Beziehungen und vom Beziehungsgeschick einzelner Personen abhängig sind, geht die gesamte Beziehung zwischen zwei Organisationen über das Geschick des Einzelnen hinaus. Ein effektives Beziehungsmanagement ist wiederholbar, langfristig angelegt und kann somit auch einen Personal- und Managementwechsel überstehen. Eine strukturierte und systematische Methode, um Best Practices des Beziehungsmanagements zwischen den Geschäftspartnern zu institutionalisieren, ist die Relationship-Alignment-Methode (Dahm und Hein 2014a, b, c, 2017). Das Vorgehen wurde auf der Grundlage des Harvard-Konzepts, der Arbeiten der Beratungsfirma Vantage Partners und der Autoren aufgebaut, um eine strukturierte, konsultative Methode zum Aufbau und Erhalt guter firmenübergreifender Arbeitsbeziehungen zu ermöglichen.

3.2   Geschäftsbeziehungen

Bevor eine Geschäftsbeziehung aktiv gesteuert werden kann, ist es wichtig zu verstehen, welche Faktoren zu einem Scheitern führen, welche Typen von Geschäftsbeziehungen es gibt und welche Phasen eine Geschäftsbeziehung typischerweise durchläuft.

3.2.1   Warum scheitern Kooperationen?

Neben Studien (Rayess 2016) zeigt vor allem die langjährige Erfahrung der Autoren in diversen Projekten zur Steuerung von Geschäftsbeziehungen, dass neben den harten, vertraglich festgelegten Fakten vor allem weiche und persönliche Faktoren ausschlaggebend sind. Gefährdete Geschäftsbeziehung weisen dabei überdurchschnittlich oft folgende Besonderheiten auf.

- Einseitiger Nutzen zwischen den Geschäftspartnern: Ein Partner erwartet eine „Luxus-Villa", bekommt aber nur Gegenleistungen im Wert einer „Ein-Zimmer-Wohnung".
- Fehlende Kompetenzen bei Mitarbeitern der einen oder anderen Partei: Das Beispiel des IT-Outsourcings zeigt, dass eine nur unzureichend oder zu langsam behobene Störung in wichtigen IT-Systemen einen lang anhaltenden, negativen Einfluss auf das Tagesgeschäft hat.
- Nicht oder unzureichend geteiltes Wissen: Organisation und Abläufe der Partnerfirma sind nicht bekannt und können daher nicht gelebt werden.
- Mangelnde Kommunikation zwischen den Schlüsselpositionen auf beiden Seiten: Probleme werden nur auf Anfrage und nicht proaktiv kommuniziert.
- Keine Verpflichtung zum gemeinsamen Unterfangen: Mangelnde Identifikation mit der Geschäftsbeziehung oder keine gemeinsamen Ziele; Erfahrungen haben gezeigt, dass oft das eigentliche Kerngeschäft des Partners nicht verstanden wird.
- Unzureichende Kooperation zwischen den beiden Parteien: Mangelnde Integration des Partnerunternehmens in wichtige strategische und operative Entscheidungen.
- Statt Vertrauen eher Misstrauen und Schuldzuweisungen: Mangelndes Vertrauen äußert sich durch ständige Absicherung beider Parteien mithilfe von Protokollen und Kontrollmechanismen und lähmt das Tagesgeschäft.
- Mangelnde Zuverlässigkeit: Beispielsweise werden versprochene Software-Updates zu langsam und mit fehlerhafter Software implementiert.

Eine Umfrage von Vantage Partners, einer US-amerikanischen Beratungsgesellschaft mit Fokus auf Beziehungsmanagement, bestätigt dieses Bild: Der Hauptgrund für das Scheitern von Geschäftsbeziehungen liegt in der oft unterschätzten Rolle der weichen Faktoren. Während harte Faktoren, vertraglich in SLAs zusammengefasst, von beiden Seiten akzeptiert und durch Vertragsstrafen durchgesetzt werden, werden die weichen Faktoren zumeist stiefmütterlich behandelt. Diese bleiben noch zu oft undefiniert und werden somit dem Zufall überlassen.

Werden die weichen Faktoren zu lange vernachlässigt, kann eine schlecht gelebte Partnerschaft schnell zur Trennung mit dementsprechend hohen Trennungskosten führen. Wenn dem gegenüberstehend die weichen Faktoren aktiv berücksichtigt und optimiert werden, kann auf der anderen Seite eine gut gelebte Partnerschaft zu Synergieeffekten für alle Beteiligten führen. Der Exkurs zeigt, dass weiche und harte Faktoren gleichermaßen ausschlaggebend für den beidseitigen Erfolg sind und daher ebenso aktiv gesteuert werden müssen.

3.2.2 Typen von Geschäftsbeziehungen

Wie auch in zwischenmenschlichen Beziehungen, gibt es in Geschäftsbeziehungen unterschiedliche Typen. So brauchen beispielsweise Bekanntschaften im Vergleich zu Partnerschaften deutlich weniger Pflege, führen aber im Gegenzug zu weniger tiefgreifenden Vorteilen. Gleiches gilt für eine transaktionale Kunden-Lieferanten-Beziehung im Vergleich zu einer strategischen Partnerschaft zwischen zwei Geschäftsparteien.

Eine Methodik für die Charakterisierung der verschiedenen Beziehungstypen ist das Henderson-Portfolio. Bei der Klassifizierungsmethode wird nach vier verschiedenen Beziehungstypen unterschieden. Die vier verschiedenen Beziehungstypen können als strategischer Kompass dienen, indem man zuerst bestimmt, in welcher Beziehung man sich gegenwärtig befindet und welche Beziehung zukünftig gewünscht wird (Dahm und Hein 2014a). Man unterscheidet zwischen einer rein transaktionalen, einer wertschöpfenden, einer spezialisierten und einer einzigartigen Beziehung, welche jeweils unterschiedliche Aspekte der Beziehung charakterisieren (Tab. 3.1).

3.2.2.1 Transaktional
Der Beziehungstyp Kunde–Lieferant dient der Transaktion von Produkten und Dienstleistungen zwischen zwei Geschäftspartnern. Gemeinsame Werte der Beziehung resultieren aus Einfachheit, einem transparenten Angebot und einem niedrigen Preis, was eine oberflächliche und leicht zu kopierende Beziehung zur Folge hat. Leitspruch dieser Partnerschaft lautet „Du bekommst das Gleiche wie alle anderen auch".

3.2.2.2 Wertschöpfend
Der zweite Beziehungstyp, die wertschöpfende Beziehung, zeichnet sich durch bereits bekannte Erwartungen des Geschäftspartners und einem daraus resultierenden Mehrwert aus Stabilität und Skaleneffekten aus. Zudem herrscht eine geringe Bereitschaft gegenüber Veränderung. Das Motto ist: „Ich werde dir bedürfnisgerecht helfen". Diese Beziehungsart findet sich bei Dienstleistern wie Steuerberatern oder Ärzten. Tritt keine Win–win-Situation ein, muss ein adäquater Ersatz gefunden werden. Hierfür werden beim neuen Geschäftspartner zuerst die Erwartungen abgeglichen und Vertrauen aufgebaut, welches die Basis für eine zukünftige Zusammenarbeit bildet.

3.2.2.3 Spezialisiert
Bei einer spezialisierten Partnerschaft stehen ein hohes gegenseitiges Verständnis und sich ergänzende Synergieeffekte im Mittelpunkt. Um einen ökonomischen Mehrwert zu generieren, müssen die individuelle Marktpositionierung und ein gemeinsam festgelegtes

Tab. 3.1 Typen von Geschäftsbeziehungen

Beziehungstyp	Transaktional	Wertschöpfend	Spezialisiert	Einzigartig
Beschreibung	Austausch von Produkten und Dienstleistungen. Werte resultieren aus Einfachheit und einem niedrigen Preis. Die Beziehung ist nur sehr oberflächlich	Erste Fachkenntnisse. Erwartungen sind bekannt, Werte resultieren aus Stabilität und Skaleneffekten. Geringe Bereitschaft zur Veränderung	Großes, gegenseitiges, Verständnis. Ergänzende Synergieeffekte. Werte resultieren aus der Marktpositionierung oder den Geschäftszielen. Gemeinschaftlich	Hohes Maß an Vertrautheit. Entwicklung einzigartiger Fähigkeiten. Geteilte Verantwortlichkeiten. Werte resultieren aus den gemeinsamen Ergebnissen. Schwierig zu sagen, wer für wen arbeitet
Typische Aussagen	Du bekommst das Gleiche wie alle anderen auch	Ich werde dir bedürfnisgerecht helfen	Wir kombinieren und ergänzen unsere Stärken	Zusammen können wir Wettbewerbsfähigkeiten fundamental verändern
Beispiele	*Fast Food, Restaurant, Telekom, Autowäsche*	*Steuerberater, Arzt*	*Automobile Supply Chain*	*High Performance Teams: Formel1*

Geschäftsziel definiert werden. Der Kerngedanke lautet „Wir kombinieren und ergänzen unsere Stärken". Diese Beziehungsart findet sich zum Beispiel bei stark spezialisierten Wertschöpfungsketten in der Automobilbranche. Der Wechsel des Geschäftspartners bei einer spezialisierten Partnerschaft hat meist erhebliche finanzielle Einbußen und einen Wissensverlust zur Folge. Zudem muss gemeinsames Fachwissen und Vertrauen bei einem neuen Partner erst langfristig aufgebaut werden.

3.2.2.4 Einzigartig

Der vierte Beziehungstyp beschreibt die einzigartige Geschäftsbeziehung. Einzigartige Geschäftsbeziehungen bauen auf einem hohen Maß an Vertrautheit auf, welches durch die gemeinsame Entwicklung einzigartiger Fähigkeiten und geteilter Verantwortlichkeiten erarbeitet wurde. Daher ist es auch oft schwer zu beantworten, wer für wen arbeitet. Das Credo lautet: „Zusammen können wir die Wettbewerbsfähigkeit fundamental verändern". Dieser Beziehungstyp tritt bei High-Performance-Teams, wie beispielsweise in der Formel 1, auf. Ein Partnerwechsel in einer einzigartigen Geschäftsbeziehung ist in den meisten Fällen eine existenzielle Entscheidung, da beide Parteien tief miteinander verbunden sind. Einen angemessenen Ersatz zu finden, ist im Vergleich zu den anderen Beziehungstypen die größte Herausforderung.

Alle vier Beziehungstypen weisen unterschiedliche Ausprägungen mit einhergehenden Vor- und Nachteilen für beide Parteien auf. So ist eine Kunden-Lieferanten-Beziehung meist schnell etabliert und folgt klaren Regeln. Als Kehrseite ist jedoch ein individuelles Verständnis für den Partner nicht vorhanden, sodass lediglich standardisierte Anforderungen bedient werden können. Wichtig für erfolgreiche Geschäftsbeziehungen ist auch, dass beide Parteien den jeweils gleichen Beziehungstyp anstreben. Forciert ein Kooperationspartner eine Kunden-Lieferanten-Beziehung und der andere eine einzigartige Partnerschaft, sind Probleme vorprogrammiert. So gibt es bei einer Kunden-Lieferanten-Beziehung feste Regeln, definierte Leistungen und eine geringe Abhängigkeit. Auf der anderen Seite hat eine einzigartige Geschäftsbeziehung wenig vordefinierte Regeln, von beiden Seiten festgelegte Ziele und eine sehr hohe Abhängigkeit vom Kooperationspartner. Somit stehen eine geringe und eine hohe Abhängigkeit genauso im Widerspruch wie fest definierte Regeln und Leistungen mit dynamischen Dienstleistungen und flexiblen Regeln. Aus diesen zum Teil sehr unterschiedlichen Erwartungen an Geschäftsbeziehungen können sich kosten- und zeitintensive Stolpersteine entwickeln. Daher sollten sich beide Parteien schon von Beginn an auf einen gemeinsamen Beziehungstyp einigen.

3.2.3 Phasen einer Geschäftsbeziehung

Während der Beziehungstyp ein wichtiges strategisches Ziel beschreibt, ist der Weg dorthin nicht weniger wichtig. Denn die Entwicklung von Geschäftsbeziehungen zeigt, dass Probleme nicht zwangsläufig von Beginn an auftreten. Wie auch die Typen einer

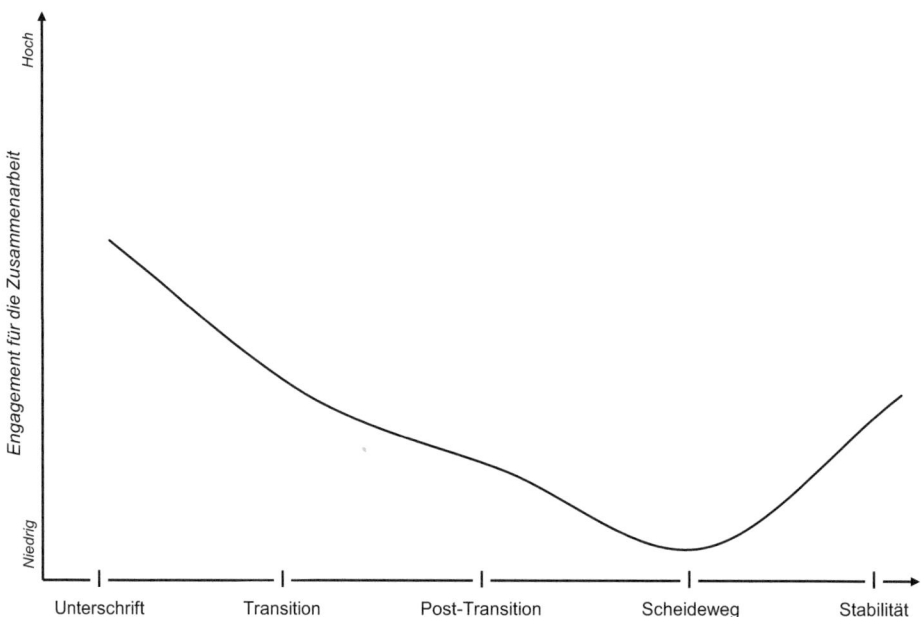

Abb. 3.1 Phasen einer Geschäftsbeziehung

Geschäftsbeziehung mit zwischenmenschlichen Beziehungen verglichen werden können, so lernt man den Charakter seines Gegenübers und die zum Teil noch nicht offengelegten Erwartungen erst im Laufe der Zeit kennen. Auch bei Geschäftsbeziehungen beginnt die Anbahnung oft euphorisch und optimistisch, kann sich aber im Laufe der Zeit in eine problembehaftete Situation entwickeln. Im Allgemeinen kann man von fünf verschiedenen Phasen sprechen, die jede Beziehung, egal ob geschäftlich oder zwischenmenschlich, durchläuft (Abb. 3.1) (Dahm und Hein 2017).

3.2.3.1 Unterschrift

Ist die Wahl für einen Geschäftspartner getroffen worden, schwelgen beide Parteien zu Beginn in großer Vorfreude und Euphorie. Zähe Verhandlungen gehören der Vergangenheit an und der auserwählte Geschäftspartner steht fest. In zwischenmenschlichen Beziehungen spricht man von einer Phase der Verliebtheit, nachdem das Werben für den Partner erfolgreich war. Gleiches gilt für wirtschaftliche Kooperationen, bei der die Vertragsunterschrift den Start in die zukünftige Zusammenarbeit besiegelt. In dieser Phase neigen beide Parteien dazu, die Schwächen des jeweiligen Gegenübers auszublenden und stattdessen nur die Stärken und die Gemeinsamkeiten hervorzuheben. Üblicherweise wird diese Phase dann mit dem Beginn der Transition beendet. Dabei beschreibt die Transition die Übergangsphase vom Beginn der gemeinsamen Zusammenarbeit bis hin zu einem vorher definierten Business as usual.

3.2.3.2 Transition

In der zweiten Phase arbeiten beide Geschäftspartner erstmalig intensiv zusammen. Schnell stellt man fest, dass nicht alles Gold ist, was glänzt, und die rosaroten Brillen werden abgelegt. Schwächen und vorher nicht wahrgenommene Beweggründe des Partners werden transparent. Die tägliche Zusammenarbeit zeigt, dass der Kooperationspartner die gesetzten Anforderungen nicht oder nur ungenügend erfüllt. Beide Seiten fühlen sich missverstanden und sehen die Schuld beim jeweils anderen. Bei einer zwischenmenschlichen Partnerschaft spricht man auch von einer schwindenden Verliebtheit, in der man das Gegenüber mitsamt seinen Schwächen und Makeln kennenlernt.

3.2.3.3 Post-Transition

In der Post-Transition treffen die unterschiedlichen Erwartungen und Beweggründe im Zuge der täglichen Zusammenarbeit meist unreflektiert aufeinander. Das heißt, dass sich beide Parteien nur der missverstandenen Erwartungen und Schwächen der Gegenpartei bewusst sind und eigene Fehler nicht wahrnehmen. Floskeln wie: „Das hatten wir doch so vereinbart", oder das Bestehen auf der strikten Einhaltung des Vertrages sind an der Tagesordnung. Üblicherweise starten diese Friktionen auf der operativen Ebene und eskalieren anschließend auf die taktische und strategische Ebene. Beide Partner pochen auf ihre Sichtweise, haben grundsätzlich recht und sehen sich und den Geschäftspartner nicht im selben Team mit einem gemeinsamen Ziel, sondern als verfeindetes Lager. Schuldzuweisungen und Sätze wie: „Unternehmen A hat schon wieder nicht rechtzeitig geliefert", oder „Unternehmen B ist schon wieder nicht in der Lage, die Anforderungen präzise zu formulieren", sind das Resultat. Vergleicht man diese Phase mit ihrem zwischenmenschlichen Pendant, kann man erkennen, dass es auch hier Machtspiele gibt. Diese Revierkämpfe lassen beide Partner zweifeln und stellen die langfristig geplante Beziehung infrage.

3.2.3.4 Scheideweg

Letztendlich stehen beide Parteien nach kraft- und kostenintensiven Machtkämpfen am Scheideweg der Partnerschaft. Tiefe Gräben und festgefahrene Sichtweisen stellen oft unüberbrückbare Hindernisse dar und lassen beide Seiten naturgemäß an einer langlebigen Zusammenarbeit zweifeln. Ein Weg wäre jetzt die Resignation und in der Folge die Scheidung der Partnerschaft. Resultat sind hohe Trennungskosten und mühsame rechtliche Auseinandersetzungen. Müsste man die Geschäftsbeziehung zusammenfassen, würden am Ende hohe Trennungskosten anstelle der zuvor erhofften Synergieeffekte stehen.

Als Alternative steht die aktive Steuerung der gemeinsamen Geschäftsbeziehung. Beide Parteien müssen sich Zeit nehmen, um das Gegenüber und dessen Motive und Sichtweisen zu verstehen. Denn nur wenn beide Seiten von der Kooperation profitieren, kann eine langfristige Basis für eine erfolgreiche Zusammenarbeit geschaffen werden. Wichtig ist auch, dass persönliche Konflikte beiseitegelegt werden und gemeinsame

Ziele, die ein „Wir-Gefühl" schaffen, formuliert werden. Gleiches gilt für zwischen-menschliche Beziehungen, bei denen die Schwächen des Partners akzeptiert und als wichtiger Bestandteil seiner Persönlichkeit gesehen werden müssen. Oft kommen hier Eheberater oder Mediatoren ins Spiel. Zusammenfassend stellt diese Phase die Weichen für die zukünftige Art der gemeinsamen Zusammenarbeit und Geschäftsbeziehung.

3.2.3.5 Stabilität

War die aktive Steuerung der gemeinsamen Geschäftsbeziehung erfolgreich, treten die Parteien in die Phase der Stabilität ein. Diese kann je nach Art der gemeinsamen Geschäftsbeziehung (vgl. Abb. 3.1) unterschiedliche Ausprägungen haben. Eine Win–win-Situation ist in jedem Fall eine Grundvoraussetzung. Denn nur so können beide Partner langfristig von der Kooperation profitieren.

Insgesamt lässt sich festhalten, dass eine Geschäftsbeziehung viele Gemeinsamkeiten mit zwischenmenschlichen Partnerschaften aufweist. Da Scheidungen teuer, langwierig und unangenehm werden können, sollte die Entwicklung einer (Geschäfts-)Partnerschaft also nicht dem Zufall überlassen werden. So können die zum Teil sehr hohen Trennungs-kosten, die mit Wissensverlust, Schadensersatzzahlungen oder langwierigen juristischen Auseinandersetzungen verbunden sind, von Beginn an vermieden werden.

Abb. 3.1 illustriert den Verlauf der fünf Beziehungsphasen ohne ein aktives Beziehungsmanagement. Die y-Achse soll hier für den Zusammenhalt der beiden Teams stehen und somit deren Produktivität verdeutlichen, während auf der x-Achse die fünf Phasen chronologisch aufgeführt sind. Es fällt auf, dass die Partnerschaft von einem euphorischen Hoch (Phase eins) rapide abfällt. Während der dritten und vierten Etappe sinkt der Zusammenhalt und damit einhergehend die Produktivität der Teams und erreicht schließlich einen Tiefpunkt. Eine Erklärung für dieses Phänomen ist, dass beide Teams eher gegeneinander anstatt miteinander arbeiten, was im Zweifel einen negativen Einfluss auf die Produktivität und den Zusammenhalt hat. Es bleibt anzumerken, dass die Phase der Stabilität in Abb. 3.1 nur bei erfolgreichen Partnerschaften eintritt. Nicht selten entscheiden sich zwei Unternehmen am Punkt des Scheidewegs für eine bewusste Trennung der Geschäftsbeziehung, was den Zusammenhalt beider Teams komplett auf-heben würde und monetäre und juristische Folgen hätte.

Zusammenfassend zeigt der Exkurs, wie wichtig weiche Faktoren für eine erfolg-reiche Geschäftsbeziehung sind. Zudem muss ein strategischer Kompass vorhanden sein, mit dem beide Parteien feststellen, wo die Partnerschaft gegenwärtig steht und welcher Beziehungstyp gewünscht wird. Neben dem Ziel spielt auch der Weg dorthin durch die verschiedenen Beziehungsphasen eine wichtige Rolle. Um alle drei Dimensionen adäquat zu adressieren, bietet der Relationship-Alignment-Ansatz ein strukturiertes Vor-gehen.

3.3   Relationship Alignment als Methode

Der Relationship-Alignment-Beratungsansatz wurde konzipiert, um mittels einer systematischen und klar strukturierten Methode Aufbau, Erhalt oder auch Wiederherstellung effektiver Arbeitsbeziehungen zwischen zwei Organisationen sicherzustellen. Praktische Verwendung finden hierbei zwei verschiedene Ansätze. Der reaktive Relationship-Alignment-Ansatz wird bei bereits existierenden Geschäftsbeziehungen eingesetzt und hilft dabei, festgefahrene und stark von Friktionen geprägte Situationen zwischen zwei Parteien aufzulösen und ein gemeinsames Fundament zu entwickeln (Dahm und Hein 2014a, b; Dahm 2015).

Dem gegenüber steht der proaktive Ansatz, bei dem die Relationship-Alignment-Methodik bereits zu Beginn der Partnerschaft verwendet wird und somit beim Aufbau und der Entwicklung einer gemeinsamen Geschäftsbeziehung Unterstützung bietet. Zur Illustration des ganzheitlichen Ansatzes wird im weiteren Verlauf des Beitrags der proaktive Ansatz vorgestellt, welcher sich in vier Phasen mit unterschiedlichen Modulen und Deliverables unterteilen lässt (Abb. 3.2).

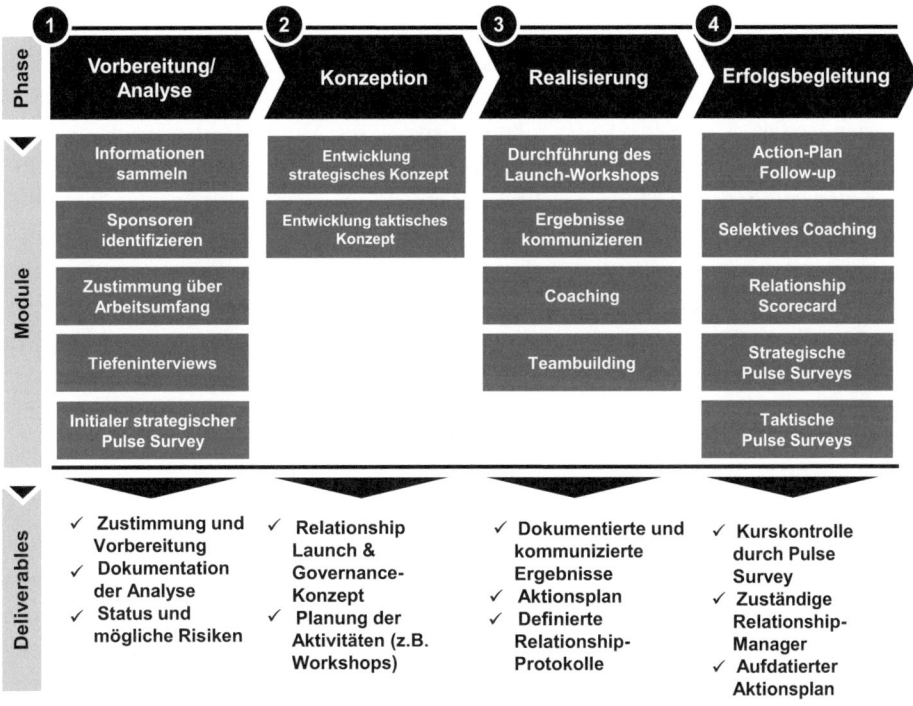

Abb. 3.2 Relationship Alignment Framework zur Entwicklung von Geschäftsbeziehungen

3.3.1 Vorbereitung und Analyse

Die erste Phase der Relationship-Alignment-Methodik enthält vorbereitende Maßnahmen und die Analyse von Beweggründen für die gemeinsame Geschäftsbeziehung. Module sind beispielsweise vorbereitende Gespräche mit den Sponsoren der Partnerschaft. Zu den Sponsoren gehören hierbei das Top-Management, welche üblicherweise die Initiatoren der Geschäftsbeziehung sind. Relationship-Alignment-Berater führen sogenannte Tiefeninterviews mit den jeweiligen Sponsoren und erhalten so kritische Informationen über die geplante strategische Ausrichtung und Absichten ihrer Firmen.

Neben den Sponsoren werden sukzessive weitere Partner identifiziert, welche für ein erfolgreiches Gelingen der Geschäftsbeziehung ausschlaggebend sind. Diese Personen werden in persönlichen Gesprächen mit den Relationship-Alignment-Beratern mithilfe eines strukturierten Fragebogens zu Erwartungen, der gewünschten Partnerschaft oder auch zu kulturellen Hintergründen der eigenen Firma ca. 1,5 h lang befragt. Teilnehmer der beiden Umfragen haben üblicherweise strategisch oder taktisch wichtige Positionen inne und werden von den Sponsoren vorgeschlagen.

Um neben dem Führungskreis aus strategischen und taktischen Mitarbeitern auch die operative Stimmung einzufangen, wird im initialen strategischen Pulse Survey ein breiteres Spektrum an Mitarbeitern beider Firmen anhand einer ca. 15-minütigen Onlineumfrage befragt. Hierdurch können Rückschlüsse über die Beweggründe und die Sichtweise der operativ involvierten Mitarbeiter auf die geplante Partnerschaft gezogen werden. Unterscheiden sich beispielsweise die Motive beider Teams, wie eine transaktionale Partnerschaft mit Ziel einer Kosteneinsparung von Partner A gegenüber einer strategischen Beziehung zur Erweiterung des eigenen Portfolios für Partner B, kann hier bereits zu Beginn gegengesteuert werden.

Insgesamt können die aus den Tiefeninterviews und Pulse Survey identifizierten Motive wichtige Indikatoren für die jeweils gewünschte Art der Geschäftsbeziehung sein. Das Ergebnis der ersten Phase ist ein mit den Sponsoren abgestimmtes Vorgehen zur Entwicklung einer gemeinsamen, erfolgreichen Geschäftsbeziehung.

3.3.2 Konzeption

In der zweiten Phase werden die Ergebnisse in ein strategisches und taktisches Relationship-Alignment-Konzept gegossen. Im strategischen Konzept wird der gemeinsam gewünschte Beziehungstyp anhand der gewonnenen Informationen aus dem initialen, strategischen Pulse Survey entwickelt. Für eine rein transaktionelle Beziehung müssen beispielsweise feste Regeln und SLAs implementiert werden, wohingegen eine strategische Partnerschaft Prozesse für gemeinschaftliche Entscheidungen und Wissenstransfer benötigt. Das taktische Relationship-Alignment-Konzept basiert zu einem großen Teil auf den Ergebnissen der Tiefeninterviews und sorgt für den reibungslosen Ablauf durch alle Beziehungsphasen hinweg. Inhalte können gemeinsame Regeln der

Zusammenarbeit, Prinzipien der wertschätzenden Kommunikation oder die Aufarbeitung unternehmenskultureller Faktoren sein.

Insgesamt sorgt das strategische Konzept für die langfristige, gemeinsame Ausrichtung und das taktische Konzept für den reibungslosen Weg dorthin.

3.3.3 Realisierung

Die Phase der Realisierung beschreibt die Umsetzung der in Phase zwei definierten Konzepte. Die zuvor für die Tiefeninterviews identifizierten Schlüsselpersonen beider Teams werden zu einem zwei- bis dreitägigen Relationship-Launch-Strategieworkshop eingeladen. Das Programm der Veranstaltung variiert je nach Ergebnis der Analysen und des von beiden Seiten gewünschten Beziehungstyps. Ein Element kann beispielsweise die Entwicklung einer gemeinsamen Charta der Zusammenarbeit sein, in der beide Parteien Grundregeln der Zusammenarbeit festlegen und im Laufe der Zusammenarbeit institutionalisieren. Auch können Governance-Konzepte und Einblicke in das jeweilige Partnerunternehmen thematisiert werden. Ziel ist es, beide Seiten für den gemeinsamen Weg zu sensibilisieren und ein kollektives Verständnis über die zukünftige Zusammenarbeit zu schaffen. Üblicherweise werden zusätzlich spielerische Teambuilding-Events angeboten, welche das Kennenlernen auf einer persönlichen Ebene ermöglichen. Die Ergebnisse des Workshops werden anschließend je nach Absprache mit den Sponsoren mittels teamübergreifender Meetings oder in persönlichen Gesprächen in die operative Ebene getragen.

3.3.4 Kontinuierliche Erfolgsbegleitung

In der letzten Phase findet die Erfolgsbegleitung durch die Relationship Manager statt. Gemeinsam mit den Sponsoren und den Relationship-Alignment-Beratern werden Relationship Manager für beide Teams ausgewählt. Diese sind von nun an für die Entwicklung der gemeinsamen Partnerschaft verantwortlich. Wichtige Fähigkeiten für gute Relationship Manager sind beispielsweise „aktives Zuhören", die „Vermittlung und Lösung von Problemen" oder „sich in die Lage des anderen versetzen zu können". Sie sind die treibende Instanz und überprüfen den Kurs beider Parteien fortlaufend. Sie erkennen Abweichungen frühzeitig und können somit mögliche Friktionen im Keim ersticken.

In diesem Zusammenhang spielt die sogenannte Relationship Scorecard eine besondere Rolle und stellt ein wichtiges Messinstrument dar (Dahm und Hein 2014b; c). Wie bei einem Navigationsgerät wird am Anfang jeder Reise das geplante Ziel ermittelt. Hierfür wird am Beginn der Partnerschaft mithilfe des Henderson-Portfolios, des initialen strategischen Pulse Surveys und den Ergebnissen der Tiefeninterviews, der von beiden Seiten gewünschte Beziehungstyp ermittelt. Ist das Ziel bekannt, fehlt lediglich der derzeitige Standort, um den optimalen Weg berechnen zu können. Dieser wird in regelmäßigen Abständen anhand weiterer strategischer Pulse Surveys ermittelt und zeigt den aktuellen Beziehungstyp zwischen den beiden Partnern. Im Idealfall bewegt man sich kontinuierlich in Richtung der beidseitig gewünschten Geschäftsbeziehung. Weicht man vom geplanten Kurs ab, können die Relationship Manager frühzeitig gegensteuern. Zusätzlich beinhaltet die Scorecard den sogenannten Key Relationship Indicator (KRI). Dieser Wert beschreibt den Zustand der Partnerschaft. Versetzt man sich in die Lage eines Kapitäns, reicht es nicht, den gegenwärtigen Standort und das Ziel zu kennen. Auch der Gemütszustand der Crew ist ein wichtiger Faktor und muss ständig kontrolliert werden, um ein Meutern der Mannschaft schon frühzeitig unterbinden zu können. Der KRI überprüft genau diesen Zustand und kann bei regelmäßiger Durchführung als Frühwarnsystem dienen. Ermittelt wird dieser mithilfe des taktischen Pulse Surveys.

Wie auch in der strategischen Variante wird beim taktischen Pendant ein breites Spektrum von Teammitgliedern beider Seiten online befragt. Die Umfrage ist in fünf Dimensionen gegliedert und behandelt beispielsweise die Kommunikation, Interaktion und das gemeinsame Problemlösungsverhalten. Als Ergebnis der Umfragen stehen detaillierte Analysen zum Zusammenhalt innerhalb der Teams, zwischen den beiden Parteien und der allgemeinen Zusammenarbeit in der Geschäftsbeziehung. Verschlechtert sich beispielsweise der Wert des Zusammenhalts innerhalb eines Teams, kann dieser gezielt und frühzeitig durch Teambuilding-Maßnahmen und einem gezielten Einsatz der Relationship Manager verbessert werden. Diese drei Kennzahlen werden im KRI gebündelt, und zeigen auf einen Blick, wie es um die gemeinsame Beziehung steht.

3.4   Fazit

Die Relationship-Alignment-Methodik wendet alle drei Bestandteile in Kombination an. So werden die Erwartungen beider Parteien durch Tiefeninterviews und die Durchführung eines initialen strategischen Pulse Surveys transparent gemacht. Diese Erkenntnisse werden von den Relationship-Alignment-Beratern ausgewertet und in einem Workshop mit beiden Parteien eingesetzt. Unterstützend werden regelmäßig strategische und taktische Pulse-Umfragen durchgeführt, um Abweichungen auf dem zukünftigen Weg frühzeitig erkennen und gegensteuern zu können. Durch dieses Vorgehen kann etwaigen Problemen, wie unterschiedlichen Erwartungen, Revierkämpfen und Schuldzuweisungen, schon von Vorhinein der Wind aus den Segeln genommen werden. Kombiniert mit den anderen Modulen der Relationship-Alignment-Methodik, welche beispielsweise Teambuilding und selektives Coaching umfassen, können identifizierte Probleme gezielt behoben werden. Unter Verwendung der Relationship-Alignment-Methodik kann somit der schwierige Weg durch alle fünf Beziehungsphasen effizienter gestaltet werden. Anstatt ohne Navigationssystem auf ein unbestimmtes Ziel zuzusteuern, bietet die Relationship-Alignment-Methode ein Werkzeug zur proaktiven Steuerung von Geschäftsbeziehungen.

3.5 Ausblick

Beispiel

Neben klassischen, dyadischen Beziehungen zwischen zwei Geschäftspartnern bringen digitale Technologien neue Arten der Zusammenarbeit hervor. Ein Beispiel hierfür sind digitale Plattformen (Hein et al. 2019a), die im Endkundenbereich ganze Industrien wie die Hotelbranche mit Airbnb, sowie den Bereich der Mobilität mit Uber (Hein et al. 2018a; b) verändert haben. Neben dem Endkundenbereich dringen digitale Plattformen auch mehr und mehr in den Geschäftskundenbereich vor, was am Beispiel des Internets der Dinge illustriert werden kann (Hein et al. 2018c, 2019b).

Anstelle die Wertschöpfung selbst zu betreiben, nutzen digitale Plattformen neue Technologien wie mobile Endgeräte, Cloud Computing und Big Data Analytics, um die Interaktion zwischen zwei unabhängigen Geschäftspartnern zu orchestrieren (Hein et al. 2019c). So können unabhängige Fahrer ihre Dienste auf der Plattform Uber anbieten. Die angebotene Dienstleistung in Form eines Fahrservices wird dann über Governance-Mechanismen vom Plattformbetreiber direkt an geeignete Passagiere vermittelt (Hein et al. 2016; Schreieck et al. 2018a, b; Dahm et al. 2019a; Hein et al. 2019d, e). Konkrete Mechanismen können hierbei der Matching Algorithmus oder das Peer-to-Peer Review System von Fahrern und Passagieren sein. Insgesamt zeigt das Beispiel, dass digitale Plattformen nicht nur Geschäftsbeziehungen nutzen, um Synergien zu heben, sondern dass deren Geschäftsmodell (Weking 2018a; b) maßgeblich auf die Integration einer Vielzahl von Geschäftspartnern aufbaut (Dahm et al. 2019b, c).

Hierdurch steigt die Bedeutung von Ansätzen und Methoden zur aktiven Steuerung von Partnerschaften umso mehr, da sich die Partnerschaft nicht nur auf einen indirekten Teil der Wertschöpfung wie am Beispiel des IT-Outsourcings, sondern auf das Fundament des Geschäftsmodells ausstreckt. Neue Ansätze müssen skalierbar und in Echtzeit den Status zu einer Vielzahl an unterschiedlichen Partnern messen können, um ein Umschwenken von Partnern der einen auf eine andere Plattform zu vermitteln.

Da Angebot und Nachfrage bei digitalen Plattformen im Gleichgewicht sein sollten, ist es besonders wichtig, dass Plattformbetreiber über das Stimmungsbild beider Seiten im Bilde sind. Sind beispielsweise bei Uber die Fahrer unzufrieden, wirkt sich das direkt auf die möglichen Passagiere aus und vice versa. Ein probates Mittel wäre ein Pulse Survey, der in Echtzeit die gegenwärtige Stimmung beider Parteien einfängt und auswertet. Um dies zu realisieren, könnte man zum Beispiel Reviews von Fahrern und Passagieren auswerten, um frühzeitig über zu hohe Schwankungen und negative Trends informiert zu werden. So kann der Plattformbetreiber möglichst früh intervenieren und passende Governance-Mechanismen etablieren, welche beide Partner zurück ins Gleichgewicht bringt.

Der Exkurs zu neuen Geschäftsmodellen am Beispiel digitaler Plattformen macht deutlich, dass die aktive Steuerung von Geschäftsbeziehungen, in einer immer mehr vernetzten Welt, auch in Zukunft einen größeren Stellenwert bekommt. ◄

Handlungsempfehlungen

- Um die Wettbewerbsfähigkeit von Unternehmen in einer immer stärker vernetzten Welt sicherzustellen, gewinnen Geschäftsbeziehungen zunehmend an Bedeutung.
- Vor allem weiche, persönliche Faktoren sind ein wichtiger Grund für das Scheitern von Geschäftsbeziehungen.
- Sowohl die verschiedenen Typen als auch die Phasen einer Geschäftsbeziehung sind wichtig, um diese langfristig und erfolgreich zu gestalten.
- Der Relationship-Alignment-Ansatz bietet eine systematische und klar strukturierte Methode, um Aufbau, Erhalt oder auch die Wiederherstellung effektiver Arbeitsbeziehungen zwischen zwei Organisationen sicherzustellen.
- Zudem bietet die Relationship-Alignment-Methode eine kontinuierliche Erfolgsbegleitung, um Nachhaltigkeit und Transparenz über die Entwicklung der Geschäftsbeziehung zu schaffen. ◄

Literatur

Dahm, M. (2015). Joint Ventures und Outsourcing Projekte. Stabile Vertrauensbasis in Kooperationsprojekten etablieren. *Projekt Magazin, 16,* 1–20.

Dahm, M., et al. (2019a). Disruptive Geschäftsmodelländerungen: Uberisierung – Teil A: Grundlagen und Fallstudie Airbnb. *Zeitschrift für Corporate Governance, 1,* 13–18.

Dahm, M., et al. (2019b). Disruptive Geschäftsmodelländerungen: Uberisierung – Teil B: Fallstudien Spotify und Paypal. *Zeitschrift für Corporate Governance, 2,* 61–68.

Dahm, M., et al. (2019c). Disruptive Geschäftsmodelländerungen: Uberisierung – Teil B: Fallstudien Spotify und Paypal. *Zeitschrift für Corporate Governance, 2,* 61–68.

Dahm, M. & Hein, A. (2014a). Kooperation statt Konfrontation–Outsourcing erfolgreich gestalten. IM+ io, 2014. **1** S. 66–73.

Dahm, M., & Hein, A. (2014a). Ein Kompass für die Geschäftsbeziehung. *Personalführung, 2014*(12), 64–71.

Dahm, M., & Hein, A. (2014b). Geschäftsbeziehungen messbar machen. *Akademie, 2014*(4), 104–108.

Dahm, M., & Hein, A. (2017). Aufbau und Entwicklung von Geschäftsbeziehungen. *Projektmanagement Aktuell, 2017*(5), 51–56.

Hein, A. et al. (2016). *Multiple-case analysis on governance mechanisms of multi-sided platforms.* in *Multikonferenz Wirtschaftsinformatik.* 2016.

Hein, A., Böhm, M. & Krcmar, H. (2018a). *Tight and loose coupling in evolving platform ecosystems: The cases of Airbnb and Uber.* in *International Conference on Business Information Systems.* 2018. Springer.

Hein, A. et al. (2018b). *Towards a design framework for service platform ecosystems.* in *26th European Conference on Information Systems. Portsmouth, United Kingdom.* 2018.

Hein, A., Böhm, M., & Krcmar, H. (2018). Platform configurations within information systems research: A literature review on the example of IoT platforms. *Multikonferenz Wirtschaftsinformatik, Lüneburg, Germany, 2018,* 465–476.

Hein, A., Böhm, M., & Krcmar, H. (2019a). *Digitale Plattformen,* in *Strategie und Transformation im digitalen Zeitalter.* 2019, Springer. S. 181–199.

Hein, A., et al. (2019b). Value co-creation practices in business-to-business platform ecosystems. *Electronic Markets, 29*(3), 503–518.

Hein, A., et al. (2019c). The emergence of native multi-sided platforms and their influence on incumbents. *Electronic Markets, 29*(4), 631–647.

Hein, A. et al. (2019d). *Digital platform ecosystems.* Electronic Markets, 2019 (In press), S. 1–12.

Hein, A. et al. (2019e). *The Influence of Digital Affordances and Generativity on Digital Platform Leadership.* in *Proceedings of the 40th International Conference on Information Systems.* 2019. Munich, Germany.

Meyerhofer, E. (2018). *Uber and Toyota team up on self-driving cars.* [01.05.2019]; https://www.uber.com/newsroom/uber-toyota-team-self-driving-cars/.

Rayess, R. *5 reasons most outsourcing projects fail.* 2016 01.05.2019]; https://www.cio.com/article/3021822/5-reasons-most-outsourcing-projects-fail.html.

Schreieck, M. et al. (2018a). *The challenge of governing digital platform ecosystems,* in *Digital marketplaces unleashed.* 2018, Springer. S. 527–538.

Schreieck, M. et al. (2018b). *Governance der Akteure einer digitalen Plattform,* in *Management digitaler Plattformen.* 2018, Springer. S. 53–66.

Toyota Motor Corporation. *Toyota and Uber Extend Collaboration to Automated Vehicle Technologies.* 2018 01.05.2019]; https://global.toyota/en/newsroom/corporate/24330817.html.

Weking, J. et al. (2018) *Business Model Innovation Strategies for Product Service Systems–An Explorative Study in the Manufacturing Industry.* in *Twenty-Sixth European Conference on Information Systems (ECIS 2018).* 2018.

Weking, J. et al. (2018). *A hierarchical taxonomy of business model patterns.* Electronic Markets, S. 1–22.

Andreas Hein (M.Sc.) ist Forschungsgruppenleiter am Lehrstuhl für Wirtschaftsinformatik der Technischen Universität München (TUM). Er hat einen Master-Abschluss der TUM in Wirtschaftsinformatik. Zuvor arbeitete er als Senior Strategy Consultant in der IBM Deutschland GmbH. Seine Arbeit zu digitalen Plattformen publiziert er auf führenden Konferenzen wie der International Conference on Information Systems sowie in Zeitschriften wie Electronic Markets.

Prof. Dr. Markus H. Dahm ist Professor für Business Consulting, Strategisches Management und Change Management an der FOM Hochschule für Oekonomie & Management in Hamburg. Ferner ist er als Führungskraft in der IBM Deutschland GmbH tätig. Seit 2003 leitet er für IBM ein europaweit agierendes Outsourcing Beratungsteam, Relationship Alignment Solutions genannt, das Fragestellungen der Governance und Relationship zwischen den Vertragsparteien im Zusammenhang mit komplexen Outsourcing Partnerschaften adressiert.

Er ist Autor und Herausgeber zahlreicher Bücher und publiziert regelmäßig in einschlägigen Fachmagazinen, online Journals und Blogs zu aktuellen betriebswirtschaftlichen Fragestellungen sowie Management und Leadership-Themen.

Was unterscheidet „gute" von „schlechter" Kooperation? – Ein psychologisches Modell zur Beratung von interorganisationalen Kooperationen

4

Alexander Dregger

Inhaltsverzeichnis

A. Dregger (✉)
FZI-Forschungszentrum Informatik, Karlsruhe, Deutschland
E-Mail: alexanderdregger@googlemail.com

© Springer Fachmedien Wiesbaden GmbH, ein Teil von Springer Nature 2021
M. H. Dahm (Hrsg.), *Kooperationsmanagement in der Praxis,* FOM-Edition,
https://doi.org/10.1007/978-3-658-28112-0_4

Zusammenfassung

Kooperationen zwischen Organisationen der unterschiedlichsten Form nehmen zu und sind im Angesicht von Digitalisierung, künstlicher Intelligenz oder autonomem Fahren unabdingbar. Trotzdem scheitert eine Vielzahl solcher Kooperationen. Ein oftmals von den Kooperationspartnern vernachlässigter, aber zum Scheitern maßgeblich beitragender Faktor ist das Beziehungsmanagement. Ein Grund für diese Vernachlässigung könnte sein, dass es an einem praxisnahen Modell hierzu fehlt, das systematisch die Erkenntnisse aus der Psychologie, Soziologie, Rechts- und Wirtschaftswissenschaften zusammenträgt und beschreibt, was „gute" von „schlechter" Kooperation unterscheidet. Der vorliegende Beitrag präsentiert ein solches interdisziplinäres, verhaltensbasiertes Modell, auf dessen Basis ein Fragebogentool entwickelt wurde. Zudem wird konkret gezeigt, wie Praktiker das Modell und den Fragebogen im Rahmen von Diagnostik, Evaluation und Beratung einsetzen können, um die Kooperationsbeziehung zu verbessern.

> ► **Nutzen für den Leser**
> Der Beitrag ist sowohl für Forscher als auch für Praktiker im Bereich Kooperationsmanagement sinnvoll. Er legt ein integratives, psychologisches Modell vor, um Kooperationsbeziehungen zu beschreiben. Das Modell basiert auf der Relational Contract Theory und erweitert den Ansatz um zahlreiche Aspekte (zum Beispiel den Zusammenhang zwischen der Beziehung und dem Erfolg). Das Modell erlaubt ein vertieftes Verständnis solcher Beziehungen, wodurch diese gezielt verbessert werden können. Außerdem werden für Praktiker verschiedene Verwendungsmöglichkeiten aufgezeigt: Neben der Diagnose des Zustandes und der Evaluation der Veränderung einer Kooperationsbeziehung mithilfe des Fragebogentools kann das Modell genutzt werden, um Workshop-Übungen zu entwickeln. Zusätzlich wird erläutert, wie der Prozess der Partnerwahl und die Gestaltung von Verträgen auf Basis des Modells verändert werden müssen, um von vornherein kooperativere Geschäftsbeziehungen zu erzielen.

Am 17.02.2011, einen Tag nachdem IBM bei der Fernsehquiz-Show Jeopardy mit seiner Künstlichen Intelligenz Watson gegen die menschlichen Kandidaten triumphierte, verkündete der IT-Konzern, mit dieser bahnbrechenden Technologie die Welt der Medizin revolutionieren zu wollen. In weniger als zwei Jahren seien die ersten kommerziellen

Produkte zu erwarten (IBM 2011). Dabei sollte das Spektrum vom roboterbasierten Chirurgen bis hin zur KI-gestützten Analyse von Bildmaterial (zum Beispiel Röntgen-bildern, Retina-Scans oder CT-Aufnahmen) in der Diagnostik reichen (Strickland 2019). Mittlerweile sind zehn Jahre vergangen und John E. Kelly III, der Executive Vice President von IBM, konstatiert, dass die Einführung von Künstlicher Intelligenz in das Feld der Medizin eine sehr schwierige Aufgabe sei (Strickland 2019). Einer der Kern-aspekte ist hierbei das Thema Kooperation gewesen, denn IBM war auf die Zusammen-arbeit mit Kliniken, Forschungsinstitutionen und Medizinern angewiesen. Dabei zeigte sich, dass Kooperation alles andere als leicht ist: Mark Kris, der Leiter des Memorial Sloan Kettering Krebszentrums in New York, war verantwortlich für die Kooperation zwischen dem IT-Riesen und dem Krankenhaus im Bereich Krebserkennung und stellt fest, dass die Komplexität und die Länge des Entwicklungsprozesses unterschätzt wurden (Strickland 2019). Einen wesentlichen Anteil an diesem Problem hatte hierbei das Erwartungsmanagement, das einer der Kernprozesse von Kooperationsmanagement ist: IBM versprach, dass die KI aktuelle Forschungsliteratur verarbeiten könne und dass sie das Stellen von Diagnosen auf Basis dieser Erkenntnisse beherrsche. Die Praxis zeigte jedoch, dass Watson diesen von IBM geweckten Erwartungen nicht gerecht wurde und die Kooperationspartner auf medizinischer Seite enttäuscht waren: Watson war nicht in der Lage, die Forschungsliteratur angemessen zu verstehen (zum Beispiel ignorierte Watson ein neues von der amerikanischen Arzneimittelbehörde FDA zugelassenes Medikament zur Krebstherapie) und auch das Textmining aus Patientendaten bereitete größere Probleme (Strickland 2019).

Nicht nur in der Geschäftswelt fällt interorganisationale Kooperation den Beteiligten schwer, auch im Sicherheitsbereich kann mangelnde interorganisationale Kooperation dramatische Folgen haben: Nach Terroranschlägen gibt es in der Politik immer wieder die Forderung nach einer Verschärfung der Gesetzeslage, zum Beispiel um noch mehr Daten der Bürger einsehen zu können. Wenig Beachtung findet hingegen das Thema Kooperation, das den entscheidenden Unterschied machen kann, wie der Fall des Terroristen Anis Amri, der elf Menschen bei einem Terroranschlag auf einen Berliner Weihnachtsmarkt 2016 tötete, verdeutlicht (Berliner Morgenpost 2019): Nach dem 11.09.2001 wurden die deutschen Sicherheitsgesetze überarbeitet und zum Beispiel 2004 das Gemeinsame Terrorismusabwehrzentrum eingerichtet, um die Kooperation zwischen der Polizei und den Bundes- sowie Landesverfassungsschutzämtern zu verbessern. Im Fall Amri aber versagte diese Kooperation mehrfach. Der Austausch von Informationen über Amri zwischen der Polizei und dem Verfassungsschutz misslang. Hierbei spielte das historisch bedingte Trennungsgebot zwischen geheimdienstlicher und polizeilicher Arbeit eine wichtige Rolle. Dieses besagt aber im Bereich des Informationsaustausch nur, dass Polizei und Geheimdienste nicht ihre vollständigen Daten miteinander teilen dürfen, jedoch sind sie sehr wohl berechtigt, Daten auszutauschen, die für ihre eigent-liche Aufgabenerfüllungen notwendig sind (Nehm 2004). In der Praxis führt ein Fehlver-ständnis dieser Norm zu problematischem Kooperationsverhalten: Polizisten mögen die

Einmischung anderer Behörden nicht und Verfassungsschützer offenbaren ihre Erkenntnisse von Vertrauenspersonen aufgrund des Quellenschutzes anderen Behörden ungern (Berliner Zeitung 2019). Genau ein solches für Kooperationen kontraproduktives Verständnis der eigenen Arbeit deutet darauf hin, dass die internen Organisationskulturen die Kooperation zwischen den Behörden hemmten. Dann nützt auch ein Mehr an Informationen durch zusätzliche rechtliche Befugnisse nichts, wenn die bereits schon vorhandenen Informationen zum Beispiel aufgrund mangelnden Kooperationswillens, fehlenden Vertrauens und Kommunikation nicht effektiv geteilt werden.

Beides sind keine Einzelfälle: Laut einer Studie mit 493 Managern der Unternehmensberatung Vantage Partners (Kliman und Price 2015) berichteten zwar 84 % der Befragten über eine Zunahme von strategischen Allianzen und Kooperationen. Gleichzeitig gaben 59 % der Teilnehmer an, dass diese Allianzen und Kooperationen entweder ganz (19 %) oder teilweise (40 %) ihre Ziele nicht erreichten. Dabei gehen rund 32 % der potenziellen finanziellen Vorteile aus solchen Kooperationen durch eine schlechte Umsetzung der Kooperation verloren. Neben externen Faktoren (24 %) und schlechten Verträgen (17 %) wird eine schlechte Umsetzung (27 %) als Hauptgrund für das Scheitern der Kooperationen genannt (Kliman und Price 2015), wie Abb. 4.1 verdeutlicht. Die Gründe für diese schlechte Umsetzung sind vielfältig: Sie reichen von einer fehlenden gemeinsamen Führung über das Unterminieren der externen Kooperation durch die interne Organisationkultur bis hin zum Problem, dass es nicht reicht, einfach nur einen Manager für eine solche Kooperationen zu berufen, denn ohne umfangreiches Training, Tools und methodisches Vorgehen, das die Kooperation insgesamt fördert, kann dieser auf sich gestellt nur wenig bewirken.

Genau um diese Probleme und die damit verbundenen Gefährdung des Erfolgs der Kooperation zu verhindern, ist es notwendig auf Basis eines systematischen Vorgehens Kooperation zu fördern. Doch wie genau kann man Kooperation fördern? Warum reicht es nicht einfach, eine Führungskraft für das Kooperationsmanagement zu berufen? Warum garantieren juristische Verträge mit Instrumenten wie zum Beispiel hohen Strafzahlungen oder per Gesetz eingerichtete Kooperationszentren keine erfolgreiche Kooperation? Wie kann man verhindern, dass Kooperationspartner verschiedene Erwartungen aufbauen und am Ende enttäuscht sind, wenn diese nicht erfüllt werden? Was braucht es an zwischenmenschlichen Fähigkeiten, damit eine Kooperation funktioniert? Kurzum: Welches Know-how brauchen Kooperationspraktiker wie Manager, Berater oder politisch Verantwortliche, um Kooperationen zum Erfolg zu führen? Diese Fragen werden anhand eines für die Praxis entwickelten, verhaltensbasierten Modells interorganisationaler Kooperation beantwortet, das im Rahmen dieses Beitrags präsentiert wird. Darüber hinaus wird gezeigt, wie das Modell in der praktischen Umsetzung einer Kooperation genutzt werden kann und wie mit Stolpersteinen hierbei umgegangen werden muss.

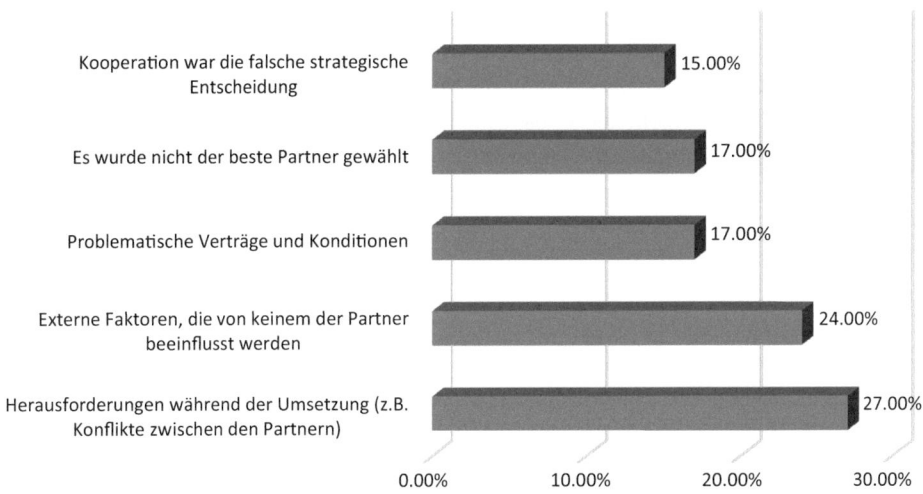

Abb. 4.1 Gründe für das Scheitern von Kooperationsbeziehungen laut einer Studie der Unternehmensberatung Vantage Partners, Datenbasis: N = 493, (Kliman und Price 2015). Transcending Organizational Barriers: A Cross-Industry View of Alliance Management Trends

4.1   Kooperation ist nicht gleich Kooperation: Für welche Fälle ist das Modell gedacht?

Bevor das eigentliche Modell beschrieben wird, gilt es zunächst zu klären, für welche Fälle von Kooperation das Modell eigentlich gedacht ist. Interorganisationale Kooperation hat viele Gesichter und es werden unterschiedliche Begriffe wie zum Beispiel interorganisationale Beziehungen (Cropper et al. 2010), strategische Allianzen oder Netzwerke hierfür verwendet. Anhand von verschiedenen Kriterien lassen sich diese Beziehungen bzw. Kooperationen laut Crooper et al. (2010) unterscheiden:

- **Die Art der Organisationen:** Kooperationsbeziehungen beschränken sich nicht nur auf Unternehmen, sondern auch staatliche Organisationen können sowohl untereinander als auch mit Wirtschaftsunternehmen kooperieren.
- **Die Anzahl der Kooperationspartner:** Kooperationsbeziehungen können sich entweder auf zwei Organisationen beschränken oder aus einem Netzwerk von mehreren Organisationen bestehen.
- **Der zeitliche Horizont der Kooperation:** Braßler und Grau (2004) unterscheiden auch die zeitliche Dimension von Kooperationen. Diese können langfristig oder kurzfristig orientiert sein, wobei der vorliegende Beitrag sich auf die langfristigen Kooperationen konzentriert.

- **Die Form der Kooperation bei langfristigen Kooperationen:** Es gibt zahlreiche Ansätze, langfristige Kooperationsbeziehungen zu klassifizieren (zum Beispiel Braßler und Grau 2004). Sydow et al. (2016) unterscheiden vier Grundformen:

  1. **Informelle Allianzen:** Diese entstehen aus bereits existierenden interpersonellen Beziehungen zwischen Organisationen und es steckt keine direkte Absicht zur Formung einer solchen Allianz dahinter. Ein Beispiel für eine solche Allianz ist diejenige zwischen Procter & Gamble und Walmart, die sich aus dem zufälligen Treffen der beiden Geschäftsführer ergab. Dabei können solche informellen Allianzen in eine der anderen Formen übergehen.

  2. **Vertragsbasierte Allianzen:** Solche Allianzen fußen auf Verhandlungen, deren Ergebnisse in einem formalen Vertrag festgehalten werden. Bei dieser Art von Allianz steckt eine klare strategische Absicht dahinter und sie entsteht nicht aus Zufall. Eine typische vertragsbasierte Allianz wäre zum Beispiel ein Outsourcing zwischen einem IT-Konzern und einem Wirtschaftsunternehmen, das seine IT outsourcen möchte.

  3. **Beteiligungsbasierte Allianzen:** Bei einer solchen Allianz wird nicht nur ein Vertrag zwischen den Partnern unterschrieben, sondern auch Minderheitsanteile zwischen den Vertragspartner erworben. Solche Formen von Allianzen findet man zum Beispiel in Japan zwischen sogenannten Keiretsus. Kereitsus sind branchenübergreifende Kooperationen mehrerer Organisationen (Braßler und Grau 2004).

  4. **Joint Ventures:** Um zu kooperieren, gründen mindestens zwei Partnerorganisationen ein neues Unternehmen, an dem die kooperierenden Partnerorganisationen in gleichem oder unterschiedlichem Maße beteiligt sind. Ein klassisches Beispiel hierfür ist die Firma Bosch Siemens Hausgeräte, die 1967 von Bosch und Siemens gegründet wurde (Sydow et al. 2016).

Das in diesem Beitrag vorgestellte Modell und Fragebogeninstrument wurde im Kontext des Relationship-Alignment-Ansatzes von IBM entwickelt. Es zielt auf Kooperationen zwischen Unternehmen ab, jedoch ist es durchaus möglich, es für Kooperationen mit Beteiligung von zum Beispiel staatlich finanzierten Organisationen zu nutzen. Darüber hinaus fokussiert es vor allem auf dyadische Beziehungen und nicht auf Netzwerke mit mehreren Kooperationspartnern. Dennoch kann man ein solches Netzwerk als eine Vielzahl von Dyaden begreifen und dann kann das Modell bzw. das Fragebogentool ebenfalls eingesetzt werden. In Bezug auf den zeitlichen Horizont ist es vor allem für mittel- bis langfristige Beziehungen verwendbar. Hinsichtlich der Form der Kooperation wurde das Instrument für vertragsbasierte Allianzen entwickelt. Nichtsdestotrotz ist es vorstellbar, das Tool in einer abgewandelten Form bei informellen und beteiligungsbasierten Allianzen zu nutzen.

Ein Aspekt, der wichtig für das praktische Management der Kooperation ist, fehlt in vielen Typisierungen von Kooperation: der zeitliche Verlauf der Kooperation. Dabei gibt es in der Forschung verschiedene Modelle, die Evolution von Kooperation zu beschreiben (zum Beispiel Batonda und Perry 2003; Cropper und Palmer 2010;

Kaunonen 2013). Batonda und Perry (2003) unterscheiden zwischen dem Stufen-Ansatz, dem Zustandsansatz und der Joinings-Theorie (siehe Tab. 4.1).

Problematisch sind alle drei genannten Ansätze insofern, da sie meist konzeptionell oder empirisch nur auf Case-Studies basieren (Kaunonen 2013). Eine tiefergehende empirische Validierung fehlt in der Regel. Im Kern jedoch decken sich zumindest zwischen dem Stufen-Ansatz und dem Zustandsansatz die einzelnen Phasen wie zum Beispiel Kaunonen (2013), O'Malley und Tynan (2003) und Batonda und Perry (2003) in ihren Übersichten zeigen. Deshalb beschreibt Batonda und Perry (2003) den Verlauf einer Kooperation mit folgenden fünf Phasen:

1. **Suchprozess/Phase der Vorbeziehung:** Organisationen wissen von ihrer gegenseitigen Existenz und es bestehen eventuell persönliche Beziehungen. In dieser Phase beginnt die aktive Suche nach möglichen Partnern auf Basis ihrer Reputation.
2. **Beginn der Beziehung:** Die Partner setzen die Kooperation auf, indem sie gemeinsame Ziele bestimmen und ein gemeinsames Verständnis der noch fragilen Beziehung entwickeln.
3. **Entwicklung:** Die Partner passen sich an ihre gegenseitigen Bedürfnisse an und planen gemeinsam. Sie versuchen den in der vorherigen Phase geschlossenen Vertrag zu beachten, wobei Unterschiede zum Beispiel in den Organisationskulturen offen hervortreten können.
4. **Aufrechterhaltung:** Die Partner versuchen eine operative und strategische Integration zu erzielen und sie überbrücken aufkommende Unterschiede.
5. **Endphase der Beziehung:** Nach dem Modell von PwC (Jirovec et al. 2014) gibt es nun drei Optionen: Die Beziehung kann wachsen (zum Beispiel indem sie neue Möglichkeiten der Kooperation sucht), sie wird trotz eines Rückgangs des Wachstums aufrechterhalten oder die Beziehung wird beendigt. Letzteres kann einseitig oder in gegenseitigem Einvernehmen erfolgen.

Das in diesem Beitrag entwickelte Modell interorganisationaler Kooperation berücksichtigt sowohl die Phase des Beginns (Phase 2) einerseits als auch die Phasen der Entwicklung (Phase 3) und Aufrechterhaltung (Phase 4) andererseits. Für das Beziehungsmanagement macht der jeweilige Zeitpunkt einen großen Unterschied, denn zu Beginn einer Beziehung existieren noch keine festen Strukturen und Normen, sondern diese werden erst erarbeitet, wohingegen in späteren Phasen eine Vielzahl an Problemen schon über längere Zeit existieren können. Im ersten Fall kann die Kooperation proaktiv gestaltet werden und viele Probleme können präventiv durch eine gute vorab durchgeführte Gestaltung der Kooperation verhindert werden. Ist hingegen die Kooperation schon existent und sind die ersten Verwerfungen zwischen den Kooperationspartnern bereits aufgetreten, so ist ein reaktives Vorgehen notwendig. Bei einem reaktiven Vorgehen ist es das Ziel, solche Verwerfungen zu kitten und Probleme zu korrigieren. Hierdurch verändert sich die Perspektive und es müssen unterschiedliche Aspekte im Modell

Tab. 4.1 Theoretische Ansätze, um die Entwicklung von interorganisationalen Kooperationen zu beschreiben (Nach Batonda und Perry 2003)

Stufen-Ansatz (Stage-Model)	Zustands-Ansatz (State-Model)	Joinings-Theorie
Kooperationen entwickeln sich ähnlich wie biologische Organismen. Sie durchlaufen verschiedene sequenzielle, inkrementelle und irreversible Stufen. Dies bedeutet, eine Kooperation beschreitet festgelegte Schritte in einer bestimmten, unumkehrbaren Reihenfolge, die aufeinander aufbauen. Dabei entwickelt sich die Beziehung inkrementell: Jede neue Stufe der Beziehung bedeutet einen Fortschritt in der Entwicklung	Kooperationen durchlaufen verschiedene, nicht vorhersagbare Zustände in ihrer Entwicklung. Diese Zustände müssen zudem nicht in einer bestimmten Reihenfolge absolviert werden, sondern sie können von einem bereits erreichten Zustand wieder zu einem vorher bereits durchlaufenen Zustand zurückspringen, wenn dies nötig ist. Zusätzlich stellen die einzelnen Zustände keinen inkrementellen Wachstumsprozess dar	Die Entwicklung von interorganisationalen Beziehungen wird im Wesentlichen dadurch bestimmt, was zu Beginn der Beziehung passiert. Dieser Beginn wirkt sich maßgeblich auf die folgenden Phasen der Positionierung, Repositionierung der Kooperationspartner und auf das Ende der Beziehung aus

und im dazugehörigen Fragebogen berücksichtigt werden, um sinnvolle Lösungsansätze für die Diagnose, Evaluation und Beratung der jeweiligen Kooperation zu liefern.

Im Kontext des Relationship-Alignment-Ansatzes wurde deshalb zwischen einem Alignment und einem sogenannten Launch einer interorganisationalen Beziehung unterschieden. Ein Launch beschreibt das präventive und proaktive Vorgehen bei einer noch nicht vorhandenen bzw. erst seit Kurzem existierenden Kooperation (Phase 2) und ein Alignment ein korrektives bzw. reaktives Vorgehen, wenn bereits eine Kooperation (Phase 3 und 4) existiert. In der Praxis dominiert vor allem das reaktive anstelle eines präventiven Vorgehens. Es scheint auf Ebene der Entscheider (zum Beispiel Vorstand, oberes Management oder Politiker) ein gewisses Maß an Selbstüberschätzung zu existieren, was das Management von Kooperationen betrifft: Es wird unterschätzt, dass es sich bei der Kooperation um ein emergentes Phänomen mit neuen Strukturen und Spielregeln handelt, bei denen Rezepte, die in der eigenen Organisation für das Management funktionieren, sich nicht einfach übertragen lassen und Unterschiede ausgehalten werden müssen. Dies führt dazu, dass hier oftmals keine Bereitschaft herrscht, Ressourcen zu investieren, um die Kooperation von Anfang durch gezielte Maßnahmen gut „aufzugleisen", sondern oft müssen erst größere Probleme auftreten und das eigentliche Geschäft gefährdet sein, damit die Erkenntnis eintritt, dass das Kooperationsmanagement nicht einfach so „nebenbei" erfolgen kann.

4.2   Warum scheitern Kooperationen?

In der Forschung und aus der Praxis gibt es unterschiedliche Ansätze das Scheitern interorganisationaler Kooperationen zu erklären. Oliveira und Lumineau (2019) beispielsweise identifizieren drei Risiken einer Kooperation, die das Scheitern begünstigen:

1. **Konflikte:** Konflikte treten in vielfacher Form in interorganisationalen Beziehungen auf. Dabei können die Konflikte sich auf sehr unterschiedliche Dinge beziehen: Zunächst einmal können Konflikte in Bezug auf die Aufgaben und/oder auf emotionaler Ebene entstehen (Li und Hambrick 2005). Auf der Aufgabenebene wiederum werden in der Forschung Konflikte in Bezug auf die Strukturen und/ oder auf das operative Vorgehen unterschieden (Molnar und Rogers 1979). Auf emotionaler Ebene können Konflikte die Personen, aber auch die Kultur betreffen (Barden et al. 2005). Aus psychologischer Sicht muss in diesem Kontext die Begriffswahl von Oliveira und Lumineau (2019) kritisiert werden. Anstelle von „emotionalen" Konflikten sollte besser von zwischenmenschlichen oder interpersonellen Konflikten gesprochen werden, denn solche Konflikte beschränken sich nicht nur auf das emotionale Erleben der beiden Konfliktpartner, sondern wirken sich letztendlich auf deren Verhalten auch aus.
2. **Opportunismus:** Opportunismus meint auf arglistige Weise den eigenen Vorteil in einer interorganisationalen Beziehung zu suchen (Williamson 1975). Dabei kann

dieser Vorteil auf subtile Weise durch Täuschung, bewusste Irreführung und/oder Vorenthaltung von Informationen erfolgen. Dies ist zum Beispiel der Fall, wenn eine Organisation „hinter dem Rücken" des Kooperationspartners nach Alternativen für eine neue Kooperation mit ähnlichen Aufgaben und Zielen sucht und dies verschweigt. Direktere Wege des Opportunismus sind bewusstes Lügen, Stehlen und Betrügen.

3. **Unethische Praktiken:** Unethische Praktiken sind solche, die als moralisch falsch oder unangemessen gelten. Dies kann sich auf unterschiedliche Art äußern: Wenn zum Beispiel eine Organisation falsche oder zumindest unvollständige Schlüsse aus gemeinsamen Berichten, Forschungsvorhaben oder Befragungen verbreitet, ein Sales-Manager gezielt das eigene Produkt geschönt darstellt oder wenn einzelne Manager Versprechungen brechen, Zynismus offen an den Tag legen oder sich nicht an organisationale Vorschriften halten. Unklar bleibt jedoch bei Oliveira und Lumineau (2019), wie opportunistisches Verhalten von unethischen Praktiken konkret zu unterscheiden ist, denn opportunistisches Verhalten kann auch moralisch verwerflich sein.

Von der Oelsnitz (2019) ergänzt diese Risiken der Kooperation noch um weitere Faktoren wie zum Beispiel dem erhöhten Koordinationsaufwand, der durch Kooperation entsteht, der erschwerten Kontrollen der Leistungsprozesse sowie der Angst vor zu starker Abhängigkeit vom Kooperationspartner. Letzteres kann sich zum Beispiel in einer Angst vor unkontrolliertem Wissensabfluss äußern. Wie kann verhindert werden, dass solche kooperationsschädigenden und -hemmenden Verhaltensweisen und Befürchtungen entstehen, damit die eigentlichen Vorteile der Kooperation zum Tragen kommen? Was sind die Ursachen für solche Risiken?

Auch hierzu gibt es unterschiedliche Ansätze: Neben einer falschen Wahl des Geschäftspartners, falschen strategischen Entscheidungen, externen Faktoren, die keiner der Partner kontrollieren kann, schlechten Verträge sowie einer mangelhaften Umsetzung der Kooperation werden in der eingangs bereits schon zitierten Studie von Vantage Partners (Kliman und Price 2015) als Gründe für das Scheitern von Kooperationen genannt. Die mangelhafte Umsetzung der Kooperation wird am häufigsten von 27 % der Befragten als Grund identifiziert. Von der Oelsnitz (2019) erklärt mithilfe von fünf Faktoren den Erfolg bzw. Misserfolg einer Kooperation. Hierbei nennt er beispielsweise Kooperationskompetenz und relationale Distanz als wichtige Faktoren. Relationale Distanz meint dabei, ob zwei kooperierende Organisationen ein ähnliches Verständnis von Kooperation, Kommunikation und Konfliktlösung besitzen.

Insgesamt sind die Risiko- und Misserfolgsfaktoren in mehrfacher Hinsicht zu kritisieren. Nur die Faktoren von Vantage Partners sind empirisch basiert, die von von der Oelsnitz (2019) sind dies nur eingeschränkt. Außerdem ist sowohl der Ansatz von Vantage Partners als auch derjenige von von der Oelsnitz (2019) für die Praxis bei Weitem zu abstrakt, um konkrete Maßnahmen zu ergreifen. Deshalb ist nötig, diese Erkenntnisse zum Scheitern und Erfolg von Kooperation zu präzisieren, um sie für die Praxis nutzen zu können.

Auf Basis dieser Erkenntnisse wurde ein verhaltensbasiertes Modell entwickelt, das konkret veränderbares Verhalten beschreibt und nicht nur abstrakte Konzepte, denn dieses konkrete Verhalten entscheidet über den Erfolg einer solchen Kooperation. Dabei setzt das Modell insbesondere beim Management der Beziehung an, um Probleme wie Opportunismus, Konflikten und unethischem Verhalten vorzubeugen. Das Modell dient dabei nicht nur einem besseren Verständnis der Stellschrauben der interorganisationalen Beziehungen, sondern es ist auch die Basis zur Messung der Beziehung. Mithilfe der Ergebnisse dieser Messung kann die Beziehung dann gezielt gestaltet und verändert werden. Auch trägt das Modell dazu bei, prinzipielle Vorgehensweisen wie die Partnerwahl und die Vertragsgestaltung zu verändern. Dabei soll es vor allem darum gehen, die relationale Distanz zwischen Kooperationspartnern zu senken, eine gute Teamarbeit zu fördern und Kooperationskompetenz aufzubauen.

4.3 Das Modell zur Beschreibung interorganisationaler Kooperation

4.3.1 Die theoretische Basis: Die Relational Contract Theory

Ausgangspunkt des Modells ist die Relational Contract Theory, die maßgeblich vom Juristen und Soziologen Ian R. Macneil (1978,1980) geprägt wurde. Die Kernannahme dieser Theorie ist, dass Verträge zwischen Kooperationspartnern nicht nur die bloße geschäftliche Transaktion zwischen den Vertragspartnern regeln, sondern solche Verträge finden immer auch in einem sozialen Kontext statt, der einer Regelung bedarf. Deshalb unterscheidet die Theorie zwei Arten von Verträgen, nämlich den diskreten/transaktionalen Vertrag und den relationalen Vertrag. Diskrete/transaktionale Verträge zeichnen sich durch eine beschränkte Zeitdauer, wenig soziale Interaktion und durch eine genaue Quantifizierbarkeit der getauschten Güter (zum Beispiel der Kauf von Brötchen beim Bäcker) aus. Relationale Verträge sind charakterisiert durch eine lange Dauer und eine persönlichen Involviertheit. Zudem thematisieren sie soziale Aspekte, die schwierig zu beziffern bzw. zu messen sind (Gudel 1998). Dabei spielt selbst bei diskreten/transaktionalen Verträgen eine soziale Komponente immer eine Rolle, denn zum Beispiel bei einem so diskreten/transaktionalen Kaufvertrag wie demjenigen zwischen einem Bäcker und seinem Kunden ist es so, dass der Kunde öfters zu diesem Bäcker kommen kann oder die Transaktion deshalb funktioniert, weil Bäcker und Käufer Teil einer gemeinsamen Kultur sind und deshalb dieselbe Sprache beherrschen. Betrachtet man nun langfristige Geschäftsbeziehungen nur aus der Perspektive von transaktionalen/diskreten Verträgen, so ist dies hochproblematisch, denn eine solche Beziehung umfasst nicht nur die Transaktion, sondern eben immer auch eine soziale Beziehung (Gudel 1998).

Neben dem Ignorieren des sozialen Aspekts von Kooperationsbeziehungen ist das klassische Vorgehen mit einem diskreten/transaktionalen Vertrag kritisch zu bewerten, weil es nur schwer mit der Dynamik einer Kooperationsbeziehung umgehen kann: Transaktionale/diskrete Verträge kommen juristisch durch übereinstimmende Willensbekundungen der Vertragspartner zustande. Diese Willensbekundungen erfolgen auf Basis des Wissens, das zum Zeitpunkt des Vertragsschlusses vorliegt, sowie aufgrund einer auf Jahre in die Zukunft schauenden Planung. Mithilfe dieses momentanen Wissens und dieser sehr weit vorausschauenden Planung wird die Kooperation auf Hunderten, wenn nicht sogar auf Tausenden Seiten von Vertragswerk geregelt, um die Transaktionen von Gütern/Services und den Umgang mit Möglichkeiten und Risiken festzulegen (Frydlinger et al. 2016). Ein solches Vorgehen gefährdet aus mehreren Gründen den Erfolg einer interorganisationalen Kooperation massiv: Aus der Forschung der Prospektiven Psychologie zum Thema Planung ist bekannt, dass Menschen zum sogenannten Planungsfehlschluss (engl. planning fallacy) neigen, die Kahneman et al. (1982, S. 415) als die Tendenz definieren „to underestimate the time required to complete a project, even when they have considerable experience of past failures to live up to planned schedules". Dies bedeutet, dass transaktionale Verträge auf systematischen Fehleinschätzungen bei der Planung basieren müssen, die automatisch Konflikte vorprogrammieren, denn die Wahrscheinlichkeit, dass der Plan genauso eintritt, wie bei dem Vertragsschluss vorhergesagt, ist vor allem bei einer langen Vertragsdauer und in einer sich immer rapider entwickelnden Geschäftswelt unwahrscheinlich. So verwundert es nicht, dass diese Form des sogenannten „complete planning" in empirischen Studien nicht mit Erfolg verbunden ist (Dregger 2019; Frese et al. 2000). Stattdessen zeichnet sich gute Planung durch Iterativität aus, also dem regelmäßigen Überprüfen und Anpassen des Plans auf Basis des gegenwärtigen Fortschrittes (Dregger 2019). Dies ist jedoch mit einem starren, rein transaktionalen Vertrag nur schwer umsetzbar. Darüber hinaus ist diese Form der Planung kritisch, denn sie erfolgt meist nur zwischen den Geschäftsführungen der kooperierenden Unternehmen und Juristen, aber die Personen, die die Kooperation tagtäglich umsetzen, fehlen hierbei. Eine Beteiligung genau dieser Personen würde die Präzision der Zukunftsvorhersage deutlich erhöhen (Dregger 2019).

Auch die Forschung zum Thema Vertragsumsetzung zeigt, dass in der Realität Vertragspartner in erfolgreichen Kooperationen aus guten Gründen von einem solchen rein vertragsbasierten, transaktionalen Vorgehen abweichen. So berichtet ein Geschäftsmann in einer Studie von Macaulay (1963, S. 61), wie er mit Problemen in einer Kooperation umgeht: „If something comes up, you get the other man on the telephone and deal with the problem. You don't read legalistic contract clauses at each other if you ever want to do business again. One doesn't run to lawyers if he wants to stay in business because one must behave decently." Erfolgreiche Geschäftsbeziehungen unterliegen einer Dynamik und es treten immer wieder Probleme hierbei auf. Auf vorher Festgelegtes in Verträgen zu bestehen und dies durch Juristen zum Beispiel auf dem Klageweg zu erzwingen, ist nicht nur mit hohen monetären, sondern auch mit nicht-monetären Kosten verbunden. Die nicht-monetären Kosten bestehen dabei in einer nachhaltigen Schädigung der Geschäftsbeziehung (Macaulay 1963), weshalb Firmen ein solches Vorgehen in der Realität zu vermeiden suchen (Mouzas und Blois 2008).

Im Rahmen des klassischen Vertragsrechtes versucht man diese Herausforderungen langfristiger Kooperationsbeziehungen zu lösen, indem man einen Rahmenvertrag mit mehr Spielraum definiert (Mouzas und Blois 2008). Die Relational Contract Theory schlägt einen anderen Weg vor: Sie fokussiert sich nicht nur auf einen expliziten, transaktionalen Vertrag, sondern sie ergänzt diesen um einen sogenannten relationalen Vertrag, der die sozialen Aspekte einer Kooperation beschreibt und der zwischen den Beteiligten ausgehandelt wird. Dabei kann dieses Aushandeln implizit im alltäglichen Interagieren erfolgen, es ist aber auch möglich, gezielt Regeln für den sozialen Aspekt gemeinsam zu formulieren (in Abschn. 4.4.2 werden praktische Übungen hierfür beschrieben). Die Kernannahme ist hierbei, dass solche relationalen Verträge in interorganisationalen Beziehungen auf sozialen Normen basieren. Die Normen wiederum bestimmen das Verhalten in der Kooperationsbeziehung (Macneil 1980). Dabei stellen soziale Normen im Kern die Regeln und Standards dar, die von beiden Organisationen akzeptiert werden (Hewstone und Martin 2014). Sie drücken die Erwartungen an die Kooperationspartner und die gewünschten Aktivitäten aus (Hewstone und Martin 2014).

Normen beeinflussen auf sechs Ebenen Kooperationen (Cartwright und Zander 1968; Hewstone und Martin 2014): 1) Sie verringern die Unsicherheit, wie man sich verhält. Dies passiert zum Beispiel dadurch, dass das Befolgen einer Norm, zum Beispiel Pünktlichkeit, gelobt wird, wohingegen die Missachtung bestraft wird. 2) Sie unterstützen dabei individuelles Verhalten zu koordinieren, zum Beispiel ein Meeting kann erst dann beginnen, wenn alle Meeting-Teilnehmer da sind, weshalb Pünktlichkeit als Norm wichtig ist. 3) Sie erleichtern die Verteilung von Handlungsergebnissen. Im Falle von Kooperationen kann zum Beispiel eine angemessene Bezahlung von Leistungen besser erfolgen, wenn Fairness und Gegenseitigkeit als wichtige Normen erachtet werden. 4) Sie erhöhen die Übereinstimmung von Gruppenmitgliedern hinsichtlich der Gruppenziele und der Zielerreichung. 5) Sie erzeugen einen gemeinschaftlichen Interpretationsrahmen, um Ereignisse besser einordnen zu können. 6) Sie unterstützen die Bildung einer gemeinsamen Identität. Entscheidend für interorganisationale Kooperationen ist aber, dass solche Normen direkt zwischen den Kooperationspartnern aushandelbar sind und dass sie sich somit an eine hohe Geschäftsdynamik viel leichter anpassen können, ohne dass durch juristische Schritte die Beziehung gefährdet werden muss. Macneil (1980) missachtet eine Unterscheidung in Bezug auf Normen, die wichtig für die tatsächliche Umsetzung von Normen in Verhalten ist: Deskriptive Normen beschreiben, wie Menschen sich tatsächlich verhalten und injunktive Normen definieren, wie Menschen sich verhalten sollen (Hewstone und Martin 2014). Ein Beispiel hierfür ist, dass man sich in Kooperationsbeziehungen in der Regel solidarisch verhält und sich zum Beispiel nicht gegenseitig „anschwärzt" (injunktive Norm/Soll-Norm). Trotzdem kann es in der Realität passieren, dass ein Projektmanager der Firma A denjenigen der Firma B bei dessen Vorgesetzten kritisiert, weil dieser seiner Arbeit nicht wie vereinbart nachkommt und somit alle Aufgaben bei dem Projektmanager der Firma A „hängen bleiben" (deskriptive Norm/Ist-Norm). Ziel muss es sein, nicht nur einfach injunktive Soll-Normen zu formulieren, sondern diese müssen zu deskriptiven, also tatsächlich gelebten Normen werden, damit eine interorganisationale Kooperation gelingt.

Durch die Etablierung von Normen als Kernmerkmal von interorganisationalen Beziehungen in impliziten Verträgen ist der Ansatz der Relational Contract Theory geeignet, um die Dynamik von langfristigen Beziehungen abzubilden. Dabei versteht sich der Ansatz nicht nur als Gegensatz zur klassischen Vertragstheorie, sondern auch zur Transaktionskostentheorie aus den Wirtschaftswissenschaften. Letzterem widerspricht die Relational Contract Theory, da in der Transaktionskostentheorie die Nutzungs-maximierung als Kernnorm von Geschäftsbeziehungen betrachtet wird. Die Relational Contract Theory sieht im Gegensatz dazu, dass die Nutzenmaximierung durch die Werte der Solidarität und Reziprozität beschränkt werden, denn diese sind nötig, um soziale Beziehungen aufrecht zu erhalten (Gudel 1998).

Das nun folgende Modell interorganisationaler Kooperation basiert im Kern auf den Normen, die Macneils (1980) Theorie beschreibt und versucht diese psychologisch zu präzisieren. Darüber hinaus wird dieses Modell um weitere Aspekte erweitert, die in Macneils Modell fehlen.

4.3.2 Baustein 1: Beziehungsnormen

Macneil (1980) definiert zehn Normen als entscheidend für eine interorganisationale Beziehung: Rollenintegrität, Gegenseitigkeit, Implementation von Planung, Umsetzung der Zustimmung, Flexibilität, vertragliche Solidarität, Verbindungsnormen: Rück-erstattung, Vertrauen und Erwartung, Erschaffung und Beschränkung von Macht, Harmonisierung der sozialen Normen und Eigentum der Mittel. Insgesamt formuliert Macneil sogar 28 Normen in seinen Werken (Ivens 2002). Diese Vielzahl an Normen wird in der Forschung kritisch gesehen und eine konzeptionelle Überlappung bemängelt (Ivens 2002). In der Literatur existieren zahlreiche Vorschläge, die für inter-organisationale Beziehungen relevanten Normen zu beschreiben. Im Kern orientiert sich das vorliegende Modell an denjenigen von Ivens (2002) und Wünsche (2010), denn ins-besondere das Modell von Ivens (2002) basiert auf einem breiten Review der Literatur. Wünsches Ansatz (2010) wiederum baut auf demjenigen von Ivens (2002) auf. Zusätz-lich wurden beide Modelle empirisch durch jeweils eine quantitative Studie validiert. Jedoch wurden anstelle der zehn von Ivens genannten Normen nur acht berücksichtigt. Ursächlich hierfür ist, dass sich beispielsweise Normen wie das Planungsverhalten und langfristige Orientierung stark überschnitten. Dies führte zu einer Reduktion auf folgende acht Beziehungsnormen:

Kommunikation ist essenziell für jede Art von Kooperation. In den Modellen von Ivens (2002) und Wünsche (2010) wird sie auf das Informationsverhalten beschränkt. Im vorliegenden Modell wird der Begriff weiter gefasst. Kommunikation meint drei Aspekte: 1) Informationsteilung beschreibt, inwiefern die Kooperationspartner Informationen miteinander offen teilen. 2) Kommunikationsqualität erfasst, ob die

Kommunikation wertschätzend und angemessen erfolgt. 3) Partizipation berücksichtigt, ob die an der Kooperation Beteiligten auch tatsächlich miteinander kommunizieren oder ob die Kommunikation eher gemieden wird. Damit man sich besser vorstellen kann, was die einzelnen Normen auf der Ebene des konkreten Verhaltens bedeuten, wird zu jeder Norm ein Beispielitem aus dem Fragebogen in Tab. 4.2 präsentiert.

Solidarität beschreibt, ob Organisationen sich in problematischen Situationen und unter Inkaufnahme von vorübergehenden Nachteilen gegenseitig unterstützen (Ivens 2002; Wünsche 2010). Dies zeigt sich konkret in Konfliktfällen: Wird hierbei blind das eigene Interesse durchgesetzt oder versuchen sich die Kooperationspartner gütlich zu einigen?

Gegenseitigkeit meint in Kooperationsbeziehungen, dass die Kooperationspartner darauf achten, dass sie jeweils in angemessenem Umfang von einer Geschäftsbeziehung profitieren. Entscheidend ist nun, ob die Partner eine egozentrische Orientierung bei der Verteilung des Erfolgs haben und ob sie im Sinne der Equity-Theorie von Blau (1964) entsprechend ihres Einsatzes am Profit beteiligt werden. Sind die Partner der Überzeugung, dass der jeweils eigene Erfolg nur über den gemeinsamen bzw. gegenseitigen Erfolg der Kooperationspartner möglich ist, so fördert dies massiv die Kooperation (Dant und Schul 1992).

Konfliktmanagement ist der Dreh- und Angelpunkt für gute Kooperationen, denn Konflikte sind ein normaler Bestandteil solcher Beziehungen. Dabei beschreibt diese Norm, ob die Kooperierenden Konflikte intern und informell oder über den Gerichtsweg lösen (Ivens 2002; Wünsche 2010). Letzteres ist in transaktionalen Beziehungen üblich. Darüber hinaus wird erfasst, welche Art von Konfliktlösung sie hierbei nutzen (Mohr und Spekman 1994) und was die Gründe für die Entstehung von Konflikten sind (Lee und Kim 1999).

Rollenintegrität ist eine Norm, die ausdrückt, ob die Kooperationspartner das von ihnen erwartete Verhalten im Rahmen ihrer Rolle in der Kooperation zeigen (Ivens 2002; Macneil 1980). In diskreten Geschäftsbeziehungen sind die Rollen recht einfach: Ein Bäcker verkauft zum Beispiel einem Kunden ein Brötchen. In relationalen Beziehungen sind die Rollen deutlich komplexer, da die Beteiligten nicht nur Transaktionen regeln, sondern sie sich auch mit transaktionsübergreifenden Fragestellungen beschäftigen müssen (Ivens 2002). Rollenintegrität setzt voraus, dass die Rollen klar definiert werden (Ivens 2002; Macneil 1980) und die Beteiligten sich hierüber einig sind. Dann können sie die gegenseitigen Erwartungen erfüllen.

Machteinsatz definiert, ob die Kooperationspartner ihre Machtpotenziale uneingeschränkt für ihre Interessen einsetzen. In diskreten Beziehungen wird die Macht in der Regel nur durch juristische Barrieren beschränkt. In relationalen Beziehungen werden die Machtpotenziale anerkannt und sie werden durchaus auch genutzt, aber insbesondere bei einem Machtungleichgewicht zwischen den Kooperationspartnern verzichtet der mächtigere Partner auf den Einsatz von Macht, wenn hierdurch die Beziehung gefährdet wird (Ivens 2002).

Tab. 4.2 Übersicht über die Verhaltensnormen und die dazugehörigen Fragebogenitems

Norm	Quelle der Fragebogenitems	Beispielitem
Kommunikation	Ivens 2002; Mohr und Spekman 1994; Wünsche 2010	*Die Partnerorganisation gibt auch vertrauliche Informationen, die uns betreffen, an uns weiter*
Solidarität	Ivens 2002; Wünsche 2010	*Die Partnerorganisation ist an Verbesserungen interessiert, welche die Beziehung als Ganzes, und nicht nur sie individuell voranbringt*
Gegenseitigkeit	Ivens 2002; Wünsche 2010	*Die Partnerorganisation ist überzeugt, dass sich Zugeständnisse, die sie uns macht, langfristig ausgleichen*
Konfliktmanagement	Goles und Chin 2005; Ivens 2002; Lee und Kim 1999; Mohr und Spekman 1994; Wünsche 2010	*In unserer Geschäftsbeziehung existieren Konflikte wegen der Verteilung von Ressourcen*
Rollenintegrität	Ivens 2002; Wünsche 2010	*Die Rollen und Aufgaben innerhalb des Beziehungsgeflechts sind den beteiligten Akteuren überwiegend bekannt*
Machteinsatz	Ivens 2002; Wünsche 2010	*Die Partnerorganisation erwähnt uns gegenüber häufig, welche Machtmittel ihr zur Verfügung stehen, um ihre Interessen durchzusetzen*
Planungsverhalten	Ganesan 1994; Ivens 2002; Palay 1984; Wünsche 2010	*Die Partnerorganisation nimmt erkennbar Planungen für die Zukunft dieser Geschäftsbeziehung vor*
Flexibilität	Palay 1984	*Wenn sich eine unvorhergesehene Situation ergibt, ist die Partnerorganisation bereit, von existierenden Absprachen abzuweichen und eine neue Lösung auszuarbeiten*

Wenn Sie den gesamten Fragebogen mit seinen 88 Items erhalten möchten, können Sie gerne den Autor per Mail kontaktieren (alexanderdregger@googlemail.com).

Planungsverhalten und Langfristige Orientierung sind sehr ähnliche Normen und sie werden wie im Modell von Wünsche (2010) zusammengefasst. Im Kern drücken diese Normen aus, ob die Kooperationspartner Schritte für die zukünftige Entwicklung der Geschäftsbeziehung planen und ob hierdurch erkennbar wird, ob sie an einer langfristigen Zusammenarbeit interessiert sind (Wünsche 2010). Dabei stehen zwei Dinge bei der Planung im Vordergrund, nämlich wie wollen die Partner ihre Leistungen und Gegenleistungen abwickeln und wie reagieren sie auf veränderte Umfeldbedingungen. Dabei sollte die Planung iterativ und gemeinsam erfolgen (Dregger 2019). Voraussetzung ist das Vorliegen von gemeinsamen Zielen, damit ein Planungsverhalten und eine langfristige Orientierung möglich sind.

Flexibilität beschreibt, ob die Partnerorganisationen bereit sind, von existierenden Absprachen abzuweichen, wenn eine der Organisationen dies fordert (Ivens 2002; Wünsche 2010). Flexibilität ist nötig, denn durch Veränderungen in der Umwelt, aber auch interne Veränderungen in der Organisation erweitert bzw. beschränkt sich der Handlungsspielraum für die Kooperierenden (Pibernik 2001). In diskreten Beziehungen bestehen die Partner trotz dieser Dynamik auf die im Vertrag festgehaltenen Ziele und Bedingungen. In relationalen Beziehungen hingegen gibt es eine Bereitschaft zu Veränderungen. Nur durch Flexibilität kann also auf die Unvorhersehbarkeit von Geschäftsbeziehungen reagiert werden.

4.3.3 Baustein 2: Rahmenbedingungen

Auch wenn die Normen sehr wichtig für die Gestaltung und Entwicklung einer Kooperationsbeziehung sind, so definieren weitere Parameter maßgeblich, ob eine Kooperation funktioniert. Diese Rahmenbedingungen werden deshalb vom vorliegenden Modell berücksichtigt. Dies unterscheidet es deutlich von Macneil (1980). Vier Rahmenbedingungen werden erfasst:

Top-Management-Support bzw. die Unterstützung der obersten Führungsebene ist eine wichtige Voraussetzung für den Fortbestand einer Kooperation (Gupta und Sushil 2014; Lee und Kim 1999). Nur wenn das Top-Management bereit ist, die Kooperation mit Ressourcen ausreichend auszustatten und es auch durch Einfluss und Macht unterstützt, kann eine Kooperation gelingen. Dabei ist die Unterstützung besonders im Falle von Konflikten und Schwierigkeiten nötig.

Abhängigkeit beschreibt, in welchem Maß die Kooperationspartner aufeinander angewiesen sind. Dabei gilt laut Ressource-Dependence-Theorie (Heide 1994): Je wichtiger die Ressource für die Leistungserstellung und umso schwerer deren Beschaffung ist, umso größer ist die Abhängigkeit. Eine solche Abhängigkeit wird vor allem dann zum Problem, wenn die Partner über wenig Vertrauen verfügen und gleichzeitig eine Bereitschaft zum Einsatz von Macht vorhanden ist (Ivens 2002; Robicheaux und Coleman 1994).

Geschäftsverständnis erfasst die Tatsache, dass eine Kooperation nur gelingen kann, wenn beide Kooperationspartner jeweils das Tätigkeitsfeld des anderen verstehen (Lee und Kim 1999) und sie in der Lage sind, sprachliche Differenzen zu überwinden, um ein Verständnis zu erhöhen. Beispielsweise muss ein IT-Provider in einer Outsourcing-Beziehung das Kerngeschäft seines Kunden, zum Beispiel Banken- oder Luftfahrtgeschäft, verstehen, um optimal die passende IT bereitstellen zu können. Umgekehrt muss der Kunde den IT-Dienstleister und sein Geschäft begreifen, um zum Beispiel möglichst optimal zu definieren, was die Anforderungen an bestimmte IT-Produkte sein sollen.

Governance und Vertrag sind Konzepte, die bisher nicht in den quantitativen Modellen zur interorganisationalen Kooperation berücksichtigt wurden. Auf Basis der theoretischen Annahmen zum Thema Governance von Jahner et al. (2007) und mithilfe der Relational Contract Theory (Macneil 1980) wurde dieser Faktor definiert. Auch wenn die Relational Contract Theory betont, dass implizite, normbasierte Verträge wichtig für die interorganisationale Kooperation sind, so sind explizite bzw. juristische Verträge nicht unbedeutend, denn auch sie beeinflussen sowohl die Normen in der Beziehung als auch die Beziehung insgesamt. Verträge definieren dabei nicht nur die Ziele, Verpflichtungen und mögliche Sanktionen im Rahmen einer Kooperation, sondern sie legen auch die Governance-Struktur fest. In Bezug auf die Ziele sollten diese als realistisch und angemessen empfunden werden. Darüber hinaus sollten sie entsprechend der Relational Contract Theory Spielraum lassen, um sich Dynamiken anpassen zu können. Daneben sollte die Governance so gestaltet sein, dass die Steuerungsmechanismen zum Beispiel durch Lenkungsgremien ausreichen, um der Komplexität der Kooperation gerecht zu werden, und eine Steuerung möglichst effektiv möglich ist.

Neben diesen Rahmenbedingungen (Tab. 4.3) können weitere Faktoren in spezifischen Kooperationskontexten relevant werden wie zum Beispiel Legitimität. Um das Modell jedoch möglichst sparsam zu halten, wurden nur die am häufigsten für Kooperationen relevanten Faktoren berücksichtigt.

4.3.4   Baustein 3: Beziehungstyp

Normen und Rahmenbedingungen von Kooperationen führen in Kombination dazu, dass verschiedene Arten von Kooperationsbeziehung entstehen. In der Literatur existieren zahlreiche Ansätze, verschiedene Typen von Kooperationsbeziehung zu beschreiben. Davon sind einige eher analytisch wie zum Beispiel Henderson und Subramani (1999), andere wiederum empirisch fundiert (zum Beispiel Ivens 2002; Wünsche 2010). Die Ansätze unterscheiden sich dabei deutlich: So benennen Henderson und Subramani (1999) vier verschiedene Typen: Transaktionaler Austausch, Leistungsvertrag, spezielle Beziehung und strategischer Allianz, wohingegen Ivens (2002) folgende vier Typen identifiziert: „Hart, aber herzlich"-Stil, „Laissez-Faire"-Stil, ökonomischer Stil und streitbarer Stil. Solche Typologien können zu einem besseren Verständnis der Beziehung beitragen, jedoch ist ihre Vielzahl verwirrend und deutet auf einen Mangel an empirischer Fundierung hin. Tangpong et al. (2015) versuchten deshalb in einem Review die verschiedenen Ansätze zu integrieren und auf Basis von zwei Faktoren, nämlich Abhängigkeit (Dependence) und Relationalität (Relationalism), unterscheiden sie acht verschiedene Typen von Beziehungen. Das Modell von Tangpong et al. (2015) ist jedoch auch zu kritisieren, denn es berücksichtigt die deutschsprachigen Modelle zum Beispiel von Ivens (2002) nicht und es ist für die Praxis zu komplex.

Letztendlich hat sich kein einheitlicher Ansatz in der Forschung und Praxis durchgesetzt. Deshalb macht das vorliegende Modell einen Vorschlag auf Basis der Relational Contract Theory: Die verschiedenen interorganisationalen Beziehungen schwanken auf einem Kontinuum mit dem Endpunkt „transaktionale/diskrete Beziehung" auf der einen Seite und dem Endpunkt „relationale Beziehung" auf der anderen Seite. Damit folgt dieses Modell im Gegensatz zu allen anderen Typologien nicht einem kategorischen Ansatz, der Beziehungen in verschiedene Kategorien klassifizieren möchte, sondern einem kontinuumsbasierten Ansatz. Hierdurch lässt sich das Modell leichter in der Praxis handhaben. Wo nun sich die konkrete Beziehung auf dem Kontinuum zwischen relationaler und transaktionaler Beziehung befindet bzw. wie sie hier eingeordnet werden muss, bestimmt sich auf Basis der Werte, die für die Bausteine Normen und Rahmenbedingungen auf Basis der Fragebogenergebnisse berechnet werden. Je höher die Werte für diese Bausteine ausfallen, umso näher ist die Beziehung dem relationalen Pol des Kontinuums.

4.3.5 Baustein 4: Beziehungsqualität

Von der Art der Beziehung hängt maßgeblich die Qualität der Beziehung ab. Dabei lässt sich die Beziehungsqualität durch drei Merkmale beschreiben (Wünsche 2010):

Tab. 4.3 Übersicht über die Kontextfaktoren und die dazugehörigen Fragebogenitems

Kontextfaktor	Quelle der Fragebogenitems	Beispielitem
Top-Management-Support	Gupta und Sushil 2014; Lee und Kim 1999	*Unser Top-Management unterstützt uns in der Geschäftsbeziehung mit allen Ressourcen, die wir benötigen*
Abhängigkeit	Ganesan 1994; Ivens 2002; Lee und Kim 1999	*Wenn wir die Beziehung mit dem Geschäftspartner aufgeben würden, müsste er bedeutende Umsatzeinbußen hinnehmen*
Geschäftsverständnis	Lee und Kim 1999	*Wir haben von unserer Rolle in der Geschäftsbeziehung eine eindeutige Vorstellung*
Governance und Vertrag	Selbst entwickelt	*Die Partner begreifen den Vertrag als einen Rahmen, der im Laufe der Beziehung Orientierung gibt, aber nicht immer starr eingehalten werden muss*

[Tabellenfußzeile – bitte überschreiben]

Commitment ist in der Literatur der zentrale Faktor, um die Qualität einer Beziehung zu messen (Wünsche 2010). Hierdurch wird beschrieben, ob die Kooperationspartner der Beziehung einen hohen Stellenwert zuordnen und deshalb eine „innere Verpflichtung" fühlen, die Beziehung aufrechtzuerhalten und zu einem Erfolg zu führen (Ivens 2002). Auch ist hiermit die Bereitschaft gemeint, in eine Beziehung zu investieren. Relationale Beziehungen zeichnen sich durch ein hohes Maß an Commitment aus.

Vertrauen ist das „Schmiermittel" für gelungene kooperative Beziehungen. Dabei ist Vertrauen nicht leicht zu definieren. So beschreibt Petermann (2013) 16 verschiedene Definitionen. Im Kern ist Vertrauen auf zukünftiges Handeln ausgerichtet und drückt die Erwartung aus, dass ein Kooperationspartner in einer Situation, die man nicht kontrollieren kann, auf negatives oder opportunistisches Verhalten verzichtet und es zu einem positiven Ausgang kommt (Mayer et al. 1995). Dadurch reduziert sich die Komplexität einer Situation und es ergeben sich zusätzliche Möglichkeiten des Handelns und Erlebens (Luhmann 2014). In Kooperationsbeziehungen ist deshalb Vertrauen zentral, denn es verringert die wahrgenommene Gefahr von opportunistischem Verhalten der Gegenseite (Diller 1995). Zudem reduziert Vertrauen die Transaktionskosten, denn es sind weniger Kontrollsysteme nötig und es kommt hierdurch weniger zu Rechtsstreitigkeiten, denn durch das Vertrauen halten die Kooperierenden negative Folgen für unwahrscheinlicher (Diller 1995). Die Einschätzung des Vertrauens basiert dabei auf den Erfahrungen anderer (insbesondere im Vorfeld einer Kooperation) und auf den Erfahrungen, die man selbst im Rahmen der Beziehung macht.

Zufriedenheit ergibt sich auf zwei Ebenen in Kooperationsbeziehungen: Ökonomisch und sozial (Ivens 2002; Wünsche 2010). Dabei wird der reale Verlauf mit den eigenen Erwartungen an die Kooperation abgeglichen, um das Ausmaß der Zufriedenheit zu bestimmen. Zufriedenheit ist dabei maßgeblich für das künftige Verhalten in der Kooperation, zum Beispiel weitere Zusammenarbeit und die Bereitschaft zur Mund-zu-Mund-Werbung im eigenen Umfeld (Ivens 2002). In diskreten Beziehungen lässt sich Zufriedenheit leichter bestimmen, da die soziale Komponente hier unbedeutender ist, wohingegen in relationalen Beziehungen sehr viele Faktoren insbesondere auf sozialer Ebene berücksichtigt werden müssen.

4.3.6 Baustein 5: Erfolg der Beziehung

Oftmals fehlt der Faktor Erfolg in den Modellen zur Beschreibung von interorganisationalen Beziehungen (zum Beispiel Ivens 2002). Jedoch ist dieser Faktor essenziell, insbesondere im ökonomischen Kontext, um die Bedeutung der Normen, Rahmenbedingungen, des Beziehungstyps und der Beziehungsqualität zu bestimmen. Nur wenn ein klarer Zusammenhang zwischen diesen Faktoren und dem Erfolg gezeigt werden kann, kann eine Bereitschaft bei den zentralen Stakeholdern erzeugt werden, finanzielle und personelle Ressourcen für die Gestaltung der Beziehung bereitzustellen.

Zudem kann dann ein Return-on-Investment hierdurch nachgewiesen werden und die Stakeholder werden die Bedeutung des Faktors Beziehung leichter erkennen.

Kernannahme des Modells ist es, dass der Erfolg einer Kooperation maßgeblich von der Beziehung abhängt. Erfolg ergibt sich auf drei Ebenen: Strategisch, finanziell und auf der Wissensebene. Dabei wird im Kern von den Geschäftspartnern eingeschätzt, ob die Ergebnisse der Kooperation mit den ursprünglichen Anforderungen und Erwartungen übereinstimmen. Eine relationale Beziehung führt dabei nicht nur zu mehr Erfolg, sondern auch zu einer erhöhten Langfristigkeit der Beziehung und einer höheren Wahrscheinlichkeit, dass die Zusammenarbeit ausgedehnt wird (Tab. 4.5).

4.3.7 Gesamtmodell und Umsetzung des Modells als Fragebogen

Das Gesamtmodell ist in Abb. 4.2 dargestellt. Dieses Modell wurde nun mit konkreten Verhaltensweisen im Rahmen eines 88 Items umfassenden Fragebogens verknüpft. Durch diese Verknüpfung ist es möglich, dass die Personen, die an der Kooperation beteiligt sind, den Zustand der Kooperation bewerten können. Auf Basis dieser Bewertung konkreten Verhaltens kann dann nicht nur die Kooperation evaluiert werden, sondern auch kann das konkret beschriebene Verhalten verändert werden, um die Kooperationsbeziehung zu verbessern. Ausgangspunkt für die Entwicklung des Fragebogens waren bereits schon existierende Fragebögen (siehe Tab. 4.2 bis Tab. 4.4). Für einige Elemente des Modells bzw. Konstrukte mussten eigene Skalen entwickelt werden. Dies war zum Beispiel der Fall für das Konstrukt Vertrag und Governance (Tab. 4.4).

Zwei Versionen des Fragebogens wurden entwickelt. Dies ist nötig, um verschiedene Phasen der Kooperationsbeziehungen Abschn. 4.2 erfassen zu können.

Die Launch-Version
Die Launch-Version des Fragebogens ist geeignet, wenn eine Beziehung sich in der Entstehung befindet bzw. noch nicht lange existiert. Dabei misst diese Version nicht den Ist-Zustand einer Beziehung, sondern den Soll-Zustand in der Zukunft. Die Teilnehmer an einem solchen Fragebogen sollen ihre Wünsche und Befürchtungen durch Formulierungen wie zum Beispiel „Wir wünschen uns", „Uns ist es wichtig, dass" oder „Wir glauben daran, dass" zum Ausdruck bringen. Ein solcher Soll-Zustand wird für die Faktoren Kommunikation, Solidarität, Gegenseitigkeit, Konfliktmanagement, Machteinsatz, Flexibilität, Geschäftsverständnis, Commitment und Vertrauen formuliert. Für die Faktoren Rollenintegrität, Planungsverhalten, Top-Management-Support und Governance und Vertrag wird dabei bereits der Ist-Zustand bewertet, denn hierfür liegen auch schon am Anfang erste Erfahrungen vor. Im Gegensatz zur Alignment-Version kann jedoch die Zufriedenheit der Beziehung noch nicht beurteilt werden. Darüber hinaus werden zwei Rahmenbedingungen im Kontext der Launch-Version ergänzt: Reputation und Vorerfahrung. Reputation beschreibt, welcher Eindruck der Kooperationspartner von

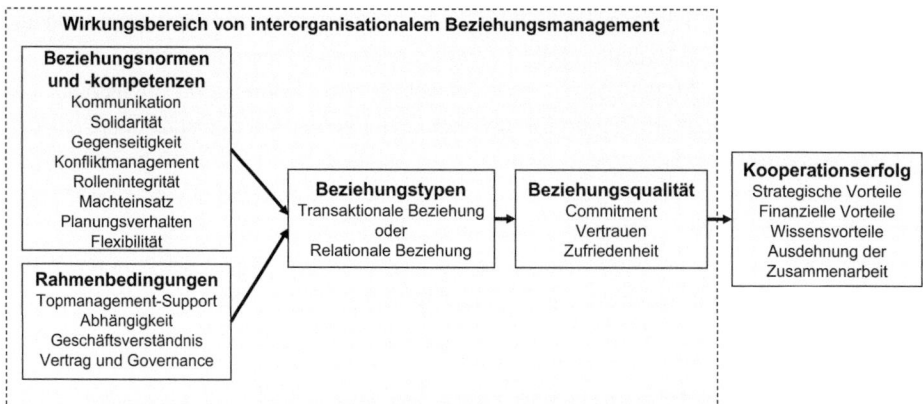

Abb. 4.2 Modell interorganisationaler Kooperation bei einer bereits bestehenden Kooperation (Alignment)

der Reputation des Partnerunternehmens hat. Der Faktor Vorerfahrung erfasst, inwiefern bereits Vorerfahrungen mit Kooperationen bestehen. Beides kann die Entwicklung der Beziehung am Anfang maßgeblich prägen. Insgesamt beinhaltet diese Version 86 geschlossene Items, die auf einer Likert-Skala von 1 (trifft nicht zu) bis 6 (trifft voll und ganz zu) beantwortet werden. Neben den geschlossenen Items ist es unbedingt notwendig, offene Items zu ergänzen. Dabei kann die Zahl dieser offenen Items variieren: Man kann zu jedem Faktor bzw. Element des Modells oder zu jedem Baustein ein offenes Item zur Verfügung stellen. Dies erlaubt es, den Teilnehmern Kommentare zu geben. Diese sind wichtig, um die Erkenntnisse der Befragung noch weiter zu konkretisieren.

Tab. 4.4 Übersicht der Faktoren der Beziehungsqualität und der dazugehörigen Fragebogenitems

Faktoren der Beziehungsqualität	Quelle der Fragebogenitems	Beispielitem
Commitment	Ivens 2002	*Wir sind willens, mehr Anstrengungen als üblich in die Beziehung zu investieren, um ihr zum Erfolg zu verhelfen*
Vertrauen	Ivens 2002	*Die betrachtete Partnerorganisation hält Versprechen, die sie uns gegenüber macht, grundsätzlich ein*
Zufriedenheit	Homburg und Rudolph 2001; Ivens 2002	*Wir sind zufrieden mit der Auftragsvergabe seitens der Partnerorganisation*

Tab. 4.5 Übersicht der Faktoren der Beziehungserfolgs und der dazugehörigen Fragebogenitems

Merkmal	Quelle der Fragebogenitems	Beispielitem
Erfolg	Grover et al. 1996; Lee und Kim 1999; Swar et al. 2012; Wünsche 2010	*Wir erreichen mit dieser Partnerschaft unsere strategischen Ziele*

Die Alignment-Version

Die Alignment-Version entspricht dem präsentierten Modell (Abb. 4.2). Im Gegensatz zur Launch-Variante eignet sie sich, wenn eine Kooperation länger existiert. Die Partner beschreiben hierbei den Ist-Zustand der Beziehung. Diese Version des Fragebogens besteht aus 88 Items und kann wie die Launch-Version um eine flexible Anzahl an offenen Items ergänzt werden.

4.4 Wie kann das Modell in der Praxis genutzt werden?

4.4.1 Einsatzbereich Diagnostik

Das Modell und die beiden dazugehörigen Fragebögen können sehr gut zur Diagnostik einer interorganisationalen Beziehung verwendet werden. Im Kern geht es hierbei darum, festzustellen, in welchem Zustand sich eine Beziehung befindet. Dies kann durch die Launch-Survey am Anfang oder sogar vor Beginn der Kooperationsbeziehung oder durch die Alignment-Survey im Verlauf der Beziehung passieren. Der Vorteil einer Befragung besteht in mehreren Punkten: Zunächst einmal werden durch eine solche Befragung Themen angesprochen, die zum Beispiel in Interviews nicht thematisiert worden wären, da Fragebögen anonymer sind. Zudem sind Fragebögen zeitlich effizienter und man kann somit viel mehr Teilnehmer und Themen als in Interviews berücksichtigen. Durch die Befragung einer Vielzahl von Teilnehmern bekommt man einen besseren Eindruck über das Ausmaß von bestimmten Problemen, denn diese lassen sich hiermit quantifizieren. Die Quantifizierbarkeit der Beziehung erleichtert zusätzlich die Kommunikation, denn gerade Manager, die eine solche Kooperation leiten, sind zahlenaffin und haben hierdurch einen leichteren Zugang zu dieser Form der Analyse. Außerdem kann ein solcher Fragebogen auch einen Denkanstoß für die Teilnehmer mit sich bringen, denn die Teilnehmer reflektieren beim Ausfüllen Themen, über die sie bisher vielleicht noch nicht nachgedacht haben. Insgesamt kann man mithilfe eines solchen Fragebogens also ein gutes Gesamtbild aus der Perspektive von vielen verschiedenen Teilnehmern erhalten.

Wichtig ist bei der Umsetzung des Fragebogens, dass dieser unbedingt offene Items beinhaltet, in denen die Teilnehmer sich selbst zu einzelnen Aspekten äußern können. Hierdurch werden die Teilnehmer nicht nur besser abgeholt, sondern der Detailgrad und die Präzision der Erkenntnisse erhöht sich maßgeblich. So fragt zum Beispiel das Item „Die Rollen und Aufgaben innerhalb des Beziehungsgeflechts sind den beteiligten

Akteuren überwiegend bekannt" ab, ob den Beteiligten ihre Rollen und Aufgaben klar sind. Wenn nun diese Aussage im Rahmen des Fragebogens von Teilnehmern beider Organisationen verneint wird, ist es nötig herauszubekommen, warum dies der Fall ist. Unterhalb der Items zum Faktor Rollenintegrität kann nun ein offenes Item die genauen Informationen liefern, was hieran unklar ist und wie dies zustande gekommen ist. Präzise Informationen hierüber zu haben ist entscheidend, um Lösungsvorschläge entwickeln zu können. Auch ist es nötig, offene Items einzubauen, um den Teilnehmern die Gelegenheit zu geben, eigene Themen einzubringen. Selbst mit offenen Items hat jedoch die Komplexität eines Fragebogens ihre Grenzen, denn sonst müsste dieser eine zu große Anzahl an Items berücksichtigen. Deshalb ist es notwendig, neben dem Fragenbogen auch Interviews mit einzelnen Akteuren durchzuführen. Diese finden im Idealfall statt, wenn die Ergebnisse der Befragung vorliegen. Dadurch können Auffälligkeiten der Fragebogenergebnisse in dem Interview thematisiert werden, um diese genauer zu verstehen. So kann zum Beispiel im Interview gefragt werden, warum der Teilnehmer glaubt, dass die Rollen und Aufgaben unklar sind. Erst durch die Kombination der qualitativen Informationen des Interviews/der offenen Items sowie der quantitativen Informationen des Fragebogens ergibt sich ein fundiertes Bild der Kooperationsbeziehung. Würde man nur Interviews nutzen, so ist die Gefahr groß, dass die Ergebnisse in Bezug auf ihre Aussagekraft hinterfragt werden („Das sind doch nur Einzelmeinungen und die sind doch gar nicht repräsentativ für die gesamte Beziehung"). Würde man hingegen nur den Fragebogen ohne Interviews einsetzen, so ist der Detailgrad des Bildes und die Individualität nur bedingt gewährleistet, wodurch sich die Entwicklung von Lösungsansätzen erschwert. Dieses fundierte Bild muss im Anschluss kommuniziert werden und es bildet den Ausgangspunkt für die weitere Beratung.

4.4.2   Einsatzbereich Intervention und Beratung

Das Modell lässt sich auf fünf Arten in der Intervention/Beratung einsetzen: Ein erster Weg, dies zu tun, ist es mithilfe des Modells Dringlichkeit für eine Verbesserung der Beziehung zu erzeugen. Hierfür kann man sehr gut die Ergebnisse der im vorherigen Abschnitt beschriebenen Diagnose im Rahmen von Kommunikationsmaßnahmen nutzen. Dabei ist es wichtig, dass nicht nur auf oberer Managementebene die Ergebnisse bekannt sind, sondern alle Beteiligten Zugang hierzu erhalten. Dieser Zugang ist aus mehreren Gründen wichtig: Einerseits fühlen sich hierdurch die Teilnehmer besser eingebunden und die Transparenz wird erhöht. Andererseits wird durch eine umfangreiche Rückmeldung ein Diskussionsprozess in Gang gesetzt, der zu Veränderungen führen kann. Wenn sich zum Beispiel in den Ergebnissen ein problematischer Zustand der Kooperation zeigt, entsteht durch die Diskussion darüber eine Dringlichkeit, die tatsächliche Veränderungen einleiten kann.

Ein zweiter Weg ist es, das Modell zur Bewertung und Auswahl von bereits existierenden Interventionsmaßnahmen wie zum Beispiel Workshop-Übungen zu nutzen. Damit nämlich diese Interventionen einen sinnvollen Beitrag zur Verbesserung der Beziehung leisten können, muss es ein klares Zielbild geben (Was soll hierdurch eigentlich verändert werden?). Genau ein solches Zielbild liefert das Modell. Dies hat zur Folge, dass Übungen in Workshops nicht deshalb enthalten sind, weil zum Beispiel ein Ansatz wie Design Thinking „en vogue" ist oder weil man eine bestimmte Übung hierfür schon immer genutzt hat („Die kam doch immer gut an!"). Mithilfe der Analyse und Diagnose durch den Fragebogen und die Interviews können gezielte Problemfelder identifiziert werden. Genau diese Problemfelder müssen durch die Übungen in Workshops und Coachings bearbeitet werden. Zeigen sich zum Beispiel in der Befragung Probleme im Bereich Konfliktverhalten, so muss der Workshop oder das Coaching genau an diesen individuellen Problemstellungen ausgerichtet werden. Dabei gilt es Übungen zu wählen, die tatsächlich wirksam sind, um zum Beispiel das Konfliktverhalten zu verbessern. Wirksam heißt im Idealfall nicht, dass einfach nur in einem Managementbuch behauptet wird, dass die Übung funktioniert, andere große Firmen sie einsetzen („Das macht Google doch gerade auch!") oder dass man vom Beraterkollegen gehört hat, dass das bei ihm/ihr super funktioniert habe. Wirksam heißt, im Idealfall dass es systematische, wissenschaftliche Evidenzen gibt, dass eine Übung in einer Vielzahl von Fällen funktioniert hat und zum Beispiel eine vorher angenommene Verbesserung des Konfliktverhaltens auch tatsächlich eingetreten ist. Auf jeden Fall sollte zudem immer mithilfe des Instrumentes der Evaluation (Abschn. 4.4.3) geprüft werden, ob im eigenen Fall durch die Interventionen eine systematische Verbesserung eingetreten ist. Weicht man bei den Interventionen von diesem systematischen, gezielten Vorgehen ab, so ist die Wahrscheinlichkeit groß, dass sich keine Änderungen zum Beispiel in weiteren Befragungen zeigen werden.

Der dritte Weg, das Modell einzusetzen, ist, neue, spezifische Übungen für Workshops und Coachings auf Basis der Modellannahmen zu entwickeln. Dabei können solche Übungen auf Teilaspekte wie zum Beispiel das Konfliktverhalten abzielen, aber auch Versuche, komplette Bausteine wie die Beziehungsnormen zu verändern. Zwei praktische Interventionen werden im Erklärkasten mit der Workshop-Übung „Charta der Zusammenarbeit" und dem „Relationalen Vertrag" beschrieben.

Übung „Charta der Zusammenarbeit"

Die Übung „Charta der Zusammenarbeit" kann im Kontext eines Workshops dazu genutzt werden, die Beziehungsnormen direkt auszuhandeln.

Teilnehmer: Aus allen kooperierenden Organisationen werden zwischen 6 bis 20 Teilnehmer benötigt. Dabei gilt: Je höher die Zahl der kooperierenden Organisationen ist, umso kleiner sollte die Teilnehmerzahl der jeweiligen Organisation sein.

Setting: Es werden je nach Anzahl der Teilnehmer getrennte Räume benötigt.

Vorgehen: Es werden Teams gebildet, die sich idealerweise aus einer gleichen Anzahl von Personen aus allen Organisationen zusammensetzen. Also zum Beispiel drei Personen aus Organisation A, drei Personen aus Organisation B usw. Dabei sollten Personen gewählt werden, die auch im Alltag oft zusammenarbeiten und gleichzeitig auch andere in ihrem organisationalen Umfeld beeinflussen können. Letzteres ist wichtig, denn nicht alle Mitarbeiter können an einem solchen Workshop teilnehmen und nur wenn die Teilnehmer auch Erkenntnisse aus dem Workshop anderen vermitteln können, verändert sich die Beziehung insgesamt. Diese Teams erarbeiten nun zehn Regeln der Zusammenarbeit. Diese Regeln sollen in einer gemeinsamen Charta schriftlich festgehalten werden. Dabei können zwei unterschiedliche Ansätze gewählt werden: Es können Regeln in Bezug auf vorgegebene Normen erstellt werden. Dies ist sinnvoll, wenn zum Beispiel im Rahmen der Diagnose festgestellt worden ist, dass das Konfliktverhalten problematisch ist. Dann müssen die Teilnehmer hierfür Regeln formulieren. Dabei kann variiert werden, ob Regeln für alle Normen gefunden werden müssen oder nur für einige. Alternativ kann es den Teams freigestellt werden, Regeln nach ihrem Ermessen zu entwickeln. Wichtig ist es, dass diese Regeln konkret beobachtbares Verhalten beschreiben. Darüber hinaus sollen sich die Teilnehmer Gedanken machen, wie man die Einhaltung der Regeln beobachten kann und was in dem Fall passiert, wenn die Regeln nicht eingehalten werden. Die Ergebnisse dieser Gruppenarbeit werden dann im Plenum präsentiert und diskutiert. Am Ende wird die Charta von den Beteiligten unterschrieben. Manche Teams hängen dann die Charta in ihren Büros auf, um sich für die tägliche Zusammenarbeit hieran zu erinnern.

Zielsetzung: Die Teilnehmer handeln im Rahmen der Übung explizit Verhaltensnormen aus und halten diese schriftlich fest. Dadurch soll ein gemeinsames Verständnis gefördert werden und kooperationsschädigendem Verhalten vorgebeugt werden. Dadurch dass konkretes Verhalten hierbei beschrieben wird, kann die Einhaltung überprüft und gegebenenfalls sanktioniert werden. Außerdem wird durch das Unterschreiben der Charta das Commitment erhöht.

Relationaler Vertrag

Ein relationaler Vertrag ist deutlich umfangreicher als die „Charta der Zusammenarbeit". Die „Charta der Zusammenarbeit" ist aber ein Teilbaustein (Das hier präsentierte Vorgehen orientiert sich an Frydlinger et al. (2016), weicht aber auch in einigen Punkten ab). Drei Kernelemente bilden einen relationalen Vertrag: 1) Charta der Zusammenarbeit, 2) Eine gemeinsame Vision und gemeinsame strategische Ziele der Partnerschaft, 3) Ein Governance-Prozess, um mit Risiken und Veränderungen umzugehen.

Da der Prozess eines relationalen Vertrags umfangreich ist, wird hier nur beispielhaft beschrieben, wie eine gemeinsame Vision im Rahmen eines Workshops entwickelt werden kann:

Teilnehmer: Die zentralen Stakeholder beider Organisationen müssen an der Bildung des relationalen Vertrags beteiligt werden.

Setting: Es wird ein großer Raum, Moderationskarten und ein Whiteboard benötigt.

Vorgehen: Jeder Teilnehmer überlegt Wörter, die in der Vision enthalten sein sollen. Dabei sollen die Wörter sich sowohl auf das Produkt als auch auf die Beziehung beziehen, denn die daraus resultierende Vision soll sich auf beide Aspekte beziehen. Jeder Teilnehmer notiert diese zum Beispiel auf einer Moderationskarte. Die Moderationskarten mit den Wörtern werden nun für alle sichtbar zum Beispiel auf einem Whiteboard angebracht. Nun erhält jeder Teilnehmer drei rote Klebepunkte und wählt die drei Wörter, die in jedem Fall in der Vision enthalten sein sollen. Nun werden in zwei Gruppen, die sich gleichermaßen aus den verschiedenen Organisationen zusammensetzen, Entwürfe für eine Vision entwickelt. Am Ende werden beide Vorschläge präsentiert und es wird abgestimmt, welcher Entwurf der finale ist.

Zielsetzung: Oftmals fokussieren Visionen einzig auf die Produkte, wohingegen die Beziehung nicht berücksichtigt wird, obwohl beide Aspekte in Kombination entscheidend für den Erfolg sind. Die Übung soll genau diese beiden Aspekte zusammenbringen und miteinander verknüpfen.

Der vierte Ansatz, das Modell einzusetzen, besteht darin, den Prozess der Partnerwahl auf Basis der Relational Contract Theory zu verändern. Wenn ein Unternehmen ein anderes für eine Kooperation aussucht, so gibt es klassischerweise drei Wege: **1)**

Request for Price: Auf Basis eines Preises wird der Kooperationspartner ausgesucht. **2) Request for Proposal:** Es werden vom Kunden Spezifikationen hinsichtlich des Service und Produktes beschrieben, die ein Anbieter erfüllen muss. Das Angebot, das am ehesten den Anforderungen entspricht, wird gewählt. **3) Request for Solution:** Der Kunde weiß noch nicht genau, wie eine Lösung aussehen soll und fragt offen nach Lösungen. Die aus Kundensicht passendste Lösung wird ausgesucht. In all diesen Formen geht es um den transaktionalen Aspekt der Beziehung, das Produkt/den Service, und nicht um den Beziehungsaspekt. Frydlinger et al. (2016) schlagen deshalb vor, dass ein sogenannter **Request for Partner** erfolgen soll. Dieser Request for Partner soll die Beziehungsfähigkeit eines möglichen Kooperationspartners beschreiben. Dies führt zu einer Veränderung der Entscheidungssituation: Nun wird nicht mehr nur die Qualität, der Preis und die Funktionalität eines Service oder eines Produktes bewertet, sondern die Beziehungsfähigkeit eines möglichen Anbieters wird als ebenbürtiger Faktor zur Partnerwahl berücksichtigt.

Die fünfte Möglichkeit bildet die Nutzung des Modells im Rahmen der juristischen Vertragsgestaltung. Nachdem ein Unternehmen ausgesucht wurde, können die relationalen Normen dafür genutzt werden, den klassischen, transaktionalen Vertrag zu überprüfen und diesen daran auszurichten (Frydlinger et al. 2016). Dabei muss nicht nur der Vertrag bezüglich seines Inhaltes an den Beziehungsnormen ausgerichtet werden, sondern auch die Art der Vertragsschließung (Frydlinger et al. 2016). Dies bedeutet zum Beispiel, dass die Norm Gegenseitigkeit nicht nur in Bezug auf Haftungsklauseln angewendet werden muss, sondern auch der Prozess, in dem diese Klausel ausgehandelt wird, auf Gegenseitigkeit beruhen muss.

4.4.3 Einsatzbereich Evaluation

Wie bereits im vorherigen Abschnitt angesprochen, eignet sich das Modell sehr gut, um eine Evaluation der Kooperation durchzuführen. Dabei ist insbesondere die Wirksamkeitsevaluation gemeint (Gollwitzer und Jäger 2014). Bei einer Wirksamkeitsevaluation geht es darum, folgendem Problem vorzubeugen: Es werden bestimmte Maßnahmen (zum Beispiel Workshop, Coaching) ergriffen, um eine Kooperation zu verbessern. Doch unklar ist, ob diese Maßnahmen tatsächlich zu einer Verbesserung geführt haben. Dies ist hoch problematisch, insbesondere wenn die Maßnahmen und damit verbundenen Kosten vom Top-Management kritisch gesehen wird. Deshalb sollte, bevor eine Maßnahme wie ein Workshop durchgeführt wird, eine Befragung auf Basis des Modells erfolgen, um den Zustand vorher zu erfassen. Diese sollte dann nach einer solchen Maßnahme wie einem Workshop in regelmäßigen Abständen, zum Beispiel alle drei bis vier Monate, wiederholt werden. Nur dadurch besteht die Möglichkeit feststellen, ob eine Veränderung der Kooperation durch zum Beispiel einen Workshop eingetreten ist oder nicht. Idealerweise müsste auch noch ein Vergleich zwischen einer Gruppe, die die Intervention erhalten hat, und einer Kontrollgruppe, die die Intervention nicht oder mit Verzögerung bekommt, erfolgen. Zudem kann auch geprüft werden, ob zum Beispiel der Workshop selbst zielführend war oder verbessert werden muss. Darüber hinaus kann geschaut werden, ob weitere Maßnahmen nötig sind und ob neue Fragestellungen und Probleme aufgetreten sind, die bearbeitet werden müssen. Auch dient eine solche regelmäßige Evaluation dazu, die Dynamik im Prozess aufrechtzuerhalten oder neu zu erzeugen, denn zeigt sich zum Beispiel, dass aufgrund mangelnder oder unzureichender Maßnahmen zur Verbesserung der Kooperation die Beziehung gleichgeblieben ist, so erzeugt dies Druck, weiter an einer Verbesserung zu arbeiten.

4.5   Stolpersteine bei der praktischen Umsetzung

Bei der praktischen Umsetzung des modellbasierten Vorgehens können sich verschiedene Probleme ergeben. Diese sollen nun anhand von „Stolpersteinen" thematisiert werden und Lösungen aufgezeigt werden. Dabei werden Lösungen präsentiert, die einerseits auf meiner eigenen Erfahrung als Kooperationsberater basieren, andererseits aber auch wissenschaftliche Praxisempfehlungen beinhalten.

4.5.1   Stolperstein 1: Das Management ist sich der Bedeutung der Beziehung für den Erfolg einer Kooperation nicht bewusst

Manager und sonstige Verantwortliche neigen dazu, die Komplexität von Kooperationen zu unterschätzen. Sie fokussieren sich auf den transaktionalen Aspekt, also in der Regel das Produkt oder den Service, die durch die Kooperation entstehen sollen. Der Beziehungsaspekt hingegen wird kaum oder gar nicht vom Management beachtet. Dieser Fokus auf die transaktionale Seite der Kooperation ist jedoch fatal, denn bei einer Kooperation handelt es sich auf Beziehungsebene um ein emergentes Phänomen, bei dem Managementrezepte, die im eigenen Unternehmen funktionieren, die Kooperation mit einer anderen Organisation zum Scheitern bringen können. Wenn Managern dies nicht bewusst ist, so kann dies bereits zu Beginn eine Kooperation massiv schädigen: Es werden Partner ausgewählt, die nicht beziehungsfähig sind, und es werden Verträge geschlossen, die im Widerspruch zu Beziehungsnormen stehen. Darüber hinaus wird keine ausreichende Governance geschaffen und keine Mittel zur Verfügung gestellt, um die Beziehung zu gestalten. Deshalb ist es neben den unter Abschn. 4.4.2 beschriebenen Interventionen wie zum Beispiel der Etablierung eines Relational Contracts und eines Request for Partner notwendig, ein Bewusstsein in der Führung für die Bedeutung der Beziehung für den Erfolg von Kooperationen zu schaffen. Dies muss entweder durch Kommunikationsmaßnahmen und/oder durch gezielte Weiterbildungsmaßnahmen in der Führungskräfteentwicklung geschehen.

4.5.2 Stolperstein 2: Die Befragung wird infrage gestellt

Im Vorfeld der Befragung wird vom Management die Länge und der Aufbau des Fragebogens hinterfragt. Interorganisationale Beziehungen sind komplex und deshalb ist eine
gewisse Komplexität des Modells und des dazugehörigen Fragebogens nötig. Nur so
können versteckte und nicht direkt offensichtliche, aber für die Beziehung entscheidende
Probleme entdeckt werden. Außerdem sind die im Modell beinhalteten Elemente wissenschaftlich insofern fundiert, als dass sie in zahlreichen empirischen Studien als wichtig
für interorganisationale Beziehungen identifiziert worden sind. Im Einzelfall sollte
deshalb der Kern der Befragung/des Modells nicht zur Diskussion gestellt werden.
Vorab gilt es jedoch zu prüfen, ob alle Elemente des Fragebogens und des Modells im
Einzelfall tatsächlich passen. Zusätzlich können, soweit dies von den Organisationen
gewünscht ist, weitere Elemente in die Erhebung integriert werden.

4.5.3 Stolperstein 3: Es gibt zu wenige Teilnehmer an der Befragung

Im Rahmen der Erhebung kann sich herausstellen, dass nicht genug Personen an
der Befragung teilnehmen. Dies gefährdet die Aussagekraft der Ergebnisse massiv.
Dieses Problem kann mehrere Ursachen haben. Eine Ursache kann die Gestaltung
der Befragung selbst sein. Dabei gilt es, stets eine angemessene Länge zu beachten.
Außerdem sollte geprüft werden, ob zum Beispiel die Anonymität der Ergebnisse klar
kommuniziert wird und ob die Befragung visuell und technisch gut gestaltet ist. Insbesondere technische Probleme sollten vorab durch einen Pretest der Befragung ausgeschlossen werden. Zusätzlich ist für eine ausreichende Teilnahme entscheidend,
wie die Befragung an die Teilnehmer kommuniziert wird. Die Kommunikation sollte
dabei durch Personen in den Organisationen erfolgen, die tatsächlich in der Lage
sind, potenzielle Umfrageteilnehmer zu einer Teilnahme zu bewegen. Ob dies immer
das obere Management ist, muss im Einzelfall geprüft werden. Daneben sollte der
richtige Kommunikationskanal für die Einladung zur Befragung gewählt werden, denn
nicht immer ist in Organisationen zum Beispiel die E-Mail das dominante Instrument
der Kommunikation, sondern zum Beispiel Kommunikations-Apps wie Slack. Auch
sollte das Format dahingehend geprüft werden, ob anstelle eines Textes ein Video aufgenommen wird. Zudem kann der Zeitpunkt der Einladung eine Rolle spielen. Dieser
sollte zusammen mit Personen der Organisation geschickt gewählt werden. Zusätzlich
sind circa zwei Erinnerungen an die Teilnahme sinnvoll. Dabei kann im Sinne eines
Nudging zum Beispiel betont werden, wie viele Personen bereits schon teilgenommen
haben. Eine weitere Maßnahme kann es sein, anstelle einer Online-Befragung eine
klassische Paper-Pencil-Befragung vor Ort durchzuführen. Dies mag in digitalen Zeiten
antiquiert wirken, jedoch zeigt die Praxis, dass das Festlegen eines Datums und die

physische Präsenz von den für die Befragung Verantwortlichen vor Ort einen positiven Effekt auf die Teilnahme haben kann.

4.5.4 Stolperstein 4: Kommunikation der Ergebnisse

Wichtig ist es, wenn das Modell und der Fragebogen eingesetzt werden, dass die Art der Kommunikation über die Ergebnisse bereits VOR der Durchführung der Befragung mit den beteiligten Organisationen festgelegt wird. Ansonsten kann es passieren, dass insbesondere bei negativen Resultaten die Ergebnisse totgeschwiegen werden, da der Führungsmannschaft diese unangenehm sind und sie nicht bereit ist, die Kritik offen anzunehmen. Dadurch ist es möglich, dass die Belegschaft sich betrogen fühlt, denn sie weiß, dass es eine solche Befragung gab und durch das Vorenthalten der Informationen hat die Belegschaft keine Kontrolle über den Prozess. Forschungen zeigen, dass gerade das „Issue Ownership" der Belegschaft und des unteren Managements entscheidend sind, damit die Ergebnisse der Befragung eine Wirkung haben (Austermann 2018). Nur wenn an dieser Stelle durch Öffentlichkeit Druck erzeugt wird, sind die Beteiligten auch bereit, tatsächlich Änderungen in die Wege zu leiten. Vor diesem Hintergrund empfiehlt es sich, bereits bei der Einladung zur Befragung einen festen Termin und das Format zur Kommunikation der Ergebnisse anzukündigen. Dies erschwert es dem Management, eine „Rolle-Rückwärts" zu machen. Eine Möglichkeit zur Ergebnispräsentation kann zum Beispiel ein Townhall-Meeting sein, bei dem die Führungskräfte beider Organisationen vor die Mitarbeiter treten. Dabei sollen die Ergebnisse nicht nur möglichst kompakt und leicht verständlich aufbereitet werden, sondern vor allem auch ein Dialog eröffnet werden. Dieser Dialog führt dazu, dass die Ergebnisse besser eingeordnet werden und Impulse für Lösungen entstehen. Ein unpersönlicher Blogeintrag im Intranet hingegen kann fatal für den weiteren Prozess sein, denn hierdurch entziehen sich die Führungskräfte ihrer Verantwortung und können somit eine Verbesserung der Kooperationsbeziehung massiv verhindern, denn der Prozess wird seiner Dynamik beraubt. Daneben ist es bei der Kommunikation wichtig, dass nicht unterschiedliche Inhalte in unterschiedlicher Form von den kooperierenden Organisationen intern präsentiert werden. Sonst kann es zum Beispiel passieren, dass ansonsten Organisation A die Ergebnisse so ihrem Team präsentiert, dass sie im guten Licht erscheint und im Kern Organisation B an allem schuld ist. Um solche Verzerrungen zu vermeiden, ist es nötig, dass die Kommunikation möglichst ähnlich in den beteiligten Organisationen erfolgt. Schließlich ist es noch wichtig zu reflektieren, ob die Ergebnisse in Gänze auf einmal präsentiert werden oder ob aufgrund einer hohen Komplexität ein schrittweises Vorgehen sinnvoll ist. Hierbei können zum Beispiel ergänzend zum Townhall-Meeting Videos erstellt werden, die bestimmte Teile der Ergebnisse detaillierter präsentieren.

4.5.5 Stolperstein 5: Der richtige Umgang mit negativen Ergebnissen

Wenn die Ergebnisse der Befragung sehr negativ ausfallen, muss die Kommunikation neben den bei Stolperstein 4 beschriebenen Punkten darauf achten, dass die Ergebnisse nicht zu negativ präsentiert werden. In der Regel gibt es stets in solchen Befragungen auch positive Aspekte, die in einer solchen Situation hervorgehoben werden sollten, um klar zu machen, dass es nicht nur Probleme in der Beziehung gibt. Beachtet man dies nicht, kann ein Gefühl der Resignation aufkommen. Ein weiteres Problem, das sich stellen kann, ist, dass das obere Management gerne genauer wissen möchte, wer hinter negativen Aussagen zum Beispiel in offenen Items steckt. Dahinter können verschiedene Motivationen stecken. In dieser Situation gilt es auf jeden Fall die Anonymität zu wahren und zu prüfen, ob selbst allgemeinere Informationen zur Abteilung ein Problem darstellen könnten. Daneben sollte betont werden, dass nicht das Suche nach Schuldigen eine Verbesserung der Beziehung herbeiführt, sondern das Erarbeiten von Lösungen. Zusätzlich gilt es zu bedenken, dass insbesondere, wenn man nicht Teil einer Organisation ist und eine solche Befragung durchführt, die Ergebnisse von außen sehr negativ wirken können. Dies muss aber nicht unbedingt von den Beteiligten so gesehen werden. Deshalb ist es sinnvoll, die Ergebnisse mit den Beteiligten zu reflektieren, denn letztendlich muss nicht jede Beziehung eine relationale Beziehung sein und dies muss auch nicht immer gewünscht sein.

4.5.6 Stolperstein 6: Das Commitment verschiedener Stakeholder während der Befragung und der Interventionen

Entscheidend für das Gelingen des Prozesses ist es, dass auf höherer Managementebene die Bedeutung der Beziehung für den Erfolg der Kooperation erkannt wird und der Prozess der Befragung unterstützt wird. Deshalb muss im Vorhinein einer solchen Befragung identifiziert werden, welche Stakeholder für diesen Prozess gewonnen werden müssen. Dabei gilt es besonders am Anfang ein umfangreiches Commitment einzuholen, das nicht nur die Umfrage selbst beinhaltet, sondern auch die darauf folgenden Maßnahmen zur Kommunikation und der Verbesserung der Beziehung. Zudem ist es wichtig, eine Regelmäßigkeit der Kommunikation mit den Stakeholdern zu etablieren, damit diese den Prozess weiter „auf dem Schirm" haben und ihn nicht fallen lassen. Zusätzlich sollte dem höheren Management verdeutlicht werden, dass das „Issue Ownership" (Austermann 2018) nicht bei ihnen, sondern bei den Mitarbeitern und dem unteren Management liegt, denn diese müssen die Beziehung zum „Laufen" kriegen. Neben dem Management gibt es weitere wichtige Stakeholder. So empfiehlt es sich, auch rechtzeitig den Betriebsrat in den Prozess einzubinden und diesem zu verdeutlichen, dass mit den aus der Befragung gewonnenen Daten anonym umgegangen wird und der Prozess letztendlich der Belegschaft zugutekommt, wenn hierdurch die Beziehung verbessert wird.

4.5.7 Stolperstein 7: Interne Prozesse

Der Kernfokus der Befragung und des Modells liegt auf der interorganisationalen Beziehung. Nichtdestotrotz können Probleme in einer Beziehung auch auf Schwierigkeiten innerhalb der einzelnen kooperierenden Organisationen zurückzuführen sein können. Deshalb kann es sinnvoll sein, dieses Thema zum Beispiel im Rahmen von Interviews aufzugreifen. Dabei kann das Ergebnis sein, dass es nötig ist, interne Prozesse und Strukturen zu verbessern, um eine Verbesserung der Beziehung zu bewirken. Ist dies der Fall, gilt es mit den Stakeholdern zu prüfen, ob dies auch Teil des Veränderungsprozesses werden soll und zum Beispiel interne Teamtrainings integriert werden sollen.

4.5.8 Stolperstein 8: Interkulturelle Unterschiede

Bei der Durchführung von Befragungen sind interkulturelle Unterschiede unbedingt zu berücksichtigen, wenn die kooperierenden Organisationen aus verschiedenen Kulturen stammen, denn diese haben einen Einfluss auf die Ergebnisse solcher Befragungen. Dabei gibt es zahlreiche Maßnahmen, die für den richtigen Umgang beachtet werden müssen (Brodbeck 2016): So ist es nötig, beim Projektmanagement der Befragung eine aus der jeweiligen Kultur stammende Person bei der Entwicklung und der Durchführung der Befragung und den Folgeprozessen einzubinden. Bei der Durchführung der Befragung kann zum Beispiel eine solche Person bei der Wahl des Zeitpunktes sehr hilfreich sein (zum Beispiel regionale und lokale Zyklen, Berücksichtigung von betrieblichen Spitzen) oder auch bei der Einbindung lokaler Gewerkschafts- und Arbeitnehmervertreter. Bei der Befragung selbst muss geprüft werden, inwiefern diese kulturstabil ist. Hierzu können Verfahren wie eine Rückübersetzung genutzt werden. Daneben muss die gängige Praxis geprüft werden, ob einfach eine englische Version für alle Länder ausreicht oder ob es nicht sinnvoller ist, Versionen in der Landessprache zu erheben, um zu gewährleisten, dass die Teilnehmer besser die Bedeutung der Fragebogenitems verstehen. Auch zeigen sich in verschiedenen Studien beim Antwortverhalten der Teilnehmer systematische Kultureinflüsse (zum Beispiel Hui und Triandis 1989). Asiatische Kulturen zum Beispiel vermeiden gerne extreme Werte, wohingegen diese gerade von mediterranen Kulturen präferiert werden (Hui und Triandis 1989). Die gegebenen Antworten spiegeln also nicht nur wie die einzelnen Items und Bausteine des Fragebogens inhaltlich bewertet werden, sondern auch ein kulturgeprägtes Antwortverhalten spielt eine wichtige Rolle (Brodbeck 2016). Solche Antworttendenzen können mithilfe von statistischen Korrekturen wie zum Beispiel dem GLOBE-Verfahren (Hanges 2004) korrigiert werden. Eine solche Korrektur ist notwendig, um die Vergleichbarkeit der

Ergebnisse zu gewährleisten. Vor dem Hintergrund dieser kulturgeprägten Tendenzen können die Ergebnisse von zum Beispiel Führungskräften offen hinterfragt werden, was insbesondere von eben jenen Führungskräften gerne genutzt wird, um unliebsame Ergebnisse zu bezweifeln. Der Kultureffekt gilt aber für alle Ergebnisse, also auch für diejenigen, die dem Hinterfragenden passen (Brodbeck 2016). Darüber hinaus müssen kulturelle Unterschiede auch gezielt zum Beispiel in Workshops und Coachings im Anschluss an die Frage thematisiert werden und geprüft werden, inwiefern dieses Thema relevant ist.

4.6   Fazit und Ausblick

Gute und schlechte Kooperationen unterscheiden sich durch ihre Kooperationsbeziehung. Im Rahmen dieses Beitrages wurde zur Beschreibung dieser Kooperationsbeziehung ein praxisnahes und verhaltensbasiertes Modell präsentiert, das als Basis für die Analyse, Evaluation und Beratung/Intervention von interorganisationalen Kooperationen dienen kann. Es hebt die Bedeutung von weichen Faktoren wie Normen für die Beziehungsgestaltung insgesamt hervor, denn diese Faktoren sind maßgeblich für das Gelingen einer interorganisationalen Kooperation. Leider werden diese Faktoren oftmals zu wenig beachtet. Dies ist fatal, denn ohne ein gezieltes und systematisches Beziehungsmanagement kann auch der beste Business Case massiv gefährdet werden und die erhofften wirtschaftlichen oder strategischen Vorteile bleiben aus.

Das Modell und der dazugehörige Fragebogen können prinzipiell in unterschiedlichen Kontexten eingesetzt werden. Jedoch muss an dieser Stelle betont werden, dass es sich um einen ersten Entwurf eines Modells handelt. Dieser muss in diesen unterschiedlichen Kontexten, zum Beispiel verschiedene Branchen, Firmengrößen, öffentlicher Sektor vs. privater Sektor, noch validiert werden, um noch gezielter Zusammenhänge und Auswirkungen zwischen den beschriebenen Faktoren zu beschreiben. Aus wissenschaftlicher Perspektive stellt das Modell einen Fortschritt dar, denn bisher fehlt es an einem solchen Modell, insbesondere in der Psychologie. Auch entwickelt es die Relational Contract Theory weiter: Die Relational Contract Theory liegt zwar richtig in der Annahme, dass Beziehungsnormen wichtig für den Erfolg einer Kooperation sind, jedoch müssen unbedingt Kontextfaktoren wie zum Beispiel der Top-Management-Support mitberücksichtigt werden, um Kooperationsbeziehungen angemessen beschreiben zu können. Darüber hinaus beinhaltet es erstmals den juristischen Vertrag selbst als wichtigen Kontextfaktor für die Beziehung und die Normen. Zudem verknüpft das vorgestellte Modell die Beziehungsbausteine Beziehungsnormen, Kontextfaktoren, Art der Beziehung und Beziehungsqualität mit dem entscheidenden Faktor, nämlich dem Erfolg der Beziehung. Diese Verknüpfung fehlt in der Relational Contract Theory. Dies ist jedoch problematisch, denn nur durch diese Verbindung wird klar, welche Aspekte der einzelnen Bausteine förderlich oder hemmend für den Erfolg der Beziehung sind und wie sich letztendlich der Erfolg besser erzielen lässt.

Handlungsempfehlungen

- Machen Sie sich bewusst, dass der Erfolg einer Kooperation zwischen Organisationen nicht nur vom gemeinsamen Produkt/Service, sondern auch maßgeblich von der Beziehung abhängt. Die Beziehung wird durch Normen, die Standards/Regeln für das Zusammenarbeiten darstellen, und von Kontextfaktoren wie zum Beispiel dem Top-Management-Support geprägt. Diese beeinflussen die Art der Beziehung. Die Art der Beziehung wiederum bestimmt, wie hoch die Qualität der Beziehung ist, und letztendlich ob die Beziehung erfolgreich ist Abb. 4.2.
- Bei der Wahl eines Kooperationspartners sollte deshalb ein Request for Partner anstelle eines Request for Proposal/Request for Solution durchgeführt werden. Hierdurch verhindern Sie, dass Sie sich bei der Partnerwahl einzig auf das Produkt/ den Service konzentrieren, denn hierbei wird zusätzlich geprüft, ob mit einem potenziellen Partner auch eine gute Beziehung möglich ist. Beim Request for Partner kann zum Beispiel ein Cultural Fit analysiert werden, wodurch verhindert wird, dass die Kooperation geschäftlich zwar Sinn ergibt, aber der ökonomische Erfolg aufgrund einer problematischen Beziehung ausbleibt.
- Ist ein Partner ausgewählt, so sollten zwei Formen von Verträgen entwickelt und unterschrieben werden: Ein Relational Contract, der die Normen einer Beziehung, die Vision und Governance regelt. Daneben sollte ein juristischer Vertrag mit Fokus auf die Produkte/Services festgehalten werden, der im Einklang mit dem Relational Contract steht.
- Im Rahmen der Entwicklung der Verträge oder kurz nach Abschluss der Verträge ist es sinnvoll, einen Relationship-Launch-Prozess durchzuführen. In diesem Prozess kommt die Launch-Version des Fragebogens zum Einsatz, um optimal die Wünsche und Erwartungen an die Beziehung zu erfassen. Die Ergebnisse können als Basis genutzt werden, um im Rahmen eines Launch-Workshops den Relational Contract mit seiner Charta der Zusammenarbeit, der gemeinsamen Vision und der Governance auszugestalten, damit die Beziehung optimal beginnt.
- Existiert eine Beziehung bereits schon, so kann das Modell als Basis dienen, um die Beziehung zu verbessern: Durch den in diesem Beitrag präsentierten Fragebogen (in der Alignment-Version) kann eine Diagnose des Zustandes der Beziehung gestellt werden. Außerdem kann durch einen wiederholten Einsatz des Fragebogens eine Evaluation zur Entwicklung der Beziehung erfolgen. Darüber hinaus können sowohl das Modell an und für sich als auch die Ergebnisse der Befragung dazu genutzt werden, Workshop-Konzepte zu entwickeln und zu überarbeiten. Mithilfe von solchen gezielten, theoretisch fundierten Workshops, aber auch Coaching-Maßnahmen lässt sich eine schwierige Beziehung dann wirksam verbessern. Die Wirksamkeit kann dann mittels der Befragung geprüft werden. ◀

Literatur

Austermann, L. (2018). *Asking questions to promote employee participation* (Technische Universität Dortmund). https://hdl.handle.net/2003/37195

Barden, J. Q., Steensma, H. K., & Lyles, M. A. (2005). The influence of parent control structure on parent conflict in Vietnamese international joint ventures: An organizational justice-based contingency approach. *Journal of International Business Studies, 36*(2), 156–174. https://doi.org/10.1057/palgrave.jibs.8400121

Batonda, G., & Perry, C. (2003). Approaches to relationship development processes in inter-firm networks. *European Journal of Marketing, 37*(10), 1457–1484. https://doi.org/10.1108/03090560310487194

Berliner Morgenpost. (2019, Juni 25). Amri: Verfassungsschutz verschwieg Existenz von V-Leuten. *Berliner Morgenpost.* https://www.morgenpost.de/berlin/article226279475/Amri-Verfassungsschutz-verschwieg-Existenz-von-V-Leuten.html.

Blau, P. M. (1964). *Exchange and power in social life*. New York: Wiley.

Braßler, A., & Grau, C. (2004). *Modulare Organisationseinheiten: Eine interorganisationale Betrachtung (Teil II)* (S. 12–22). https://core.ac.uk/download/pdf/7188824.pdf.

Brodbeck, F. C. (2016). *Internationale Führung: Das GLOBE-Brevier in der Praxis*. Berlin: Springer.

Cartwright, D., & Zander, A. (1968). *Group dynamics: Research and theory* (3. Aufl.). New York: Harper & Row, Publishers.

Cropper, S., Ebers, M., Huxham, C., & Smith Ring, P. (2010). Introducing inter-organizational relations. In S. Cropper, M. Ebers, C. Huxham, & P. Smith Ring (Hrsg.), *The Oxford handbook of inter-organizational relations* (S. 3–21). Oxford : Oxford University Press.

Cropper, S., & Palmer, I. (2010). Introducing inter-organizational relations. In S. Cropper, M. Ebers, C. Huxham, & P. Smith Ring (Hrsg.), *The Oxford handbook of inter-organizational relations* (S. 635–663). Oxford: Oxford University Press.

Dant, R. P., & Schul, P. L. (1992). Conflict resolution processes in contractual channels of distribution. *Journal of Marketing, 56*(1), 38–54. https://doi.org/10.1177/002224299205600105

Diller, H. (1995). *KAMQUAL: Ein Instrument zur Messung der Beziehungsqualität im Key-Account-Management* (Nr. Arbeitspaper Nr. 42). Nürnberg: Lehrstuhl für Marketing, Universität Erlangen-Nürnberg.

Dregger, A. (2019). *The Next Big Thing or the Next Big Failure? The Role of Prospective Psychology in Planning and Decision-Making with Successful and Non-Successful Entrepreneurs.* Unveröffentlichte Masterarbeit, Bremen.

Frese, M., van Gelderen, M., & Ombach, M. (2000). How to plan as a small scale business owner: Psychological process characteristics of action strategies and success. *Journal of Small Business Management, 38*(2), 1–18.

Frydlinger, D., Cummins, T., Vitasek, K., & Bergman, J. (2016). *Unpacking Relational Contracting: The Practitioner's Go-To Guide for Understanding Relational Contracts.* https://www.vestedway.com/wp-content/uploads/2016/10/Unpacking-Relational-Contracting_v19.pdf.

Ganesan, S. (1994). Determinants of long-term orientation in buyer-seller relationships. *Journal of Marketing, 58*(2), 1–19. https://doi.org/10.1177/002224299405800201

Goles, T., & Chin, W. W. (2005). Information systems outsourcing relationship factors: Detailed conceptualization and initial evidence. *ACM SIGMIS Database, 36*(4), 47–67. https://doi.org/10.1145/1104004.1104009

Gollwitzer, M., & Jäger, R. S. (2014). *Evaluation kompakt: Mit Arbeitsmaterial zum Download* (2 überarbeitete). Weinheim: Beltz.

Grover, V., Cheon, M. J., & Teng, J. T. C. (1996). The effect of service quality and partnership on the outsourcing of information systems functions. *Journal of Management Information Systems, 12*(4), 89–116. https://doi.org/10.1080/07421222.1996.11518102

Gudel, P. J. (1998). Relational contract theory and the concept of exchange. *Buffalo Law Review, 46*(3), 763–797.

Gupta, V., & Sushil. . (2014). Influence of relationship quality on is/it outsourcing success: Indian vendors' perspective. *Journal of Information Technology Management, 25*(3), 1–19.

Hanges, P. J. (2004). Response bias correction procedure used in GLOBE. In R. J. House & Global Leadership and Organizational Behavior Effectiveness Research Program (Hrsg.), *Culture, leadership, and organizations: The GLOBE study of 62 societies* (S. 737–751). Thousand Oaks: Sage Publications.

Heide, J. B. (1994). Interorganizational governance in marketing channels. *Journal of Marketing, 58*(1), 71–85. https://doi.org/10.1177/002224299405800106

Henderson, J. C., & Subramani, M. (1999). The Shifting Ground Between Markets and Hierarchy: Managing a Portfolio of Relationships. In D. Oblinger, R. N. Katz, EDUCAUSE (Association), & International Business Machines Corporation (Hrsg.), *Renewing administration: Preparing colleges and universities for the 21st century* (S. 99–125). Bolton: Anker Pub. Co.

Hewstone, M., & Martin, R. (2014). Sozialer Einfluss. In K. Jonas, W. Stroebe, & M. Hewstone (Hrsg.), *Sozialpsychologie* (S. 269–313). https://doi.org/https://doi.org/10.1007/978-3-642-41091-8_8

Homburg, C., & Rudolph, B. (2001). Customer satisfaction in industrial markets: Dimensional and multiple role issues. *Journal of Business Research, 52*(1), 15–33. https://doi.org/10.1016/S0148-2963(99)00101-0

Hui, C. H., & Triandis, H. C. (1989). Effects of culture and response format on extreme response style. *Journal of Cross-Cultural Psychology, 20*(3), 296–309. https://doi.org/10.1177/0022022189203004

IBM. (2011, Februar 17). *IBM to Collaborate with Nuance to Apply IBM's „Watson" Analytics Technology to Healthcare.* https://www-03.ibm.com/press/us/en/pressrelease/33726.wss.

Ivens, B. S. (2002). *Beziehungsstile im Business-to-Business-Geschäft: Formen, Erfolgswirkungen und Determinanten einer Differenzierung des Beziehungsmarketing in industriellen Geschäftsbeziehungen.* Nürnberg: GIM-Verlag.

Jahner, S., Böhmann, T., & Krcmar, H. (2007). Eine Typologie von Beziehungen im IT-Outsourcing: Ein konzeptioneller Ansatz. *Wirtschaftsinformatik Proceedings 2007.* Gehalten auf der eOrganisation: Service-, Prozess-, Market-Engineering: 8. Internationale Tagung Wirtschaftsinformatik, Karlsruhe. https://aisel.aisnet.org/wi2007/23/.

Jirovec, T., Bremner, H., Nillesen, P., & Sarraf, G. (2014). Strategic alliances: How to get the most value out of a partnership over its lifecycle. https://www.strategyand.pwc.com/gx/en/industries/power-utilities/partnership-lifecycle.

Kahneman, D., Slovic, P., & Tversky, A. (Hrsg.). (1982). *Judgment under uncertainty: Heuristics and biases.* Cambridge: Cambridge University Press.

Kaunonen, A. (2013). The development of industrial buyer-seller relations in a Chinese context. In A. G. Woodside & R. Baxter (Hrsg.), *Advances in Business Marketing and Purchasing* (Bd. 20, S. 93–118). https://doi.org/https://doi.org/10.1108/S1069-0964(2013)0000020006

Kliman, S., & Price, S. (2015). *Transcending Organizational Barriers: A Cross-Industry View of Alliance Management Trends and Challenges* (Vantage Partners, Hrsg.). https://cdn2.hubspot.net/hubfs/594420/Transcending%20Organizational%20Barriers%20-%20FINAL.pdf?__hstc=90391429.53e6fd6ed27a6c77eccd00c8b2a60b20.1561479189174.1561543179449.1561558758783.3&__hssc=90391429.1.1562773053423&__hsfp=58555348&hsCtaTracking=e77699cc-7d9a-4c31-adfe-26fa768a9f04%7C50ed381f-27b9-45fc-a1d8-25f4bd8b825c

Lee, J.-N., & Kim, Y.-G. (1999). Effect of partnership quality on is outsourcing success: Conceptual framework and empirical validation. *Journal of Management Information Systems, 15*(4), 29–61. https://doi.org/10.1080/07421222.1999.11518221

Li, J., & Hambrick, D. C. (2005). Factional groups: A new vantage on demographic faultlines, conflict, and disintegration in work teams. *Academy of Management Journal, 48*(5), 794–813. https://doi.org/10.5465/amj.2005.18803923

Luhmann, N. (2014). *Vertrauen: Ein Mechanismus der Reduktion sozialer Komplexität* (5. Aufl.). Konstanz: UVK Verlagsgesellschaft mbH.

Macaulay, S. (1963). Non-contractual relations in business: A preliminary study. *American Sociological Review, 28*(1), 55–67. https://doi.org/10.2307/2090458

Macneil, I. R. (1978). *Contracts exchange transactions and relations: Cases and materials.* Mineola: The Foundation Press Inc.

Macneil, I. R. (1980). *The new social contract: An inquiry into modern contractual relations.* New Haven: Yale University Press.

Mayer, R. C., Davis, J. H., & Schoorman, F. D. (1995). An integrative model of organizational trust. *The Academy of Management Review, 20*(3), 709. https://doi.org/10.2307/258792

Mohr, J., & Spekman, R. (1994). Characteristics of partnership success: Partnership attributes, communication behavior, and conflict resolution techniques. *Strategic Management Journal, 15*(2), 135–152. https://doi.org/10.1002/smj.4250150205

Molnar, J. J., & Rogers, D. L. (1979). A comparative model of interorganizational conflict. *Administrative Science Quarterly, 24*(3), 405. https://doi.org/10.2307/2989920

Mouzas, S., & Blois, K. (2008). *Relational Contract Theory: Confirmations and Contradictions.* Gehalten auf der 24th IMP Conference, Uppsala, Schweden. https://www.impgroup.org/uploads/papers/6764.

Nehm, K. (2004). Das nachrichtendienstrechtliche Trennungsgebot und die neue Sicherheitsarchitektur. *Neue Juristische Wochenschrift, 57*(46), 3289–3295.

Oliveira, N., & Lumineau, F. (2019). The dark side of interorganizational relationships: An integrative review and research agenda. *Journal of Management, 45*(1), 231–261. https://doi.org/10.1177/0149206318804027

O'Malley, L., & Tynan, C. (2003). Relationship marketing. In M. J. Baker (Hrsg.), *The marketing book* (5. Aufl., S. 32–52). Oxford; Boston: Butterworth-Heinemann.

Palay, T. M. (1984). Comparative institutional economics: The governance of rail freight contracting. *The Journal of Legal Studies, 13*(2), 265–287. https://doi.org/10.1086/467741

Petermann, F. (2013). *Psychologie des Vertrauens.* Göttingen: Hogrefe.

Pibernik, R. (2001). Flexibilitätsplanung in Wertschöpfungsnetzwerken. *Zeitschrift für Betriebswirtschaft, 71*(8), 893–913.

Robicheaux, R. A., & Coleman, J. E. (1994). The structure of marketing channel relationships. *Journal of the Academy of Marketing Science, 22*(1), 38–51. https://doi.org/10.1177/0092070394221004

Strickland, E. (2019, April 2). How IBM Watson Overpromised and Underdelivered on AI Health Care. *IEEE Spectrum.* https://spectrum.ieee.org/biomedical/diagnostics/how-ibm-watson-overpromised-and-underdelivered-on-ai-health-care.

Swar, B., Moon, J., Oh, J., & Rhee, C. (2012). Determinants of relationship quality for IS/IT outsourcing success in public sector. *Information Systems Frontiers, 14*(2), 457–475. https://doi.org/10.1007/s10796-010-9292-7

Sydow, J., Schüssler, E., & Müller-Seitz, G. (2016). *Managing inter-organizational relations: Debates and cases.* New York: Palgrave Macmillan.

Tangpong, C., Michalisin, M. D., Traub, R. D., & Melcher, A. J. (2015). A review of buyer-supplier relationship typologies: Progress, problems, and future directions. *Journal of Business & Industrial Marketing, 30*(2), 153–170. https://doi.org/10.1108/JBIM-10-2012-0193

von der Oelsnitz, D. (2019). It don't come easy: Erfolgsvoraussetzungen von Kooperation. *HMD Praxis der Wirtschaftsinformatik, 56*(1), 22–33. https://doi.org/10.1365/s40702-018-00483-5

Williamson, O. E. (1975). *Markets and hierarchies, analysis and antitrust implications: A study in the economics of internal organization.* New York: Free Press.

Wünsche, M. (2010). *Performance Contracting: Effiziente Kooperations- und Leistungsanreize in der Outsourcing-Beziehung.* Berlin: dbusiness GmbH.

Alexander Dregger ist Psychologe (M.Sc.), wissenschaftlicher Mitarbeiter und Projektleiter am FZI Forschungszentrum Informatik in Karlsruhe. Er ist u. a. verantwortlich für ein KI-Transferprojekt, das wesentlich auf Kooperation fokussiert, und forscht zu den Themen Psychologie und Künstliche Intelligenz, Chatbots und User Experience.

Teil II

Kooperationsmanagement & Skills

Kooperation statt Konflikt – Mit dem Harvard-Konzept kreative, kooperative Lösungen schaffen

5

Benjamin Rolff

Inhaltsverzeichnis

Zusammenfassung

Wir leben in einer Welt, in der zunehmende Komplexität zu mehr Konflikten führt. Wir leben auch in einer Welt, in der wir dringend kreative Diskurse benötigen, um Lösungen auf die großen Fragen der heutigen Zeit zu finden. Klimawandel, Handels-

B. Rolff (✉)
Hamburg, Deutschland
E-Mail: hallo@benjaminrolff.de

© Springer Fachmedien Wiesbaden GmbH, ein Teil von Springer Nature 2021
M. H. Dahm (Hrsg.), *Kooperationsmanagement in der Praxis,* FOM-Edition,
https://doi.org/10.1007/978-3-658-28112-0_5

streit und atomare Bedrohungen sind nur ein Ausschnitt der Themen, die Lösungen erfordern, die für alle Seiten gewinnbringend sind, gemeinsame Ziele verfolgen und die Beziehung der Beteiligten stärken. Für diese Form der Konfliktlösung steht das Harvard-Konzept: Mit ihrer Verhandlungsbibel mit dem Namen „Getting to Yes" haben die drei Autoren Fisher, Ury und Patton ein Werk geschaffen, welches Orientierung im Verhandlungsdschungel schafft. Die von ihnen formulierten Verhandlungsprinzipien lassen sich in einem Haupttenor zusammenfassen: Verhandle hart in der Sache, aber weich zu den Menschen. Mit ihren Prinzipien haben die drei Wissenschaftler einen Rahmen geschaffen, der ein Win–Win für alle Verhandlungsseiten ermöglichen soll.

▶ **Nutzen für den Leser**

Unser aktuelles Zeitgeschehen ist geprägt von zunehmenden Konfliktsituationen – ob auf dem politischen Parkett, im unternehmerischen Kontext oder am heimischen Esstisch. Die wachsende Dynamik in unserer Welt erhöht die Komplexität der Interessenlagen auf allen Ebenen. Gewinner werden diejenigen sein, die sich auf die Komplexität einstellen können und wissen mit dieser umzugehen. Das Harvard-Konzept gibt als „Verhandlungsbibel" Orientierung im Konflikt-Dschungel. Sie erhalten im Rahmen dieser Abhandlung einen praxisorientierten Leitfaden, der Ihnen dabei hilft, selbst schwierige Verhandlungssituationen entlang der Prinzipien des Harvard-Konzepts zu meistern. Führen Sie jede Verhandlung mit der Klarheit der Harvard-Prinzipien und Ihre Verhandlungen werden nie wieder Verlierer hervorbringen, sondern den beidseitigen Interessen von Ihnen und Ihren Partner dienen.

5.1   Verhandlungen formen die Welt

Die Welt braucht nicht weniger Konflikte, sondern mehr! – Das mag zunächst paradox klingen, doch die Natur der heranwachsenden, globalen Herausforderungen erfordert eine gewisse Form von Konflikt. Die globale Erwärmung bedroht unsere Existenz und fordert konsequentes, innovatives Handeln. Migrationsbewegungen stellen ganze Gesellschaften auf die Probe und bringen dabei unterschiedlichste Parteien an einen Tisch. Der globale Handel, insbesondere getrieben durch USA und China, gewinnt an Komplexität der Interessenlagen und ist nur noch schwer zu entzerren.

In unserer heutigen Welt ist es ein allgewärtiges Symptom, welches alle Szenarien miteinander verbindet: In den meisten Fällen sitzen Menschen, Unternehmen und Staaten an einem Tisch, die zumeist nur ihr eigenes Wohl im Blick haben, stur um Positionen feilschen und dabei für alle Seiten gewinnbringende Lösungen verhindern.

Immer wieder forcieren sie dadurch endlose Streitigkeiten, kostspielige Gerichtsver-
fahren oder sogar zerstörerische Kriege: Mehr als ein Jahr lang überziehen sich USA und
China mit Strafzöllen, spitzen einen Handelskrieg immer weiter zu und bremsen damit
die gesamte Weltwirtschaft aus – das gemeinsame Interesse an einer fairen Handels-
beziehung liegt dabei klar auf dem Tisch.

Dabei sind Konflikte, wenn richtig gelebt und geführt, ein unvermeidlicher und sogar
nützlicher Teil einer funktionierenden Welt. Denn Konflikte ermöglichen Veränderungen
und Erkenntnisse, indem unterschiedliche Standpunkte neutral ausgelotet und kreative
Lösungen geschaffen werden. Unrecht erstickt im Konflikt, wirtschaftlicher Wohlstand
gedeiht aus kreativem Konflikt und auf politischer Ebene schafft Konflikt die Basis für
eine funktionierende Gesellschaft.

Gleichzeitig schaffen strukturelle Veränderungen in unserer heutigen Welt die Basis
für immer neue Konflikte. In Unternehmen brechen Hierarchien auf und werden durch
Netzwerke ersetzt – eine Organisationsform, die Konflikte fördert, statt zu unterdrücken.
Ähnlich haben auch Demokratien die Eigenschaft, Konflikte offen auszutragen, weshalb
sie oftmals chaotischer wahrgenommen werden als autoritäre Gesellschaftsformen, wie
sie weiterhin in Ländern wie China oder Ungarn existieren. Die Zeiten, in denen Entscheidungen von einer einzigen Person getroffen werden, sind größtenteils vorbei. Weder
der CEO als Oberhaupt einer Firma noch das Familienoberhaupt sind in der modernen
Zeit Alleinentscheider. Stattdessen gewinnt der konstruktive Dialog zwischen mehreren
Personen immer mehr an Relevanz zur Entscheidungsfindung. So sind sie in einer Welt
flacher Hierarchien, lockerer Familienkonzepte und zugänglicher Informationen immer
relevanter. Unternehmen müssen Mitarbeiter partizipieren lassen, Politiker mit Wählern
in den Dialog treten und Eltern ihre Kinder im Alltag mitbestimmen lassen. Wir stehen
erst am Anfang einer Verhandlungsrevolution. Glücken wird diese Revolution nur, wenn
wir den Weg von destruktivem, feindseligem Gegeneinander hin zu einer sachbezogenen,
gemeinsamen Problemlösung schaffen. Konflikte sollten wir nicht beseitigen, sondern
lernen anders mit ihnen umzugehen.

5.2 Das Harvard-Konzept als Treiber der Verhandlungsrevolution

Mit dem Harvard-Konzept ist eine Verhandlungsmethode entstanden, die einen Win–
Win, also den größtmöglichen beiderseitigen Nutzen als klare Priorität versteht. Sie setzt
den klassischen Angriffs- und Rückzugtaktiken ein Ende und verfolgt stattdessen das
Ziel, eine konstruktive und friedliche Einigung in Konfliktsituationen zu erreichen. Das
Harvard-Konzept krempelt die Verhandlungswelt auch um, weil es einen alternativen,
dritten Weg zu den beiden klassischen Schulen des Verhandelns bietet. Während die eine
Schule meint, man müsse „hart" verhandeln, das heißt, den eigenen Erfolg in der Sache
um jeden Preis anstreben und die Gegenseite mit allen Mitteln „besiegen", empfiehlt die

andere „weich" zu verhandeln, das heißt, auf jeden Fall die gute Beziehung zur Gegenseite zu schützen und in der Sache eher großzügig zu sein, um die Beziehung nicht zu
belasten. Die Autoren des Buches „Getting to Yes" Fisher et al. (2013) sprechen hier
von „harter" und „weicher" Verhandlungsart, und trennen das „Harvard-Konzept" klar
davon ab. Als eine Alternative und damit „dritter Weg" predigt das Harvard-Konzept das
sachbezogene Verhandeln: Hiernach erfordert Verhandlungserfolg eine Form der Verhandlung, in der die Beteiligten hart in der Sache (den Verhandlungsgegenstand) und
weich auf der Beziehungsebene miteinander umgehen. Gegenseitiger Respekt und Vertrauen zwischen den Verhandlungspartnern ist entscheidend. Gleichzeitig stehen die
legitimen Interessen der Parteien im Mittelpunkt der Verhandlung (Fischer et al. 2013).

Die Ursprünge des Harvard Konzepts

Seit mehr als 20 Jahren gilt das Harvard-Konzept als zentrales Werk für erfolgreiches
Verhandeln. Der Verhandlungsleitfaden hat sich bei Praktikern sämtlicher Berufsgruppen
(Konditionsauseinandersetzungen mit Lieferanten, Tarifverhandlungen der Gewerk-
schaften oder schwierigste politische Konflikte auf höchster Ebene) als wirkungsvolle
Methode zur gemeinsamen Lösungsfindung etabliert. Das Harvard-Konzept verdankt
seinen Namen den Forschungen, die im Rahmen des 1979 gegründeten „Harvard
Negotiation Projects" an der Harvard Law School erzielt wurden (Harvard Law School
o. J.). In seinen Forschungen fand der amerikanische Professor für Internationales
Recht Roger Fisher an der Harvard University heraus, dass international gültige und
anerkannte Rechtsvorschriften zur Lösung internationaler Rechtsverstöße und -konflikte
keine positive Wirkung erzielten. Seine Begründung: Mit dem auf rationaler Ebene
beschlossenen Recht ließen sich Konflikte keinesfalls auf emotionaler Ebene Rechnung
tragen. Zu einer ähnlichen Zeit kam ein weiterer Harvard-Professor zu einer spannenden
Erkenntnis: Erziehungswissenschaftler und Psychologe Walt Patton stellte in seiner
Arbeit den Kompromiss als Lösungsformel für jegliche Art von Konflikten infrage. Laut
Patton führen Kompromisse keineswegs zu einem Win–win-Ergebnis, sondern fordern
von allen Beteiligten Abstriche, sodass keiner sein Ziel erreicht. Pattons Interesse galt
demnach der Frage, welche Form der Konfliktlösung eine Situation erlaubt, in der sich
alle am Konflikt Beteiligte als Gewinner fühlen.

Fisher und Patton plädieren daher für eine besondere Art und Weise der Verhandlungen: Wenn dauerhafte Konfliktlösungen gefunden werden sollen, muss die
Verhandlung laut Fisher und Patton unter unbedingtem Ausschluss der Emotionen auf
einer sachlichen Ebene geführt werden. Im Rahmen des „Harvard Negotiation Projects"
wurden diese grundlegenden Prinzipien in einer Methode für erfolgreiches, sachbezogenes Verhandeln zusammengeführt, dem Harvard-Konzept. Die Mission des
Projekts ist, die Frage der richtigen Verhandlungstechnik auf eine wissenschaftliche
Basis zu stellen und somit Theorie, Lehre und Praxis von Verhandlungen und Konfliktlösung zu verbessern. Die Forscher werteten hierfür zahlreiche Verhandlungen aus unterschiedlichen Bereichen (Mediation, Diplomatie, Wirtschaft) akribisch aus und suchten
nach Indikatoren für Erfolg und Misserfolg von Verhandlungen (o.V. 2009).

Ein Blick in die Geschichte

Der weiten Verbreitung der Verhandlungstechnik vorangegangen waren bereits mehrere Erfolge der Prinzipien des Harvard-Konzepts. So wurden beispielsweise die Friedensverhandlungen zwischen Ägypten und Israel im September 1978 unter der Leitung des damaligen US-Präsidenten Jimmy Carter mithilfe der Prinzipien des Harvard-Konzepts durchgeführt und führten schließlich zum israelisch-ägyptischen Friedensvertrag. Was wie ein Triumph der Diplomatie erstrahlt, zeugt von politischem Willen und einer höchst konstruktiven Verhandlungsart, die einen Einigungsprozess zwischen zwei gewaltbereiten Männern erlaubte, die aufgrund ihrer Herkunft voreingenommen, von nationaler Politik eingeschränkt und von ihrem Glauben stark beeinflusst waren. Das Camp-David-Abkommen führte zu einer Normalisierung der Beziehungen zwischen Israel und Ägypten und hat zu einer Beruhigung des Nahostkonfliktes beigetragen.

5.3 Mit sachbezogenen Prinzipien zum Verhandlungserfolg

Der Umgang mit Verhandlungssituationen kann so unterschiedlich sein, wie der Charakter der Verhandelnden: Oftmals geschieht die Wahl des Verhandlungsstils recht zufällig. Je nach Art der Konfliktsituation, der Beziehung zum Verhandlungspartner und der eigenen Persönlichkeit fällt die Wahl der Methode mal in die eine, mal in die andere Richtung. Dabei birgt sowohl das harte als auch das weiche Verhandeln fundamentale Risiken für alle Verhandelnden.

Der hart Verhandelnde betrachtet die Verhandlung als Willenskampf, in welchem er seine Forderungen mit allen Mitteln durchsetzen will und jedes Zugeständnis an die andere Partei als Niederlage gewertet. Dieser stringente Verhandlungskurs kommt aber mit einem großen Risiko: Oftmals kommt die Antwort ebenso hart zurück, nicht selten werden Verhandlungen abgebrochen, selbst wenn die andere Partei eigentlich zu einem Kompromiss bereit war. Persönliche Beziehungen können erheblichen Schaden nehmen, indem auf Positionen verharrt wird.

Der weich Verhandelnde ist dagegen konfliktscheu und macht eher Zugeständnisse, um mit der anderen Partei überein zu kommen. Das Risiko eines weichen Verhandlers äußert sich darin, dass sein Bestreben nach einer friedlichen Lösung ausgenutzt werden kann und er am Ende als Verlierer dasteht (White 1984).

Das Harvard-Konzept positioniert sich im Gegensatz zu diesen klassischen Verhandlungsschulen als dritte Form der Verhandlung. Als sachorientierter Verhandlungsstil verfolgt die Schule des Harvard-Konzepts das Ziel, auf effiziente Weise einen Konsens zu finden. Sie ist „hart" in der Sache, jedoch zeitgleich „weich" gegenüber den Menschen. Der Konflikt wird demnach in die Sach- und in die Beziehungsebene aufgeteilt. Beim Verhandeln nach Sachlage konzentrieren sich die Beteiligten anhand von objektiven Kriterien alleinig auf die legitimen Interessen, nicht auf ihre persönlichen Positionen und können somit ein optimales Verhandlungsresultat erreichen und gleichzeitig die Beziehung der Verhandelnden stärken. Ein sogenanntes Win–Win ist das über-

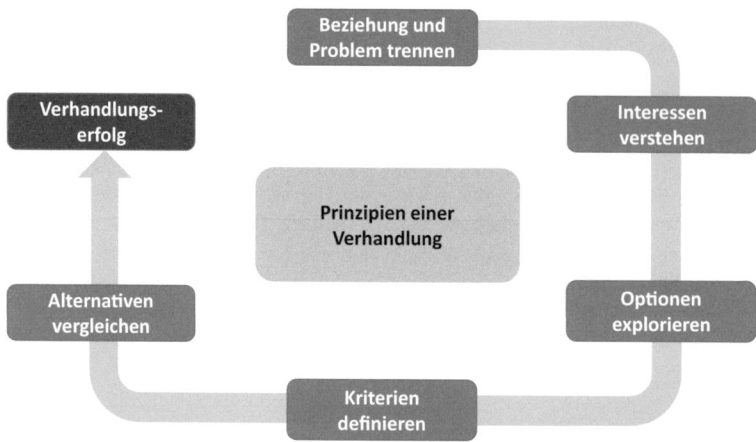

Abb. 5.1 Prinzipien einer Verhandlung

geordnete Ziel des Harvard-Konzepts, ein für alle Parteien zufriedenstellendes Ergebnis der Verhandlung.

Die Basis für einen beidseitigen Verhandlungserfolg sind eine Reihe elementarer Prinzipien, die den sachbezogenen Verhandlungsstil mit Leben füllen. Im Folgenden erhalten Sie einen Überblick über die Prinzipien sowie jeweilige Praxistipps, die Sie im Rahmen Ihrer nächsten Verhandlung anwenden können (Abb. 5.1) (Fischer et al. 2013).

5.3.1 Trennen Sie die Beziehung zu Ihren Verhandlungspartnern vom Problem der Verhandlung

Jede Verhandlung besteht aus zwei Hauptkomponenten: Den Personen, die an der Verhandlung teilnehmen, und dem Problem, mit dem sich diese Personen befassen müssen. Wenn sich die Verhandlungsführer in einer persönlichen Auseinandersetzung als Gegner sehen, ist es schwierig, ihre Beziehung von dem inhaltlichen Problem zu trennen. In diesem Zusammenhang scheint alles, was ein Verhandlungsführer über das Problem sagt, persönlich an den anderen gerichtet zu sein und wird auf diese Weise aufgenommen. Jede Seite tendiert dazu, defensiv und reaktiv zu werden und die legitimen Interessen der anderen Seite zu ignorieren. Menschen sind emotionale Wesen, die Beziehungen eingehen und im Konfliktfall auch schnell ihre Emotionen mit der objektiven Sachlage des Problems verweben. Genau hierin liegt die Explosionsgefahr, die durch sachbezogenes Verhandeln von Ihnen vermieden werden sollte! (Lyons 2007).

Wenn wir unser verhandelndes Gegenüber zum Feind machen, neigen wir dazu, den Fokus auf die Lösung des Problems zu verlieren. Wenn wir unsere Abneigung gegen die andere Seite jedoch von unserem Ziel trennen können, werden effektivere Verhandlungsergebnisse möglich sein, die für beide Seiten gewinnbringend sind. Die Verhandlungspartner sollten sich daher zum gemeinsamen Ziel setzen, eine zukunftsweisende, tragfähige Lösung des Problems für beiden Seiten zu finden. Dies erfordert, dass die Parteien die Klärung der Sachebene strikt von der Klärung der menschlichen Situation trennen.

Historische Beispiele von politischen Weltführern zeigen, wie große Differenzen und jahrelange tief verwurzelte Konflikte überwunden werden können, um nachhaltige Lösungen auszuhandeln: Als Paradebeispiel gilt der Israelisch-ägyptische Friedensvertrag, in welchem zwei Staatspräsidenten trotz persönlicher Differenzen und tiefer religiöser und ethischer Konflikte sich einem gemeinsamen Problem widmen und dieses durch eine Friedensvereinbarung lösen konnten.

Wenn Interessen und Emotionen hochkochen, ist es einfach, eine Verhandlung in einen Boxring zu verwandeln, in dem Sie nichts weiter wollen, als die andere Person zu besiegen – und dabei möglicherweise Ihren Ruf und Ihr Selbstwertgefühl ruinieren. Um jedoch ein schlechtes Verhandlungsgeschäft und eine trübe Beziehung zu Ihrem Verhandlungspartner zu vermeiden, priorisieren Sie Ihre geteilte Beziehung, trennen Sie die Menschen vom Problem (Fisher et al. 2013) (Abb. 5.2).

Praxistipp
- **Behandeln Sie jede Beziehung wie eine langfristige Beziehung:** Sie wissen nie, in welchem Kontext Sie Ihrem Verhandlungspartner noch einmal begegnen werden – ob im Arbeitsleben oder als Ihr nächster Nachbar. Wenn Sie in jede Verhandlung mit der Absicht gehen, eine langfristige Beziehung zu pflegen, werden Sie damit garantiert reibungsloser durch zukünftige Verhandlungen und vielleicht sogar Ihr Leben als Ganzes gehen. Wenn es beispielsweise zu Lieferengpässen bei einem Ihrer Lieferanten kommt, sind Sie vielleicht dazu geneigt, ihn für die „Schlampereien" zur Verantwortung zu ziehen und fordern erbost eine sofortige Lösung. Im Sinne einer nachhaltigen Geschäftsbeziehung ist es jedoch ratsam, auf konstruktive Weise zu erfragen, welche Schritte man gemeinsam gehen könne, um die Engpässe in Zukunft zu vermeiden.
- **Sehen Sie Ihr Gegenüber als Verbündeten, mit dem Sie ein gemeinsames Problem bearbeiten:** Wenn Sie Ihren Verhandlungskollegen als Verbündeten sehen, setzen Sie sich mental in dasselbe Team. Sich als Verbündeter zu positionieren, fördert die Zusammenarbeit und stärkt Ihr gegenseitiges Verständnis. Zudem kann es böse Überraschungen im Laufe der Verhandlung vermeiden. Im Falle der zuvor beschriebenen Lieferengpässe sollten Sie sich und den Lieferanten als eine Task Force verstehen, die gemeinsam das Problem der Engpässe analysiert und löst. Nur so können nachhaltige Lösungen für beide Seiten entstehen.
- **Formulieren Sie eine gemeinsame, möglichst wertneutrale Sicht auf den Verhandlungsgegenstand:** Eine möglichst wertneutrale Formulierung des Ver-

Abb. 5.2 Beziehung und Problem trennen

handlungsgegenstands hilft dabei, Vorwürfe und Schuldzuweisungen zu vermeiden. Distanzieren Sie sich hierfür persönlich vom Verhandlungsgegenstand und entwickeln Sie mit Ihrem Verhandlungspartner eine gemeinsame Sicht auf die Sache. Um das Problem gemeinsam mit Ihrem Partner anzugehen kann es beispielsweise helfen, wenn Sie sich auf die gleiche Seite des Tisches setzen, dann liegt die Verhandlungssache nicht mehr zwischen, sondern vor Ihnen.

- **Hören Sie Ihrem Gegenüber aktiv zu:** Insbesondere in emotionalen Verhandlungen ist es unabdingbar, Einfühlungsvermögen zu zeigen. Aktives Zuhören ist Ihr Schlüssel, um sich in die Lage Ihres Verhandlungspartners zu versetzen und seine Absichten zu verstehen. Gut zuzuhören bedeutet, dass Sie aufnehmen, was der andere wirklich sagt und nicht das, was Sie aufgrund Ihrer Bedürfnisse hören wollen. Als bewährtes Hilfsmittel können Sie das Gehörte regelmäßig in eigenen Worten zusammenfassen: „Wenn ich Sie richtig verstanden habe, ist Ihre Sichtweise primär ..." So signalisieren Sie Ihrem Verhandlungspartner, dass Sie seiner Argumentation aufmerksam folgen und beugen dadurch Missverständnissen vor. Der Verhandlungspartner hat sofort Gelegenheit zu klären, falls etwas anders angekommen ist, als es gemeint war.
- **Leben Sie respektvolles Verhalten vor, unabhängig davon, wie Sie behandelt werden:** Wenn Ihr Gegenüber sich unangebracht verhält – Ihnen etwa die Schuld für die Lieferengpässe unberechtigterweise in die Schuhe schieben will – sollten Sie sich nicht provozieren lassen. Fahren Sie die Verhandlung in respektvoller Form fort oder sprechen Sie das Verhalten in einer Weise an, die Ihre Beziehung als auch den Verhandlungsprozess in den Vordergrund stellt. „Ich verstehe Ihren Ärger über die Situation, mir geht es ähnlich.

> Wir sollten das Problem jedoch gemeinsam angehen, um es schnell aus der Welt zu räumen." Wenn Sie dieses Verhalten vorleben und klar aufzeigen, dass das Ziel der Verhandlung darin besteht, das Problem anzugehen, wird Ihr Verhandlungspartner wahrscheinlich auch feststellen, dass (1) seine Provokation unwirksam ist und/oder (2) er die gemeinsame Problemlösung mit dem Verhalten beeinträchtigt.

5.3.2 Fokussieren Sie sich auf die Interessen der Verhandelnden, nicht auf deren Positionen

Wenn Verhandlungspartner ihre Positionen lautstark vertreten, bleiben ihre Interessen oft im Verborgenen. Die eigentlichen Bedürfnisse der beiden Parteien kommen dadurch selten zur Geltung und erschweren die Findung eines für beide Seiten gewinnbringenden Verhandlungsergebnisses. Um eine Verhandlung stattdessen in effektive Bahnen zu lenken, sollten die Verhandelnden darauf Wert legen, dass ihre zugrunde liegenden Interessen offen zur Sprache kommen.

Ein plakatives Beispiel macht die Wirkung von Positionen deutlich: Wenn es um die Urlaubsplanung geht, klingen unterschiedliche Wünsche und Vorstellungen schnell unvereinbar. Während beispielsweise der Ehemann äußert „Ich möchte in die Alpen fahren", entgegnet seine Ehefrau „Ich möchte aber an die Ostsee!". Ein Blick unter die Oberfläche dieser Positionen offenbart oft erst die eigentlichen Interessen dieser Wahl und erlaubt gemeinsame Lösungen zu scheinbar unvereinbaren Wünschen (Abb. 5.3). Dem Mann mag es hierbei gar nicht um die Alpen als Urlaubsort gehen, sondern um die Aktivität Wandern, wobei seine Frau viel lieber am Wasser sein möchte. Ein Lösungsvorschlag, der beide Interessen vereint, kann demnach einfach zu finden sein: Ein gemeinsamer Urlaub an einem Alpensee wird beiden Seiten gerecht. Im wirklichen Leben sind es jedoch oft eine Vielzahl von Interessen, die einen Konflikt prägen. Wie steht es beispielsweise um die Art der Unterkunft, das Essen und die Anreise. Wirkliche Lösungen, die beide Seiten gleichermaßen befriedigen, können demnach nur gefunden werden, wenn beide Parteien ihre Bedürfnisse und Kriterien auf den Verhandlungstisch bringen und bereit sind, gemeinsam die Wichtigkeit der einzelnen Punkte abzuwägen.

Praxistipps
- **Kommunizieren Sie Ihre eigenen Interessen klar und deutlich:** Bevor konkrete Lösungsvorschläge in den Raum gestellt werden, sollte die Interessenlage klar sein. Bieten Sie daher Kontext zu Ihren eigenen Interessen und ermöglichen ein gemeinsames Verständnis zu Ihren wichtigsten Bedürfnissen. Erklären Sie beispielsweise, wieso ein Urlaub in den Alpen für Sie besonders wohltuend ist und was genau Ihnen dabei besonders wichtig ist, und Ihr Partner wird eher dazu geneigt sein, sich Ihrem Vorschlag anzunähern.

- **Verstehen Sie die Interessen und Grundbedürfnisse Ihres Verhandlungspartners:** Die Frage nach dem Warum löst oft die komplexesten Konflikte – zumeist sind es einfache Grundbedürfnisse, die eine überraschend große Bedeutung spielen: sei es der Wunsch nach Anerkennung, Kontrolle, Sicherheit oder Zugehörigkeit. Daher sollten Sie unbedingt herausfinden, worum es Ihren jeweiligen Verhandlungspartnern geht – welche Gemeinsamkeiten, aber auch Gegensätze sind zu erkennen? „Warum-Fragen" und „Warum nicht-Fragen" eignen sich hierfür sehr gut.
- **Priorisieren Sie Ihre Interessen gemeinsam mit Ihrem Verhandlungspartner:** Um einschätzen zu können, inwiefern sich Ihre Interessen gegenseitig ausgleichen, kann es hilfreich sein, eine Liste über Ihre Interessen zu führen und herauszufinden, wie wichtig diese jeweils für Sie sind. Während der Verhandlung ermöglicht dies, dass Sie bestimmt, aber flexibel auftreten können und schneller zu einer gemeinsamen Lösung finden können. Im Falle eines gemeinsamen Urlaubs können sich gemeinsame Interessen wie Wandern oder Erholung in der Natur schnell finden lassen. Genauso ermöglicht es eine Liste, auch abweichende Interessen zu identifizieren: Anreise mit dem Auto vs. Flug, Sommer- vs. Winterurlaub. Bewerten und priorisieren Sie die Abweichungen gemeinsam und aus zwei Spalten wird schnell eine.
- **Lenken Sie das Gespräch immer auf eine konstruktive Diskussion möglicher Lösungen:** Tieferliegende Bedürfnisse und Interessen sind oftmals mit einer gewissen Emotionalität verbunden. Wenn es in der Verhandlung etwas emotionaler zugehen sollte, ist es entscheidend, der Gegenseite Raum zu geben,

Abb. 5.3 Interessen statt Positionen

um ihren Emotionen Luft zu machen. Seien Sie dabei ruhig und verständnis-
voll, lenken Sie jedoch das Gespräch wieder in konstruktive Bahnen, ohne Ihr
Gegenüber zu verlieren. In sehr hitzigen Situationen kann es daher sinnvoll
sein, die Diskussion für einen Moment zu unterbrechen. Geben Sie sich und
Ihrem Verhandlungspartner einen Augenblick zum Durchatmen und kommen
Sie mit klaren Gedanken und besänftigten Gemütern wieder zusammen.

5.3.3   Bringen Sie eine Bandbreite an Optionen auf den Tisch, bevor Sie sich für eine Lösung entscheiden

In der Vorstellung vieler Menschen gehört die Entwicklung von Alternativen nicht
zwangsläufig zum Verhandlungsprozess. Oftmals erscheint selbst die Entwicklung einer
einzigen Idee schwer genug. Verhandlungspartner neigen dazu, schon mit einer klaren
Idee ihres optimalen Verhandlungsergebnisses an den Tisch zu kommen und schlagen
deshalb bereits zu Beginn konkrete Ziele, wie etwa Vertragsentwürfe oder gar Zahlungs-
pläne vor. Die Sichtweise einer einzigen Partei ist jedoch viel zu eng, um eine geeignete
Grundlage für eine gemeinsame Lösung darzustellen. Stattdessen braucht dieser Schritt
gemeinsame Kreativität von den Verhandelnden. Eine ergebnisoffene Suche nach
Lösungsmöglichkeiten, die gemeinsam diskutiert, akzeptiert oder wieder verworfen
werden können, hilft den Parteien Vorschläge für eine Win–Win-Situation zu entwickeln.

Die Verhandlungspartner können dabei sowohl extreme Ansätze einer Lösung
formulieren als auch einzelne Teilaspekte durchspielen. [1]

Im Kontext der Reiseplanung kommen die beiden Verhandelnden zu einem optimalen
Ergebnis, wenn sie eine Vielzahl an validen Optionen auf den Tisch bringen: Kommt
neben einem Urlaub in den Alpen oder an der Ostsee eine „extreme" Option wie eine
Fernreise nach Afrika infrage, und wie steht es um einen Trip im eigenen Land? Wenn
es um Teilaspekte einer Lösung geht, lassen sich folgende Fragen berücksichtigen:
Welche Fortbewegungsmittel kommen infrage? Was soll die Reise unbedingt leisten
und was wollen Sie vermeiden? – In der Regel ist es schwierig, eine für beide Seiten
ansprechende Planung zu erzielen, ohne eine Vielfalt an Optionen aufzuzeigen und
daraus wohlbedacht diejenige mit der besten Resonanz auszuwählen. Denn ob bei
der Urlaubsplanung oder in professionellen Verhandlungen: Wenn das Ergebnis für
mindestens eine Partei suboptimal ist, bleiben die Nebenwirkungen oft nicht aus.

Praxistipps
- **Trennen Sie die Phase der Lösungssuche von der eigentlichen Einigung:**
  Selbst, wenn der Verhandlungsdruck hoch ist, sollten Sie darauf achten, keine
  voreiligen Schlüsse zu ziehen und suboptimale Ergebnisse für beide Seiten vermeiden. Legen Sie daher Wert darauf, dass Sie der Suche nach Lösungsoptionen
  während der Verhandlung genügend Zeit einräumen, anstatt sofort auf die erst-

beste Lösung aufzuspringen. Sie können daher beispielsweise mit Ihrem Partner zu Beginn der Verhandlung festlegen, welches Zeitfenster Sie sich für die Suche nach Lösungsoptionen einräumen wollen. Wollen Sie sich jeweils eine Stunde für eine schnelle Recherche von Reisezielen nehmen, oder gegebenenfalls sogar ein oder zwei Tage für eine umfangreiche Recherche in Anspruch nehmen?

- **Nehmen Sie sich Raum für kreative Lösungen:** Um kreative Prozesse in Gang zu setzen, kann es hilfreich sein, wenn Sie und Ihr Verhandlungspartner sich jeweils für einen vereinbarten Zeitraum zurückzuziehen und in Ruhe nach Lösungsvorschlägen suchen. Etwaige Lösungen können Sie dabei grafisch festhalten, aber auch Brainstorming-Runden organisieren und Experten nach ihrer Meinung befragen. Zu diesen Experten können sowohl Freunde zählen, die im Falle Ihrer Urlaubsplanung viel Reiseerfahrung mitbringen, aber auch ein Besuch in einem Reisebüro wäre eine Möglichkeit, kreative Optionen für den gemeinsamen Urlaub einzuholen.
- **Sammeln Sie von Beginn der Verhandlung an Lösungsoptionen wert- und urteilsfrei:** Bleiben Sie während der gesamten Verhandlung offen für viele Möglichkeiten und vermeiden Sie die Suche nach der richtigen Lösung. Zu selten werden genügend gute Optionen auf den Tisch gebracht, sodass die Entscheidungsfindung oftmals als Kompromiss wahrgenommen wird. Entscheiden Sie sich dabei auch bewusst dafür, nicht nur die eigenen Probleme lösen zu wollen, sondern Vorschläge zu entwickeln, die auch von Nutzen für Ihren Partner sind. Sollten Sie also im Reisebüro erfahren, dass ein Urlaub in die Alpen sich auch mit einer Weiterfahrt an die Adria verbinden ließe, dann könnte das Ihren gemeinsamen Lösungsraum vergrößern, auch wenn Ihr primäres Interesse im Wandern in den Alpen liegt. Bleiben Sie hier also offen für eine Vielzahl an Lösungen.

5.3.4 Definieren Sie objektive Entscheidungskriterien als Grundlage für faire Lösungen

Wo Interessen deutlich auseinandergehen, werden alleinige Willensentscheidungen keine nachhaltige Lösung für beide Parteien erreichen. Bloße Sturheit einer Partei kann beiden teuer zu stehen kommen. Unzugänglichkeit wird wohlmöglich belohnt. Es entstehen willkürliche Resultate, die eine Seite stark übervorteilen und die Gegenseite dazu verleiten, sich beim nächsten Mal durchsetzen zu wollen. Um solche Dynamiken zu vermeiden, schlagen Fisher et al. (2013) ein gemeinsames Finden neutraler Beurteilungskriterien vor. Diese Kriterien sorgen dafür, dass die Lösung von fairen Maßstäben bestimmt wird und Vernunft dabei hilft, die beste Entscheidungen für beide Seiten zu treffen: Denn „Besser" oder „weniger gut" ist nur anhand klarer Kriterien und objektiver Maßstäbe messbar. Historischer Präzedenzfall, Best Practices der Branche, gesetzliche Bestimmungen oder moralische Vorgaben, unabhängige Meinungen oder markt-basierte Informationen sind einige der Kriterien, auf die sich Verhandlungsführer bei Verhandlungen verlassen können. Wählen Sie den Standard, der für die jeweilige Verhandlungsrunde am besten geeignet ist. Wenn Sie Ihre Meinungsverschiedenheiten durch die Linse unabhängiger Standards diskutieren, umgehen Sie die übliche Versuchung, Ihre eigene Position zu verteidigen und die der anderen Partei schlecht zu reden. Dabei erhöhen Sie Ihre Chancen auf eine langfristig gewinnbringende Kooperation. [1]

Praxistipps

- **Definieren Sie gemeinsam mit Ihrem Verhandlungspartner klare Kriterien:** Denken Sie daran, dass Sie trotz widersprüchlicher Interessen ein gemeinsames Ziel haben. Eine nachvollziehbare und faire Verhandlung wird Ihnen gelingen, wenn Sie sich gemeinsam mit Ihrem Verhandlungspartner für eine Auswahl an überzeugenden Kriterien entscheiden. Achten Sie darauf, dass die Kriterien möglich objektiv bewertbar sind, das heißt, sie anhand zugänglicher Informationen überprüfbar sind. Wenn Sie sich für den Kauf eines Gebrauchtwagens entscheiden, dann sollten Sie sich nicht von den Gefälligkeiten des Verkäufers lenken lassen. Orientieren Sie sich an klar überprüfbaren Kriterien, um zu einer Werteinschätzung zu kommen: Handelt es sich um einen Unfallwagen? Wie viele Kilometer ist der Wagen bereits gefahren? Wann hat die letzte mechanische Überprüfung stattgefunden? Mit den entsprechenden Kriterien vermeiden Sie eine Kaufentscheidung, die zu sehr durch Ihre Emotionen beeinflusst ist.
- **Ziehen Sie nach Bedarf allgemein akzeptierte Bewertungsmaßstäbe heran:** Stellen Sie sicher, dass Sie Kriterien auswählen, die nicht von der einen oder der anderen Partei beeinflusst werden können. Wenn Sie beispielsweise ein Rechtsgutachten benötigen, suchen Sie einen Anwalt, der mit keiner Partei in der Vergangenheit in Verbindung stand. Sollten Sie Zugriff auf allgemeingültige Standards aber auch klare Präzedenzfälle haben, dann können Sie diese zur Bewertung der Lösung heranziehen. Klare Standards helfen Ihnen dabei, die Lösungsfindung auf objektive Parameter zu stützen. Sollten Sie einen Hausbau zum Festpreis vereinbaren, kann es im Verlauf des Baus zu grundlegenden Fragen kommen, die Sie mithilfe akzeptierter Bewertungsmaßstäbe lösen können. Gibt es beispielsweise abweichende Auffassungen darüber, wie tief das Fundament des Hauses sein sollte, dann können Sie ein Gutachten eines Statikers oder einen Vergleich zur herkömmlichen Tiefe der Hausfundamente in der Gegend zurate ziehen. Der gewählte Maßstab sollte hierbei von allen Parteien anerkannt sein, um zu einer schnellen Lösung zu führen.
- **Vertrauen Sie auf Ihre Vernunft bei der Kriterienwahl:** Bestechung, Drohung, manipulativer Appell an das Vertrauen oder einfache Ablehnung eines Vorschlags – Machtspiele in Verhandlungen sind teils schwer einzufangen.

Wenn die andere Partei Sie unter Druck setzt, einen Standard zu akzeptieren, den Sie für unzulässig halten, sollten Sie nicht nachgeben. Hören Sie auf Ihre Vernunft und argumentieren Sie dementsprechend, anderenfalls wird Ihnen ein akzeptiertes Kriterium unter Umständen im Verlauf der Verhandlung auf die Füße fallen.

5.3.5 Auch die zähsten Verhandlungen können Sie mit Verhandlungs-Judo zum Erfolg führen

Fast jedes Prinzip ist machtlos, wenn die Gegenseite unfaire Mittel einsetzt oder partout zu keiner Lösung beisteuern will. In solchen Situationen kann Verhandlungs-Judo Sie sicher durch die Verhandlung manövrieren. Wie im Judo-Sport lautet hier ebenfalls das Credo „nicht zurückschlagen"! Selbst in kritischen Situationen laden Sie stattdessen die Gegenseite zu Kritik und Ratschlägen gegenüber den eigenen Vorstellungen ein. Mit einem metaphorischen Schritt zur Seite können Sie die Angriffe des Gegenübers auf das Problem lenken und dadurch falschen Aktionismus vorbeugen. Konzentrieren Sie sich weiterhin auf die Lösung der Auseinandersetzungen und setzen Sie nicht Ihre Kraft gegen Ihren Verhandlungspartner ein (Fisher et al. 2007).

Praxistipps
- **Widerstehen Sie der Versuchung sich selbst zu verteidigen oder gar einen Gegenangriff zu starten:** Falls Ihr Verhandlungspartner sich nicht sehr wohlgesonnen zeigt und Sie während einer hitzigen Debatte persönlich angreift, bleiben Sie besonnen. Weder der Versuch einer Verteidigung noch ein harscher Gegenangriff wird Sie in den meisten Fällen Ihrem Ziel näherbringen. Stattdessen lehnen Sie sich zurück und zeigen Sie etwa durch Schweigen, dass Ihr Verhandlungspartner eine Grenze überschritten hat. Lenken Sie im Anschluss die Verhandlung wieder auf eine sachliche, konstruktive Ebene.
- **Laden Sie Ihr Gegenüber zu Kritik und Ratschlägen gegenüber Ihren Vorstellungen ein:** Statt in den Gegenangriff zu gehen, laden Sie die andere Partei dazu ein, Ihre Argumente bewusst zu kritisieren. Hierfür eignen sich klärende Fragen wie: „Was stört Sie genau an dem Vorschlag?". Alternativ können Sie Ihren Verhandlungspartner auch auffordern, Stellung zu Ihrem Vorschlag zu beziehen, etwa durch folgende Aussage: „Korrigieren Sie mich, wenn Sie den Sachverhalt anders verstehen."
- **Beziehen Sie eine dritte Person als neutralen Vermittler ein:** Sollte Ihr Gegenüber seine Machtspielchen fortsetzen und auf Ihr bisheriges Verhandlungs-Judo nicht reagieren, dann bietet ein neutraler Vermittler oft einen fairen Ausweg. Ein Vermittler kann als neutrale Instanz die Situation von außen

moderieren und auf Sachbezogenheit achten. Angriffe Ihres Gegenübers werden sofort geahndet und Grundprinzipien des Verhandlungsprozesses als Grundregeln angelegt.

- **Verhandeln Sie die Prinzipien der Verhandlung neu:** Wenn die andere Seite anhaltend schmutzige Verhandlungstricks anwendet und den Prozess sabotiert, dann nimmt sie damit die grundlegenden Prinzipien einer Verhandlung nicht ernst. In solch einem Fall sollten Sie als konstruktiven Ausweg eine Verhandlung über die beiderseitigen Verhandlungsprinzipien verlangen. Verhandlungsgegenstand wird in diesem Fall zunächst einmal die Verhandlung selbst. Sollte sich das Verhalten Ihres Gegenübers im Zuge dieses Prozesses nicht ändern, dann sollten Sie die Verhandlung sachlich unterbrechen und auf Besserung des Verhaltens vor Fortsetzung bestehen.

5.3.6   Entscheiden Sie über das Verhandlungsergebnis durch den direkten Vergleich mit Ihrer besten Alternative

Als allgemeiner Aberglaube gilt, dass ein persönliches Limit, wie etwa der höchst mögliche Kaufpreis, zu größerem Verhandlungserfolg führt. Individuelle Grenzlinien, die wohlmöglich willkürlich festgelegt wurden, sollten nicht als Maßstab dafür dienen, welches Angebot letztendlich akzeptiert wird. Stattdessen schlagen Fisher et al. (2013) eine Alternative namens BATNA vor: „Best Alternative to Negotiated Agreement" – die beste Alternative zur Verhandlungsübereinkunft. Dahinter verbirgt sich ein Prinzip, nach welchem sich die Parteien bereits vor der Verhandlung jeweils Zeit nehmen sollten, um die beste Alternative zum angestrebten Ergebnis zu definieren. Damit bietet diese Methode einen agilen Optionsraum, in dem kreative Lösung erkundet werden können (Fisher et al. 2013). Stellen Sie sich hierfür die Frage: „Wenn Ihre aktuellen Verhandlungen in eine Sackgasse geraten, was ist Ihre beste alternative Option?" Ein simples Beispiel zeigt die Wirkung von BATNA: Nehmen wir an, ein Unternehmen steht kurz vor einer vertraglichen Neuverhandlung mit einem seiner besten Lieferanten. Der Lieferant selbst macht aktuell eine schwere Phase durch und hat seinerseits einen seiner größten Kunden verloren. Als ebenso wichtiger Kunde könnte das Unternehmen in der Neuverhandlung nun die Strategie verfolgen, seine Stellung als größter Kunde und die unternehmerischen Schwierigkeiten des Lieferanten ausnutzen, um die Preise zu drücken. Zu großer Druck gegenüber dem Lieferanten kann jedoch fatale emotionale Kosten zur Folge haben. Das Unternehmen sollte sich daher schon während der Neuverhandlung klar darüber sein, dass das BATNA der Fortbestand der aktuellen Rahmenbedingungen sein sollte und nicht ein Auflösen der aktuellen Partnerschaft, wenn der Lieferant nicht in der Lage ist, die Preise weiter zu senken.

Mit einer BATNA in der Hinterhand werden Sie automatisch mit mehr Sicherheit und Klarheit in die Verhandlung gehen. Eine konkrete Alternative wird auch Ihre Bereitschaft stärken, die Verhandlung nicht unter allen Umständen zu einem Ergebnis zu führen, und lässt Sie somit Ihre Interessen noch unabhängiger darstellen.

5.4 Fazit

Verhandlungen sollten alle Beteiligten zu Gewinnern machen! Mit dieser Philosophie formt das Harvard-Konzept die Verhandlungsrevolution. Mit einem sogenannten Win–Win als Endziel können Sie die größten Konflikte auf kreative Art und Weise lösen – Konflikte, die Ihr Leben, Ihr Unternehmen oder sogar unsere Gesellschaft als Ganzes definieren. Dabei geben die Prinzipien des Harvard-Konzepts viel Spielraum, um einen Verhandlungsprozess mit Ihrer Persönlichkeit zu füllen. Welche Form der Beziehung möchten Sie mit Ihrem Verhandlungspartner erschaffen? Welche Kommunikationsmittel oder kreativen Methoden helfen Ihnen dabei, eine gemeinsame Lösung zu finden? Füllen Sie diesen Raum nach Ihren gemeinsamen Bedürfnissen und scheuen Sie nicht davor, auch neues Terrain zu betreten, um gewinnbringende Optionen zu gestalten – nicht in jedem Fall sind die besten Lösungen diejenigen, die Ihnen von Beginn an im Geist liegen.

„Hart in der Sache, weich zu den Menschen" bedeutet aber gleichzeitig auch, dass Sie Ihre Interessen bei allem Wohlwollen nicht aus den Augen verlieren sollten. Reflektieren Sie daher, was Sie sich von der Verhandlung versprechen und wann diese für Sie ein echter Erfolg wird. Sie werden merken, dass in vielen Fällen die Beziehungsebene zu Ihrem Verhandlungspartner automatisch eine entscheidende Rolle spielen wird. Das liegt in der Natur eines echten Win-Wins!

Auch Sie können ein Teil der Verhandlungsrevolution werden und eine positive Wirkung in Ihrem Umfeld hinterlassen. Nutzen Sie die Prinzipien des Harvard-Konzepts, um Verhandlungen einen lösungsorientierten Rahmen zu geben, und um Konflikte in konstruktives Fahrwasser zu lenken. Sie haben die Chance, alle gleichermaßen zu Gewinnern zu machen.

Handlungsempfehlungen

- Scheuen Sie sich nicht vor Konflikten! Wenn richtig gelebt, haben Konflikte eine innovative Kraft, die kreative Lösungen zu vielen fundamentalen Fragestellungen herbeiführen können. Beseitigen Sie daher nicht Ihre Konflikte, sondern lernen Sie mit Ihnen umzugehen.
- Haben Sie in jeder Verhandlung stets das Win–Win, also den größtmöglichen Nutzen für alle Parteien im Blick. Mit dieser Einstellung werden Sie konstruktive Lösungen erarbeiten können, die nicht nur Ihren kurzfristigen Nutzen bedienen, sondern auch die Beziehung zu Ihren Partnern langfristig ebnet.
- Seien Sie „hart in der Sache, aber weich zu den Menschen". Gegenseitiger Respekt und Vertrauen zwischen den Verhandlungspartnern ist entscheidend, um eine faire

Verhandlung mit einem nachhaltigen Ergebnis zu führen. Gleichzeitig sollten Ihre legitimen Interessen im Mittelpunkt der Verhandlung stehen und Gehör bekommen, damit Sie am Ende nicht leer ausgehen.

- Finden Sie kreative Wege, die Verhandlung in eine Richtung zu führen, die den Bedürfnissen aller Parteien gerecht wird. Wählen Sie Räumlichkeiten, Methoden und zeitlichen Ablauf so, dass fundierte Optionen erarbeitet und objektiv bewertet werden können. Trauen Sie sich, bewährtes Terrain zu verlassen, um Lösungen zu finden, die die Erwartungen übertreffen.
- Lösen Sie sich von vorgefertigten Konzepten, die bereits vor der Verhandlung in Ihrem Geiste kreisen. Nicht in jedem Fall sind die besten Lösungen diejenigen, die Sie als erstes im Sinn haben. Öffnen Sie sich für neue Ideen, die im gemeinsamen Diskurs entstehen, um nicht die beste Option zu übersehen. ◄

Literatur

Fisher, R., et al. (2007). *Erfolgreich verhandeln mit Gefühl und Verstand*. Frankfurt a. M.: Campus.

Fisher, R., et al. (2013). *Das Harvard-Konzept. Der Klassiker der Verhandlungstechnik* (24. Aufl.). Frankfurt a. M.: Campus.

Harvard Law School. (o. J.). https://www.pon.harvard.edu/research_projects/harvard-negotiation-project/hnp/. Zugegriffen: 18. Mai 2019.

Lyons, C. (2007). *I win, you win: The essential guide to principled negotiation*. London: A & C Black.

o. V. (2009). About the Harvard Negotiation Project, Program on Negotiation

White, J. (1984). Review: The Pros and Cons of Getting to YES: Getting to YES by Roger Fisher, William Ury, Journal of Legal Education.

 **Benjamin Rolff** ist Strategieberater und Business Coach. Mit Fokus auf den Themen Change-Management, Kooperationsmanagement, digitale Transformation und Visionsentwicklung war er für internationale Konzerne sowohl als interner als auch externer Berater tätig. Als Business Coach unterstützt er darüber hinaus Organisationen, Teams und Individuen in Zeiten des Umbruchs bei der Neuorientierung. Der Schwerpunkt seiner Coaching-Tätigkeit liegt auf den Themen High Performing Team, Visionsentwicklung und individuelle Leistungsfähigkeit.

Organizational Citizenship Behavior zur Stärkung von kooperativer Zusammenarbeit

6

Maike Rausch

Inhaltsverzeichnis

Zusammenfassung

Eine immer unübersichtlichere Arbeitswelt mit weniger planbaren Aufgaben erschwert die strikte Zuordnung von Tätigkeiten sowie die Planung und Formulierung von Stellenbeschreibungen. Organisationen sind daher stärker denn je auf anpassungsfähige und kooperative Mitarbeiterinnen und Mitarbeiter in dezentralen, flexiblen Strukturen angewiesen, die über den reinen Dienst nach Vorschrift hinaus zusätzliches Engagement aufzeigen. Organizational Citizenship Behavior (OCB) beschreibt genau dieses freiwillige Arbeitsengagement mithilfe von fünf Verhaltensweisen: Hilfsbereitschaft, Gewissenhaftigkeit, Unkompliziertheit, Eigeninitiative und Rücksichtnahme. OCB trägt maßgeblich zu erfolgreichen Kooperationen bei. Doch was sind die Voraussetzungen für solche Verhaltensweisen? Welche Rolle spielen

M. Rausch (✉)
]init[Aktiengesellschaft für digitale Kommunikation, Hamburg, Deutschland
E-Mail: maike.rausch@hotmail.com

© Springer Fachmedien Wiesbaden GmbH, ein Teil von Springer Nature 2021
M. H. Dahm (Hrsg.), *Kooperationsmanagement in der Praxis,* FOM-Edition,
https://doi.org/10.1007/978-3-658-28112-0_6

organisationale Bedingungen und persönliche Eigenschaften? Dieser Beitrag erörtert die Voraussetzungen für erfolgreiche Kooperationsbeziehungen und schenkt dabei der Emotionalen Intelligenz ein besonderes Augenmerk.

▶ **Nutzen für den Leser**
Der Fortschritt von Technologie und Globalisierung bringt eine zunehmende Vernetzung zwischen Menschen mit sich. Organisationen legen daher zunehmend Wert auf Mitarbeiterinnen und Mitarbeiter, die sich in einem dynamischen Arbeitsumfeld zurechtfinden und in der Lage sind, effizient und kooperativ im Team zu arbeiten. Vor dem Hintergrund, dass sich Organisationen durch hilfsbereite und eigeninitiative Angestellte Wettbewerbsvorteile erhoffen, wächst das Interesse an dem Organizational Citizenship Behavior (OCB)-Konstrukt auf Wissenschafts- und Unternehmensseite. Dieser Beitrag befasst sich mit den verschiedenen OCB-Facetten und zeigt organisationale sowie persönliche Merkmale auf, die OCB begünstigen. Daraus leiten sich Anregungen für die Unternehmenswelt hinsichtlich der Förderung von kooperativem Verhalten im Sinne des OCB-Ansatzes ab.

6.1   Die Bedeutung von freiwilliger Arbeitsleistung für Kooperationen

Technologien und Globalisierung schreiten fort und entwickeln sich rapide. Dies stellt Unternehmen und damit auch die Akteure immer wieder vor neue strukturelle und organisatorische Herausforderungen. Schlankere Unternehmensstrukturen, flachere Hierarchien, eine enge Vernetzung zwischen Angestellten, Abteilungen, Niederlassungen, Dienstleistern und Kunden sowie Teamarbeit stellen einen kaum noch wegzudenkenden Bestandteil des Arbeitsalltags vieler Branchen dar (Ocampo et al. 2018, S. 841). Durch die zunehmende Komplexität lassen sich Stellenbeschreibungen und Anforderungsprofile immer schwerer eingrenzen und müssen stetig angepasst werden. Unternehmen sind stärker denn je auf die Bereitschaft ihrer Angestellten angewiesen, sich an wandelnde Strukturen anzupassen und über den „Dienst nach Vorschrift" hinaus Kooperations- und Hilfsbereitschaft im alltäglichen Miteinander zu erweisen. Der Begriff Arbeitsleistung verlässt hiermit das klassische Verständnis von einer strikten Erfüllung aufgetragener Aufgaben. Aus der Perspektive der Arbeits- und Organisationspsychologie ist Arbeitsleistung mehr als ein rein wirtschaftliches Kriterium zur Arbeitseffizienz. Sie kann in zwei Dimensionen eingeteilt werden: in-role und extra-role job performance (Organ 1990, S. 50). Die in-role job performance bezieht sich auf die Aufgaben gemäß einer Stellenbeschreibung. Hiermit ist die vom Arbeitgeber geforderte Leistung gemeint, welche eng mit den Unternehmenszielen zusammenhängt, wie zum Beispiel Stück- und Verkaufszahlen. Die zweite Dimension, extra-role performance, ist jene Leistung, die über die vom Arbeitgeber geforderte hinausgeht. Dieses „Extra"-Engagement umfasst, dass sich Kolleginnen und Kollegen untereinander helfen, sich für ihre Organisation einsetzen, Verbesserungen initiieren oder auch zusätzliche Verantwortungen übernehmen. Zeigen Angestellte dieses Engagement, so erfolgt es freiwillig und kann losgelöst von den eigentlichen Aufgaben und Zielen sein. Es hat einen positiven Einfluss auf die Entstehung und Gestaltung von Kooperationen, wirkt förderlich auf die Zusammenarbeit und begünstigt ein kooperatives Klima (Podsakoff et al. 2009, S. 122).

6.2 OCB

Eines der bekanntesten Konstrukte im Kontext der extra-role performance ist das Organizational Citizenship Behavior (OCB). Das Konstrukt wurde 1983 von Smith, Organ und Near eingeführt und 1988 von Organ überarbeitet. Es beschreibt freiwillige Verhaltensweisen, die für das Team und Unternehmen erbracht werden. Sie haben mittel- bis langfristig einen positiven Effekt auf die Funktionalität einer Organisation sowie auf ein kooperatives Klima. Mit freiwillig ist gemeint, dass sich die Mitarbeiterinnen und Mitarbeiter, unabhängig von formalen Rollen- und Stellenanforderungen sowie vom offiziellen Belohnungssystem, kooperativ zeigen. Dieses Verhalten kann unter anderem durch die jeweilige Persönlichkeit, die Einstellung und innere Haltung sowie durch die Arbeitszufriedenheit und das Commitment zum Arbeitgeber motiviert sein. Vor dem Hintergrund des positiven Effekts von OCB auf Kooperationsbeziehungen, erhoffen sich viele Unternehmen davon langfristige Wettbewerbsvorteile in einer dynamischen, komplexer werdenden Arbeitswelt (Ocampo et al. 2018, S. 837).

6.2.1 Erfolgskritische Verhaltensweisen für Kooperationen

Im Detail setzt OCB sich aus fünf Facetten zusammen: Hilfsbereitschaft, Gewissenhaftigkeit, Unkompliziertheit, Eigeninitiative und Rücksichtnahme (Organ 1988). Mit Hilfsbereitschaft ist gemeint, sich bei arbeitsbezogenen Problemen gegenseitig zu unterstützen, wie zum Beispiel Kolleginnen und Kollegen zu helfen, wenn sie mit ihrem Aufgabenpensum überlastet sind oder bei Meinungsverschiedenheiten zu vermitteln. Gewissenhaftigkeit ist ein pflichtbewusstes Verhalten bei der Erfüllung der eigenen Aufgaben. Es führt dazu, dass Angestellte die organisationalen und gemeinschaftlichen Regeln befolgen und ihre Aufgaben besonders sorgfältig erledigen. Dazu gehören zum Beispiel geringe Fehlzeiten, Pünktlichkeit, ein sorgfältiger Umgang mit Ressourcen, proaktiv zu arbeiten und sich über das Maß der üblichen Erwartungen und Anforderungen hinaus einzubringen.

Mit der Dimension Unkompliziertheit sind faire, partnerschaftliche Verhaltensweisen gemeint. Veränderungen innerhalb der Organisation treffen auf Toleranz und Offenheit. Statt unverhältnismäßige Probleme zu diskutieren und sich über Fehler zu beschweren, denken Mitarbeiterinnen und Mitarbeiter in Lösungen. Unkompliziertheit fördert ein positives Betriebsklima und reduziert zwischenmenschliche Reibungen (Nielsen et al. 2012, S. 675 ff.).

Die vierte OCB-Dimension, Eigeninitiative, beschreibt das Interesse und Engagement für die gesamte Organisation. Angestellte mit hoher Eigeninitiative verstehen sich als Teil des Ganzen und übernehmen Verantwortung für das Voranbringen der Organisation. So bringen sie sich beispielsweise bei Entscheidungsprozessen ein und strengen sich bei der Erfüllung von Aufgaben besonders an. Sie neigen dazu, das positive Image der Organisation zu fördern und nach außen zu tragen. Damit stärken sie das Zusammengehörigkeitsgefühl von Abteilungen und Arbeitsgruppen (Nielsen et al. 2012, S. 674 ff.).

Die fünfte Facette, Rücksichtnahme, meint ein höfliches und vorausschauendes Verhalten, das den Regeln der Organisation entspricht und persönliche Konflikte zwischen Geschäftspartnerinnen und -partnern vorbeugt. Da wo Menschen zusammenarbeiten, kommt es auch zu Missverständnissen. Gerade wenn verschiedene Abteilungen, Unternehmen, Branchen oder auch Kulturkreise kollaborieren, zeigt sich Rücksichtnahme als hilfreich. Mithilfe von Rücksichtnahme werden gute Beziehungen zu Kolleginnen und Kollegen gepflegt. In ihrer Gesamtheit und bei Anwendung durch mehrere Personen haben diese fünf Facetten einen positiven Einfluss auf den Unternehmenserfolg (Mahdiuon et al. 2010, S. 179; Organ 1988). Sie verbessern den sozialen und psychologischen Kontext und fördern das Vertrauen in Kooperationsbeziehungen. OCB zahlt somit positiv auf die individuelle sowie organisationale Leistung ein (Hakim et al. 2013, S. 2938; Podsakoff et al. 2009, S. 122). Hiermit sind zum einen die Durchführung von Aufgaben und zum anderen die Funktionsfähigkeit einer Organisation gemeint. Letztlich begünstigt OCB das Bilden und Erhalten von Kooperationsbeziehungen – intern sowie extern.

6.2.2 Antezedenzien von OCB

OCB fördert prosoziales Verhalten, reibungsloses Arbeiten im Team und die Funktionalität von Organisationen. Auch wenn OCB für Angestellte sowie Unternehmen von großem Vorteil zu sein scheint, ist das Vorhandensein nicht selbstverständlich. Eine Vielzahl an Aspekten bedingt das kooperative Verhalten.

▶ **Prosoziales Verhalten** Freiwilliges, hilfsbereites und soziales Verhalten aus Eigen- und/oder Fremdnutzen.

Abb. 6.1 zeigt, dass die Ursachen für OCB sowohl in dem jeweiligen Umfeld als auch in den Akteuren begründet liegen (Podsakoff et al. 2000, S. 526–533). Im Folgenden werden daher der Organisationskontext sowie die persönlichen Attribute genauer beleuchtet.

6.2.2.1 Organisationale Antezedenzien

Ob Angestellte sich für ihre Arbeit und das Team engagieren, hängt augenscheinlich mit ihrem „guten Willen" zusammen. Doch wodurch entsteht dieser „gute Wille"? Laut zahlreicher Untersuchungen steht das Führungsverhalten in einem starken Zusammen-

Abb. 6.1 Antezedenzien für OCB

hang zu der Bereitschaft, OCB zu zeigen (vgl. Podsakoff et al. 2000, S. 532). Je nach Führungsstil sinkt oder steigt die Wahrscheinlichkeit dafür, dass sich die Geführten kooperativ verhalten. Als besonders förderlich für OCB erweist sich ein mitarbeiterorientiertes Führungsverständnis, das auf einer unterstützenden und vertrauensvollen Beziehung basiert. Ein respektvoller und fairer Umgang ist dabei maßgeblich, denn die wahrgenommene Gerechtigkeit weist einen signifikanten Zusammenhang zu OCB auf (Ocampo et al. 2018, S. 834 f.). Je gerechter sich Mitarbeiterinnen und Mitarbeiter behandelt fühlen, desto eher sind sie bereit, im Team zu kooperieren. Neben dem Führungsverhalten spielen dabei auch die organisationale und prozedurale Gerechtigkeit eine bedeutende Rolle. Damit ist gemeint, dass die Ressourcen Zeit, Personaleinsatz und Informationen fair verteilt werden. Was genau fair bedeutet, liegt natürlich im Ermessen eines jeden Einzelnen. Dennoch gilt auch für Organisationen: Je transparenter und gerechter interne Entscheidungsprozesse gestaltet werden, desto wahrscheinlicher und ausgeprägter das kooperative Verhalten auf Angestelltenseite. Dabei ist auch die Unterstützung auf organisationaler Ebene zu beachten, wie zum Beispiel durch flexible Arbeitszeitmodelle oder Maßnahmen zur Gesundheitsförderung. Solche Angebote erhöhen die Wahrscheinlichkeit, dass Angestellte im Gegenzug auch die Organisation und Kollegen durch kooperatives Verhalten unterstützen.

▶ **Wichtig**
  Der Führungsstil und die Organisationsgestaltung nehmen eine Schlüsselrolle für das Fördern von OCB ein. Maßgeblich sind Fairness und Unterstützungsangebote.

Die Wahrscheinlichkeit, dass kooperative Verhaltensweisen gezeigt werden, hängt auch mit der Aufgabenstellung zusammen. Diese setzt sich aus drei Aspekten zusammen: Die Aufgabenroutine, die Rückmeldung auf die erledigten Aufgaben sowie die Zufriedenheit mit der Tätigkeit. Konstruktives Feedback auf ein Arbeitsergebnis sowie zufriedenstellende Aufgaben stehen in einem positiven Zusammenhang zu OCB. Eine hohe Aufgabenroutine kann sich mittel- bis langfristig negativ auf die Hilfsbereitschaft auswirken. Bei bekannten Arbeitsabläufen muss sich nicht mehr an unbekannte und neue Situationen angepasst werden. In einer stabilen Arbeitsumgebung sind Mitarbeiterinnen und Mitarbeiter bei der Erfüllung ihrer Aufgaben daher weniger auf gegenseitige Hilfestellungen angewiesen.

6.2.3   Persönliche Antezedenzien

Es ist davon auszugehen, dass auch persönliche Eigenschaften die Wahrscheinlichkeit beeinflussen, ob sich jemand gemäß OCB verhält. Als erster Punkt ist das Rollenverständnis zu
nennen. Wie gut kann sich ein Angestellter mit seiner beruflichen Rolle identifizieren? Wie
gut ist er überhaupt in der Lage diese auszuführen und sich darüber hinaus besonders für
die Organisation, Kolleginnen und Kollegen einzubringen? Damit einhergehend sollten die
Anforderungen und Erwartungen an den jeweiligen Angestellten geklärt werden (Rollenklarheit). Ist dies nicht der Fall, so entstehen Rollenkonflikte: Die Rolle kann nicht angemessen
ausgeführt werden, die jeweilige Person ist zeitlich oder hinsichtlich ihrer Kompetenzen
überlastet, die vom Arbeitgeber gestellten Anforderungen sind widersprüchlich. Dies fördert
Missverständnisse und zwischenmenschliche Reibereien in der Zusammenarbeit. Erst
wenn klar ist, welche Leistung die oder der Vorgesetzte erwartet und welches Verhalten die
Erwartungen übertrifft, können die in-role- und extra-role performance ersichtlich werden.
Je klarer eine Stellenbeschreibung und die Abgrenzung zu anderen Positionen innerhalb
von Arbeitsgruppen und Organisationen ist, desto harmonischer kann die Zusammenarbeit
zwischen Angestellten verlaufen. So bestätigen wissenschaftliche Untersuchungen einen
positiven Zusammenhang zwischen Rollenklarheit und Hilfsbereitschaft, Gewissenhaftigkeit
sowie Eigeninitiative (Chahal und Mehta 2010, S. 32 ff.).

Weitere Antezedenzien für OCB sind einstellungsbasierte Komponenten. Dazu
gehören das Commitment zum Arbeitgeber und die Arbeitszufriedenheit. Letztere
bezieht sich beispielsweise auf die jeweilige Arbeit, den Arbeitsplatz und den Lohn und
setzt sich aus Gefühlen, Einstellungen und Überzeugungen zusammen. Arbeitnehmer
und Arbeitnehmerinnen mit hoher Arbeitszufriedenheit neigen in der Zusammenarbeit vor allem zu einer erhöhten Hilfsbereitschaft. Darüber hinaus trägt auch das
Commitment, sprich die eigene Identifikation mit der Organisation, zur Zufriedenheit,
Motivation und OCB bei.

Schließlich liegt das freiwillige Arbeitsengagement auch in der Disposition, den
individuellen Persönlichkeitsmerkmalen, begründet. Menschen unterscheiden sich in ihren
Persönlichkeitseigenschaften, Fähigkeiten, Bedürfnissen, Kompetenzen, Erfahrungen
sowie Gefühlsleben und bringen diese durch entsprechende Verhaltensweisen zum Ausdruck. Sind Kooperationspartnerinnen und -partner beispielsweise sehr extrovertiert,
empathisch und teamorientiert, steigt die Wahrscheinlichkeit, dass sie sich am Arbeitsplatz freiwillig engagieren. Bei einer hohen Neurotizismus-Ausprägung hingegen sinkt
diese Wahrscheinlichkeit tendenziell (Asendorpf 2007, S. 155 ff.). Mit Neurotizismus ist
gemeint, zu Nervosität, Reizbarkeit und Unzufriedenheit zu neigen. Menschen mit dieser
Eigenschaft verhalten sich launenhaft und befassen sich vermehrt mit negativen Gemüts-
erregungen anstatt mit hilfsbereitem, engagiertem und kooperativem Verhalten.

Angenommen, sämtliche bisher genannten Antezedenzien seien gegeben, um
die Wahrscheinlichkeit für das Zeigen von OCB zu erhöhen: Die Angestellten einer
Organisation committen sich zu ihrem Arbeitgeber, sie sind mit ihrer Arbeit zufrieden,
ihre Rollen und Aufgaben sind geklärt. Woher nehmen sie das Wissen, an welcher Stelle

und Situation das kooperative Verhalten „richtig" platziert ist? Um hilfsbereites und kooperatives Verhalten zu zeigen, muss man im Vorfeld überhaupt erst einmal erkennen, dass jemand Unterstützung benötigt und wann das jeweilige Verhalten vom Gegen-über gewünscht ist. Dafür sind soziale Kompetenzen und Fähigkeiten erforderlich, um die Gefühle und emotionalen Zustände des anderen zu verstehen. Nur so können sie diese in der Zusammenarbeit berücksichtigen, darauf eingehen und eigeninitiativ inter-venieren, wie beispielsweise durch Anbieten von Unterstützung bei der Bewältigung einer Aufgabe. An dieser Stelle greift die Emotionale Intelligenz, zu deren Facetten es unter anderem gehört, fremde Emotionen wahrzunehmen. Mehrere Wissenschaftler und Wissenschaftlerinnen gehen von einem signifikanten Zusammenhang zwischen Emotionaler Intelligenz und freiwilligem Arbeitsengagement aus. Die Aktualität dieses Gegenstandes wird anhand der zahlreichen wissenschaftlichen Veröffentlichungen sowie der zunehmenden populärwissenschaftlichen Managementliteratur spürbar (vgl. Turnipseed 2018; Biswas und Mazumder 2017; Turnipseed und Vandewaa 2012).

6.3 Emotionale Fähigkeiten als Erfolgsfaktor für kooperatives Verhalten

Das Konstrukt der Emotionalen Intelligenz wurde 1990 von Mayer und Salovey ein-geführt. Es beschreibt die Fähigkeit, Emotionen wahrzunehmen, zu verstehen, zu regulieren und nutzbar zu machen. Abb. 6.2 erklärt die einzelnen Komponenten im Detail. Es handelt sich in diesem Sinne um eine angeborene Intelligenzfacette, sprich eine kognitive Fähigkeit. Sie kann nur in begrenztem Maße trainiert und erweitert werden.

Doch welche Bedeutung hat die Emotionale Intelligenz für Kooperationen? In einer Zusammenarbeit treffen verschiedene Perspektiven, Motive und Gefühle aufeinander. Dabei leisten die jeweiligen Akteure Emotionsarbeit. Damit ist gemeint, dass man

Emotionale Intelligenz	
Eigene und fremde Emotionen wahrnehmen und ausdrücken - Wahrnehmung anhand von Gedanken, Verhalten, Tonfall und körperlichen Zuständen - Gefühle angemessen und korrekt ausdrücken	**Eigene Emotionen regulieren** - Gefühle beobachten, reflektieren, zulassen, verstärken und unterdrücken, je nach Passung der Situation
Eigene Emotionen nutzen - Gefühle helfen, Entscheidungen zu treffen („gutes Bauchgefühl") - Gefühle in eine bestimmte Richtung lenken, z. B. in eine optimistische Perspektive, Selbstmotivation, Kreativität	**Eigene und fremde Emotionen verstehen** - Verständnis, warum bestimmte Gefühle in gewissen Situationen aufkommen - Bedeutung und Entstehung von Gefühlen verstehen und interpretieren

Abb. 6.2 Emotionale Intelligenz als Fähigkeitsansatz. (Quelle: Nach Mayer und Salovey 1997, S. 11)

seine Gefühlsäußerungen an die Verhaltensregeln des Arbeitsplatzes anpasst, indem Emotionen verstärkt oder unterdrückt werden. Dies ist etwa bei Teamarbeit, Absprachen und Diskussionen der Fall. Emotionale Intelligenz und damit die Fähigkeit, Emotionen zu regulieren und nutzbar zu machen, hilft Menschen, Emotionsarbeit zu leisten (Herpertz et al. 2016, S. 2). In einer zunehmend dienstleistungsorientierten Arbeitswelt, in der Teamarbeit, interne sowie externe Abstimmungsprozesse und Kundenkontakt immer häufiger an der Tagesordnung stehen, stellt sich somit heraus, dass die emotionale Intelligenzfacette zur Erbringung der Arbeitsleistung immer wichtiger wird (Joseph und Newman 2010, S. 54 f.). Zwischenmenschliche Interaktionen, gleich ob zwischen Dienstleister und Kunde, innerhalb eines Teams oder zwischen Angestellten und Vorgesetzten, erfordern insbesondere die Fähigkeit, Gefühle wahrzunehmen und die eigenen Emotionen zu regulieren. So können Emotionen beispielsweise dafür genutzt werden, Gedanken und Verhaltensweisen auf produktives Handeln und Beziehungen zu lenken. Emotionale Intelligenz spielt eine Schlüsselrolle, um situative Anforderungen an Emotionsarbeit wahrzunehmen und ihnen gerecht zu werden (Turnipseed 2018, S. 4 f.).

Das bedeutet für Kooperationsbeziehungen: Gelingt es den Beteiligten, ihre Emotionen und die anderer einzuschätzen und zu verarbeiten, können sie angemessen und einfühlsam reagieren. Das trägt positiv zum Aufbau und zur Qualität von Beziehungen bei. Emotional intelligentere Menschen neigen dazu, enge und nachhaltige soziale Beziehungen aufzubauen. Es fällt ihnen leichter, Konflikte zu lösen und Handlungen zu lenken. Dies erweist sich insbesondere in einer dynamischen, von der Globalisierung geprägten Arbeitswelt als Vorteil, in der Angestellte zunehmenden Veränderungen und somit Unsicherheiten hinsichtlich Arbeits- und Unternehmensstrukturen ausgesetzt sind. Ein stabiles soziales Netzwerk und eine ausgeprägte Lösungskompetenz können den Angestellten dabei helfen, besser mit Druck und Anforderungen aus der Umwelt umzugehen (Brackett et al. 2011, S. 97). Auch in Bezug auf kooperative Verhaltensweisen ergeben sich Vorteile. Personen mit hoher Emotionaler Intelligenz erkennen Gelegenheiten für prosoziales Verhalten und zusätzliches Engagement am Arbeitsplatz. Wer seine Gefühle reguliert, kann das eigene Verhalten an die jeweilige Situation anpassen und beispielsweise Einfühlungsvermögen und Hilfsbereitschaft zeigen. Dies zahlt ferner auf ein harmonisches kooperatives Miteinander ein (Turnipseed 2018, S. 1–5).

▶ **Wichtig**
Emotionale Intelligenz begünstigt eine kooperative und harmonische Beziehung zwischen Kooperationspartnerinnen und -partnern.

Zusammenfassend wirkt emotional intelligentes Verhalten durch folgende Facetten förderlich auf Kooperationsbeziehungen:

- Angemessenes, einfühlsames Verhalten
- Gefühle kanalisieren und Selbstkontrolle
- Bewusstes und durchdachtes Handeln und Entscheiden

- Stressbewältigung und Konfliktlösung
- Verständnis für das Gefühlsleben und Stimmungen (bei sich selbst und anderen)
- Beziehungsaufbau und -qualität
- Teamorientierung
- Reibungslose Interaktionen
- Sich selbst und andere motivieren

Der Vollständigkeit halber ist zu erwähnen, dass das Konzept der Emotionalen Intelligenz umstritten ist, da keine einheitliche Meinung zur Daseinsberechtigung, Definition und Messung besteht. Da dem Begriffsverständnis nach Mayer und Salovey (1997) ein breites wissenschaftliches Fundament zugrunde liegt, genießt es eine relativ große Zustimmung unter Forschern.

▶ **Definition: Big Five** Persönlichkeitspsychologisches Modell mit den fünf Dimensionen Offenheit für Erfahrungen, Gewissenhaftigkeit, Extraversion (Geselligkeit & Optimismus), Verträglichkeit (Kooperationsbereitschaft) und Neurotizismus (emotionale Labilität).

▶ **Definition: Soziale Intelligenz** Bündel aus Fähigkeiten und Einstellungen, andere zu verstehen und erfolgreich mit ihnen zu kooperieren. Sozial intelligentes Handeln ermöglicht es, eigene und fremde Absichten zu verbinden.

Ein alternativer Ansatz ist die Emotionale Intelligenz nach Goleman (1995). Er verschaffte dem Konstrukt internationale Aufmerksamkeit, als er 1995 einen Ansatz publizierte, der sich grundlegend von dem ursprünglichen von Mayer und Salovey (1990) unterschied. Seine Veröffentlichung wurde laut Time Magazine eine der 25 einflussreichsten Managementwerke und eine weitere aus 1998 galt zu seiner Zeit als die am häufigsten nachgedruckte im Rahmen des Harvard Business Reviews (Joseph et al. 2015, S. 298). Bei seinem Ansatz wurde das Begriffsverständnis von mentalen Fähigkeiten auf Persönlichkeitseigenschaften und erlernbare Verhaltensweisen ausgeweitet. Daher wird hier von dem sogenannten Misch- bzw. Mixed-Modell gesprochen. Golemans Modell liegt die These zugrunde, dass ein erfolgreiches berufliches und privates Leben wesentlich von der Emotionalen Intelligenz und weniger von der klassischen Intelligenz bzw. dem IQ abhänge. Neben kognitiven Fähigkeiten seien Aspekte wie Menschenkenntnis, Kommunikationsfähigkeit und Selbstvertrauen wichtig. Dabei handele es sich um ein Bündel erlernbarer Fähigkeiten und nicht wie bei Mayer und Salovey (1990) um eine angeborene Intelligenz. Emotionale Intelligenz findet insbesondere seit dem Bestseller von Goleman (1995) zunehmend Akzeptanz und Anwendung in der Unternehmenswelt. Sie soll Führungsqualität und emotionale Fähigkeiten voraussagen können und damit akademische und berufliche Leistungen sowie Erfolg prognostizieren (López-Domínguez et al. 2013; Humphrey et al. 2008).

Der Mischansatz wird aufgrund seiner unscharfen Abgrenzung zu bereits bestehenden Konzepten aus der Persönlichkeits- und Motivationsforschung von zahlreichen Wissenschaftlern stark kritisiert (Joseph et al. 2015; Joseph und Newman 2010). Durch die Ausweitung auf Persönlichkeitsmerkmale besteht eine große Überlappung zu dem bereits bestehenden Konstrukt der Big Five sowie der sozialen Intelligenz.

Mit diesem Zusammenhang setzte sich McCrae (2000) eingehend auseinander. Dabei ergab sich, dass Emotionale Intelligenz mit einer niedrigen Neurotizismusausprägung, hohen Extraversions-, Verträglichkeits-, Gewissenhaftigkeits- und Offenheitswerten zusammenhängt. Dies bestärkt die Forscher in der Kritik an der mangelnden Abgrenzung des Mischansatzes zu den Big Five sowie seinem schwachen theoretischen Fundament (Joseph et al. 2015, S. 298 f.). In der Wirtschaft hingegen stößt der Mischansatz auf große Beliebtheit, da er erlernbare und trainierbare Komponenten beinhaltet. So wurden zahlreiche Personalentwicklungsmaßnahmen auf Grundlage dieses Ansatzes konzipiert, wie beispielsweise Trainings für einen empathischen Umgang mit Arbeitskolleginnen und -kollegen sowie Kundinnen und Kunden.

6.4   Fazit für die Praxis

Wie ersichtlich wurde, hängt OCB von organisationalen und persönlichen Faktoren ab. Was leitet sich daraus für die Praxis ab? Um organisationale Voraussetzungen für OCB zu schaffen, sollten sich Unternehmerinnen, Unternehmer sowie Führungskräfte mit ihrer Organisation, genauer gesagt mit ihren Entscheidungsprozessen, Unterstützungsangeboten für Angestellte, praktizierten Führungsstilen und der Klärung von Rollenanforderungen und Aufgabenstellungen auseinandersetzen. Darüber hinaus lohnt sich für Organisationen, die Wert auf OCB legen, ein genauerer Blick auf die emotionalen Fähigkeiten ihres Personals. Menschen mit hoher Emotionaler Intelligenz tragen zu einem rücksichtsvollen, wertschätzenden und kooperativen Miteinander und damit zur Effizienz des Teams bei. Zudem fördert die Intelligenzfacette das eigene Bewusstsein für die Organisation, ihre Ziele und die verhaltensspezifischen Anforderungen. So tendieren Mitarbeiterinnen und Mitarbeiter mit einer ausgeprägten Emotionalen Intelligenz dazu, sich in Form von OCB für eine Organisation einzusetzen (Turnipseed 2018, S. 2; Cohen und Abedallah 2015, S. 10). Für Berufe, bei denen Kooperationsfähigkeit und Emotionsarbeit erfolgsrelevant sind, sollten bei der Personalauswahl prosoziales Verhalten und emotionale Fähigkeiten berücksichtigt werden.

Handlungsempfehlungen

Mit dem Ziel eines OCB-förderlichen Kontextes leiten sich für Organisationen folgende Handlungsempfehlungen und Fragestellungen ab:

- **Reflexion organisationaler Strukturen:** Wie (offen) werden Entscheidungen kommuniziert? Wie können fachliche und personalseitige Entscheidungsprozesse transparent und fair gestaltet werden? Inwieweit werden unterstützende Maßnahmen für Angestellte angeboten (zum Beispiel Betriebliches Gesundheitsmanagement)?

- **Reflexion des Führungsstils:** Wie wertschätzend, unterstützend und fair werden Mitarbeiterinnen und Mitarbeiter geführt? Inwieweit verhält sich die Führungskraft mitarbeiterorientiert – sprich freundlich, verständnisvoll und auf die Bedürfnisse der Angestellten achtend? Welchen Mehrwert könnte ein mitarbeiterorientiertes Führungsverständnis für meine Organisation leisten? Welche Möglichkeiten bestehen, die vertrauensvolle und mitarbeiterorientierte Führung zu intensivieren?
- **Reflexion der Aufgabendelegation, -verteilung und -zuordnung:** Wie zufrieden sind die Angestellten mit ihren Aufgaben? Wie (konstruktiv und zeitnah) erfolgt die Rückmeldung auf Arbeitsergebnisse? Wie lange üben Angestellte ihre Aufgaben bereits aus? Wie routiniert ist die jeweilige Person damit? Daraus folgend: Wie könnten Aufgaben verändert, umverteilt oder erweitert werden?
- **Reflexion der Rollenklarheit:** Wie werden Rollenanforderungen und -erwartungen definiert und kommuniziert? Welche Verantwortlichkeiten werden einer Rolle zugeschrieben, welche nicht? Unterscheiden sich beispielsweise Führungs- von Expertenaufgaben?
- **Emotionale Intelligenz als Kriterium bei der Personalauswahl:** Da OCB von diversen Faktoren abhängt, sollte die Emotionale Intelligenz nur als eines von vielen Kriterien bei der Personalauswahl in Betracht gezogen werden. Sollten Organisationen die Emotionale Intelligenz ihres potenziellen Personals erfassen wollen, müsste diese zunächst messbar gemacht werden. Emotionale Intelligenz wurde hier als Intelligenzform definiert und sollte in geeigneter Weise mithilfe von objektiven Leistungstests gemessen werden. Diese sind jedoch sehr zeitintensiv und kostspielig. So bestehen bisher überwiegend Fragebögen zur Selbsterfassung und kaum objektive Messkriterien. Für den Fall, dass Unternehmen Selbstbeschreibungsverfahren zur Erfassung verwenden, sollte ihnen bewusst sein, dass die Ergebnisse unter geringer Objektivität und sozialer Erwünschtheit leiden könnten. Um die eigene Emotionale Intelligenz einzuschätzen, wird ein hohes Maß an innerem Bewusstsein und Reflexionsvermögen über eigenes Fühlen, Denken und Handeln erfordert. So fallen die Ergebnisse von emotional intelligenteren Personen präziser aus als die von Personen mit geringerer Emotionalen Intelligenz (Kuncel et al. 2005, S. 74 f.). Die Ergebnisse aus Selbstbeschreibungsverfahren sind folglich unter Vorbehalt zu interpretieren. Vor dem Hintergrund einer hohen Aussagekraft sind daher objektive Leistungstests zu bevorzugen.

Dass Organisationen die Weichen für freiwilliges Arbeitsengagement ihrer Angestellten stellen, ist vor dem Hintergrund einer zunehmend vernetzten Arbeitswelt ratsam. Neuesten Untersuchungen zufolge liegen generationsbezogene Unterschiede für OCB vor. So verhalten sich Millennials, sprich Personen aus den Jahrgängen 1980 bis 2000, tendenziell weniger gemäß OCB als ältere Mitmenschen (vgl. Gong et al. 2018). Dieser Trend zeigt einmal mehr, dass ein OCB-förderlicher Organisationsrahmen gerade auch in Zukunft bedeutend sein wird. Damit Angestellte, Unternehmen sowie Kooperationsbeziehungen möglichst weitreichend von OCB profitieren, sollten sich Personalabteilungen sowie Organisationsentwickler und -entwicklerinnen dieser Thematik widmen. ◄

Literatur

Asendorpf, J. (2007). *Psychologie der Persönlichkeit*. Heidelberg: Springer.

Biswas, N., & Mazumder, Z. (2017). Exploring organizational citizenship behavior as an outcome of job satisfaction: A critical review. *Journal of Organizational Behavior, 16*(2), 7–16.

Brackett, M. A., Rivers, S. E., & Salovey, P. (2011). Emotional intellligence for personal, social, academic, and workplace success. *Social and Personality Psychology Compass, 5,* 88–103.

Chahal, H., & Mehta, S. (2010). Antecedents and consequences of organizational citizenship behavior (OCB): A conceptual framework in references to healthcaresector. *Journal of Services Research, 10*(2), 25–44.

Cohen, A., & Abedallah, M. (2015). The mediating role of burnout on the relationship of emotional intelligence and self-efficacy with OCB and performance. *Management Research Review, 38*(1), 2–28.

Crae, R. R. (2000). Emotional intelligence from the perspective of the Five-Factor Model of Personality. In R. Bar-On & J. D. A. Parker (Hrsg.), *The handbook of emotional intelligence* (S. 263–276). San Francisco: Jossey-Bass.

Goleman, D. (1995). *Emotional intelligence*. New York: Bantam Books.

Gong, B., Greenwood, R. A., Hoyte, D., Ramkissoon, M., & He, X. (2018). Millennial and organizational citizenship behavior: The role of job crafting and career anchor on service. *Management Research Review, 41*(7), 774–788.

Hakim, A., Awaluddin, H. I., & Hakim, A. A. (2013). Emotional intelligence and organizational commitment as predictor variables organizational citizenship behavior. *International Journal of Science and Research, 4*(6), 2938–2949.

Herpertz, S., Nizielski, S., Hock, M., & Schütz, A. (2016). The relevance of emotional intelligence in personnel selection for high emotional labor jobs. *PLoS ONE, 11*(4), e0154432.

Humphrey, R. H., Pollack, J. M., & Hawver, T. H. (2008). Leading with emotional labor. *Journal of Managerial Psychology, 23*(2), 151–168.

Jospeh, D. L., & Newman, D. A. (2010). Emotional intelligence: An integrative meta-analysis and cascading model. *Journal of Applied Psychology, 95*(1), 54–78.

Jospeh, D. L., Newman, D. A., & O'Boyle, E. H., Jr. (2015). Why does self-reported emotional intelligence predict job performance? A meta-analytic investigation of mixed EI. *Journal of Applied Psychology, 100*(2), 298–342.

Kuncel, N. R., Cred., M., & Thomas, L. L. (2005). The validity of self-reported grade point average, class ranks, and test scores: A meta-analysis and review of the literature. *Review of Educational Research, 75*(1), 63–82.

López-Domínguez, M., Enache, M., Sallan, J. M., & Simo, P. (2013). Transformational leadership as an antecedent of change-oriented organizational citizenship behavior. *Journal of Business Research, 66*(10), 2147–2152.

Mahdiuon, R., Ghahramani, M., & Sharif, A. R. (2010). Explanation of organizational citizenship behavior with personality. *Procedia-Social and Behavioral Sciences, 5,* 178–184.

Mayer, J. D., & Salovey, P. (1990). Emotional intelligence. *Imagination, Cognition, and Personality, 9,* 185–211.

Mayer, J. D., & Salovey, P. (1997). What is emotional intelligence? In P. Salovey & D. Sluyter (Hrsg.), *Emotional development and emotional intelligence: Implications for educators* (S. 3–31). New York: Basic.

Nielsen, T. M., Bachrach, D. G., Sundstrom, E., & Halfhill, T. R. (2012). Utility of OCB: Organizational citizenship behavior and group performance in a resource allocation framework. *Journal of Management, 38,* 668–694.

Ocampo, L., Acedillo, V., Bacunador, A. M., Balo, C. C., Lagdameo, Y. J., & Tupa, N. S. (2018). A historical review of the development of organizational citizenship behavior (OCB) and its implications for the twenty-first century. *Personnel Review, 47*(4), 821–862.

Organ, D. W. (1988). *Organizational citizenship behavior: The good soldier syndrome.* Lexington: Lexington Books.

Organ, D. W. (1990). The motivational basis of organizational citizenship behavior. In B. M. Staw & L. L. Cummings (Hrsg.), *Research in organizational behavior* (S. 43–72). Greenwich: JAI Press.

Podsakoff, N. P., Whiting, S. W., Podsakoff, P. M., & Blume, B. D. (2009). Individual- and organizational-level consequences of organizational citizenship behaviors: A meta- analysis. *Journal of Applied Psychology, 94*(1), 122–141.

Podsakoff, P. M., MacKenzie, S. B., Paine, J. B., & Bachrach, D. G. (2000). Organizational citizenship behaviors: A critical review of the theoretical and empirical literature and suggestions for future research. *Journal of Management, 26*(3), 513–563.

Smith, C. A., Organ, D. W., & Near, J. P. (1983). Organizational citizenship behavior: Its nature and antecedents. *Journal of Applied Psychology, 68*(4), 653–663.

Turnipseed, D. L. (2018). Emotional intelligence and OCB: The moderating role of work locus of control. *Journal of Social Psychology, 158*(3), 322–336.

Turnipseed, D. L., & VandeWaa, E. A. (2012). Relationship between Emotional Intelligence and Organizational Citizenship Behavior. *Psychological Reports, 110*(3), 899–914.

Maike Rausch ist Consultant für digitale Transformation und User Experience. In Ihrer Selbständigkeit als systemischer Coach unterstützt sie zudem Fach- und Führungskräfte bei der Rollenschärfung sowie im Selbstmanagement. Während Ihres Wirtschaftspsychologiestudiums befasste sie sich insbesondere mit Organisationsentwicklung und Positiver Psychologie. Durch ihr Hobby kam sie zu ihrem Beitragsthema: Beim Swing-Tanzen wurde ihr deutlich, wie wichtig Kooperationsbereitschaft für eine stimmige Zusammenarbeit ist. Ihrer Meinung nach gilt dies auch für die Arbeitswelt.

Wirkungskompetenz als Schlüssel für erfolgreiches Beziehungs- und Kooperationsmanagement

Eva Barth-Gillhaus und Imme Vogelsang

Inhaltsverzeichnis

Zusammenfassung

Solange Menschen über Kooperationen entscheiden, bleibt Vertrauen die Basis für das Erreichen gemeinsamer Ziele. Vertrauen entsteht aus zwischenmenschlicher Interaktion. Doch ob überhaupt eine Interaktion zwischen möglichen Kooperationspartnern beginnt, wird innerhalb von Millisekunden rein instinktiv bestimmt durch unser steinzeitlich geprägtes Konfrontationspotenzial. Dabei spielen Körpersprache

E. Barth-Gillhaus
KOM:pakt, Meerbusch, Deutschland
E-Mail: eva.barth-gillhaus@kom-pakt.de

I. Vogelsang (✉)
iv-imagetraining, Hamburg, Deutschland
E-Mail: info@iv-imagetraining.de

© Springer Fachmedien Wiesbaden GmbH, ein Teil von Springer Nature 2021
M. H. Dahm (Hrsg.), *Kooperationsmanagement in der Praxis,* FOM-Edition,
https://doi.org/10.1007/978-3-658-28112-0_7

und Kleidung eine entscheidende Rolle. Diese Tatsache bleibt, auch wenn sich das Arbeitsleben im Zuge der Digitalisierung grundlegend wandelt. Trotzdem gibt die Start-up-Szene inzwischen vom Dresscode bis zum Zwangs-Du im beruflichen Miteinander den Takt vor. Wird allerdings die neue Lockerheit unreflektiert übernommen, kann sie kontraproduktiv wirken. Nämlich dann, wenn sie gegen unbewusst wirkende Regeln zwischenmenschlicher Interaktion verstößt. Das ist besonders problematisch, wenn Projektgruppen unterschiedlicher Generationen oder Kooperationen intensiv zusammenarbeiten müssen, um gemeinsam Ziele zu erreichen.

▶   **Nutzen für den Leser**
    Dieses Kapitel erklärt die Ursachen für menschliches Verhalten in der Interaktion und vermittelt Hilfestellung bei der Optimierung von Beziehungen zum Zweck von positiven Kooperationen: Von Empathiefähigkeit über nonverbale Kommunikation in Form von Körpersprache und äußerer Erscheinung bis hin zu erfolgreichem Generationenmanagement.

7.1   Einleitung

Kultur ist ein Orientierungssystem, das Fühlen, Denken, Handeln und Bewerten bestimmt. Es gilt für eine Gruppe von Menschen und definiert, was richtig und falsch, gut und böse, hässlich und schön, normal und unnormal erscheint.

Aber nicht nur die sogenannten schönen Künste machen unsere Kultur aus, Kultur beschreibt auch die Art, wie Menschen ihr Leben gestalten. Der niederländische Kulturwissenschaftler Geert Hofstede spricht in seiner Kulturdefinition von einer kollektiven Programmierung des Geistes. Der US-amerikanische Anthropologe Edward T. Hall geht noch weiter und beschreibt sie in seinem Werk „Beyond Culture" als „Kommunikation".

Egal, ob es um Kommunikation im Beruf oder im Privaten geht, zwischen Menschen mit gleichem oder unterschiedlichem kulturellen Hintergrund: Der respektvolle Umgang miteinander spielt im Aufbau von Beziehungen in jeder Gesellschaft eine wichtige Rolle. Dabei war es niemals so schwer wie heute, die „richtige" Form zu finden. Denn die Art des Umgangs miteinander muss nicht nur der Situation angemessen sein, sondern auch unterschiedliche Erwartungen verschiedener Generationen und Individuen erfüllen – und allein schon deshalb immer wieder aktualisiert werden. Nur dann ist ein vertrauensvolles, kooperatives Miteinander möglich.

7.2   Das steinzeitlich geprägte Konfrontationspotenzial überwinden

Das Überleben der Menschen hing schon in der Steinzeit in der freien Natur vom unbewussten ersten Eindruck ab. Blitzschnelles Erkennen warnte vor Gefahren und ermöglichte Reaktionen. Ein „Reflex", der bis heute wirkt. Menschen entscheiden innerhalb von 100 bis 230 Millisekunden, was richtig oder falsch ist. Dabei ist das limbische System im Gehirn der bewussten Wahrnehmung immer einen Schritt voraus.

Jeder stellt sich in den ersten 100 Millisekunden unbewusst drei Fragen: Freund oder Feind? Chef oder Untergebener? Sympathisch oder unsympathisch? Auf diese Weise entscheiden Menschen in kürzester Zeit über die Art des künftigen Miteinanders.

Noch heute checken wir andere Menschen bei der ersten Begegnung genauso schnell und instinktiv – und entscheiden dabei, ob sie uns sympathisch sind, ob sie ins Team passen oder ob wir mit ihnen zusammenarbeiten möchten.

Der erste Eindruck ist allerdings kein unabänderliches Schicksal. Denn ob dieser wichtige Augenblick ein künftiges konstruktives Miteinander verheißt, bestimmt jeder selbst. Der erste Eindruck, den ein Mensch hinterlässt, hängt stark davon ab, wie sich dieser Mensch selbst wahrnimmt. Im Hinblick auf eine positive Kooperation ist es generell zielführend, auf das eigene Erscheinungsbild zu achten. Denn wer statt lässig nachlässig aussieht, wird nicht für kompetent gehalten – und wer sich in seiner Kleidung nicht wohlfühlt, strahlt das in seiner Körpersprache aus.

Eine Einstufung, die nicht zwangsläufig auf Fakten beruht. Denn bei der Wahrnehmung fremder Menschen spielt der Halo-Effekt eine wichtige Rolle. Abgeleitet von dem englischen Wort „halo" für „Heiligenschein" bezeichnet er die Tatsache, dass ein starker positiver Eindruck alle weiteren Merkmale überstrahlt und keine objektive Einschätzung mehr möglich ist. Studien belegen, dass Attraktivität unbewusst mit positiven Persönlichkeitsmerkmalen verbunden wird. Das funktioniert auch umgekehrt: Ein stark vernachlässigtes Erscheinungsbild transportiert keine bzw. nur wenig Kompetenz. Das wird als Horn-Effekt bezeichnet, abgeleitet vom englischen Begriff für „(Teufels-)Horn". Tatsächlich wirken der Halo- bzw. der Horn-Effekt umso stärker, je weniger über eine Person oder ein Unternehmen bekannt ist. Denn der Mensch bildet sich auch dann ein Urteil, wenn er gar nicht genügend Informationen dafür besitzt. Sind wir beispielsweise mit einem Produkt eines Unternehmens zufrieden, gehen wir automatisch davon aus, dass ein weiteres Produkt der gleichen Firma ähnlich guter Qualität ist.

Wissenschaftlich belegt ist, dass Attraktivität mit Eigenschaften wie Freundlichkeit, Begabung, Ehrlichkeit und Intelligenz assoziiert wird, was vor allem im Berufsleben zum Tragen kommt. Untersuchungen in Kanada haben gezeigt, dass attraktive Bewerber für politische Ämter zweieinhalb Mal so viele Stimmen erhielten wie unattraktive Mitbewerber. Und sogar vor Gericht wirkt der Halo-Effekt: Attraktiven Angeklagten bleibt eine Verurteilung doppelt so häufig erspart wie Menschen, die nicht dem gängigen Idealbild entspreche.

Das Gesetz der Sympathie

Auch Gemeinsamkeiten wirken vertrauensbildend: „Je ähnlicher uns andere Menschen im Aussehen sind, desto eher schenken wir ihnen Vertrauen und desto eher sind wir bereit, mit ihnen zu kooperieren", bestätigt Michaela Knecht vom Psychologischen Institut der Universität Zürich. Dabei schließen wir nach dem Motto: Gleich und gleich gesellt sich gern, von äußerlicher Ähnlichkeit auf Gemeinsamkeit bei inneren Werten. „Eine mögliche Erklärung für dieses Phänomen ist, dass die meisten von uns ein sehr positives Bild von sich selbst haben und sich selber als überdurchschnittlich vertrauenswürdig einschätzen. Wenn uns jemand sehr ähnlich ist, muss er oder sie folglich auch vertrauenswürdig sein. Aus einer optischen Ähnlichkeit wird also auf eine Ähnlichkeit in Werten und Moral geschlossen" (Knecht 2015). Treffen wir auf jemanden, bei der/ dem wir Übereinstimmungen mit uns selber feststellen, schüttet unser Gehirn umgehend Glückshormone aus. In diesem Fall wirkt das sogenannte Gesetz der Sympathie: Wir verfallen in eine positiv entspannte, kompromissbereite und kooperative Grundhaltung. Beste Voraussetzungen also für eine konfliktarme Zusammenarbeit. Da wir uns in der Gesellschaft von uns sympathischen Menschen wohlfühlen, neigen wir zwangsläufig dazu, sie für kompetenter zu halten und deren Ausführungen mehr Wert beizumessen als weniger sympathischen Personen. Auch bei Fehlern geben wir uns wesentlich toleranter (gmv-prinzip o. J.).

Für Sympathie sorgt allerdings nicht nur die Außenwirkung, sondern es zählen auch andere übereinstimmende Faktoren. Speziell gemeinsame Interessen, Lebensstil, Sprache, Bildung, Hobbys und vieles mehr schaffen Vertrauen. Zwar passiert die Entscheidung darüber, ob wir einen Menschen sympathisch finden oder nicht größtenteils unbewusst. Doch sorgen auch ähnliche Historien und Vorlieben dafür, dass wir uns vom Gegenüber verstanden fühlen. Schon allein der Besitz oder das Tragen von denselben Markenprodukten kann eine identitätsstiftende Wirkung haben.

Diese Tatsache ist hilfreich, um sich auf erste Begegnungen vorzubereiten: Denn wer sich vor einem Treffen über mögliche Gemeinsamkeiten informiert (Google-, Xing-Recherche), kann den entscheidenden ersten Eindruck positiv gestalten. Damit ist man sich zwar nicht zwangsläufig sympathisch, aber die Chance steigt, weil Gemeinsamkeit verstärkend wirkt (Schafer 2010; Farmer et al. 2013). Das bedeutet für jedes wichtige Gespräch ist es sinnvoll, schon im Vorfeld nach Gemeinsamkeiten zu suchen, die man ansprechen kann. Wer seine Gesprächspartner vor einem Termin googelt und in deren Profile auf Business Plattformen schaut, findet womöglich Städte oder Universitäten, die beide besucht haben, gemeinsame Gruppen, Interessen oder Kunden, die man ggf. ansprechen kann. Das ist zwar noch keine Erfolgsgarantie, aber wenn man sich sympathisch ist, können solche Gemeinsamkeiten verstärkend wirken.Eine Studie kommt zu dem Ergebnis, dass wir im Umkehrschluss Personen, denen wir vertrauen, als uns ähnlich einschätzen – vermutlich, weil uns das erfahrene Vertrauen einer Person als Zeichen von Verwandtschaft dient. Aus der empfundenen Ähnlichkeit heraus steigt wiederum unser Vertrauen in die andere Person. Dieser Mechanismus dient vermutlich der Regulation von Kooperation in Gruppen, auf die wir für unser Überleben angewiesen sind (Yun et al. 2012).

7.3 Mit nonverbaler Interaktion Kooperation bewusst optimieren

Menschen kommunizieren ständig nonverbal. Wer die Sprache eines Landes nicht kennt, kann sich trotzdem fast immer irgendwie mithilfe seiner Körpersprache ausdrücken. Diese Verständigungsmöglichkeit ist angeboren und wird weltweit verstanden. Hinzu kommen allerdings auch typische Gesten, die jeder Kulturkreis individuell unterschiedlich entwickelt (Tracy und Matsumoto 2008).

Auch bei Kooperationen spielen nonverbale Signale eine große Rolle. Gut die Hälfte dessen, was wir sagen, drücken wir ebenso deutlich mit unserem Körper aus. Das Interessante ist, der Körper lügt nicht. Da für das Gelingen einer guten Kooperation ein vertrauter und verlässlicher Umgang miteinander Voraussetzung ist, sollte jeder Kooperationspartner dafür sorgen, dass die eigene Körpersprache den verbalen Inhalten nicht „widerspricht". Nicht nur, weil das Nonverbale stärker wahrgenommen wird als das Gesagte, sondern auch, weil Körpersprache besser in Erinnerung bleibt als der verbale Austausch. Wenn Körpersprache und Gesprochenes nicht übereinstimmen, kommt es zu Irritationen oder Störungen im kooperativen Gefüge. Wer beispielsweise mithilfe entsprechender Trainings Körpersprache und Mimik bewusst lesen lernt, kann diese Form der überzeugenden Kommunikation sensibler nutzen.

Wer sich in einer Situation wohlfühlt und eine klare Haltung einnimmt, hat die besten Voraussetzungen für eine gelungene Interaktion. Wenn sich jemand positiv, zugewandt und kooperativ fühlt, drückt er dies automatisch auch mit seinem Körper aus. Denn jeder Mensch wirkt authentisch, wenn die eigene rationale und emotionale Einstellung übereinstimmen.

Soll Autorität ausgestrahlt werden, sind die Hände in die Hüften gestemmt oder die Arme vor der Brust verschränkt. Macht bzw. Führungswille wird jedoch schon mit kleinen Gesten im interpersonellen Bewegungsverhalten kommuniziert. In der Politik und in Führungsetagen von Unternehmen ist das leicht zu beobachten. Typischerweise berührt der Ranghöhere den Rangniedrigeren. So legt er oder sie bei „machtvollen" Begrüßungen die linke Hand zum Beispiel auf den Oberarm oder die Schulter des Gegenübers. Ein klares Machtsignal zur Demonstration, wer sich größer oder stärker fühlt. Begrüßt jemand mit beiden Händen gleichzeitig, sagt die oben liegende Hand dasselbe aus. Bei Frauen ist aller Emanzipation zum Trotz aufgrund des immer noch oft steinzeitlich ausgeprägten Rollenverhaltens das Bewusstsein dafür weniger stark vorhanden – und sie scheuen sich, in der gleichen „Sprache" zu antworten. Damit laufen sie Gefahr, sich schon bei der für den ersten Eindruck so wichtigen Begrüßung unterzuordnen. Das wiederum ist keine optimale Voraussetzung für ein kooperatives Miteinander in Situationen, in denen sie mit vielen machtbewussten Personen auf Augenhöhe zusammenarbeiten wollen. Schon der Händedruck wirkt sich positiv auf den ersten Eindruck aus, unterstreichen entsprechende Studien (Tan und Graham 2009). Ein angenehmer Handschlag wird auch als „Türöffner" bezeichnet. In einer Studie der Harvard Business School konnte belegt werden, dass Verhandlungen deutlich fairer ablaufen, wenn sich die Verhandlungsteilnehmer vorher die Hände geschüttelt haben (Stewart et al. 2008; Schroeder et al. 2014).

Für das gegenseitige Verständnis und vor allem für die Vermeidung von Konflikten ist es unumgänglich, körpersprachliche Signale und deren Wirkung auf das Miteinander zu verstehen und gegebenenfalls selbst bewusst einzusetzen.

Das gerade Stehen bzw. eine aufrechte Haltung wird von Fachleuten auch Hochstatus genannt – und dieser strahlt nicht nur beim militärischen Appell Stärke, Dynamik und Selbstbewusstsein aus. Wer auf Augenhöhe wahrgenommen werden will, sollte im Sinne einer erfolgreichen Kooperation auf einen schulterbreiten Stand achten. Auch mit Rock. Vor allem, weil Frauen nach altem Rollenverhalten dazu neigen, die Füße eng zusammen zu stellen oder gar zu überkreuzen. Übrigens werden bei einem breiten Stand unsere Emotionen positiv beeinflusst. Auch das ist ein guter Grund mit breitem Stand mehr Raum einzunehmen. Im Gesprächsverlauf können Frau und Mann zur Entspannung ihr Gewicht abwechselnd auf ein Bein verlagern. In einer positiven Beziehung geht der Sprechende idealerweise in den Hochstatus, um seinen Inhalten dadurch mehr Gewicht zu verleihen, wer zuhört nimmt Präsenz raus und wechselt in die Haltung Standbein – Spielbein.

7.3.1 Beziehungsmanagement braucht Empathie

Gesten wie Kopfnicken, -schütteln oder Schulterzucken unterstreichen Gesagtes bzw. nicht Gesagtes. Vor allem Rhythmus- und Zeigegesten dienen der Verdeutlichung des gesprochenen Worts. Zudem verrät dieses „Reden mit den Händen" viel über die Emotionen eines Menschen. Verräterisch sind Beruhigungsgesten, sogenannte „Adaptoren". Diese deuten an, wie wohl sich ein Mensch fühlt, ob und wie stark jemand gestresst ist. Der Körpersprache-Experte Dirk W. Eilert unterscheidet dabei zwischen Selbst-, Fremd- und Objekt-Adaptoren. So sind zum Beispiel das Kratzen oder Berühren im Gesicht, das Streichen der Handinnenflächen an den Oberschenkeln oder das Spielen mit den eigenen Haaren Selbst-Adaptoren. Das Spielen mit einem Kugelschreiber, das Richten der Krawatte oder das Glattstreichen einer Bluse, die gar nicht faltig ist, sind Beispiele für Objekt-Adaptoren. Bei Fremd-Adaptoren kommen Teile des eigenen Körpers mit Teilen eines fremden Körpers in Berührung. Zum Beispiel, indem man den anderen am Ärmel zupft, um seine Aufmerksamkeit zu gewinnen (Tracy und Matsumoto 2008). Im Hinblick auf ein gutes Beziehungsmanagement ist es wichtig, solche Stress-signale wahrzunehmen und empathisch darauf zu reagieren.

Nonverbale Kommunikation ist von zentraler Bedeutung für das Gelingen einer Kooperation bzw. für konstruktive Zusammenarbeit. Während Männer diese Sprache nutzen, ist Frauen der enorme Einfluss nonverbaler Kommunikation oft nicht bewusst, und sie setzen sie nicht zielführend ein. „Brav und Bescheiden sein haben im Business nichts zu suchen" (Schneider 2009), und so ein Verhalten macht es Männern zudem schwer, mit dem anderen Geschlecht auf Augenhöhe zusammenzuarbeiten. Als Teamleiter ist es essenziell wahrzunehmen, wie sich die einzelnen Mitglieder seiner Gruppe fühlen – und sie genau da abzuholen und weiterzuentwickeln.

Frauen sollten sich in männerdominierten Umgebungen entsprechend einer mächtigeren Körpersprache bedienen. Also: schulterbreiter Stand, Raum einnehmen, Ellenbogen weg vom Körper, Kopf hoch und gerade, laut sprechen und nicht zu viel lächeln. So vermeiden sie, in eine unterlegene Position zu geraten und in einer Kooperation nicht für voll genommen zu werden.

Wohin mit den Händen beim Stehen? Das Wort „handeln" kommt von Hand, daher sollten Hände immer zu sehen sein und nicht in den Hosentaschen verschwinden. Wer in einer Netzwerksituation überzeugen will, sollte seine Hände möglichst oberhalb des Bauchnabels halten. Das wirkt positiv und dynamisch, belegen viele Studien. Unterhalb des Bauchnabels oder hinter dem Rücken verschränkte Hände wirken dagegen wenig überzeugend. Wer beim Stehen etwas „zum Festhalten" braucht, kann den Daumen seiner anderen Hand nehmen. Dynamisch wirkt auch, wer eine lose geballte Faust in die nach oben geöffnete andere Hand legt. Das vermittelt den Eindruck, Sie wollen – und können auch – etwas bewegen.

Dass Körper völlig ohne unser bewusstes Zutun miteinander kommunizieren, haben alle schon einmal erfahren. So wird auf ein gähnendes Gegenüber ganz ohne eigene Müdigkeit mit Gähnen „geantwortet" oder mit einem spontanen Lächeln bei der Begegnung mit lächelnden Fremden. Dabei handelt es sich um den „Chamäleon Effekt", der uns Mimik und Gesten anderer unbewusst nachahmen lässt. Vor allem Lächeln, Gähnen, Nasekratzen oder einen Schluck trinken wirken laut der amerikanischen Psychologen Chartrand und Bargh besonders ansteckend. Speziell, wenn sich Menschen sympathisch sind oder sich mögen. Die sogenannte Verhaltensmimikry (mimicry englisch für „Nachahmung") wird gern als eine „Art sozialer Klebstoff" bezeichnet (Chartrand und Bargh 1999, 2002; Stangl 2008). Dafür zuständig sind die sogenannten Spiegelneuronen, die einen Teil des Resonanzsystems in unserem Gehirn bilden.

7.3.2 Spiegeln macht sympathisch

Noch wichtiger als das Nachahmen ist eine weitere Funktion der Spiegelneuronen. Mit ihrer Hilfe sind wir empathisch, fühlen bei Trauer oder Glück mit und empfinden Mitleid. In der zwischenmenschlichen Interaktion wirkt sich das Spiegeln unmittelbar auf die Sympathie aus, die Menschen ihrem Gegenüber entgegenbringen. Indem wir einen Menschen spiegeln, schaffen wir die Voraussetzung für eine gute Beziehung bzw. signalisieren selber Offenheit für Kooperation.

Ein weiterer Hinweis darauf, wie sehr Spiegelneuronen Kooperationen erfolgreich beeinflussen, ist eine Untersuchung der amerikanischen Wissenschaftlerin Lakshmi Balachandra, die belegt, dass Gesprächspartner, die während einer Verhandlung gemeinsam essen – egal ob in ihrem Besprechungsraum oder in einem Restaurant – signifikant bessere Ergebnisse erzielen als diejenigen, die keine gemeinsame Mahlzeit einnehmen. Offenbar bewirken dieselben Bewegungen, die Menschen beim Essen mit Messer und Gabel, mit Stäbchen oder auch mit den Händen ausführen, eine positive Sichtweise – sowohl auf den Verhandlungspartner als auch auf die Verhandlungsinhalte (Balachandra 2013).

Eine gemeinsame Mahlzeit bringt also Menschen zusammen – besonders, wenn es sich um die gleiche Speise handelt. Dabei einigen sich Menschen offenbar noch schneller, wenn sie Snacks aus einem gemeinsamen Schälchen essen, wie beispielsweise Chips, als wenn jeder sein eigenes bekommt (Woolley und Fishbach 2018). Insofern ist also jeder gut beraten, im Sinne einer positiven Kooperation und zielführender Ergebnisse für gemeinsames Essen zu sorgen.

7.4   Die äußere Erscheinung als Türöffner für erfolgreiche Beziehungen

Die äußere Erscheinung eines Menschen beeinflusst, was wir über diesen Menschen denken und wie wir mit ihm kooperieren. Speziell bei der ersten Begegnung prägt der jeweilige Kleidungsstil die gegenseitige Einschätzung maßgeblich. Ein Phänomen, das seit Jahrzehnten wissenschaftlich belegt ist. Und noch 2014 bestätigt eine Studie der amerikanischen Wissenschaftlerin Olivia Angerosa, dass Personen, die Business-Kleidung trugen, als selbstbewusster, intelligenter, vertrauenswürdiger, härter arbeitend und erfolgreicher eingestuft werden als Personen in Freizeitkleidung (Angerosa 2014). Ein Anzug verleiht nun einmal Status und signalisiert Kompetenz. Es ist also für das Entstehen und Entwicklung von kooperativen Teams von enormer Bedeutung, welches „Bild" die Teilnehmerinnen und Teilnehmer abgeben. Im Ergebnis sind Images eine Art Orientierungshilfen, die auf dem Eindruck basieren, den Menschen aufgrund von körperlicher Attraktivität, Körpersprache und Kleidung hinterlassen. Dabei sind zumindest Körpersprache und Kleidung Variable, die selbst beeinflusst werden können.

Die Psychologie unterscheidet zwischen Selbstbild, das von einer Person oder Gruppe entwickelt wird, und Fremdbild, das in Bezug auf eine Person oder Gruppe besteht. Zum einen beeinflusst die Wahl der Kleidung das eigene Verhalten ebenso wie das eigene Urteil über Dinge, Personen und Ereignisse, weiß die Forschung (Slepian et al. 2015). Zum anderen bewirkt eine an die aktuelle Situation angepasste Kleidung eine schnellere und größere Akzeptanz durch die Gruppe. Es erleichtert also jede Form der Kooperation, wenn die eigene Kleidung der Branche, dem bevorstehenden Anlass, der Begegnung sowie der gewünschten Eigenwirkung entspricht.

Zurzeit macht sich in allen Branchen selbst auf den obersten Hierarchiestufen eine gewisse Lässigkeit breit. Vor allem der Arbeitsmarkt ist im Wettlauf um die besten Nachwuchskräfte zu Zugeständnissen an die Generationen Y und Z bereit, die ihre eigenen Vorstellungen von Business-Kleidung haben. Und die sind nicht bereit, sich Regeln zu unterwerfen bzw. wollen diese lieber selber neu schreiben.

7.4.1 Business-Dress steigert das Denkvermögen

Aber Studien belegen, dass es eine Wechselwirkung zwischen Kleidung und Denken gibt (Johnson et al. 2002). So konnten Testkandidaten in traditioneller Business-Kleidung ganzheitlicher denken als in einem legeren Look. Zudem steigert sogenannte Formal Wear nachgewiesenermaßen die Leistungsfähigkeit ihrer Träger (Adam und Galinsky 2012). Außerdem konnten formell bekleidete Probanden abstrakte Prozesse besser erfassen, abstrakter und ganzheitlicher denken. Allesamt Effekte, die für das Gelingen und die Ziele einer Kooperation von entscheidender Bedeutung sind.

Als passender Business-Dress galt lange Zeit weltweit der Anzug mit Krawatte. Das war die „Uniform" der Manager, deren Stil sich mit dem Aufkommen der New Economy zu lockern begann. Heute scheint alles möglich zu sein, und Sneakers werden bereits in Vorstandsetagen getragen. Dennoch sind nicht alle „alten" Kleiderregeln außer Kraft gesetzt. Vor allem nicht die Tatsache, dass Kleidung im beruflichen Miteinander wichtige Signale setzt. Und diese funktionieren auch in modernen Teams, Projektgruppen sowie Unternehmen mit flachen Hierarchien. So ist es eine Tatsache, dass der Blick eines Menschen immer automatisch zuerst dahin wandert, wo es hell ist. Das war im klassischen Fall nach oben, zum hellen Hemd eines dunklen Anzugs. Und damit war die Aufmerksamkeit bereits nah am Gesicht bzw. am Mund – wo dann hoffentlich auch etwas Intelligentes herauskam. Daran hat sich bis heute nichts geändert, von daher ist jeder in der Lage, mithilfe der Farben seiner Kleidung die Aufmerksamkeit seiner Zuhörer oder Teammitglieder bewusst in eine Richtung zu lenken. Insofern hat auch die Kleidung einen wesentlichen Anteil am Gelingen von Kooperationen.

Das Ablenkungspotenzial bei weiblichen Auftritten ist hoch. Bunte Farben, sehr modische oder zu enge Outfits, ausgefallene Frisuren, schmückende Accessoires und nackte Haut können dazu beitragen, dass der dekorative und der erotische Aspekt die kompetenten Leistungen einer Trägerin überstrahlt. Das hat selbst in der heutigen Zeit zur Folge, dass diesen Frauen nur wenig fachliche Anerkennung zuteilwird. Ein Urteil, das nicht nur Männer, sondern auch Frauen über Frauen fällen. Keine guten Voraussetzungen für das Gelingen einer Kooperation. Tatsächlich belegen wissenschaftliche Untersuchungen, dass Frauen in puristischer Kleidung eine höhere Eignung für Managementpositionen zugetraut wird als romantisch-verspielt gekleideten Kolleginnen.

Im Berufsleben bleibt unbewusst auch heute noch die Männerkleidung der Maßstab, und diese ist überwiegend dunkel, glatt und schlicht geschnitten. Diese Regel gilt ebenso in den Headquarters vom Silicon Valley, wo sie in Form von schwarzen Jeans und T-Shirts bzw. Hoodies angewendet wird. Schließlich gelten dunkle Farben weltweit als businesstauglich und seriös (Scherbaum und Shepherd 1987) – und signalisieren außerdem einen höheren gesellschaftlichen Status. Gedeckte Farben wie Dunkelblau und Dunkelgrau entsprechen der Erwartungshaltung an das Aussehen und Auftreten kompetenter Personen im Geschäftsleben. Zwar gibt es kulturkreisabhängig auch ganz andere landestypische Kleidung, die dort im Geschäftsleben getragen wird. Aber bei Treffen mit Geschäftspartnern aus aller Welt sieht man häufig, dass selbst Scheichs aus den arabischen Ländern im dunkelblauen Anzug mit weißem Hemd in London verhandeln. Der dunkle Anzug mit einem hellen Hemd hat sich weltweit als seriöses Outfit für offizielle oder geschäftliche Termine durchgesetzt.

7.4.2   Farben beeinflussen Macht und Ansehen

Einen weiteren Aspekt untersuchte die amerikanische Wissenschaftlerin Lilian Tucker in ihrer Arbeit „Perceptions of the Brightness of Clothes on Level of Status". Sie zeigte, dass ein klarer Zusammenhang zwischen der Helligkeit der Kleidung und der Einschätzung des Status bzw. des Einkommens der entsprechenden Person besteht. Menschen in dunkler Kleidung wurden in ihrer Untersuchung automatisch als wohlhabender und von daher in ihrem gesellschaftlichen Status höherstehend angesehen als Menschen in heller Kleidung (Tucker 2013). Eine Spielregel, die auch die neuen Generationen (Y und Z) instinktiv beherrschen. Indem sie zwar T-Shirts oder Kapuzenpullover tragen, aber oft in dunklen Farben wie Blau, Grau oder Schwarz.

So ist Blau eine echte Sympathiefarbe. Sie steht für Harmonie und Freundlichkeit, für Werte wie „Treue", für Tugenden wie „Mut" sowie für „Selbstständigkeit" und „Konzentration".

Dem gegenüber ist Rot die Symbolfarbe des Körperlichen. Weil Dunkelblau Vertrauen einflößt, tragen Autoritätspersonen weltweit Dunkelblau: Die Polizisten in New York, Paris und Berlin ebenso wie der englische Banker und viele bedeutende Wirtschaftslenker weltweit (Heller 2004).

Ein sehr dunkles Grau dominiert ebenfalls im Business-Kleiderschrank. Weil mit dieser Farbe überall Seriosität, Sachlichkeit und Kompetenz verbunden wird, ist sie immer noch häufig die erste Wahl in konservativen Branchen wie bei Finanzdienstleistern und Beratungsunternehmen.

Schwarz ist für Männer mit Stil eine reine „Anlassfarbe", die nur zu festlichen Anlässen getragen wird. Denn wer schon im täglichen Business einen schwarzen Anzug trägt, kann seine Wirkung am Abend nicht mehr steigern, wenn ein offizieller Anlass ansteht. Es gibt für Männer keine elegantere Farbe als Schwarz.

Frauen dagegen können Schwarz auch tagsüber tragen. Sie strahlen damit Macht aus, gerade wenn sie eher klein und zierlich sind. Außerdem stehen Frauen für besondere Anlässe viel mehr Möglichkeiten in Form von Material, Schnitt und Farben zur Verfügung als Männern, um den Glamour-Faktor zu erhöhen.

Erdtöne – also Dunkelbraun, Beige oder Khaki – passen nicht zu jeder Gelegenheit, denn sie wirken nicht durchsetzungsstark. Trotzdem sind dunkle und kalte Farben nicht in jedem Fall empfehlenswert. Gerade helle Farben, Naturtöne und weiche Materialien schaffen Vertrauen, Nähe und strahlen Wärme aus, was in bestimmten Situationen für erfolgreiche Kooperationen Voraussetzung ist (Heller 1989). Insofern ist auch die Farbe der Kleidung ein wichtiger Baustein im Beziehungsmanagement.

Selbstverständlich hat die Farbe der Kleidung rein gar nichts mit der Zuverlässigkeit und der Professionalität eines Menschen zu tun. Dennoch denken Menschen in Stereotypen und reagieren entsprechend. Das gilt ebenso für den Umgang mit Marken. Ob angesagte Bekleidung, weltberühmte Schreibaccessoires oder smartes Equipment: Die entsprechenden Marken werden im Wimpernschlag-Check des ersten Augenblicks als Botschaft und eine Art Persönlichkeitsoffenbarung eingestuft. Sie dienen als eine Art Code, der dokumentiert, dass frau/man dazu gehört. Die Relevanz dieser Tatsache für gruppendynamische Prozesse und Kooperationen liegt auf der Hand.

Ob Bekleidungsstil, Farbe oder Marke: Den passenden Business-Dresscode für alle gibt es heute nicht mehr. Allein die Branche bedingt schon einen Unterschied. Und deshalb ist es zurzeit wenig sinnvoll, allgemein gültige Empfehlungen auszusprechen. Wie bereits ausgeführt, kommt es allein darauf an, sich zu überlegen, welche Rolle man in einer ganz bestimmten Situation spielen will, wer die Zielgruppen sind – und was man an dem jeweiligen Tag anlassbezogen gern ausstrahlen möchte. Dafür stellt dann jeder das genau passende Outfit nach Farbe, Form und Material zusammen. Und das kann jeden Tag anders und unterschiedlich sein.

Wer also um die Wirkung von Farben, Formen und Materialien weiß, ist in der Lage, bereits im ersten Moment allein schon durch seine nonverbale Erscheinung situations- und zielgruppenspezifisch einen positiven Eindruck zu erzeugen – und schafft damit bewusst Nähe zu seinem Gegenüber. Denn das Ansteuern von sichtbaren Gemeinsamkeiten bewirkt Offenheit für die eigenen Anliegen – und schafft Sympathie bei Gesprächs- und möglichen Kooperationspartnern.

7.5 Professionelles Beziehungsmanagement schlägt Brücken

Schon immer sind sich im Schnitt drei bis vier Generationen in der Arbeitswelt begegnet. Schon immer war damit Konfliktpotenzial verbunden. Aktuell aber muss ein besonders tiefer Graben überwunden werden. Denn an die Stelle der Weitergabe von Wissen und Erfahrungen durch Ältere ist die Deutungshoheit über das Internet durch jüngere Generationen getreten. Und die Jugend hat Erfolg. So laden junge Multimillionäre in Jeans, Hoodies und Sneakers zur Bilanzpressekonferenz ihrer Start-up-Unternehmen ein. Ob Handel, Dienstleister, Mode oder Software: Überall wirbeln Start-ups die Welt durcheinander, „lehren den Profiteuren der alten wirtschaftlichen Strukturen das Fürchten oder machen sie mit ganz neuen Ideen sogar überflüssig" (FAZ 2018). Damit sind die Kommunikation und das Zusammenarbeiten der Generationen zu einer der größten Herausforderungen in der modernen Arbeitswelt geworden. In allen Branchen sind die Onliner ernst zu nehmende Wettbewerber geworden, die im Umgang mit Kunden und Mitarbeitern einen völlig neuen Ton anschlagen.

Das Duzen gehört dazu, wird auf allen Geschäftsebenen selbstverständlicher Umgangston. Gezielt übernehmen Unternehmen die Sprache der sozialen Netzwerke, um die Nähe zum Kunden zu intensivieren, erklärt Andreas Baetzgen, Professor für

Strategische Kommunikation an der Hochschule der Medien in Stuttgart. Allerdings hängt der Erfolg dieser Strategie von der Branche oder der Situation ab, weiß Claas Christian Germelmann, Professor für Marketing und Konsumentenverhalten an der Universität Bayreuth. Wenn zum Beispiel ein junges Modeunternehmen junge Leute ansprechen will, sei das Du völlig in Ordnung, zitiert die Zeitschrift brand eins den Wissenschaftler (brand eins 2018). Auch wenn bei einer älteren Zielgruppe ein Gefühl der Jugendlichkeit erzeugt werden soll, kann das Du passen. Allerdings muss die Strategie authentisch sein. Sonst passiert das Gleiche wie bei einem falschen Lächeln. Denn wird Freundlichkeit als vorgespielt enttarnt, entsteht Misstrauen. Nicht immer und in jedem Fall erleichtert die neue Lockerheit also das Kooperieren.

Unternehmen und Gesellschaft sind vor allem dann erfolgreich, wenn jeder das tut, was er am besten kann. Dazu müsse man sich nicht nahestehen, sondern einfach akzeptieren, dass es Interessen gibt, und damit „Reibung zwischen den Menschen und Abteilungen, das ist so sicher, wie dass morgen die Sonne aufgeht" (brand eins 2018).

Trotzdem werden die Veränderungen in der Arbeitswelt weiter gehen und der Lifestyle der neuen Shooting-Stars wird zu neuen Kommunikations- und Umgangsformen führen. Nicht ändern aber werden sich genetische und evolutionsbedingte Signale, die Menschen über ihre Köpersprache, Mimik und Kleidung aussenden. Es überrascht also wenig, dass selbst im modernen Business die ewig gültigen Signale oft unbewusst genutzt werden. Zwar geschieht dies auf andere Weise, aber die Sprache der Farben, des Körpers oder des Gesichts behalten weltweit ihre Gültigkeit. Entsprechend wichtig für das Gelingen von Kooperationen ist darum das entsprechende Wissen. Tatsächlich kommt im digitalen Zeitalter der sozialen Kompetenz entscheidende Bedeutung zu. Outfit, Auftreten und Empathie sind dabei wichtiger als persönliche Erfolge, Leistungsfähigkeit oder Fachkompetenz. Denn sogar während einer Videokonferenz stecken wir Menschen in Bruchteilen von Sekunden in eine Schublade und sind dank unserer Urinstinkte in der Lage, Emotionen unserer Gesprächspartner in nur 40 Millisekunden zu erkennen. Trotz neuer Lässigkeit, unabhängig von Lifestyles und Trends bleibt damit der in Jahrtausenden entwickelte Code die Grundlage für kooperatives Verhalten.

Für die nahe und weitere Zukunft der Arbeitswelt sind die Bevölkerungsentwicklung und der Wertewandel, der mit den einzelnen Generationen verbunden ist, von Bedeutung. New Work ist ein Stichwort, das im Kampf um die besten Köpfe fällt, wobei modernste Arbeitsweisen/-bedingungen und der Wohlfühlfaktor für die Mitarbeiter zum Maximum verbunden werden. Überall werden flexible Arbeitsformen, parallele Arbeits- und Lebensmodelle eingeführt. Betroffen davon sind alle Formen des Miteinanders, des Co-Workings, der Teams. Betroffen ist auch die Dauer von Arbeitsverträgen, welche immer öfter Projekte beinhalten und damit nur eine kurze planbare Zukunft für Kooperationen definiert. „Unternehmen müssen Rahmenbedingungen schaffen, die die Eigenverantwortung der Mitarbeiter stärken und sie so produktiv und kreativ wie möglich sein lassen", fordert zum Beispiel Gloria Alvaro von der Organisationsberatung Leitwandel GbR, Wiesbaden. Zum gleichen Ergebnis kommen auch mehrere wissenschaftliche

Studien, unter anderem die „Office 21 – Zukunft der Arbeit" Studie des Fraunhofer Instituts (Wallmann 2018; Office 21 2018–2020).

Interessant ist dabei das Selbstverständnis der einzelnen Generationen. Beispielsweise lösten sich in der Berufswelt der Babyboomer (1950 bis 1964) vormals homogene, patriarchische Strukturen auf. Babyboomer mussten sich im persönlichen Wettbewerb behaupten. Darum setzen ältere Generationen in ihren Xing-Profilen auf berufliche Qualifikation, während die nachfolgenden Millennials ihre soziale Kompetenz betonen. Der „Generation Y" (1985–2000) ist gutes Leben wichtiger als Wohlstand. Die Vertreter dieser Generation bezeichnet Klaus Hurrelmann als Ego-Taktiker (Hurrelmann 2014). Gut ausgebildet lebt die Generation Y im Beruf. Sie sieht im Chef einen Partner und Coach und für sie ist ein gutes Betriebsklima wichtiger als die Work-Life-Balance. Das wichtigste Stichwort für die Generation Z, die Digital Natives (2000–2015), ist die Cloud. Flexibel, grenzenlos und offen lautet deren Credo: „Fragen Sie nicht, was Sie für Ihren Arbeitgeber tun können, sondern was die Unternehmen für Sie tun, um die raren Talente an sich zu binden." Und von den Digital Natives wird ein gutes Betriebsklima als Aufgabe der Unternehmen betrachtet.

Gerade die Vielfalt und die Unterschiede unter den Generationen macht Beziehungsmanagement zu einem Schlüssel für erfolgreiche und belastbare Kooperationen. Denn die Arbeitsimpulse der Generationen müssen für ein produktives Miteinander aufeinander abgestimmt sein. Unter dem Eindruck einer eher unsicheren beruflichen Zukunft will beispielsweise die „Generation Y" das Leben in vollen Zügen genießen, und sie sind zahlenmäßig wenige. Deshalb wurden für sie Bürokonzepte mit Plätzen für konzentriertes Arbeiten (Think Space), Großraumbüros für Routinearbeiten (Accomplish Space), Plätze für Meetings (Share & Discuss Space) sowie für Teamprojekte (Converse Space) entwickelt. Unternehmen investieren massiv, um einerseits ihr Image zu transportieren und andererseits Mitarbeiter zu motivieren. Während dafür einige Unternehmen den Spieltrieb der Mitarbeiter bedienen, um deren Kreativität zu fördern, setzen andere auf luxuriöse, exklusive Wohnlandschaften mit Chill-out-Ecken, bequemen Sofas und designen Besprechungsräumen.

Aber nicht nur moderne Bürokonzepte sind aufs Wohlfühlen getrimmt. Feel-Good-Manager sorgen als moderne und gut bezahlte Kümmerer dafür, dass es in den neuen Büros auch produktiv menschelt. Für die Teambildung wird auch schon mal gemeinsam gekocht. Oder Dachterrassen laden mit einer Outdoor-Küche zur sommerlichen Mittagspause ein, während man sich abends zur Grillparty oder montags zur Rückenschule im eigenen Day Spa treffen kann (TextilWirtschaft 2018). Wer auf bequemen Lounge-Möbeln diskutiert, zusammen grillt oder beim Work-out schwitzt, hat in der Firma mehr Freunde als Kollegen. Er wird eher zuhören, ist aufgeschlossener für neue Ideen und per se offener für andere Gesichtspunkte. Es liegt auf der Hand, dass die jungen Generationen in solchem freizeitmäßigen Ambiente entspannter arbeiten und offener sind für die Zusammenarbeit mit anderen. Etwas, das in Corona-Zeiten schmerzlich vermisst wird.

Die schöne neue Arbeitswelt birgt allerdings auch Gefahren, warnt Martin Kaelble, Leitung Digital bei dem Wirtschaftsmagazin Capital, in seinem Artikel „New Work vs. Old Work" (Kaelble 2017): Wenn die Antwort auf Work-Life-Balance nur noch „Life" ist, ist es keine Balance mehr. Und vor allem macht dann keiner mehr die Arbeit.

7.6 Fazit und Ausblick

Für alle, die eine Zusammenarbeit zum Erfolg führen wollen, ist es wichtig, ja sogar wichtiger denn je, die Signale der Menschen zu kennen und sich der Wirkung der eigenen Signale bewusst zu sein. Denn jeder hat es selbst in der Hand, wie sie/er wahrgenommen wird. Auch in Zeiten der neuen Lockerheit prägen Attraktivität, Kleidung und Körpersprache den wichtigen ersten Eindruck, bei dem in erster Linie uralte Instinkte wirken. Dagegen lassen sich die Fragen zur neuen Lässigkeit, zum Duzen und Siezen sowie zu neuen Dresscodes nicht pauschal und für alle gleichermaßen beantworten. Erst recht nicht, weil jede Firma und jeder Mitarbeiter unter der neuen Lässigkeit etwas anderes versteht. Außerdem gibt es heute viele Variationsmöglichkeiten und Stile, Individualismus wird großgeschrieben, jeder will „authentisch" sein und dem Zeitgeist entsprechend locker. Aber nicht jeder ist locker, insofern wirkt auch nicht jeder mit der neuen Lässigkeit authentisch. Hier gilt es also, für jedes Unternehmen individuell und situationsgerecht Richtlinien zu erarbeiten, mit denen sich sowohl Mitarbeiter als auch Führungskräfte wohl fühlen – und die zugleich den Geschäftserfolg unterstützen.

Entscheidend ist immer: In welcher Branche sich Menschen bewegen, mit welchen Hierarchiestufen sie zusammenarbeiten, mit welchen Zielgruppen sie kommunizieren, in welchem Kulturkreis sie leben – aber vor allem: Welche Wirkung sie jeweils in einer bestimmten Situation erzielen möchten. Nur wenn Führungskräfte diese Softskills beherrschen, ihre Expertise in Sachen Wirkungskompetenz ausbauen und sich intensiv mit den unterschiedlichen Generationen Y und Z beschäftigen, haben sie eine Chance, auch von den jungen Generationen ernst genommen zu werden – und damit erfolgreiche Kooperationen quer durch alle Altersstufen zu gestalten.

Handlungsempfehlungen

- Zur frühzeitigen Erkennung von Konfliktpotenzial einer Gruppe und einzelner Mitglieder eines Teams sollten alle Führungskräfte mit Hilfe von Empathietrainings ihre Emotionserkennungsfähigkeit steigern.
- Da einerseits Körpersprache, Mimik und Gestik – also das nonverbale Verhalten – und andererseits Farben, Kleidung und Material – also die nonverbale Erscheinung – die Wirkung eines Menschen, und damit das Miteinander, maßgeblich beeinflussen, sind Fortbildungen zur Wirkungskompetenz empfehlenswert.

- Frauen sind sich häufig der nonverbalen Machtspiele nur unzureichend bewusst, deshalb sind spezielle Trainingsmodule für diese Zielgruppe sinnvoll.
- Gemeinsames Essen optimiert wissenschaftlich belegt Beziehungen und Verhandlungsergebnisse. Darum sollte auch Tischkultur als Karrierefaktor zur Basisausbildung gehören.
- Konstruktive Verhandlungen sind die Basis jeder Kooperation. Eines der zurzeit erfolgreichsten Verhandlungstrainings ist das MI6 Negotiaid® – mit Elementen, die auch Geheimdienste für ihre Verhandlungen nutzen.
- Die gravierenden Unterschiede zwischen den Generationen generieren zwangsläufig Konflikte. Abhilfe schaffen Team-Workshops zum Thema Generationen-Management.
- Bei multinationalen Teams oder bei Interaktion mit internationalen Geschäftspartnern empfehlen sich interkulturelle Team-Trainings, die Business-Regeln rund um den Globus lehren. ◄

Literatur

Adam, H., & Galinsky, A. D. (2012). Enclothed cognition. *Journal of Experimental Social Psychology, 48*(4), 918–925.

Angerosa, O. (2014). *Clothing as communication: How person perception and social identity impact first impressions made by clothing.* Rochester: Rochester Institute of Technology.

Balachandra, L (2013). Should you eat while you negotiate? Harvard Business Review, January 29, 2013

brand eins, Heft 12, Dezember 2018

Chartrand, T. L., & Bargh, J. A. (1999). The chameleon effect: The perception behavior link and social interaction. *Journal of Personality and Social Psychology, 76*(06), 893–910.

Chartrand, T. L., & Bargh, J. A. (2002). Nonconscious motivations: their activation, operation and consequences. In A. Tesser, D. A. Stapel, & J. V. Wood (Hrsg.), *Self and motivation: emerging psychological perspectives* (S. 13–41). Washington, DC: American Psychological Association.

Farmer, H., McKay, R., & Tsakiris, M. (2013). Trust in me: Trustworthy others are seen as more physically similar to the self. *Psychological Science, 25*(1), 290–292.

FAZ, 23. Januar 2018. Nr. 19, S D 8

gmv-prinzip. (o. J.). Gesunder Menschenverstand, Gesetz der Sympathie. https://gmv-prinzip.de/wordpress/tag/sympathie/. Zugegriffen: 11. Okt. 2015.

Heller, E. (2004). Wie Farben wirken: Farbpsychologie – Farbsymbolik – Kreative Farbgestaltung (8. Aufl., S. 95 ff.). Rowohlt Taschenbuch Verlag: Hamburg.

Heller, E. (1989). Wie Farben wirken, Lizenzausgabe für die Büchergilde (S. 198 ff.). Gutenberg Rowohlt Verlag: Reinbek.

Hurrelmann, K., & Albrecht, E. (2014). Die heimlichen Revolutionäre, Wie die Generation Y unsere Welt verändert (S. 31). Beltz: Weinheim.

Johnson, K. K. P., Schofield, N. A., & Yurchisin, J. (2002). Appearance and dress as a source of information: A qualitative approach to data collection. *Cloth Text Res J, 20*(3), 125–137.

Kaelble, M. (2017). New Work vs. Old work, Capital. https://www.capital.de/wirtschaft-politik/new-work-arbeitswelt-homeoffice-work-life-balance-8690. Zugegriffen: 11. Apr. 2018. 17:00

Knecht, M. (2015). Gleich und gleich gesellt sich gern. Und umgekehrt. https://www.psycho-logie.uzh.ch/fachrichtungen/lifespan/erleben/berichte/vertrauen.html.   Zugegriffen: 15. Aug. 2019. Quelle: Farmer, H., McKay, R., & Tsakiris, M. (2013). Trust in me: Trustworthy others are seen as more physically similar to the self. Psychological Science, https://doi.org/10.1177/0956797613494852

Office 21 (2018–2020) Über das Forschungsprojekt Office 21 https://office21.de/ueber-das-forschungsprojekt-office-21-projektbeschreibung. Zugegriffen 11. April 2018, 17:39

Schafer J (2010) Let their words do the talking/why our negative first impressions are so powerful. Psychology Today, 21. Dez. 2010

Scherbaum, C. J., & Shepherd, D. H. (1987). Dressing for success: Effects of color and layering on perceptions of women in business. Sex Roles, 16(7/8), 391–399.

Schneider, B. (2009) Fleißige Frauen arbeiten, schlaue steigen auf Wie Frauen in Führung gehen (S. 31 ff.). Gabel Verlag: Offenbach.

Schroeder, J., Risen, J., Gino, F., Norton, & M. I. (2014). Handshaking Promotes Cooperative Dealmaking. SSRN: https://ssrn.com/abstract=2443551 or https://dx.doi.org/10.2139/ssrn.2443551

Slepian, M. L., Ferber, S. N., Gold, J. M., & Rutchick, A. M. (2015). The cognitive consequences of formal clothing. Soc Psychol Person Sci, 6(8), 8. https://spp.sagepub.com/content/early/2015/04/02/1948550615579462. short. Zugegriffen: 27. Sept. 2016.

Stangl, W. (2008). Multidimensionalität von Kommunikationen. [werner stangl]s arbeits-blätter. https://arbeitsblaetter.stangl-taller.at/KOMMUNIKATION/KommNonverbale2. shtml. Zugegriffen: 8. Nov. 2014 https://www.welt.de/wissenschaft/psychologie/article2463217/ Der-Mensch-verhaelt-sich-wie-ein-Chamaeleon.html. Zugegriffen: 8. Sept. 2008

Stewart, G. L. 1, Dustin, S. L., Barrick, M. R., & Darnold, T. C., (2008). Exploring the handshake in employment interviews J Appl Psycol. PMID 18808231 https://doi.org/10.1037/0021-9010.93.5.1139

Tan, J. A., & Graham, K. E. (2009). What applicants need to know about the interviewing process: Separating fact from fiction. The Journal of Workforce Development, 5(1), 11–21. https://www.researchgate.net/publication/240629666_WHAT_APPLICANTS_NEED_TO_KNOW_ABOUT_THE_INTERVIEWING_PROCESS_Separating_Fact_from_Fiction. Zugegriffen: 21. Nov. 2016.

TextilWirtschaft Nr. 09 (2018), S 31 ff.

Tracy, J., & Matsumoto, D. (2008). The spontaneous expression of pride and shame: Evidence for biologically innate nonverbal displays. P Natl Acad Sci. https://doi.org/10.1073/pnas.0802686105

Tucker, L. (2013). Perceptions of the brightness of clothes on level of status. Hanover College, PSY 344: Social Psychology https://vault.hanover.edu/~altermattw/courses/344/papers/2013/Tucker.pdf

Wallmann, B. (2018). Willkommen im Büro der Zukunft. https://de.linkedin.com/pulse/willkommen-im-b%C3%BCro-der-zukunft-birgitta-wallmann

Woolley, K., & Fishbach, A., (2018). Shared Plates, Shared Minds: Consuming from a Shared Plate Promotes Cooperation. »Psychological Science«

Yun, K., Watanabe, K., & Shimioja, S. (2012). Interpersonal body and neural synchronization as a marker of implicit social interaction. Sci Rep. https://doi.org/10.1038/srep00959

Eva Barth-Gillhaus ist seit vier Jahrzehnten Fachjournalistin, Buch- und Studien-Autorin. Als selbstständige Kommunikationsfrau war sie unter anderem geschäftsführende Chefredakteurin einer Fachzeitschrift (P+G), hält Vorträge und Seminare, begleitet Studienreisen, kuratierte Trendshows auf Messen und wirkte an der Gemeinschaftswerbung „Treffpunkt Tisch" mit. Einen weiteren Schwerpunkt stellt PR-Arbeit für Industrie-, Handelsunternehmen und Handelsverbände der Living-Branche dar. Heute ist sie mit ihrem Redaktionsbüro KOM:pakt Mitglied im Marktforschungsteam von Marketmedia24.

Imme Vogelsang vermittelt als selbstständige Imageberaterin, Mimikresonanz®-Trainerin, Profilerin, Coach, Fachbuchautorin, Pressesprecherin bei Etikette Trainer International (ETI) sowie als Dozentin an diversen Hochschulen in Deutschland „Updates" für eine erfolgreiche Performance im Geschäftsleben. Empathie und Wirkung sind ihre Kernthemen. Die Betriebswirtin arbeitet seit über 35 Jahren in der Kommunikationsbranche und lebt heute nach mehreren Jahren in England, Frankreich und der Schweiz in Hamburg. Ihre Kunden sind vorwiegend Finanzdienstleister, Industrie- und Beratungsunternehmen.

Teil III

Kooperationsbeispiele aus der Praxis

Social Innovations – Innovationen aus der Kooperation von Wirtschaft und sozialem Sektor

8

Thomas Leppert und Hilke Posor

Inhaltsverzeichnis

Zusammenfassung

Kooperationen zwischen Wirtschaftsunternehmen und Organisationen des sozialen Sektors bieten Unternehmen angesichts neuer Herausforderungen die Chance, relevante Zukunftskompetenzen, sogenannte „Future Skills" wie Kreativität, Anpassungsfähigkeit oder Kollaborationsfähigkeit – dauerhaft zu entwickeln. Denn: Der soziale Sektor

T. Leppert · H. Posor (✉)
Heldenrat GmbH, Hamburg, Deutschland
E-Mail: hilke.posor@heldenrat-gmbh.de

T. Leppert
E-Mail: thomas.leppert@heldenrath-gmbh.de

© Springer Fachmedien Wiesbaden GmbH, ein Teil von Springer Nature 2021
M. H. Dahm (Hrsg.), *Kooperationsmanagement in der Praxis,* FOM-Edition,
https://doi.org/10.1007/978-3-658-28112-0_8

hat sich schon immer mit Fragen gesellschaftlicher Veränderungen, Sinnorientierung und Nachhaltigkeit auseinandergesetzt. Der Beitrag untersucht soziale Innovationen als Gegenstand der Kooperation. Er verdeutlicht theoretisch und anhand praktischer Beispiele ihre strategische Relevanz für Unternehmen jenseits von sozialem Engagement. Mit einem Blick auf praxiserprobte Kooperationsmodelle wie dem Collective-Impact-Ansatz zum Aufbau von intersektoralen Kooperationen sowie einem modellhaften Ablauf für einen Kick-off-Workshop bietet er einen handlungsleitenden Impuls zur praxisnahen Entwicklung kooperativer sozialer Innovationen im unternehmerischen Kontext.

▶   **Nutzen für den Leser**
    Der Beitrag zeigt die wirtschaftliche Relevanz und liefert Argumente dafür, sich mit sozialen Innovationen und intersektoralen Kooperationen auseinanderzusetzen. Vorgestellt werden zudem verschiedene konkrete Beispiele, die besonders geeignet sind, den Ansatz auf das eigene unternehmerische Umfeld zu übertragen und direkt mit der Entwicklung sozialer Innovationen zu starten. Vereinfacht wird der Start zudem durch die konkreten Praxisempfehlungen aus zehn Jahren Erfahrungen verschiedenster Experten mit Kooperationen und der Entwicklung von sozialen Innovationen. Der Beitrag stellt zum Abschluss einen Workshop-Ablauf vor, der für diejenigen, die schon konkret in den Startlöchern stehen, eine praktische Handlungsempfehlung bietet.

8.1   Social Innovation – Innovationen mit Wirkung

Was kennzeichnet soziale Innovationen im Vergleich zu technischen Innovationen, die in der betriebswirtschaftlichen Debatte häufig im Fokus stehen? Zentrales Unterscheidungsmerkmal ist sicher der Beitrag von sozialen Innovationen zur Lösung vor allem sozialer Probleme (vgl. Howoldt und Schwarz 2014, S. 321–322). Ganz allgemein handelt es sich bei sozialen Innovationen um eine neue soziale Praktik (vgl. Howoldt und Schwarz 2014, S. 326). Während jedoch eine technologische Innovation eine verbreitete Neuerung bezeichnet, die nicht gleich auch „gut" im Sinne einer positiven Wirkung bedeutet, handelt es sich bei der gesellschaftlichen Wirkung bzw. sozialen Problemlösung hingegen um ein zentrales definitorisches Merkmal einer sozialen Innovation (vgl. Schmitz 2016, S. 38–39). Diese Wirkungsorientierung trägt zu einem hohen Maß zur Nachhaltigkeit bei der Umsetzung der Innovation bei. Bei Innovationen handelt sich zudem nicht nur um gänzlich neue Entwicklungen oder Erfindungen. Vielmehr kann es sich auch um eine neue Kombination bereits bestehender Elemente handeln (vgl. Rammert 2010, S. 22). Dieser Umstand wird insbesondere bei sozialen Innovationen relevant, wo diese Kombination bereits vorhandener Bausteine häufig anzutreffen ist.

Eine neue Entwicklung wird zunächst als Invention bezeichnet, mit weiterer Verbreitung wird aus einer Invention eine Innovation. Diese kann dann wiederum disruptiven und radikalen Charakter besitzen oder als inkrementelle Innovation eher evolutionäre Veränderungen mit sich bringen (vgl. Schröer 2018, S. 18). Dieses breite Spektrum, was als Innovation bezeichnet werden kann, gilt auch für soziale Innovationen. Es kann sich dabei um neue Geschäftsmodelle, Produkte, Dienstleistungen oder Prozesse handeln. Hier sollen im Folgenden die sozialen Innovationen betrachtet werden, die sowohl ein soziales Problem lösen als auch eine ökonomische Relevanz besitzen und somit nicht nur eine soziale, sondern auch eine ökonomisch nachhaltige Wirkung erzielen. Schmitz betont sogar, dass es ein charakteristisches Merkmal von sozialen Innovationen ist, dass sie „entweder effektiver, effizienter, gerechter oder nachhaltiger sein" (Schmitz 2016, S. 38) müssen.

Bei Norbert Kunz, Geschäftsführer der gemeinnützigen Social Impact GmbH und seit 30 Jahren einer der Protagonisten der Entwicklung von sozialen Innovationen in Deutschland, lassen sich zudem weitere Merkmale finden, die aus seiner Perspektive soziale Innovationen kennzeichnen:

a) Häufig sind Betroffene die Entwickler von Lösungsstrategien: Soziale Innovationen – ebenso wie Gründungen von Sozialunternehmen – werden häufig aus der persönlichen Betroffenheit heraus entwickelt. Dabei hat die persönliche Erfahrung Einfluss, wenn für ein soziales Problem noch keine adäquaten Unterstützungsangebote zur Verfügung stehen.
b) Soziale Innovationen setzen oft bei den Stärken der Menschen und Communities an: Soziale Innovationen zielen vielfach darauf ab, die vorhandenen Stärken der Betroffenen zu nutzen und daraus Lösungsideen zu entwickeln.
c) Für soziale Innovationen wird häufig eine ganzheitliche Herangehensweise gewählt: Soziale Innovationen zielen oft auch auf Systemveränderungen ab und betrachten alle gesellschaftlichen Auswirkungen und entwickeln dafür Lösungen.
d) Investition in Netzwerke: Bei der Lösung sozialer Probleme herrscht die Erkenntnis vor, dass die Herausforderungen nur im Netzwerk mit verschiedenen Partnern, die einen Einfluss auf die Problemlösung besitzen, gelöst werden können.
e) Bei sozialen Innovationen handelt es sich häufig um Best-Practice-Ansätze, die sich bereits in einem Bereich bewährt haben und dadurch eine Verbreiterung erfahren.
f) Es findet soziales Lernen statt: Verbunden mit sozialen Innovationen ist, dass alle an dem Netzwerk Beteiligte einen gemeinsamen Lernprozess durchlaufen, wie das erkannte soziale Problem gelöst werden kann.
g) Als weitere Merkmale nennt Norbert Kunz noch lokale Handlungsstrategien, neue Formen des Leaderships und neue Formen der Governance (vgl. Kunz 2010).

Die Entwicklung von sozialen Innovationen wird häufig der Sozialwirtschaft zugeschrieben. Gemeinwohlorientierte Innovationen zur Lösung eines sozialen Problems können jedoch aus ganz unterschiedlicher Motivation heraus entwickelt werden. Bei

Betrachtung eines Kontinuums, an dem an einem Ende die reine For-Profit-Orientierung von Unternehmen und am anderen Ende die rein soziale Orientierung von gemein-nützigen Organisationen steht, gibt es eine Vielzahl von Mischformen. Unternehmen, die Aktivitäten im Rahmen ihrer Corporate Social Responsibility ergreifen oder Social Business, die als Kernmission eine soziale Mission verfolgen, sind Beispiele für solche Zwischenformen. Auf allen Stufen dieses Kontinuums können soziale Innovationen entwickelt werden. In jüngster Zeit mehren sich die Forderungen, dass Unternehmen bei der Entwicklung von sozialen Innovationen eine wichtigere Rolle spielen sollten. Prominente Vertreter dieser Forderung sind etwa Porter und Kramer (2011) mit dem Ansatz des Shared Values, mit dem ein ökonomischer und gesellschaftlicher Mehr-wert geschaffen wird, beispielsweise durch verbesserte Produkte, eine Neukombination der Wertkette oder durch Netzwerke (vgl. Porter und Kramer 2011). Aber auch auf politischer Ebene spielt die gezielte Förderung von sozialen Innovationen mittlerweile eine prominente Rolle und findet zum Beispiel ihren Niederschlag in EU-Programmen oder Förderprogrammen einzelner Bundesländer.

8.2   Wirkung messen mit der IOOI-Methode

Wie bereits erwähnt, kommt der sozialen Wirkung bei der Betrachtung von sozialen Innovationen eine große Bedeutung zu. In Abgrenzung zu klassischen, eher technisch orientierten Innovationen wird somit eine soziale Innovation erst als Innovation bezeichnet, wenn auch eine soziale Wirkung eingetreten ist. Diese Wirkung muss allerdings auch nachgewiesen und im besten Falle gemessen werden. Als Instrument zur Wirkungsmessung sozialer Innovationen hat sich die Input–Output-Outcome-Impact-Methode – kurz IOOI-Methode – etabliert (vgl. Bertelsmann Stiftung 2010). Mithilfe der IOOI-Methode lässt sich eine soziale Innovation auf verschiedenen Stufen betrachten: Zunächst wird der Input beschrieben, also welche Ressourcen zur Erstellung der Dienst-leistung, des Produktes oder des Prozesses eingesetzt werden. Mit dem Output wird konkret das Ergebnis der jeweiligen Dienstleistung, Produkt oder des Prozesses in Zahlen gemessen. Der Outcome versucht in Zahlen den Nutzen für die Zielgruppe zu erfassen. Und auf der Ebene des Impacts werden Zahlen mit Aussage zur gesellschaft-lichen Wirkung der sozialen Innovation betrachtet (vgl. Schmitz 2016, S. 39). Kritisch zu betrachten ist bei der Methode, dass ab der Ebene des Outcomes die Zahlen nur schwer einer einzelnen Einflussgröße zugeschrieben werden können. Die Methode bietet jedoch eine Orientierung und zumindest einen ersten Ansatz, um Wirkung auch auf gesellschaftlicher Ebene zu betrachten und damit weit über die in Unternehmen verbreitete ökonomische Wirkungsmessung hinauszugehen. Verdeutlicht werden kann die Wirkungskette mithilfe der IOOI-Methode am Beispiel der sozialen Innovation von Frank Hofmann. Er hat einen Ansatz gefunden, mit dem die Brustkrebsfrüh-erkennung mithilfe des Tastsinns von blinden Frauen verbessert werden kann. In seiner Organisation „Discovering Hands" bildet Frank Hofmann blinde Untersucherinnen aus

– sogenannte medizinisch-taktile Untersucherinnen (MTUs). Diese sind aufgrund ihres ausgeprägten Tastsinns in der Lage, dreimal so viele bösartige Veränderungen der Brust zu ertasten, wie dieses einem Arzt möglich ist (vgl. McKinsey und Ashoka 2019, S. 15). Der Input ist hier der eingesetzte Finanzbedarf für die Ausbildung der MTUs, der Output die Anzahl durchgeführter Untersuchungen und eingesetzter MTUs, der Outcome die Anzahl erkannter bösartiger Veränderungen und der Impact die eingesparten Folgekosten für die Gesellschaft. Nach einer Studie von McKinsey und Ashoka wird das Potenzial an Kosten für die Gesellschaft für dieses Beispiel auf 107 bis 216 Mio. EUR pro Jahr geschätzt. Diese Summe übersteigt die Kosten für die zusätzliche Ausbildung der MTUs deutlich, die bei 36 bis 72 Mio. EUR liegen würden (McKinsey und Ashoka 2019, S. 15). Für die Gesellschaft ergibt sich somit ein Einsparungspotenzial in Höhe von 71 bis 144 Mio. EUR, wenn die Brustkrebsfrüherkennung verstärkt durch MTUs durchgeführt wird.

8.3 Aktuelle Studien, die Unternehmen kennen sollten

Die Relevanz, die das Thema soziale Innovationen für die Wirtschaft besitzt, wird in zahlreichen Studien aus jüngerer Zeit sichtbar. Sei es das Marktpotenzial von sozialen Innovationen (vgl. McKinsey und Ashoka 2019), der hohe Innovationsgrad von Social Start-ups (vgl. KfW 2019; DSEM 2018), die positive Gewinnentwicklung von Unternehmen, die soziale Projekte durchführen (vgl. Ziviz 2018; BCG 2017) oder das Innovationspotenzial, das aus skill-based Volunteering folgt (vgl. Ziviz 2019a) – soziale Innovationen und ihre Rahmenbedingungen sind in aller Munde. Mit den aktuellen Studien lässt sich zeigen, dass es sich bei sozialen Innovationen nicht mehr nur um eine sozialromantische Nische handelt, sondern dahinter vielmehr ein enormes Marktpotenzial sowie Potenzial für eine nachhaltige unternehmerische Entwicklung steckt. So spricht die Studie von McKinsey und Ashoka von einem Nutzen in Höhe von 18 Mrd. EUR für die deutsche Volkswirtschaft, wenn allein nur die 72 aktuell von Ashoka geförderten Sozialunternehmer ihr Potenzial entfalten (vgl. McKinsey und Ashoka 2019, S. 5). Das Potenzial ist jedoch noch viel größer, bei der Betrachtung der Gesamtzahl als innovativ angenommenen Sozialunternehmer, die bundesweit auf ca. 1700 geschätzt wird. Die Studie regt sogar an, dass Sozialunternehmer als Innovationsabteilung der Gesellschaft betrachtet werden (vgl. McKinsey und Ashoka 2019, S. 9).

Die Studie der KfW betont das Innovationspotenzial von Sozialunternehmern und bringt zum Ausdruck, dass Social Entrepreneurs schneller Marktneuheiten entwickeln und sie auch schneller zur Marktreife bringen als ihre For-Profit-Kollegen (vgl. KfW 2019, S. 1). Die Studie fasst die Anzahl der Sozialunternehmer weiter, als es in der Studie von McKinsey und Ashoka (2019) der Fall ist und kommt für 2017 auf bundesweit 154.000 Sozialunternehmer, die als „Jungunternehmer" erst in den letzten fünf Jahren gegründet wurden. Damit macht die Anzahl Sozialunternehmer an der Anzahl Neugründungen insgesamt 9 % aus. Im Gegensatz zu ihren For-Profit-Kollegen gründen

Sozialunternehmer häufiger aus Überzeugung als aus fehlender Einkommensperspektive heraus. Hier kann ein Erklärungsansatz liegen, weswegen sie schneller marktreife Produkte entwickeln und somit ihr Innovationspotenzial signifikant höher als bei ihren Kollegen liegt. Den hohen Innovationsgrad von Social Entrepreneurs bestätigt auch der Deutsche Social Entrepreneurship Monitor 2018, nachdem knapp 75 % aller Sozialunternehmer auch Marktneuheiten hervorbringen.

Mit dem Corporate Citizen Survey des Ziviz wird eine Verbindung zum Business Case für Unternehmen aufgezeigt, die sich sozial engagieren. 29 % der vom Ziviz in ihrer Untersuchung betrachteten Großunternehmen konnten nach eigenen Angaben Umsatz und Gewinn mit ihrem Engagement steigern (vgl. Ziviz 2018, S. 15). Jedes zweite Großunternehmen hat zudem angegeben, dass sich neue Geschäftsideen aus dem Engagement entwickelt haben. Diese Aussage unterstreicht auch die Studie der Boston Consulting Group, wonach bei „Konsumgütern" die Unternehmen mit hohem sozialem Engagement 4,8 % mehr Gewinn erzielen (vgl. BCG 2017, S. 8).

Das Ziviz spitzt diese Aussage mit ihrer Untersuchung zusammen mit Boehringer Ingelheim und der Bertelsmann Stiftung noch weiter zu. Corporate-Volunteering-Programme tragen dazu bei, dass die Innovationsfähigkeit der Unternehmen gesteigert wird (vgl. Ziviz 2019a, S. 22). 39 % der Unternehmen, die von ihrem Engagement Innovationsimpulse erwarten, beteiligen ihre Mitarbeiter beispielsweise am Corporate-Volunteering-Programm. Die Kompetenzen und Impulse, die die Mitarbeiter aus dem Engagement gewinnen, bringen sie wieder in ihr Arbeitsumfeld ein (vgl. Ziviz 2019a, S. 22). Jedes zweite befragte Unternehmen unterstützt oder arbeitet dabei mit lokalen Initiativen zusammen (vgl. Ziviz 2018, S. 13). Etwas weniger als ein Viertel der befragten Unternehmen mit mehr als 1000 Mitarbeitern kooperieren mit sozialen Organisationen, wobei jedes zehnte Unternehmen und fast die Hälfte der international agierenden Unternehmen auch mit internationalen NGOs zusammen arbeiten (Ziviz 2019a, S. 6).

Eine vom Bundesministerium für Familie, Senioren, Frauen und Jugend geförderte Studie von UPJ kommt zu einer ähnlichen Einschätzung von Corporate Volunteering. Hier sind es 28,6 % der Befragten, die sich mit Corporate Volunteering Innovationsimpulse verschaffen wollen und daraus Geschäftsideen entwickeln (vgl. UPJ 2018, S. 13). Auf ihre Mitarbeiter haben die Corporate-Volunteering-Aktivitäten zudem eine Steigerung der Kreativität und des Innovationsgeists zur Folge, zumindest schätzen das rund 77 % der Befragten so ein.

Die Relevanz von sozialen Innovationen bringt auch die Bundesregierung zum Ausdruck mit ihrem Programm zur Umsetzung der von den Vereinten Nationen verabschiedeten globalen Nachhaltigkeitszielen (Sustainable Development Goals, SDGs). Im Rahmen der Nachhaltigkeitsstrategie fordert sie, technologische und gesellschaftliche Innovationen so zu entwickeln, dass eine ökonomisch, ökologisch und sozial nachhaltige Entwicklung möglich ist (vgl. Bundesregierung 2019).

Um dieses Marktpotenzial und die Innovationsfähigkeit zu nutzen, sind Kooperationen unumgänglich. Wie das gelingen kann, wird im nächsten Abschnitt anhand von Beispielen aus der Praxis deutlich.

8.4   Aus der Praxis: Beispiele für soziale Innovationen

Es gibt verschiedene erfolgreiche Beispiele in der Praxis, die zeigen, wie aus der Kooperation von Unternehmen mit Not-For-Profit-Organisationen Produkt-, Dienstleistungs- und Prozessinnovationen entwickelt wurden. Ihnen allen ist gemein, dass es sich nicht um klassische Förderpartnerschaften handelt, bei denen das Unternehmen auf die eine oder andere Weise Ressourcen für eine soziale Initiative zur Verfügung stellt. Vielmehr handelt es sich bei diesen Innovationen um neuartige Angebote und Prozessveränderungen, die einen wirksamen Beitrag zur Bearbeitung sozialer Herausforderungen leisten – zum beiderseitigen Nutzen sowohl der sozialen Initiative als auch des Unternehmens.

Leicht nachvollziehbar ist die Entwicklung von Produktinnovationen, bei denen Unternehmen ihr Kernprodukt zur Lösung eines sozialen Problems weiterentwickeln oder anpassen:

1. **IKEA und ThisAbles**
   Entwickelt wurden Zusatzelemente aus Kunststoff, die IKEA-Produkte für Menschen mit Einschränkungen einfacher nutzbar machen. Dazu zählen beispielsweise größere Griffe für Schränke, Verstärker für Lichtschalter oder Stellwinkel für Sofas. Die Zusatzelemente können im 3-D-Drucker ausgedruckt werden, auf der Website (www.thisables.com) finden sich die entsprechenden Druck- und Montageanleitungen. Entstanden ist diese Produktinnovation aus der Kooperation von IKEA Israel mit zwei Not-for-Profit-Organisationen aus Israel, die sich darauf spezialisiert haben, das tägliche Leben für Menschen mit Einschränkungen und speziellen Anforderungen zu verbessern: die Organisationen Milbat und Access Israel. Um die Ideen zu entwickeln, wurde ein Hackathon in einem IKEA Store organisiert, in dem Menschen mit Einschränkungen und Produktingenieure gemeinsam Ideen für Zusatzelemente entwickelt haben.
2. **Tommy Hilfiger und Runway of Dreams**
   Entstanden sind trendige Kleidungsstücke, die für Menschen mit Einschränkungen einfach an- und auszuziehen sind. Reißverschlüsse oder Knöpfe wurden beispielsweise durch Ein-Hand-Zipper, Magnete oder Klettverschlüsse ausgetauscht. Zudem gibt es Kleidungsstücke, die an die Arm- oder Beinlängen anzupassen sind, um flexibel von Menschen mit Prothesen getragen werden zu können (usa.tommy.com/en/tommy-adaptive). Die sogenannte Adaptive Collection von Tommy Hilfiger ist in Kooperation mit der Not-for-Profit-Organisation Runway of Dreams aus den USA

entstanden. Runway of Dreams hat zum Ziel, Menschen mit Behinderung den Zugang zu modischer Kleidung, die ihre Bedürfnisse erfüllen und ihren Einschränkungen gerecht werden, zu ermöglichen.

3. **Adidas und Parley for the Oceans**
   Im Kampf gegen Plastikmüll in den Ozeanen entstehen funktionale Sportprodukte aus eben diesem Plastikmüll. Dazu zählen Schuhe, Jacken, Tops, Sporthosen, Kappen, Rucksäcke oder Flaschen (www.adidas.de/parley). Parley for the Oceans hat zum Ziel, mithilfe der Kreativindustrie alternative Geschäftsmodelle und ökologisch sinnvolle Produkte zu entwickeln, um der Bedrohung der Ozeane entgegenzuwirken. Dafür werden Dialoge initiiert, Kollaborationsinitiativen begleitet und gemeinsame Projekte ermöglicht. Mit Adidas zusammen wurde die Parley-Kollektion entwickelt, bei der alle Produkte mindestens aus 75 % recyceltem Plastikmüll bestehen, der an Stränden und Küstenregionen gesammelt wurde. Zudem wird bei der Produktion Energie und Wasser beim Färben eingespart.

4. **Glaxo Smith Cline und Save the Children**
   Aus dem Antiseptikum, das für Mundspülungen verwendet wird, wurde ein Gel entwickelt, mit dem die Nabelschnur von Neugeborenen desinfiziert werden kann. Auf diese Weise kann die Sterblichkeit von Neugeborenen in Entwicklungsländern reduziert werden, wenn die neonatale Sepsis (Blutvergiftung) verhindert werden kann. Das entwickelte Gel hält hohe Temperaturschwankungen aus und ist somit gerade für den Transport in abgelegenen Regionen, wie in Entwicklungsländern bestens geeignet. Die Einweg-Verpackung unterstützt die einfache und richtige Dosierung und mithilfe einer visuellen Anleitung, lässt sich das Gel auch von Müttern, die nicht lesen können, leicht anwenden (www.gsk.com/en-gb/about-us/save-the-children-partnership/#tab-9317). Diese kinderfreundliche Medizin hat Glaxo Smith Kline zusammen mit der Not-for-Profit-Organisation Save the Children entwickelt. Beide Partner bringen dabei ihre Kernkompetenzen zusammen, Glaxo bei der Entwicklung, der Produktion und dem Vertrieb von Medizin und Save the Children im Wissen um die Gefährdung und Bedürfnisse von Kindern weltweit.
   Neben Produktinnovationen können auch Dienstleistungsinnovationen aus der Kooperation von Unternehmen mit Not-for-Profit-Organisationen entstehen.

5. **SAP und Specialisterne oder Auticon**
   Über das SAP-eigene „Autism at Work"-Programm setzt SAP Autisten in der Softwareentwicklung oder Qualitätssicherung von Software ein. Auch durch Kooperationen mit Partnern wie Specialisterne oder Auticon wird der Einsatz von Menschen mit Autismus in der IT-Branche weiterentwickelt. Diese Menschen benötigen ein besonders reizarmes Arbeitsumfeld. Gelingt es dieses zu schaffen, können Unternehmen enorm von dem Einsatz von Autisten profitieren, weil sie langanhaltend hochkonzentriert arbeiten und Muster und Anomalien in komplexen Daten erkennen können. Specialisterne (specialisternefoundation.com) oder Auticon (auticon.de) sind zwei Anbieter, die als

neue Dienstleistung IT-Consultants mit Autismus anbieten und damit den Einsatz dieser speziellen Fähigkeiten für Unternehmen möglich machen.

Aus der Kooperation von Unternehmen und Not-for-Profit-Organisationen können sich neben den gezeigten Innovationen auch Prozessinnovationen entwickeln, die den Wertschöpfungsprozess bei der Herstellung von Produkten und Dienstleistungen verändern.

6. **EDEKA und WWF**

   Zum Schutz des Süßwassers hat EDEKA zusammen mit seinem Partner WWF die Produktion von Bananen analysiert und als Prozessinnovation das Wassermanagement verbessert. Im Fokus steht die Überwachung und Reduktion des Wasserverbrauchs, die Überwachung der Wasserqualität sowie der Gewässerschutz. Beispielsweise wird heute das Wasser zum Waschen der Bananen fünf Mal wiederverwendet, um so den Süßwassereinsatz im Produktionsprozess zu reduzieren. Hinzu kommt die Einrichtung von Pufferzonen zwischen Feldern und Flüssen, um den Fluss zu schützen (www.edeka.de/nachhaltigkeit/edeka-banane). Die Kooperation von EDEKA mit dem WWF hat zum Ziel, den ökologischen Fußabdruck des Unternehmens EDEKA zu reduzieren und das Unternehmen und die Produkte nachhaltiger zu machen. Insbesondere wird das bei der nachhaltigen Produktion der EDEKA Eigenmarken und dem Ausbau des Bio-Sortiments bei EDEKA sichtbar.

7. **Innatura und Amazon**

   Bei der Plattform Innatura handelt es sich um eine Art Amazon für soziale Zwecke, worüber neuwertige Konsumgüter – wie Körperpflegeprodukte oder Spielzeug – an soziale Organisationen verteilt werden. Innatura stellt dafür Lagerkapazitäten zur Verfügung, wo die gespendeten Produkte gelagert werden. Über die Plattform können soziale Einrichtungen – wie Flüchtlingsunterkünftige oder Jugendhilfeeinrichtungen – die Produkte bestellen, die dann von Logistikpartnern ausgeliefert werden. Amazon ist Gründungsmitglied, hat beim Aufbau der Plattform mit seinem logistischen Know-how unterstützt und spendet Produkte (blog.aboutamazon.de/amazon-gemeinsam/spendenvermittlung-neu-gedacht). Diese Unterstützung leistet das Unternehmen nicht nur in Deutschland, sondern ebenfalls in der von Prince Charles gegründeten Schwesterorganisation „In Kind Direct" aus Großbritannien.

Die hier geschilderten Beispiele sollen nur exemplarisch für die Entwicklung von sozialen Innovationen aus der Kooperation von Unternehmen und Not-for-Profit-Organisationen stehen. Es gibt noch eine Vielzahl weiterer beeindruckender Projekte, die zu Produkt-, Dienstleistungs- oder Prozessinnovationen geführt haben. Die Projekte sind jedoch nicht aus Einmal-Initiativen entstanden, sondern vielmehr aus strategisch durchdachten Ansätzen, die das Kerngeschäft der Unternehmen und das Know-how der sozialen Organisation bestmöglich zusammenbringen. Diese Kooperationsfähigkeit setzt eine Offenheit und Verlässlichkeit auf beiden Seiten voraus. Es gibt zahlreiche

Empfehlungen für den Aufbau von Kooperationen, in dessen Verlauf sich im besten Fall eine soziale Innovation entwickeln kann und somit Produkte, Dienstleistungen und Produkte entstehen, die am Gemeinwohl orientiert sind, zur Lösung eines gesellschaftlichen Problems beitragen und gleichzeitig eine ökonomische Rendite verfolgen. Im Folgenden werden verschiedene Ansätze vorgestellt, bevor zum Abschluss ein Vorschlag für einen Kick-off-Workshop zum Auftakt einer derartigen Kooperation entwickelt wird.

8.5   So fällt der Aufbau von Kooperationen leicht

Im Zuge von Corporate-Social-Responsibility-Initiativen von Unternehmen, von Projekten zur Umsetzung der globalen Nachhaltigkeitsziele, der sogenannten Sustainable Development Goals (SDGs), oder im Rahmen von Public-Private-Partnership-Programmen sehen sich Unternehmen verstärkt der Anforderung gegenüber, Kooperationen mit Organisationen aus anderen Sektoren wie der öffentlichen Wirtschaft oder dem sozialen Sektor einzugehen. Schon eine unternehmensübergreifende Kooperation braucht Sensibilität, Vertrauen und Verlässlichkeit und ein Zusammenwirken auf Augenhöhe. Nicht anders ist es, wenn Organisationen aus verschiedenen Sektoren zusammenwirken wollen. Hier kommen noch verschärfte Rahmenbedingungen dazu, wenn beispielsweise Unternehmen eine Gewinnerzielungsabsicht verfolgen und soziale Organisationen im Fokus eine „soziale Rendite" anstreben. Das führt zu grundsätzlich unterschiedlichen Funktionslogiken, mit denen im Rahmen einer Kooperation sensibel umgegangen werden muss, wenn die Partnerschaft ein gemeinsames Ziel verfolgt. Zwar hat nicht jede Kooperation zwischen Wirtschaft und sozialem Sektor zum Ziel, soziale Innovationen zu entwickeln. Dennoch lassen sich aus bestehenden Empfehlungen zur Gestaltung von Kooperationen zwischen Wirtschaft und sozialem Sektor auch Empfehlungen für Kooperationen zur Entwicklung von sozialen Innovationen ableiten. Im Folgenden werden die Empfehlungen der Mittlerorganisation Unternehmen Partner der Jugend (UPJ), der Collective-Impact-Ansatz der Bertelsmann Stiftung, der Capacity-WORKS-Ansatz der Deutschen Gesellschaft für internationale Zusammenarbeit (GIZ), die Empfehlungen des Ziviz für Open Innovations und die Empfehlungen der Niedersächsischen Regierung für die Umsetzung der SDGs durch kleine und mittelständische Unternehmen (KMUs) betrachtet.

8.5.1   Kooperationsempfehlungen von UPJ

Damm und Lang (2004) empfehlen für den Aufbau von Kooperationen zehn Arbeitsschritte. Sie haben ihre Empfehlungen aus Sicht sozialer Initiativen entwickelt, die vielleicht noch nicht so erfahren mit dem Aufbau von Kooperationen sind. Die benannten Schritte können jedoch genauso als allgemeine Kooperationsempfehlung dienen.

1. Die Kooperation planen, indem die Ziele festgelegt, Zeit- und Arbeitspläne aufgestellt und die benötigten Mittel bereitgestellt werden.
2. Das eigene Profil der Organisation herausarbeiten, sodass die Organisation transparent für Unternehmen wird.
3. Zugänge zu Unternehmenskooperationen klären. Hierbei gilt es neben den Zielen der Kooperation die Vorerfahrungen mit Kooperationen und die bestehenden Anknüpfungspunkte für Kooperationen zu betrachten sowie sich über Probleme, Hemmnisse und Sachzwänge im Klaren zu werden.
4. Das Profil der Personen verdeutlichen, die die Organisationen repräsentieren. Da es um den Aufbau einer Beziehung geht, ist es wichtig, dass die geeigneten Mitarbeiter in der Kooperation zusammenarbeiten. Die Mitarbeiter, die sich um die Kooperation kümmern, sollten sich neben einer positiven und offenen Haltung auch durch Kommunikationskompetenzen auszeichnen.
5. Kooperationsbedarfe und -möglichkeiten benennen. Hier gilt es nicht nur Geldmittel mithilfe der Kooperation generieren zu wollen, sondern Unternehmen auch als Partner für Problemlösungen zu sehen, die neben Geld auch Zeit, Know-how und ein Netzwerk bieten können.
6. Kooperationspartner/-innen suchen. Bevor die Suche nach einem geeigneten Partner startet, sollte sich die Initiative über mögliche Ziele und Bedarfe der Unternehmen Gedanken machen. Anschließend können potenzielle Partner identifiziert und angesprochen werden, mit denen möglichst eine Win–Win-Situation durch Abdecken der jeweiligen Bedarfe entsteht.
7. Angebote der Organisation an Unternehmenspartner formulieren. Da jede soziale Initiative über Kompetenzen und Stärken verfügt, hat sie Unternehmen auch etwas zu bieten. Das sollte bewusst gemacht und formuliert werden.
8. Gemeinsame Kooperationsprojekte entwickeln. Gemeinsam gilt es auszuhandeln, welche sozialen Probleme zusammen nachhaltig gelöst werden, und zwar so, dass die jeweiligen Ziele und Kooperationsbedarfe der beteiligten Partner berücksichtigt werden. Zudem sollten Regeln für die Kooperation festgelegt und die gemeinsame Kommunikation abgestimmt werden.
9. Die Kooperation erproben. Insbesondere wenn sich die Partner noch nicht kennen, wird zunächst eine erste Aktivität quasi „auf Probe" gemeinsam durchgeführt.
10. Die Kooperation konsolidieren. Ist die Erprobungsphase erfolgreich verlaufen und konnten aufgetretene Probleme offen miteinander geklärt werden, so kann sich eine längerfristige Kooperationsbeziehung entwickeln.

8.5.2 Der Capacity-WORKS-Ansatz der GIZ

Bei dem Capacity-WORKS-Ansatz der Deutschen Gesellschaft für internationale Zusammenarbeit (GIZ) handelt es sich um ein Modell zur Gestaltung von Kooperationssystemen in der internationalen Entwicklungszusammenarbeit, wobei häufig Organisationen der öffentlichen Wirtschaft, aus dem sozialen Sektor und der Privatwirtschaft zusammenarbeiten (vgl. GIZ 2015, S. 5). Der Ansatz benennt fünf Erfolgsfaktoren und formuliert Leitfragen für erfolgreiche Kooperationen dazu:

1. Strategie – die strategische Ausrichtung aushandeln und vereinbaren,
2. Kooperation – Personen und Organisationen verbinden, um Veränderungen möglich zu machen,
3. Steuerungsstruktur – die optimale Struktur aushandeln,
4. Prozesse – Prozesse für soziale Innovationen gestalten und
5. Lernen und Innovation – den Fokus auf Lernkompetenz richten.

Die Leitfragen dienen dazu, dass die Kooperationspartner ihr implizites Wissen nutzen und miteinander tragfähige Lösungen entwickeln. Ergänzt wird der Capacity-WORKS-Ansatz mit einem umfangreichen und umsetzungsorientierten Methodenbaukasten (Toolset). Unterschieden wird zwischen Kooperationen auf Dauer und auf Zeit. Die Kooperation auf Zeit wird als Vorhaben bezeichnet und benötigt als übergeordnete Klammer eine Zusammenarbeit, die auf Dauer angelegt ist, um einen nachhaltigen Beitrag leisten zu können (vgl. GIZ 2015, S. 21). Als Managementansatz ermöglicht Capacity WORKS, gemeinsame Ziele zu definieren, Kooperationspartner auszuwählen, eine Strategie für den Veränderungsprozess zu entwickeln, Entscheidungsmechanismen festzulegen und die operative Arbeit zu koordinieren (vgl. GIZ 2015, S. 23). Das Modell unterstützt dabei, die Zusammenhänge zwischen der Gesellschaft, den Organisationen und den Menschen für die nachhaltige Umsetzung von Veränderung herzustellen. Aus der Praxis der Anwendung des Capacity-WORKS-Ansatzes heraus formuliert die GIZ folgende Empfehlungen (vgl. GIZ 2015, S. 28–29):

- Nahe an existierenden Veränderungsstrategien bleiben, um die Veränderungsbereitschaft der Beteiligten zu nutzen.
- Vorhaben, also Kooperationen auf Zeit, bieten die Möglichkeit, neue Formen der Zusammenarbeit einzuüben und besitzen eine Katalysatorfunktion.
- Schnelle Erfolge, sogenannte Quick Wins – ohne die Nachhaltigkeit aus dem Blick zu verlieren – erhöhen die Motivation und steigern das Vertrauen in die Kooperation.
- Es gilt, Veränderungspotenzial zu identifizieren, das eine Hebelwirkung und Strahlkraft bietet.
- Kompetenzen werden bestenfalls auf den Ebenen der Gesellschaft, der Organisation und der Menschen erhöht. Das gilt auch für unterschiedliche politische Ebenen, sodass Impulse auf der Makro-, Meso- und Mikroebene zu setzen sind.
- Mit einem geeigneten Methodenmix können die Besonderheiten des jeweiligen Systems berücksichtigt werden. Ebenso wie mit interdisziplinären Ansätzen, mit denen die unterschiedlichen Bedürfnisse der Kooperationspartner beachtet werden.
- Die Arbeit mit Wirkungshypothesen und deren regelmäßige Überprüfung bietet Unterstützung bei der Steuerung von Veränderungen.

8.5.3   Der Collective-Impact-Ansatz

Dieser Ansatz kommt ursprünglich aus den USA und wurde aus der Erkenntnis heraus entwickelt, dass komplexe gesellschaftliche Probleme nicht von einem Akteur alleine, sondern nur durch das Zusammenwirken mehrerer Beteiligter gelöst werden können (vgl. Bertelsmann 2016, S. 7; vgl. Kramer und Pfitzer 2017, S. 5). Der Collective-Impact-Ansatz benennt ebenfalls fünf Erfolgsfaktoren:

1. Eine gemeinsame Zielsetzung – ein Ziel, das alle gemeinsam tragen sowie ein geteiltes Problem- und Lösungsverständnis.
2. Eine gut ausgestattete Koordinationsstelle, die alle Aktivitäten koordiniert und über ausreichend finanzielle und personelle Kapazitäten verfügt.
3. Ein gemeinsames Wirkungsanalysesystem: Mithilfe von erhobenen Daten wird kontinuierlich die Wirkung der ergriffenen Maßnahmen überprüft.
4. Sich gegenseitig verstärkende Aktionen: Aktivitäten, die miteinander verzahnt werden und sich gegenseitig ergänzen.
5. Eine kontinuierliche Kommunikation: Mit Blick auf die vereinbarten Ziele und die erzielte Wirkung durch die Aktivitäten entsteht eine kontinuierliche und vertrauensvolle Kommunikation unter den Beteiligten.

Damit eine Collective-Impact-Initiative erfolgreich wirken kann, sind verschiedene Voraussetzungen zu schaffen (vgl. Bertelsmann 2016, S. 10–13):

1. Problembewusstsein und Aufmerksamkeit: Es sollte ein geteiltes Bewusstsein bestehen, dass es sich um ein Problem mit dringendem Handlungsbedarf handelt. In den Fällen, in denen noch keine öffentliche Aufmerksamkeit besteht, ist zunächst Aufmerksamkeit herzustellen.
2. Einflussreiche Personen: Einflussreiche Personen können ihre Ressourcen, ihr Ansehen, ihren Einfluss und ihre Kontakte einsetzen. Damit gelingt es, langfristig andere Partner an die Initiative zu binden und Förderer zu gewinnen.
3. Ausreichend Ressourcen: Collective-Impact-Initiativen benötigen ausreichend Ressourcen, um die Arbeit langfristig sicherzustellen. Insbesondere für den Aufbau von Prozessen und Strukturen sowie für die Wirkungsanalyse müssen Mittel zur Verfügung stehen.
4. Bestehende Kooperationen oder Netzwerke: Gibt es bereits eine Vielzahl von Akteuren zu einem Thema, gilt es, diese für eine Mitwirkung zu überzeugen und deutlich zu machen, dass die klare Struktur einer Collective-Impact-Initiative einen Nutzen für alle Beteiligten bietet. Gibt es noch keine bestehenden Netzwerke, sind diese zunächst durch Kennenlernen und Austausch zu initiieren.

Die Arbeit in einer Collective-Impact-Initiative erfolgt in drei Phasen (vgl. Bertelsmann 2016, S. 15). In der Phase der Initiierung werden die verschiedenen Akteure zusammengebracht, grundlegende Strukturen aufgebaut, indem eine Steuerungsgruppe ins Leben gerufen wird, die gemeinsamen Ziele entwickelt und die Ressourcen für die Koordinationsstelle bereitgestellt. Am Ende unterzeichnen die Partner eine gemeinsame Kooperationserklärung. In der Phase der Gestaltung werden der Kreis der beteiligten Partner erweitert, die Koordinationsstelle eingerichtet, die Arbeitsstrukturen und -prozesse aufgebaut, das Vorgehen zur Wirkungsanalyse entwickelt und Maßnahmen geplant. Am Ende dieser Phase besteht ein von allen getragener Aktionsplan. Die Phase der Umsetzung zielt darauf ab, die geplanten Veränderungen und die intendierte Wirkung zu erreichen. Regelmäßige Kommunikation und Diskussion von Verbesserungen schaffen eine starke Lernkultur unter den Kooperationspartnern. Zwischenergebnisse und Fortschritte werden kontinuierlich sichtbar gemacht und diese Phase ist abgeschlossen, wenn die beabsichtigten Veränderungen erreicht wurden.

8.5.4 Empfehlungen zur Umsetzung der SDGs für KMUs

Ein von der Allianz für Nachhaltigkeit des Landes Niedersachsen und der Universität Bremen gemeinsam entwickelter Leitfaden für kleine und mittelständische Unternehmen zur Umsetzung der Sustainable Development Goals (SDGs) schlägt zwei unterschiedliche Vorgehensweisen vor: die systematisch-lineare Perspektive und die systemisch-dynamische Perspektive (vgl. Giesenbauer und Müller-Christ 2018, S. 56–57). Da bei der Umsetzung der SDGs häufig auch Kooperationen mit Not-for-Profit-Organisationen integriert sind, bietet es sich an, auf diese Empfehlungen einen Blick zu werfen.

Bei der systematisch-linearen Perspektive werden der gewünschte Zielzustand und die Schritte bis zum Erreichen des Ziels genau geplant. Das Vorgehen zur Umsetzung der SDGs verläuft dann über folgende Schritte:

1. Visualisierung der Projekte und Aktivitäten zu den SDGs.
2. Kapazitäten aufbauen und Verantwortlichkeiten zuweisen.
3. Prioritäten festlegen, Gelegenheiten nutzen und Lücken schließen.
4. SDGs mit konkreten Projekten umsetzen und in verschiedene Aktivitäten einbinden.
5. Die Zielerreichung messen, bewerten und kommunizieren.

Dieses Vorgehen eignet sich, wenn das Ziel konkret ist, die Widerstände gering und die einzelnen Schritte bekannt sind.

Das systemisch-dynamische Vorgehen bietet sich an, wenn unklar ist, wie einzelne Bereiche auf die Umsetzung der SDGs reagieren bzw. die Herausforderungen komplex sind. In diesem Fall wird ein erstes Ziel gesetzt und ein erstes Projekt verwirklicht, quasi als erster Impuls. Dann wird die Wirkung analysiert und ein zweiter Impuls angeschlossen. Je mehr positive Erfahrungen gesammelt werden, umso stärker verbreitet sich die Initiative und die Veränderungen werden weitergetragen. Welche Widerstände sich zeigen oder wo Treiber der Veränderung liegen, ist im Voraus nicht zu erkennen. Der Umsetzungsprozess wird dabei in kleinen Schritten durchgeführt. Der zweite Schritt wird erst angegangen, wenn die Ergebnisse des ersten Schritts bekannt sind. So können an verschiedenen Stellen einzelne Impulse gesetzt werden und daraus die weiteren Schritte abgeleitet werden.

8.5.5 Impuls des Ziviz für eine offene Haltung gegenüber sozialen Innovationen

Aus der Studie zu Innovationen aus der Kooperation von Unternehmen mit sozialen Initiativen, die das Ziviz mit Böhringer Ingelheim und der Bertelsmann Stiftung gemeinsam entwickelt hat, sind einzelne Empfehlungen als ein Impuls für eine offene Haltung gegenüber sozialen Innovationen entstanden (Ziviz 2019a, S. 24):

- Über den Tellerrand schauen, auch wenn es keinen direkten Return on Invest gibt.
- Mit ungewöhnlichen Partnern aus dem sozialen Sektor zusammenarbeiten und von diesen Partnern lernen.
- Nicht nur einzelne Social Days durchführen, sondern auch eigene soziale Projekte ins Leben rufen.
- Einbinden von Sozialunternehmern als Übersetzer zwischen For- und Not-for-Profit-Anliegen und -Experten.
- Die Zusammenarbeit mit dem sozialen Sektor als einen Lernort für zukunftsfähige Kompetenzen verstehen.
- Neue Wissensströme entstehen lassen.

Bei diesen Punkten handelt es sich weniger um einen konkreten Handlungsleitfaden zur Initiierung von Kooperationen als vielmehr um eine Haltung, mit der Unternehmen Kooperationspartnern aus dem sozialen Sektor auf Augenhöhe begegnen können.

Aus den verschiedenen Kooperationsempfehlungen lässt sich eine Quintessenz bilden: Am Anfang der Kooperation stehen gemeinsam vereinbarte Ziele oder sogar die Verabschiedung einer Strategie, es gilt Prioritäten festzulegen, Strukturen aufzubauen und Prozesse für die Zusammenarbeit festzulegen, gemeinsame – bestenfalls sich gegenseitig verstärkende – Aktivitäten zu starten, Kapazitäten zur Verfügung zu stellen, für eine kontinuierliche Kommunikation zu sorgen und miteinander zu lernen. Soweit nicht anders als klassische Empfehlungen für den Aufbau von Kooperationen. Den Unterschied bei Kooperationen zur Entwicklung von sozialen Innovationen bildet die Ermittlung der Wirkung der Zusammenarbeit. Erst wenn die Zusammenarbeit auch einen gesellschaftlichen Impact erzielt hat – wie beispielsweise mithilfe der IOOI-Methode beschrieben wird – hat die Kooperation auch das Potenzial, eine soziale Innovation hervorzubringen.

8.6   Ein erster Impuls – Empfehlungen für einen Kick-off-Workshop

Die vorgenannten Empfehlungen für Kooperationen sind überwiegend auf den Aufbau einer langfristigen, eher dauerhaften Kooperation ausgerichtet. Die Empfehlungen sorgen dafür, dass eine vertrauensvolle und verlässliche Zusammenarbeit zustande kommen kann. Das benötigt Zeit und positive Erfahrungen miteinander, damit sich Vertrauen bilden kann. Insbesondere die Empfehlungen von UPJ, der Collective-Ansatz und der Capacity-WORKS-Ansatz zielen darauf ab. Auf der anderen Seite gibt es jedoch auch Unternehmen, die vielleicht noch keine ausgefeilte Nachhaltigkeitsstrategie besitzen und für die somit die Grundlage für den Aufbau einer langfristigen Kooperation noch nicht vorhanden ist. Für diese Unternehmen könnten die Empfehlungen aus Niedersachsen zur Umsetzung der SDGs mit dem systemisch-dynamischen Ansatz hilfreich sein: mit einem ersten Impuls starten, die Wirkung beobachten und dann den nächsten Schritt planen. Gepaart mit der vom Ziviz empfohlenen Haltung gegenüber sozialen Innovationen kann auf diese Weise – auch zunächst ohne eine Langfrist-Strategie zu entwickeln – ein erster Impuls gesetzt werden.

Für beide Arten – bereits langfristig ausgerichtet oder mit Fokus auf einen ersten Impuls – lässt sich aus den vorangegangenen Empfehlungen und Erläuterungen ein Ablauf für einen Kick-off-Workshop entwickeln. Mit dem vorgeschlagenen Ablauf werden erste Ideen für soziale Innovationen entwickelt und erste Schritte vereinbart. Teilnehmer des Workshops sollten Vertreter aus einem oder mehrerer Unternehmen und Vertreter aus einer oder mehrerer sozialen Initiativen sein. Welche sozialen Initiativen geeignet sind, kann ein Unternehmen beispielsweise durch eine Umfrage bei den Mitarbeitern ermitteln: Welche Initiativen passen aus ihrer Sicht zu den Kernkompetenzen des Unternehmens? Es empfiehlt sich, den Workshop moderieren zu lassen.

Geplant als Ganztages-Workshop kann der Ablauf folgendermaßen aussehen:

1. **Einstieg:** Zum Einstieg gilt es, neben einer Begrüßung durch den Einladenden einen Überblick über Ziele und Ablauf für den Workshop zu geben. Zeitbedarf ca. 15 min.
2. **Vorstellungsrunde:** Da dieser Workshop eventuell der Auftakt für eine längerfristige Zusammenarbeit sein kann, sollte ausreichend Zeit für das gegenseitige Kennenlernen bestehen. Das Kennenlernen kann als Paarinterview anhand folgender Fragen vorbereitet werden: Name, Organisation, Aufgaben, Was begeistert an der Organisation? Warum heute bei dem Workshop dabei? Was ist noch wichtig zu wissen? Anschließend stellen sich die Paare gegenseitig im Plenum vor. Zeitbedarf abhängig von der Anzahl Teilnehmer ca. 15 min für das Paarinterview und anschließend pro Paar 5 min Vorstellen der Ergebnisse, insgesamt ca. 45–60 min.
3. **Die Sustainable Development Goals der UN:** Nach der Vorstellung kann mit der inhaltlichen Arbeit begonnen werden. Als erster Impuls bietet sich ein kurzer Input zu den Sustainable Development Goals der UN an. Auswahl von zwei bis drei Feldern zu denen in dem Workshop Ideen gesammelt werden sollen. Ab einer

Teilnehmerzahl von ca. 20 kann die Auswahl via Online-Echtzeit-Feedback, zum Beispiel mit dem Online-Tool mentimeter, erfolgen. Zeitbedarf ca. 20 min.

4. **Kernkompetenzen der beteiligten Organisationen:** Dafür bereiten die beteiligten Organisationen jeweils ein Flipchart mit ihren Kernkompetenzen vor. Womit erzielt die Organisation einen besonderen Kundennutzen? Besitzt sie eine Fähigkeit, die sehr selten ist und schwer nachzuahmen? Gibt es anderweitige besondere Fähigkeiten und Kompetenzen in der Organisation? Beispielsweise in der Ablauf- und Aufbauorganisation oder in den unterstützenden Prozessen? Zu den einzelnen Kompetenzen wird jeweils ein Beispiel ergänzt. Anschließend werden die Ergebnisse gegenseitig im Plenum vorgestellt. Zeitbedarf in Abhängigkeit der Anzahl beteiligter Organisationen 20 min für die Vorbereitung der Flipcharts, vorstellen ca. 10 min pro Organisation.

5. **Die soziale Wirkung im Blick:** Welche soziale Wirkung kann mit den Kernkompetenzen erzielt werden, welches soziale Problem aus den SDGs kann gelöst werden? Nachdem die beteiligten Organisationen jeweils ihre Kernkompetenzen identifiziert haben, gilt es im nächsten Schritt zu identifizieren, für die Lösung welches sozialen Problems kann diese Kompetenz eingesetzt werden. Das wird in der Regel den beteiligten sozialen Organisationen leichter fallen als den beteiligten Unternehmen. Trotzdem sollten die Teilnehmer explizit aufschreiben, welches soziale bzw. gesellschaftliche Problem mit diesen Kompetenzen bearbeitet werden kann. Anschließend werden die Ergebnisse wieder gemeinsam vorgestellt. Zeitbedarf für die Identifikation der sozialen Probleme 10 min, anschließendes Vorstellen ca. 10 min pro Organisation.

6. **Entwicklung von Ideen für soziale Innovationen:** Jetzt werden aus den Kernkompetenzen und den sozialen Problemen in einem Brainstorming soziale Innovationen entwickelt. Die Leitfrage dazu lautet: Welche Innovation kann aus der Kombination der identifizierten Kernkompetenzen entwickelt werden? Welche gesellschaftliche Wirkung kann erzielt werden? Das kann einfach als Zuruf-Fragen geschehen, wobei die Moderation die genannten Ideen mitschreibt und an der Pinnwand sammelt. Alternativ können auch Ideen mit einem Brainwalk entwickelt werden, bei dem die Beteiligten durch die vorbereiteten Flipcharts wandern und in Kleingruppen Ideen für soziale Innovationen auf Post-its notieren. Anschließend werden die Ideen an der Pinnwand gesammelt und zum Abschluss geclustert. Zeitbedarf 45 min.

7. **Entwicklung von Erfolgsfaktoren für die soziale Innovationen:** Mit der nun zur Verfügung stehenden Ideensammlung kann weitergearbeitet werden. Wenn im Workshop noch Zeit zur Verfügung steht, können Erfolgsfaktoren gesammelt werden, damit die entwickelten sozialen Innovationen auch tatsächlich eine soziale Wirkung erzielen können. Sammlung im Plenum, Zeitbedarf ca. 30 min.

8. **Vereinbarungen für eine Kooperation festlegen:** Vielleicht ergibt sich aus den bis hierher geführten Diskussionen schon ein Ansatz für eine weiterführende Kooperation. Dann können auf der Basis der bisherigen Ergebnisse erste Ideen für

Vereinbarungen entwickelt werden. Hilfreich sind folgende Leitfragen: Welche Vereinbarungen können bereits getroffen werden? Auf welche Ziele möchten sich die Beteiligten fokussieren? Welche Ziele haben aus Sicht der Beteiligten Priorität? Wie entsteht eine Win–win-Situation für alle Beteiligten? Zeitbedarf ca. 45 min.

9. **Nächste Schritte:** Auf jeden Fall sollten zum Abschluss des Workshops weitere Schritte vereinbart werden. Falls es keine weiteren Anknüpfungspunkte für eine Fortsetzung der Zusammenarbeit gibt, dann sollte zumindest vereinbart werden, wie mit den Ergebnissen umgegangen wird. Sollen die Ergebnisse noch einmal zusammengetragen werden und allen Teilnehmern zur Verfügung gestellt werden? Als Raster bieten sich folgende Überschriften zum weiteren Befüllen mit den Teilnehmern am Flipchart an: Wer macht was bis wann? (Was? | Wer? | Bis wann?). Zeitbedarf ca. 30 min.

10. **Abschluss:** Zum Abschluss werden die Ergebnisse mit Blick auf die zu Beginn vorgestellte Ziele und die Agenda des Workshops zusammengefasst. Anschließend erhalten die Teilnehmer die Möglichkeit, ein Feedback zu dem Workshop zu geben. Leitfragen für den Check-out sind beispielsweise: Was beschäftigt mich im Kopf? Was bewegt mich im Herzen? Was nehme ich ganz praktisch mit (quasi mit der Hand)? Zum Abschluss verabschiedet der Einladende die Teilnehmer und gibt – wenn möglich – einen kurzen Ausblick. Zeitbedarf ca. 45 min.

8.7 Fazit

Mithilfe verschiedener aktueller Studien konnten wir verdeutlichen, dass es sich bei der Betrachtung von sozialen Innovationen aus der Kooperation von Wirtschaft und sozialem Sektor nicht um eine „sozialromantische" Betrachtung, Gutmenschentum oder reine Philanthropie handelt. Es wurde dargelegt, dass dieser Kooperationsansatz und der Fokus auf die cross-sektorale Entwicklung von sozialen Innovationen für Unternehmen künftig viele Chancen bieten werden, um das damit verbundene Geschäftspotenzial auszuschöpfen und die Geschäftsnotwendigkeiten zu erfüllen. Die skizzierten Beispiele aus der Praxis zeigen, dass es Best-Practice-Beispiele gibt, die den damit verbundenen „Business Case" bereits erfüllen. Als konkrete Unterstützung bei der Entwicklung von Kooperationen zwischen der Privatwirtschaft und dem sozialen Sektor können die vorgestellten Kooperationsansätze dienen. Und für diejenigen, die direkt loslegen und einen ersten Impuls setzen wollen, bietet der vorgeschlagene Workshop-Ablauf eine ganz konkrete Handlungsempfehlung, um mit einem Kick-off-Workshop einfach zu starten.

Dieser Beitrag bietet einen Perspektivwechsel und einen Blick auf Kooperationen zur Entwicklung von sozialen Innovationen, der jedem Spaß machen, der Impulse für den Umgang mit den dringendsten Herausforderungen sucht, denen die Gesellschaft im Umbruch gegenübersteht. Es werden sicher weitere gute Beispiele für soziale Innovationen entstehen, die langfristig auch eine größere Zahl von Unternehmen als wirkungsvolle Mitgestalter des sozialen Fortschritts sichtbar machen.

Handlungsempfehlungen

- Soziale Innovationen werden zusammen mit Partnern aus dem sozialen Sektor entwickelt und bieten für Unternehmen Marktpotenzial sowie Potenzial für eine nachhaltige unternehmerische Entwicklung.
- Mit der IOOI-Methode wird neben der ökonomischen Wirkung auch die soziale Wirkung unternehmerischer Aktivitäten erfasst.
- Sensibilität, Vertrauen, Verlässlichkeit und die Zusammenarbeit auf Augenhöhe sind bei der Kooperation mit Partnern aus dem sozialen Sektor – wie bei unternehmensübergreifenden Kooperationen – unerlässlich.
- Zusätzlich zu den allgemeinen Empfehlungen zum Aufbau von Kooperationen sind bei der Kooperation von Unternehmen mit Partnern aus dem sozialen Sektor die Wirkung der Zusammenarbeit sowie der gesellschaftliche Impact zu ermitteln.
- Mit einem Workshop als ersten Impuls lassen sich Vertreter aus Unternehmen und sozialen Organisationen zusammenbringen und gemeinsam Ideen für soziale Innovationen entwickeln, auch wenn ein Unternehmen noch über keine übergreifende Nachhaltigkeits- oder CSR-Strategie verfügt. ◀

Literatur

BCG. (2017). Beal, D., Eccles, R., Hansell, G., Lesser, R., Unnikrishnan, S., Woods, W., David: Total Societal Impact: A New Lens for Strategy. https://www.bcg.com/publications/2017/total-societal-impact-new-lens-strategy.aspx. Zugegriffen: 15. Juni 2019.

Bertelsmann Stiftung. (2010). Corporate Citizenship planen und messen mit der IOOI-Methode. Ein Leitfaden für das gesellschaftliche Engagement von Unternehmen. https://www.bertelsmann-stiftung.de/fileadmin/files/Leitfaden_CCMessungl.pdf. Zugegriffen: 30. Juni 2019.

Bertelsmann Stiftung. (2016). Gemeinsam Wirken. Auf dem Weg zu einer wirkungsvollen Zusammenarbeit. https://www.bertelsmann-stiftung.de/fileadmin/files/user_upload/BST_BR_GemeinsamWirken_final.pdf. Zugegriffen: 30. Juni 2019.

Bundesregierung. (2019). Managementkonzept der Nachhaltigkeit, https://www.bundesregierung.de/breg-de/themen/nachhaltigkeitspolitik/eine-strategie-begleitet-uns/managementkonzept. Zugegriffen: 26. Juli 2019.

Damm, D., & Lang, R. (2004). Zehn Arbeitsschritte zur Unternehmenskooperationen. UPJ Arbeitspapier. In D. Damm & R. Lang (Hrsg.), *Handbuch Unternehmenskooperation*. Berlin: Erfahrungen mit Corporate Citizenship in Deutschland.

DSEM. (2018). Olenga Tete, P., Wunsch, M., Menke, Ch.: Deutscher Social EntrepreneurshipMonitor 2018. https://www.send-ev.de/uploads/dsem-2018_web.pdf. Zugegriffen: 30. Juni 2019.

Giesenbauer, B. & Müller-Christ, G. (2018). Die Sustainable Development Goals für und durch KMU. Ein Leitfaden für kleine und mittlere Unternehmen. https://www.renn-netzwerk.de/fileadmin/user_upload/nord/docs/Broschuere_sdg_kmu.pdf. Zugegriffen: 30. Juni 2019.

GIZ. (2015). *Kooperationsmanagement in der Praxis*. Wiesbaden: Gesellschaftliche Veränderungen gestalten mit Capacity WORKS.

Howoldt, J., & Schwarz, M. (2014). Soziale Innovation – Eine Herausforderung und Chance für Wissenschaft und Gesellschaft. In M. Jostmeier, A. Goerg, & H. Jacobsen (Hrsg.), *Sozialen*

Wandel gestalten. Wiesbaden: Zum gesellschaftlichen Innovationspotenzial von Arbeits- und Organisationsforschung.

KfW, . (2019). Metzger, G.: Social Entrepreneurs in Deutschland: Raus aus der Nische – 154.000 „junge" Sozialunternehmer im Jahr 2017, KfW Research, Nr. 238, 6. *Januar, 2019,* 1–5.

Kramer, M., & Pfitzer, M. (2017). Sozial und profitabel – Das geht. *Harvard Business Manager, 2017,* 3–13.

Kunz, N. (2010): Soziale Innovation. https://de.slideshare.net/impaktberlin/norbert-kunz-soziale-innovation-20100610. Zugegriffen: 6. Juni 2019.

McKinsey/Ashoka. (2019). Wenn aus klein systemisch wird. Das Milliardenpotenzial sozialer Innovationen. https://www.mckinsey.de/~/media/mckinsey/locations/europe%20and%20middle%20east/deutschland/news/presse/2019/2019-03-15%20ashoka-studie%20-%20wenn%20aus%20klein%20systemisch%20wird/2019_ashoka_mckinsey_studie_wenn%20aus%20klein%20systemisch%20wird.ashx. Zugegriffen: 30. Juni 2019.

Porter, M., & Kramer, M. (2011). (2011): Strategien die Neuerfindung des Kapitalismus Verantwortung. *Harvard Business Manager, 33*(2), 58–76.

Rammert, W. (2010). Die Innovationen der Gesellschaft. In J. Howoldt & H. Jacobsen (Hrsg.), *Soziale Innovation* (S. 87–108). Wiesbaden: Auf dem Weg zu einem postindustriellen Innovationsparadigma.

Schmitz, B. (2016). Zur Messung sozialer Innovationen. *Sozialer Fortschritt, 1–2*(2016), 37–45.

Schröer, A. (2018). Neue Lösungsansätze für gesellschaftliche Herausforderungen Förderung sozialer Innovationen in Organisationen der Sozialen Arbeit. In: Sozial Extra 1, 2018, S. 18–22. https://doi.org/10.1007/s12054-017-0110-z.

UPJ. (2018). Blank, M., Herde, A., Lang, R., Sturm, E.: Corporate Volunteering in Deutschland. Ergebnisbericht. https://www.upj.de/fileadmin/user_upload/MAIN-dateien/Aktuelles/Nachrichten/upj_praxis-studie_cv-in-deutschland_2018.pdf. Zugegriffen: 30. Juni 2019.

Ziviz. Labigne, A., Gilroy, P., Kononykhina, O., Hollmann, D., Schilcher, C., & Riess, B. (2018) Bessere Daten für besseres Unternehmensengagement. https://www.ziviz.de/download/file/fid/426. Zugegriffen: 30. Juni 2019.

Ziviz. (2019a). Gilroy, P., Labigne, A., Kononykhina, O., Riess, B.: Open for Innovation: Why Engaged Firms are more creative. https://www.stifterverband.org/download/file/fid/7218. Zugegriffen am 30. Juni 2019.

Ziviz. (2019b). Labigne, A., Kononykhina, O., Gilroy, P., Behrendt, C., Gorke, J.: Kooperationen mit internationalen NGOs. https://www.ziviz.de/download/file/fid/523. Zugegriffen: 30. Juni 2019.

Dr. Thomas Leppert (Dipl.-Politologe) ist Gründer von Heldenrat e. V. sowie geschäftsführender Gesellschafter der Heldenrat GmbH. Daneben hat er diverse Lehraufträge in den Bereichen Social Business/Entrepreneurship, Wirtschaftsethik und Change Management in der Digitalisierung inne. Er studierte nach einer Ausbildung zum Industriekaufmann Politische Wissenschaften an der Freien Universität Berlin und promovierte 2012 an der Universität Hamburg zum Thema „Social Entrepreneurship in Deutschland". Er verfügt über langjährige Erfahrung im Projekt-, Prozess- und Qualitätsmanagement in den Sektoren Forschung, Finanzwirtschaft, Medizinprodukte und Non-Profit-Management. Zwischen 2014 und 2019 war er stellv. Bereichsleiter der Robert Bosch Stiftung und verantwortlich für das Thema „Zivilgesellschaft in Deutschland".

Dr. Hilke Posor (Dipl.-Kauffrau) ist Gründerin des Heldenrat e. V. sowie geschäftsführende Gesellschafterin der Heldenrat GmbH. Daneben hat sie Lehraufträge an der Universität Hamburg zu Projekt-, Prozess-, Qualitäts- und Teammanagement sowie Change Management in der Digitalisierung inne. Sie studierte Betriebswirtschaftslehre an der Universität Hamburg und promovierte dort 2011 zum Thema „Moderation virtueller Projektarbeit". Sie hat langjährige Erfahrung im Projekt-, Prozess- und Qualitätsmanagement, seit 2009 mit dem Schwerpunkt Change Management und in der Begleitung verschiedener strategischer Excellence Initiativen und SAP Einführungen. Zwischen 2014 und 2019 war sie für das Competence Center Change Management der s.Oliver Group verantwortlich.

Projekt-Hotel – Erfolgreiches Kooperationsmanagement in Digitalisierungsprojekten

Innovative Projektkooperationen bei Danske Bank

Lars Gottschling-Knudsen

Inhaltsverzeichnis

Zusammenfassung

Mehr als 80 % aller Projektkooperationen mit Ambition zur Digitalisierung scheitern. Von entscheidender Bedeutung ist die Gestaltung der Rahmenbedingungen. Das „Projekt-Hotel" ist eine Organisationsform, die diesen speziellen Rahmenbedingungen Rechnung trägt. Auf Basis einer langjährigen Digitalisierungsinitiative einer skandinavischen Großbank wurden praxisorientierte Handlungsempfehlungen abgeleitet. Diese Handlungsempfehlungen sind entsprechend beschrieben, um ihre Übertragbarkeit auf andere Digitalisierungsinitiativen zu gewährleisten. Die aktive Gestaltung von Schlüsselerfolgsfaktoren sowie der Umgang mit Barrieren sind besonders wichtig. Sie bilden das Spannungsfeld, in dem das moderne Projektkooperationsmanagement Handlungskraft beweisen muss. „Das Projekt-Hotel" bietet hier die Grundlage für den

L. Gottschling-Knudsen (✉)
Erwachsenen- und Weiterbildung, VIA University College, Horsens, Dänemark
E-Mail: lars@gottschling-knudsen.com

© Springer Fachmedien Wiesbaden GmbH, ein Teil von Springer Nature 2021
M. H. Dahm (Hrsg.), *Kooperationsmanagement in der Praxis,* FOM-Edition,
https://doi.org/10.1007/978-3-658-28112-0_9

abgestimmten Einsatz von mindestens drei erforderlichen Managementrollen. Denn der abgestimmte Einsatz dieser drei Managementrollen: Führungskraft, Projektleiter und Change-Manager prägen den Projekterfolg nachhaltig. Erfolgreiche digitale und innovative Projektkooperationen bedürfen speziellen Synergieeffekten, die nur diese drei Managementrollen in enger Zusammenarbeit zu leisten vermögen.

▶ **Nutzen für den Leser**

Wie gelingt die erfolgreiche Umsetzung innovativer Projektkooperationen?

Der Beitrag reflektiert diese Kernfrage und geht dabei auf folgende Themen ein:

- Erfordernis von unterschiedlichen Managementrollen zur Erzielung von Synergieeffekten
- Umgang mit Schlüsselfaktoren und Barrieren zur Gestaltung der Rahmenbedingungen
- Handlungsschwerpunkte im Spannungsfeld „Mensch und Organisation"
- Checkliste mit Handlungsempfehlungen für den Start von Projektkooperationsinitiativen

Das Praxisbeispiel mit dem Namen „Projekt-Hotel" ist der zentrale Wirkungskreis für das Kooperationsmanagement und führt als Fallbeispiel durch den Beitrag. Die Checkliste mit konkreten Handlungsempfehlungen schließt den Beitrag ab. Sie dient auch der zusammenfassenden Antwort auf die einleitende Kernfrage.

9.1 Das Umfeld der Digitalisierungsinitiative bei der Danske Bank

Danske Bank A/S ist ein dänisches Finanzinstitut mit Sitz in Kopenhagen. Das Finanzinstitut ist in 16 Ländern vertreten. Mehr als drei Mio. Privat- und Geschäftskunden sowie knapp 2000 institutionelle Investoren und Firmenkunden zählen zum Kundenstamm. Das Finanzinstitut ist erfolgreich in der Digitalisierung seiner Geschäftsprozesse. Mehrere Projekte wurden bereits mit dem „Danish Digital Award" ausgezeichnet.

Digitalisierungsprojekte sind ein wichtiges Thema bei Danske Bank A/S in Dänemark. Globaler Wettbewerb im Finanzdienstleistungssektor bezieht sich nicht nur auf das Angebot von attraktiven Finanzdienstleistungen. Eine ebenso leistungsfähige IT-Infrastruktur war ebenfalls erforderlich. Im Rahmen einer digitalen Transformationsinitiative wurde dieses Erfordernis im Zeitraum Juni 2016 bis September 2018 konzernweit erfolgreich umgesetzt.

Die Sponsoren dieser Digitalisierungsinitiative waren: der Chief Risk Officer, der Chief Financial Officer und die Geschäftsfeldleiter des sekundären Stakeholderkreises.

Zusammen, stellte diese Sponsorengruppe einen jährlich revolvierenden, dreistelligen Millionenbetrag in Dänischen Kronen für die Umsetzung der Digitalisierungsinitiative zur Verfügung. Die wertschöpfende Verwendung dieser Sponsorenfinanzmittel wurde durch die Kontrolle des Zielerreichungsgrades gemessen. Das strategische Wachstumsziel, digitale Vertriebskanäle kundenorientiert zu besetzen, wurde mittels KPIs operationalisiert. Mit dem Ziel, den „time-to-market"-Zeitraum für Vertragsabschlüsse zu minimieren, wurde die geplante Zeiteinsparung als KPI definiert. In der Anwendung von automatisierten „end-to-end"-Prozessen wurde dieser KPI stetig gemessen. Ähnlich operationalisiert wurde auch das Ziel, die Datenqualität der automatisierten Berichterstattung zu verbessern. Die KPIs in diesem thematischen Umfeld waren sowohl quantitativ als auch qualitativ formuliert.

Dieser Beitrag fokussiert auf die Beschreibung des Projektumfeldes der digitalen Projektkooperationsinitiative mit dem Namen „Risk Finance Data Mart" (siehe Abb. 9.1). Für die Umsetzung dieser Transformationsinitiative wurde das bestehende Organisationsdesign hinterfragt (Miterev et al. 2017, S. 483 ff.). Im Ergebnis beschloss das Projektprogrammmanagement, ein „Projekt-Hotel" zu gründen. Diese neuartige Projektorganisationsform verfolgte hauptsächlich das Ziel, eine produktive Zusammenarbeit der verschiedenen Projektkooperationsteilnehmer zu fördern.

Abb. 9.1 Hinweisschild auf das „Projekt-Hotel" im Durchgangsbereich des Großraumbüros (Eigenes Bild)

Mit dieser Vision wurde das „Projekt-Hotel" als Idee eines modernen Projektorganisationsdesigns Wirklichkeit in der Danske Bank. Die dafür notwendige Projekt-
managementorganisation nahm die Gestalt einer „Projektpyramide" an. Die für die
Umsetzung der Projektkooperationsinitiative verantwortlichen drei Projekte: „Risk
Finance Data Mart", „REAonCIL" und „AnaCredit" wurden auf Projektprogramm-
ebene gebündelt. Die drei IT- und Fachprojektleiter dieser Projekte berichteten
regelmäßig an das Programmmanagement. In der „Projektpyramide" ist das Programmmanagement die verbindende Einheit zwischen dem Portfoliomanagement an seiner
Spitze und den drei Digitalisierungsprojekten als Basis. Damit übernahm das Programmmanagement in seiner „Mittelposition" unter anderem die Aufgaben, die Projektdurch-
führung zu koordinieren und die Berichterstattung für das Projektportfoliomanagement
zur Verfügung zu stellen. Denn die wertschöpfende Fortschrittskontrolle dieser drei
Digitalisierungsprojekte war im Interesse aller Stakeholdergruppen. Die umfassende
Projektkommunikation galt den ca. 54 Projektteilnehmern, den drei Projektleitern, dem
fünfköpfigen Programmmanagementteam sowie den drei Geschäftsfeldleitern als Mitglieder des Projektportfoliomanagements.

9.2   Eine Idee wird Wirklichkeit – Das Projekt-Hotel nimmt Gestalt an

Auf den ersten Blick unterscheiden sich die Räumlichkeiten des „Projekt-Hotels" in
der Danske Bank nicht wesentlich von anderen, modern eingerichteten Großraumbüros
(Abb. 9.2). Entscheidend sollte etwa nicht die Überlegung sein, ob die Gestaltung einer
„kreativen Werkstatt" gleicht. Am wichtigsten ist die Überlegung, welchen Raum die
Projektkooperationsteilnehmer brauchen, um effektiv und produktiv arbeiten zu können.
Teams sind am effektivsten in einer Größe von drei bis neun Personen (Schwaber und
Sutherland 2013, S. 7). Daher sollte eine entsprechende Anzahl von Räumen vorhanden
sein, die der Anzahl der Teams entspricht und entsprechend Platz für alle bietet.

Ausgestattet ist das „Projekt-Hotel" mit einer Arbeitsplatzanordnung, die direkten
Augenkontakt und einen barrierefreien Dialog ermöglicht. Mobile „Whiteboards"
visualisieren Gedanken und erinnern an festgelegte Prioritäten. Die Wände sind tapeziert
mit „Brown Paper". Sie bieten Platz für die transparente Kommunikation des Projekt-
planes in Form eines „Kanban-Boards" (Rehkopf 2019, S. 1). Lösungsskizzen hier und
dort visualisieren bereits die zukünftigen Projektergebnisse. Der Flachbildschirm mit
Kamera steht auch für die Videokonferenz zur Verfügung. Denn im virtuellen Raum
soll der gemeinsame Austausch ebenfalls stattfinden können. Was ist denn überhaupt so
besonders am „Projekt-Hotel"?

Die Konzeption von innovativen Lösungen bedingt nicht nur neue Ideen.
Ihre Umsetzung kann oft nur gemeinsam mit vereinten Kräften stattfinden. Eine
funktionierende Zusammenarbeitsfähigkeit ist dabei besonders von Bedeutung. Ebenso
wichtig ist der dialogorientierte Austausch von Wissen im Prozess des gemeinsamen

Lernens. Dieser „Freiraum" des „Projekt-Hotels" ist es, der die Projektkooperationsteil-nehmer wie ein Gast in einem Hotel willkommen heißt. Die Zusammenarbeit aller sollte nicht allein prägend bestimmt werden durch die Normen und die Werte eines Projekt-kooperationsteilnehmers. Dies war auch besonders wichtig bei der Danske Bank. Die meisten Projektkooperationsteilnehmer waren Experten ihres Fachs. Organisatorisch bestand eine starke Bindung an ihre verschiedenen Geschäftsfeldeinheiten. Es war nicht davon auszugehen, dass die Zusammenarbeit sofort reibungslos verläuft. Denn verschiedene fachliche Perspektiven sowie unterschiedliche Erfahrungswerte galt es zunächst zu verstehen und in Einigkeit auszugleichen. Das Ziel, gemeinschaftlich zu ver-stehen, war die anfängliche Hauptaufgabe.

Als „Gesandte" ihrer Geschäftseinheiten war es natürlich, dass die verschiedenen Projektkooperationsteilnehmer im Sinne und im Auftrag ihrer Abteilungen die fach-lichen Anforderungen diskutierten. Die Perspektive „Nutzenoptimierung in eigener Sache" prägten deutlich diese Diskussionen. Ob nun die Meinung der einen oder anderen Abteilung besser, sinnvoller oder zielführender sei, wurde daher anfänglich nicht primär aus der gemeinsamen Zielperspektive diskutiert. Die vermeintlich „stärkste" Experten-meinung hätte dann erheblichen Einfluss auf den Ausgang derartiger Diskussionen. Deshalb bot der „Freiraum" des „Projekt-Hotels" die Chance, Entscheidungen und Konzeptionen im Sinne des gemeinsamen Projektzieles zu erarbeiten. Denn ein

Abb. 9.2 Raum des „Projekt-Hotels", Aufnahmezeitpunkt: vor Bezug und Aufnahme der Projekt-aktivität (eigenes Bild)

gemeinsames Zielverständnis der unterschiedlichen Projektkooperationsteilnehmer ist oft anfänglich nicht wirklich vorhanden. Subjektive Interpretationen des Projektziels, eigene Zielvorstellung oder die Agenda des Vorgesetzten prägen und manipulieren das gemeinsame Zielverständnis.

Deutlich wurde dies erst, als die Projektkooperationsteilnehmer im „Projekt-Hotel" gebeten wurden, ihre Ergebnisvorstellungen kurz verbal und schriftlich zu erklären (Abb. 9.3). Die einheitliche Klärung und das verbindliche Festlegen von Anforderungen setzten voraus, dass alle Projektkooperationsteilnehmer ein gleiches Zielverständnis erreicht hatten. Das Chancenpotenzial des „Projekt-Hotels" für eine zielorientierte Projektumsetzung war deutlich erkennbar. Zusätzlich war das „Projekt-Hotel" kompatibel mit der Ambition, „agile Projektmethoden" in der Projekt- und Programmumsetzung einzubringen. Denn kontrollierte und kurzfristige Experimente erwiesen sich als hilfreich, schnell neue Erkenntnisse zu erlangen. Diese neuen Erkenntnisse verhalfen dann, entsprechende Projektumsetzungsoptionen auszuarbeiten. Lange und wiederkehrende Diskussionen ohne sichtbare Ergebnisse wurden schlicht weg ersetzt durch kleine Teilergebnisse mit der Verpflichtung des Projektteams, sich für diejenige Lösungsoption zu engagieren, die am meisten Erfolg verspricht. Dieser Ansatz, innerhalb eines festgelegten Zeitraumes ein sichtbares Ergebnis zu erzielen und dessen Wertschöpfungsbeitrag permanent infrage zu stellen, entspricht der Anwendung der agilen Methode mit dem Namen „Scrum".

Abb. 9.3 Zielverständnis auf Grundlage von Verbesserungsvorschlägen (Eigenes Bild)

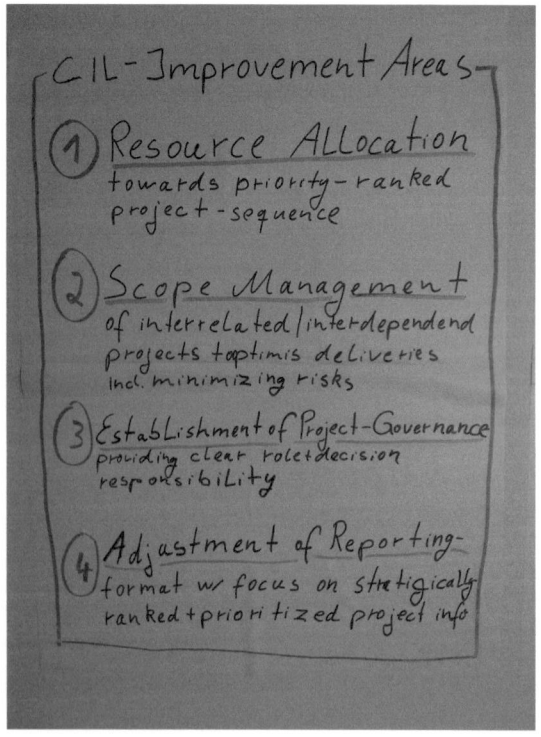

Das Programmmanagement hatte den Anspruch, die Lerneffekte der Projekt-kooperationsteilnehmer schnellstmöglich in das aktive Projektgeschehen einzubringen. Die Lerneffekte aus den Experimenten und die kritischen Diskussionen des Projekt-teams ermöglichten es, den Projektverlauf „bottom-up" zu steuern. Denn der ursprüng-liche Projektplan des Programmmanagements konnte durch die Erkenntnisse und die Lerneffekte der anfänglichen Machbarkeitsstudien und Prototypen schnell korrigiert werden. Sichtbar wurde dieser Erfolg auch für die Projektleiter durch die schnellen und gemeinsamen Entscheidungen der Experten. Im Sinne eines Reportings wurden die KPIs kontinuierlich gemessen. Für die Projektleiter und die Programmmanager ist das Messen und das Steuern von KPIs eine wichtige Aufgabe im operativen Projektgeschäft. Denn es gilt, rechtzeitig Abweichungen zu erkennen und entsprechend gegenzusteuern. Für diese Steuerungsinformationen interessierte sich auch das Portfoliomanagement. Die vornehmliche Aufgabe des Portfoliomanagements ist es zu entscheiden, welche Projekte durchgeführt werden und welcher Wertbeitrag für die Umsetzung der Unter-nehmensstrategie dabei zu erwarten ist. Das Interesse des Portfoliomanagements an den KPI-Reports des Programmmanagements beruhte auf der Verantwortung, die Ressourcenausstattung der Projekte sicherzustellen. Hierfür war das Portfolio-management diejenige Instanz, welche das Sponsorenbudget verwaltete und sich deshalb für die effiziente Verwendung dieser Finanzmittel interessierte.

Die anfänglichen Rückmeldungen der Projektkooperationsteilnehmer verdeutlichten, dass die meisten von ihnen mit den gleichen Fragestellungen beschäftigt waren. Häufig wurde nachgefragt: „Wie funktionieren ‚agile Methoden' am besten im Team?", … oder: … „Wie sollten autonome Teams mit anderen Teams und externen Partnern zusammen-arbeiten?" Waren diese positiven Erfahrungen einiger, weniger Projektkooperations-teilnehmer genug, um eine reibungslose und erfolgreiche Projektumsetzung aller drei Digitalisierungsprojekte zu gewährleisten? Die Antwort ist: Nein. Der „Projektmotor" wollte einfach nicht in die Gänge kommen. Alles schien entsprechend ordentlich vor-bereitet gewesen zu sein. Die Anzahl und die Namen der strategisch wichtigen Projekte waren umfassend auf allen Projektmanagementebenen bekannt. Von der oberen Ebene des Portfoliomanagements bis hin zu den Projektkooperationsteilnehmern im aus-führenden Projekt sollte Klarheit herrschen, weshalb und wie diese Projekte ihren Bei-trag zur Umsetzung der Digitalisierungsinitiative leisteten.

Die Experten der verschiedenen Abteilungen wurden den jeweiligen Projekten zugeordnet. Einer Zusammenarbeit stand nichts im Wege. So sah es auch das Programm-management. Denn wie das Spiel eines Orchesters, war das Zusammenspiel der ver-schiedenen Projekte mithilfe von Planungsdokumenten im Programmplan vorgezeichnet. Wie ein „stotternder" Motor ruckelt, so asynchron und gestört verlief jedoch die anfäng-liche Projektkooperation. War der Ansatz zu gewagt, Kooperation und Innovation auf der Basis von Freiwilligkeit und Interesse zu fördern? Oder lag es vielleicht am mangelnden Verständnis, welchen Nutzen das „Projekt-Hotel" für die Projektkooperationspartner stiften kann? Die Verständnisklärung im Handlungsfeld von Technologie und Mensch ist auch die Empfehlung des ehemaligen Harvard Innovation Lab Leiters, Chris Colbert.

In seinem provozierenden Artikel mit dem Namen „Technology is Dead" (Colbert 2018, S. 1 ff.) fordert er auf, zu hinterfragen. Es gilt zu hinterfragen, ob der Mensch mit seinen vielschichtigen Interessen überhaupt verstanden wurde.

Für die Situation des „Projekt-Hotels" bedeutete dies übersetzt: Hatten die Projekt- teilnehmer das Angebot „Projekt-Hotel" überhaupt verstanden und den Nutzen für sich erkannt? Denn die Wichtigkeit dieser Fragestellung stand im engen Zusammen- hang mit der Chance auf Projekterfolg. Colbert verweist darauf, dass ca. 84 % aller Digitalisierungsinitiativen nicht erfolgreich sind. Aber: Im Rahmen des „Projekt-Hotels" ging es sicher nicht, wie in Colberts Perspektive, um das Verständnis und die Adaption von Technologie als Endverbraucher. Für die Analyse des Problems im „Projekt-Hotel" war es nicht möglich, auf bekannte Tools oder Techniken des Projekt- oder Programm- managements zurückzugreifen. Das feinfühlige Erkennen von Triebfedern und Barrieren im Verhalten von Menschen und Organisationen ist Aufgabe des Change-Managements. Die meisten erfahrenen Projekt- und Programmmanager sind sich der Bedeutung von Change-Management bewusst. In Anlehnung an die „Risikoanalyse" des Projektleiters, werden die Chancen und die Risiken der Veränderungen bewertet, die auf den Projekt- verlauf einwirken (Niklas 2017, S. 1). Professionelles Change-Management hat weit mehr zu bieten als die reine Risikobewertung. Für die Entwicklung des „Projekt-Hotels" wurde dies zu einem späteren Zeitpunkt erst recht deutlich.

Zunächst war zu klären, welche Triebfedern und Barrieren zwischen den Projekt- kooperationsteilnehmern bestanden. Im Sinne einer beginnenden Projektkooperation galt es festzustellen, ob die Projekte ebenso schnell ihre Produktivität unter Beweis stellen konnten, wie es die Absicht auf Portfoliomanagement- und Programmmanagementebene war. Den Ausgangspunkt bildeten die Befragungen der Geschäftsfeldführungskräfte. Auf Grundlage des sowohl „Programmmanagementplanes" als auch des dazugehörigen „Ressourcenplanes" konnte schnell Klärung herbeigeführt werden. Die häufig offen zutage tretende Barriere der „Expertenverfügbarkeit" war primär hinderlich. Ein Hotel ohne Gäste hat auf längere Sicht keine reale Existenzgrundlage. Mit dem Blick auf den „Ressourcenplan" war eigentlich klar, welche Experten die Zeit haben sollten, das Angebot des „Projekt-Hotels" wahrzunehmen. Rückfragen in den Geschäftsbereichen konnten die Planabweichungen schnell erklären. Denn nicht alle Experten konnten, wie geplant, der Aufforderung nachkommen, das „Projekt-Hotel" zu frequentieren. Kurz- fristige Änderungen im Ressourceneinsatz und wichtige „Terminsachen" waren wieder- kehrende Gründe, den aktuellen „Ressourcenplan" anpassen zu müssen.

Aus Sicht der Geschäftsfeldführungskräfte war jedoch alles getan, um die Projekt- arbeit umfänglich zu unterstützen! Welche scheinbar unsichtbare Barriere wirkte hier ein? Nein, es lag auch nicht an den zeitlichen Verzögerungen, wenn die Verfügbarkeit der geplanten Projektkooperationsteilnehmer nachverhandelt werden musste. In den regelmäßigen Meetings mit den drei Projektleitern und den Experten der Geschäftsfeld- einheiten wurden auch eventuelle Risiken thematisiert. Das Sammeln und das Bewerten von Risiken vermochte jedoch nicht, die eigentliche Ursache für die Abwesenheit der Projektkooperationsteilnehmer zu erklären. Der alleinige Fokus auf die zeitlich vorbestimmte Programmplanumsetzung unter Beachtung der notwendigen Ressourcenausstattung war nicht genug. Die messbar geringe Produktivität im „Projekt-Hotel" bedurfte einer tiefgründigeren Ursachenforschung.

9.3   Ursachenforschung zur Klärung der Herausforderungen

Welche Gründe gab es, dass trotz ihrer „planerisch, zeitlichen Verfügbarkeit" einige Projektkooperationsteilnehmer nicht dem Angebot des „Projekt-Hotels" folgten?

Es waren hauptsächlich die „unsichtbaren Barrieren", die es im Dialog mit den Projektkooperationsteilnehmern zu erkennen galt. Es war oft schwer für die Projektkooperationsteilnehmer, die Barriere beim Namen zu benennen, wenn der Projektleiter in der „großen Runde" nach Problemen fragte. Der Vorstoß in die Ebene des „Unsichtbaren" startete daher behutsam. Als Anfang wurde der Agenda Punkt „Sonstiges" den Projektkooperationsteilnehmern in einem neuen Licht präsentiert. Ziel war es, Offenheit zu signalisieren. Nicht nur die Fachthemen sollten ihren Raum finden.

Das Nachfragen bezüglich „eventueller Herausforderungen" erfuhr deutliches Interesse. Ebenso wird durch das Nachfragen signalisiert, diese Herausforderungen auch besprechen zu wollen. Fragen bezogen sich auf den Unterstützungsbedarf und das Erkennen von Überforderungsanzeichen. Einfache Fragen bildeten den Anfang: „Wer hat Erfahrungen im Thema X und kann dem Kollegen Y weiterhelfen? ... oder ... „Wer hat noch Kapazität und Interesse im Thema Z zu unterstützen? ... weil Kollege K diese Woche krank ist ...". Zögerlich, jedoch stetig öffnete sich der Dialog und die Hilfsbereitschaft. Es wurde immer einfacher, die Projektkooperationsteilnehmer direkt anzusprechen. Besonders galt dies für diejenigen, die das Team neu verstärkten. Sie hatten einen natürlichen Bedarf, in das Projektteam eingegliedert zu werden. Die Eingliederung gelang mittels der Übertragung einer gemeinsamen Aufgabe an den neuen Projektkooperationsteilnehmer mit Unterstützung eines Experten aus dem Team. In der Situation einer „Starthilfe" war es sogar notwendig, wie ein traditioneller Projektleiter dirigierend einzugreifen. Denn das Team war noch nicht offen genug, diesen Prozess selbst zu steuern. Die wirkliche „Agilität" und Hilfe zur Selbsthilfe setzte sich erst später durch. Zuvor war es notwendig, dass die Projektkooperationsteilnehmer dieses neue Verhalten mehrfach selbst erlebten, bevor es übernommen wurde. Die Signalwirkung war jedoch klar. Denn, wer Hilfe nachfragt, dem wird geholfen.

Der erste „Durchbruch" in der Ursachenforschung ließ dann nicht lange auf sich warten. Die Befragungen des Teams richteten den Fokus auf die Durchführbarkeit des ambitionierten Sprintplanes. Ein diplomatischer Ansatz war erforderlich, um die neue Verhaltensänderung im Team langsam wachsen zu lassen. In dieser Situation war der Projektplan via Overheadprojektor für alle am „Whiteboard" sichtbar. Nach der Erklärung des ambitionierten Sprintzieles, schloss die einfache Frage ab: „Schaffen wir das?" Prinzipiell haben erfahrene, agile Teams weniger ein Problem damit, diese Frage zu beantworten. Das Team selbst bestimmt den Umfang. Die Projektkooperationsteilnehmer hatten aber keine jahrelangen Erfahrungen in der Anwendung der Methode „Scrum".

Zusätzlich waren die ambitionierten Zielvorgaben des Programmmanagements zu berücksichtigen. Erst in offener Diskussion über die Durchführbarkeit des kommenden „Sprints", wurden die persönlichen Einschätzungen der einzelnen Projektkooperationsteilnehmer offenkundig. Hinweise wie „… Vertrauen in das Team …", ein ehrliches „… ich weiß nicht …" bis hin zu „… finde das sehr herausfordernd …" waren die Indikatoren für das anfängliche Konfidenzniveau des Teams. Diese Offenheit, jedes Problem zumindest durchblicken zu lassen, war der Wendepunkt für die Untersuchung der Anlaufschwierigkeiten im „Projekt-Hotel". Den Äußerungen der Projektkooperationsteilnehmer und den Hinweisen auf das Situationsverständnis galt es nachzugehen. In Einzelgesprächen mit den Projektkooperationsteilnehmern wurde das Managementwerkzeug „Cynefin Framework" eingesetzt (Snowden und Boon 2007, S. 72). Die Notwendigkeit Komplexität zu verstehen, wurde erst deutlich, als Grundsatzdiskussionen offen auf Ebene des Programm- und des Portfoliomanagements ausgetragen wurden.

9.3.1 Eine Zwischenbilanz

Der Einsatz des „Cynefin Framework" zur Situationsanalyse des „Projekt-Hotels" hatte sich bewährt. Es wurden vier wesentliche Herausforderungen erkannt:

1. Digitale Transformationen bedürfen einer Managementrolle, die durchgehend motivierend führt, bis hin zur Implementierung der Projektergebnisse in der Linienorganisation.
2. Die Bereitschaft zur Teilnahme an Veränderungsprozessen bedarf der Motivation und der Abstimmung mit dem individuellen Nutzenverständnis der Projektkooperationsteilnehmer.
3. Die inhaltlich gleichartige Kommunikation muss alle Projektkooperationsteilnehmer erreichen, um zielführend wirken zu können.
4. Kontextfaktoren können einen sehr starken positiven oder negativen Einfluss auf das Handeln der Projektkooperationsteilnehmer ausüben. Es gilt diese zu erkennen und im Dialog zu thematisieren.

Das Thematisieren dieser Punkte gelang sowohl in den Einzelgesprächen als auch in den Teammeetings. Bedingung war jedoch gegenseitiges Vertrauen als Voraussetzung für einen offenen und ehrlichen Dialog. Dieser entwickelte sich jedoch nur sehr langsam und ging einher mit dem wachsenden Verständnis der Herausforderungen. Bewährt hatte sich der Gesprächsansatz, nach eventuellen „Störungselementen" zu fragen. Das Ziel war klar und deutlich im Projektplan beschrieben. Der „Gantt-Chart" und der „Sprint-Plan" bereiteten den Weg dahin. Gab es also irgendeine Unsicherheit, die weder im „Sprint-Plan", noch im Team bekannt war? Das „Cynefin Framework" war auch hier sinnvoll. Die prozessorientierte Frage nach dem Projektfortschritt und den eventuellen Hindernissen ermöglichte gleichzeitig die Reflexion der menschlichen Perspektive. Die Klärung der „menschlichen Verwirrung" und die Ableitung von Handlungsempfehlungen gelang wieder mithilfe des „Cynefin Frameworks". Auf Grundlage dieser neuen Informationen war es einfacher, die Gültigkeit des „Sprint-Planes" zu überprüfen. So stellten sich zum Beispiel die Befürchtungen eines Projektkooperationsteilnehmers als unbegründet heraus. Ein anderes Team hatte bereits das erforderliche Datenmodell zur Verfügung gestellt. Nur die Ergebnisinformation war nicht allen umfassend bekannt. Das Programmmanagement startete Projektmarketingaktivitäten und bewarb das Angebot und den Nutzen des „Projekt-Hotels" (Rodney et al. 2017, S. 844 ff.). Erst danach stellten sich die erwarteten Effekte ein. Mit steigender Frequentierung wuchsen auch die Erlebnisse der Projektkooperationsteilnehmer im „Projekt-Hotel". Das gegenseitige Lernen wurde darin deutlich, wie schnell und umfassend neu eingegliederte Projektkooperationsteilnehmer komplexe Sachverhalte erlernten und entsprechend mit den übernommenen Aufgaben wuchsen. Selbst auf Ebene des Projektprogramm- und Portfoliomanagement änderte sich das Bild.

Das Berichtswesen im Programmmanagement zeigte kontinuierlich wachsende Anzahlen von qualitätsgesicherten Datenelementen (siehe Abb. 9.4). Auf dieser Grundlage und durch das Mapping von Datenelementen in die jeweiligen Reports, konnte deren Fertigstellung ebenfalls mittels KPI dargestellt werden. Probleme und die eventuelle zeitliche Verzögerung der gesamten Digitalisierungsinitiative waren schon lange nicht mehr Gesprächsgegenstand in der Abstimmung mit dem Portfoliomanagement.

Die drei Digitalisierungsprojekte lieferten konstant. Sie bereiteten so den Weg für die weitere Durchführung der verbleibenden Projekte des gesamten Projektportfolios. Die „Pipeline" war voll von Optimierungsprojekten. Ihre Durchführung ist jedoch oft nur sinnvoll auf Basis einer qualitätsgesicherten Datenplattform. Die Ambition des Portfoliomanagements richtete sich dann auf die Frage: „Wann sind wir fertig?"

Abb. 9.4 Fortschrittsberichterstattung anhand von „Bar-Charts"

Dieses herausfordernde, indirekte Lob wurde auch von den Projektkooperationsteilnehmern im „Projekt-Hotel" wahrgenommen. In den Statusmeetings mit den Projektkooperationsteilnehmern wurde das Lob des Portfoliomanagements weitergeben.
Mehr noch konnten die Projektkooperationsteilnehmer direkt angesprochen werden.
Dies gelang durch interessiertes Nachfragen mit Bezug auf fachliche Arbeitsbereiche
und „Sprint-Ziele" wie Datenmodellierung, Erfüllung von IRFS9-Anforderungen und
Datenqualität von Kundendaten. Die anerkennende Wertschätzung zauberte nicht nur
ein stolzes Lächeln in die Gesichter. Es wirkte auch motivierend bei der Festlegung
von neuen, ambitionierten „Sprint-Zielen". Die Akzeptanz und der Erfolgsbeitrag des
„Projekt-Hotels" wurden auch in folgenden Entwicklungen deutlich:

1. Die zielorientierte Zusammenarbeit funktionierte, abteilungsübergreifend und auch
   im „Projekt-Hotel". Die Projektkooperationsteilnehmer frequentierten regelmäßig
   das „Projekt-Hotel" und hatten auch die Erwartung, selbstgesteuert agieren zu können
   und Unterstützung zu erhalten.
2. Der permanente Einsatz von Change-Management-Methoden zeigte seine Wirkung.
   Die Äußerung eines Projektleiters verdeutlichte dies besonders: „… Ich hätte nicht
   gedacht, dass das gemeinsam so gut funktioniert !". Die anderen Projektleiter haben
   ähnliche Probleme und wir sind jetzt gut abgestimmt …" Besonders bedeutsam war
   diese neue Perspektive, da dieser Projektleiter anfänglich mehr Risiko als Wert für
   sich im Angebot des „Projekt-Hotels" erkannte. Nun motivierte dieser Projektleiter sein Team zur aktiven Teilnahme. Bestärkt wurde er darin durch seine eigenen,
   positiven Erfahrungen.
3. Das Management bekräftigte den Erfolg des „Projekt-Hotels" und „kopierte" es sogar.
   Der Erfolg im „Projekt-Hotel" motivierte einen Senior Manager der IT-Tochter-
   gesellschaft, das Modell zu „kopieren". Räumlich noch größer und umfassender ausgestattet präsentierte sich diese „Kopie". Damit startete auch ein wirklich fairer und
   sportlicher Wettbewerb zwischen den Teams in den beiden „Projekt-Hotels". Die Ausgestaltung der beiden „Projekt-Hotels" startete eine Fusionsdiskussion. Lernend aus
   den Kommunikationsreibungsverlusten der Startphase, lag es nahe, nur einen Ort als
   „Projekt-Hotel" nutzen zu wollen.
4. Das „Projekt-Hotel" entwickelte sich zum Ort einer „lernenden Organisation". Mit
   dem wachsenden Verständnis der Projektkooperationsteilnehmer wuchs auch ihr
   gegenseitiges Wissen. Sie verstanden nun besser, welchen Wertbeitrag das „Projekt-
   Hotel" für sie leisten konnte. Gemeinsam und trotz fachlich unterschiedlicher
   Perspektiven, gelang es den Projektkooperationsteilnehmern, gemeinsam ein Ziel zu
   verfolgen. Ihre praktischen Erfahrungen und der gegenseitige Austausch förderten
   nicht nur neues Wissen. Viel wichtiger waren das Erlernen und das Festigen von
   Fähigkeiten der gegenseitigen Zusammenarbeit. Der offene und zielorientierte Dialog
   war jetzt kein Hindernis mehr. Das gemeinsame Ziel verband und motivierte die
   Projektkooperationsteilnehmer. Das Verständnis für das „anders sein" und „anders
   denken" wurde in Experimenten erfolgreich erprobt. So war es zum Beispiel die Auf-

gabe, den aggregierten Ergebniswert für einen Report mittels neuer Tools und den neuen Datenmodellen ziel- und qualitätssicher zu erarbeiten. Am Ende dieses Experimentes gab es zwei Lösungen von zwei Experten. Das Team entschied unter sich, welcher Lösungsweg die effektivste Methode war. Mit dieser einheitlichen Methode wurden dann die weiteren Datenelemente im Projekt modelliert.

Die dadurch entwickelten pragmatischen und innovativen Lösungen waren unter anderem das Ergebnis dieser Lerneffekte. Das Festigen von Lerneffekten im sich schnell wandelnden Technologieumfeld ist prinzipiell schwierig (Chaudhry 2018, S. 78). Dennoch konnte experimentell sehr schnell bestätigt werden, wie erheblich einfacher die Datenmodellierung auf Grundlage eines sogenannten, industriespezifischen „Standarddatenmodells" ist. Die Lösung war einfach. Mit dem Datenmodell von IBM als Inspiration und als Grundlage war die Anpassung als „Customizing" nicht so schwer, wie der eigene Neuanfang. Der Umgang mit den gewohnten und den neuen Datenmodellierungstools festigte die neu erlangten Fähigkeiten. Diese positive Entwicklung des „Projekt-Hotels" war Ergebnis der Projektkooperationsteilnehmer selbst. Sie waren es, die als wesentliche Akteure dem Experiment „Projekt-Hotel" zum Erfolg verhalfen.

Nur wenn es gelingt, die Projektkooperationsteilnehmer auf Grundlage eines Nutzenverständnisses zu motivieren, wird das Angebot des „Projekt-Hotels" angenommen. Mit Bezug auf das Berichtswesen an das Portfoliomanagement und die Überprüfung der Effektivität und der Innovationskraft eines „Projekt-Hotels", steht die Existenzberechtigung im wahrsten Sinne des Wortes regelmäßig auf dem Prüfstand. Diese „Return on Investment"-Perspektive fokussiert eindeutig auf den Ergebnisbeitrag, den ein „Projekt-Hotel" zu leisten vermag. Das nachfolgende Kapitel widmet sich deshalb dieser Fragestellung in Reflexion auf die Ergebnisse des Fallbeispiels. Die Tab. 9.1 fasst die Barrieren und Schlüsselfaktoren zusammen, die in der anschließenden Betrachtung der folgenden Kapitel von Relevanz sind.

9.3.2 Die transformatorische Gestaltung von Rahmenbedingungen

Mit Bezug auf das aktive Management der Schlüsselfaktoren und Barrieren gilt: Übung macht den Meister, Kooperationen sind zu meistern.

9.4 Die Ergebnisse und das Potenzial eines Projekt-Hotels

Mit dem organisatorischen Wechsel von Führungsverantwortlichkeiten in Bezug auf den Geldwäscheskandal der Danske Bank, ging auch der Wechsel der Sponsoren im Portfoliomanagement einher. Die Neuorientierung für den Umfang des Change-Managements im

Tab. 9.1 Elemente zur Ausgestaltung der Rahmenbedingungen

Nr.	Barriere	Transformator	Schlüsselfaktor
1	Mangelndes Vertrauen und wenig Offenheit besonders beim Wissenstransfer	Transparente Kommunikation unter Vorgabe gemeinsamer Ziele	Stärkung der Innovationskraft durch Erfahrungs- und Wissensaustausch
2	Interessenkonflikte im Verständnis, wie Ziele erreicht werden können	Dialogorientierter und moderierter Verhandlungsprozess	Gemeinsame Zielvereinbarung und paritätische Besetzung von Planungs- und Arbeitsgruppen
3	Zusammenspiel der Projektorganisation mit den Linienfunktionen	„Projekt-Hotel" als organisatorisches Bindeglied	Virtuelles Projektorganisationsdesign als „Prototyp" für die zukünftige Linienorganisation
4	Mangel an Motivation, die Projektinitiative zu unterstützen	Coaching und Schulungen	Potenzialaktivierung zur Stärkung der gemeinsamen Innovationskraft
5	Passiver Widerstand	Aktive Einbindung unter anfänglicher Vorgabe von Zielen und Förderung von Vorschlägen auf Basis von eigenmotivierten Zielvereinbarungen	Übertragung von Projektaufgaben mit Ergebnis- oder Berichtsverantwortung

Projektprogrammmanagement lautete: „Die Projekte sind schnellst möglich erfolgreich zu Ende zu bringen!" Die Aussicht auf entsprechendes Budget für Change-Management war nicht mehr realistisch. Denn zeitgleich mit der Nachricht über den Geldwäscheskandal, setzten auch die Sparmaßnahmen ein. Allein die Geldstrafe, die der Danske Bank auferlegt wurde, war vier Mal so groß wie ihr jährlich auszuschüttender Gewinn. Die damit verbundenen Konsequenzen wirkten auch auf das „Projekt-Hotel" ein und führten schließlich zu dessen Ende. Die Ergebnisse sowie das Potenzial des „Projekt-Hotels" waren für die Umsetzung der digitalen Transformationsinitiative von wesentlicher Bedeutung. Die folgenden vier Punkte beschreiben daher die hautsächlichen Erfolgsfaktoren.

1. Das „Projekt-Hotel" ist eine reale Option für die erfolgreiche und ergebnisorientierte Durchführung von Projektkooperationen.
2. Das „Projekt-Hotel" ist auch eine neue und verbindende Gestalt im Vergleich zu „virtuellen" oder „klassisch-temporären" Projektorganisationseinheiten.
3. Das „Projekt-Hotel" unterstützt die Innovationskraft als „lernende Organisation" innerhalb der Projektkooperation und sogar darüber hinaus.
4. Das „Projekt-Hotel" bedarf des kollektiven Einsatzes aller Projektkooperationsbeteiligten und ist insbesondere abhängig von seinen Sponsoren.

Bestätigt wird das „Projekt-Hotel" als „reale Option" (Pkt. 1) durch die direkt messbaren Ergebnisse auf Basis von KPIs und den Rückmeldungen der Projektkooperationsteilnehmer. Das Portfoliomanagement schätzte die stetig wachsenden Balkengrafiken in der Statusfarbe „grün". Sie verdeutlichten das Anwachsen der fertiggestellten Datenelemente sowie der einsatzbereiten Reports und Prozesse durch die Anzeige einer Zahl über der Balkengrafik (siehe Abb. 9.4). Für die qualitative Bewertung von KPIs wurde auf Expertenmeinungen zurückgegriffen. So wurde beispielsweise der Status für die Zielerreichung im Thema „Datenqualität" anfänglich durch die Farben eines Ampelsymbols aufgezeigt. Mit steigender Anzahl von fertiggestellten Datenelementen wandelte sich der „Ampelstatus" in eine zweistellige Prozentangabe als ergänzende Information zum entsprechenden Balkendiagramm. Auf Ebene des Programmmanagements war der Erfolg ebenfalls sichtbar. Der mit wenigen Ausnahmen reibungslose Ablauf der drei untereinander abhängigen Digitalisierungsprojekte konnte nicht nur in Erfüllung des Zeitplanes gemessen werden. Auch die Reflexion der Ergebnisse in Hinblick auf Quantität und Qualität für den produktiven Einsatz spielten eine Rolle. Trotz KPIs war es schwierig, den Erfolgsbeitrag des „Projekt-Hotels" direkt zu messen, der über die eigenen Grenzen hinausging. Welchen wesentlichen Anteil hatte das „Projekt-Hotel" an der Neugestaltung der system- und abteilungsübergreifenden „end-to-end"-Prozesse? Diese Fragestellung ist mit Sicherheit interessant. Sie war jedoch nicht Gegenstand im dynamischen Projektumfeld des Fallbeispiels. Der Ergebnisfokus lenkte die Aufmerksamkeit mehr auf die Entwicklung einer optimal verlaufenden Zusammenarbeit für alle Projektkooperationspartner. Mit Blick auf die Projektmanagementebene, wurde der Erfolg des „Projekt-Hotels" besonders deutlich. Denn durch den koordinierten Einsatz des Programmmanagements wurde die Leistungserstellung optimiert. Die Ergebniszahlen für das Portfoliomanagement hatten hier ihren Ursprung.

Das „Projekt-Hotel" hatte auch seine Tauglichkeit unter Beweis gestellt, als verbindende Alternative von „virtuellen" und „klassisch-temporären" Projektorganisationseinheiten zu fungieren (siehe Pkt. 2). Zum einen vermag es diese beide Formen des Projektorganisationsdesigns als „hybrid" zu vereinen (Ponte et al. 2017, S. 198 ff.). Zum anderen verbindet es gleichzeitig die Projektorganisation mit den operativen Linienabteilungen und den externen Partnern. Obwohl das „Projekt-Hotel" verbindend wirkt, grenzt es sich mit seinen eigenen Werten und Normen bewusst von der Linienorganisation ab. Denn die Projektkooperation muss die Chance haben, die für sich passenden Werte und Normen eigenständig gestalten zu können. Hierfür sind Unabhängigkeit und Neutralität die wesentlichsten Triebkräfte. Das „Projekt-Hotel" trug auch dazu bei, die Innovationskraft als „lernende Organisation" innerhalb der Projektkooperation und sogar darüber hinaus zu entwickeln (siehe Pkt. 3). Digitalisierungsinitiativen dienen der Umsetzung von strategischen Zielen. Die Geschwindigkeit, in der Märkte entstehen und vergehen, ist enorm hoch. Mobiltelefone und deren Anwendungen werden unterjährig „neugeboren" und wer spricht heute noch von der „Google-Brille"? Differenzierung durch Produkt- und Serviceinnovationen wird in sich schnell verändernden Märkten überlebenswichtig.

Die Lebensdauer der Produkt- und Servicedifferenzierung ist oftmals zeitlich begrenzt. Im Grunde bestehen die meisten Lösungen aus „Bits & Bytes" und lassen sich schnell kopieren. Wesentlich wichtiger wird es daher, die Innovationskraft im Unternehmen mittel- und langfristig zu stärken. Es gilt Wettbewerbsvorteile zu sichern. Das „Projekt-Hotel" unterstützt den Aufbau der hierfür notwendigen Kompetenzen. Als Ort einer „lernenden Organisation" findet projektbezogen nicht nur der gegenseitige Wissensaustausch statt. Unter dem Druck der Marktveränderungsgeschwindigkeit musste schnell gelernt werden. Das neu erlernte Wissen musste in kürzester Zeit auf seine praktische Anwendungsfähigkeit überprüft und angepasst werden. Das „Projekt-Hotel" bietet hierfür den notwendigen „Freiraum". Neue Produktentwicklungsmethoden sind oft das Ergebnis von kurzfristigen Experimenten in Kombination mit Expertenwissen. Auch über die eigenen Grenzen hinaus wirkte das „Projekt-Hotel" als „lernende Organisation". Denn die neu erlernten Kompetenzen und Praktiken fanden auch in der Linienorganisation Anwendung und Verbreitung. Im Fallbeispiel wurde unter anderem der Umgang mit einem neuen Reportprogramm schnell in die Praktiken der Linienabteilungen eingebracht. Denn auf Grundlage von eindeutig beschriebenen Datenelementen, konnte das neue Reportprogramm auf einen qualitätsgesicherten Datenkatalog zurückgreifen. Ähnlich wie die Erstellung einer Pivot-Tabelle in Excel, konnten die Reports durch „drag and drop"-Funktionalität schnell und qualitativ gesichert erstellt und reproduziert werden.

Die Bedeutung von Change-Management für den Erfolg eines „Projekt-Hotels" wird mit Bezug auf Pkt. 4 deutlich. Die fachliche und technische Komplexität von Digitalisierungsinitiativen bedarf der Kombination von verschiedenen Kompetenzen.

Nicht immer sind diese im Unternehmen allein verfügbar. Projektkooperationen mit externen Partnern sind daher keine Seltenheit, sondern ein notwendiges Erfordernis. Das „Projekt-Hotel" förderte auch die Zusammenarbeit innerhalb der Projektkooperation. Als „neutraler Grund" hatten die Projektbeteiligten die Gestaltungsmöglichkeit, Werte, Normen und Kompetenzen zielorientiert im Sinne der bereits dargestellten „lernenden Organisation" zu gestalten. Diese zielführende Gestaltung der Projekt-kooperationszielerreichung bedurfte besonders der permanenten Unterstützung durch das Change-Management. Denn der Fortschritt und der Erfolg der meisten digitalen Projektkooperationsinitiativen ist stark anhängig vom unternehmensübergreifen Ver-ständnis der Vision und einer motivierenden Kommunikation (Gioia und Chittipeddi 1991, S. 434). Erst als es gelang, die ambitionierte Vision umfassend zu kommunizieren und die Motivation der Projektkooperationsteilnehmer zu berücksichtigen, stellten sich die geplanten Ergebnisse ein. Das alleinige Vertrauen auf die eigenen Managementfähig-keiten kann schwerwiegende Folge haben.

9.5   Abrupter „Abriss" des Projekt-Hotels

Das Ende für das „Projekt-Hotel" kam sehr schnell und unerwartet. Mit dem Wechsel von Sponsoren wurden auch ganz eigene Managementvorstellungen wirk-sam. Dem begleitenden Change-Management wurde auf einmal keine Bedeutung mehr beigemessen. Der neue und einflussreiche Sponsor hatte sich durchgesetzt. Die Koordination durch das Senior Management unter alleiniger Führung des neuen Sponsoren sollte reichen. Das Signal in die beteiligten Linienabteilungen war so ein-deutig wie unmissverständlich. Die Projektkooperationsinitiative sei fast fertig und mit dem Rest wird die Projektorganisation aus eigener Kraft fertig. Das beantragte Budget für die Durchführung der Schulungsaktivität „Anwendung agiler Testmethoden zur Ergebnisqualitätssicherung" (siehe Abb. 9.5) wurde nun nicht mehr bewilligt.

Die Begründung hierzu kam aus einem informellen Kanal. Der neue Sponsor hatte das „Projekt-Hotel" nie betreten und niemals selbst erlebt. In der ganz eigenen Perspektive wurde das Team als reines „Test-Team" verstanden bzw. missverstanden. Die Annahme des neuen und dominierenden Sponsoren war es, dass „agile Test-methoden" wohl nichts wesentlich Neues sind. Ebenfalls bestärkte diese Annahme auch die ganz eigene Erwartungshaltung, dass die erforderlichen Fähigkeiten der Projekt-kooperationsteilnehmer bereits in vergangenen Projekten mit Sicherheit erlernt wurden.

Damit wurde Folgendes deutlich: Dieser neue Sponsor begriff die Aktivitäten im „Projekt-Hotel" ähnlich eines traditionellen Projektphasenmodells. Denn Testaktivi-täten werden im traditionellen Projektgeschäft oft vor dem Projektende zusammen-gefasst durchgeführt. Darüber hinaus wurde deutlich, dass wenig Kenntnis über das Potenzial von agilen Testmethoden vorhanden war. Aber schneller fertig werden sollten die Projektkooperationsteilnehmer dennoch. Das Gefühl der Enttäuschung traf die Projektkooperationsteilnehmer gleich doppelt. Zum einen wurde der Einsatz von agilen

Content of educational session before the team event

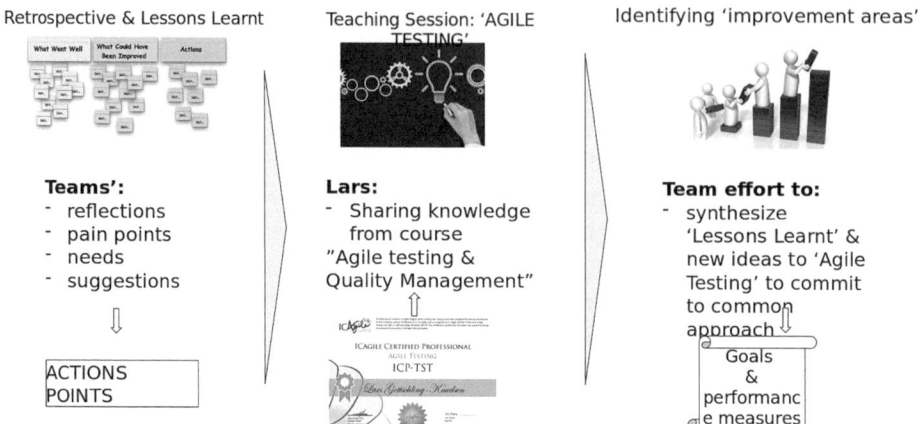

| Retrospective & Lessons Learnt | Teaching Session: 'AGILE TESTING' | Identifying 'improvement areas' |

Teams':
- reflections
- pain points
- needs
- suggestions

⇓

ACTIONS
POINTS

Lars:
- Sharing knowledge from course "Agile testing & Quality Management"

Team effort to:
- synthesize 'Lessons Learnt' & new ideas to 'Agile Testing' to commit to common approach

Goals & performance measures

Abb. 9.5 Lernzyklus der Schulungsaktivität „Anwendung agiler Testmethoden zur Ergebnisqualitätssicherung"

Methoden verpflichtend vorgegebenen. Doch selbst die Reaktion des Managements sprach eine andere Sprache. Es litt nicht nur das Vertrauen und die Glaubwürdigkeit in das Management. Es waren vielmehr die verletzten Gefühle der Projektkooperationsteilnehmer. Die mangelnde Wertschätzung spiegelte sich ihren enttäuschten Mienen deutlich wider. Der Versuch, mit dem neuen Sponsoren nachzuverhandeln, scheiterte auch. Die Argumente die Schulungsaktivität mit einem kleinen Teamevent zu kombinieren, um sowohl Motivation als auch Produktivität zu steigern, verhallten wirkungslos. Ein kurzer Kommentar des neuen Sponsoren war eindeutig: „Belohnungen gibt es erst, wenn das Projektprogramm erfolgreich abgeschlossen ist."

In der Folge ist verständlich, dass die Projektkooperationsteilnehmer dem „Projekt-Hotel" fernblieben. Wer geht schon gern freiwillig Risiken ein, wird nicht wertgeschätzt, um dann noch demotiviert zu werden? Auch in Richtung der Linienabteilungsleiter wurde nun eine andere Nachricht durch den neuen Sponsoren kommuniziert. Das übersteigerte Selbstvertrauen des intervenierenden Sponsoren wurde von den Leitern der Linienabteilungen wie folgt interpretiert: „Der Endspurt hat begonnen und die im Projekt bekommen das auch ohne unsere Beteiligung hin." Die Projektkooperationsteilnehmer waren seither wieder mit ihren operativen Aufgaben betraut worden, anstatt im „Projekt-Hotel" mitzuarbeiten. Ihre Besuche im „Projekt-Hotel" und ihre aktiven Wertbeiträge blieben seitdem aus. Die projektbezogene Leistungserstellung in dieser Situation war mehr als träge. Es dauerte nur wenige Wochen bis das „Projekt-Hotel" im wahrsten Sinne des Wortes leer war. Jeglicher „Wiederbelebungsversuch" zur Rettung des „Projekt-Hotels" schlug seit dem fehl. Selbst die persönliche und die motivierende Ansprache der einzelnen Projektkooperationsteilnehmer blieb seither wirkungslos.

9.6   Fazit – Das Vermächtnis des Projekt-Hotels

Nur in Begleitung durch ein fundiertes Change-Management haben alle Stakeholder und Projektkooperationsteilnehmer und damit letztendlich das gesamte Projekt Aussicht auf Erfolg. Das „Projekt-Hotel" ist dabei ein unterstützender Faktor. Als „neutraler Raum" verhilft es, Innovationsfähigkeit auf Basis einer „lernenden Organisation" zu fördern. Eine derartige Gestalt kann mehrere Formen annehmen, um im eigenen Kontext die beabsichtigte Wirkung zu entfalten. Aus der mythologischen Perspektive der indischen Kollegen mag das einer „Reinkarnation" nahekommen. Eine Art „Wiedergeburt" in einer anderen Gestalt mit einem neuen Zweck. Die Zweckbestimmung ist besonders wichtig. In Verbindung mit der Gestaltung von Digitalisierungsinitiativen ist ein „agiles Mindset" mit Sicherheit hilfreich. Mit Rückgriff auf das prozessorientierte „Scrum-Prinzip: Inspection and Adaption" gerät folgende Frage in den Fokus der Betrachtung:

„Wer oder was ist wirklich wichtig im Umgang mit Digitalisierungsinitiativen?"
1. Digitalisierung kann das Arbeitsleben von Menschen sowohl positiv als auch negativ beeinflussen. Deshalb gilt dem Menschen der primäre Managementfokus. Ein Ort wie das „Projekt-Hotel" fördert die Entwicklung von Kompetenzen im Umgang mit digitalen Trends.
2. Der Einsatz von Change-Management ist wesentlich für das Gelingen von digitalen Transformationsinitiativen. Ein „zentraler Ort" wie das „Projekt-Hotel" unterstützt ein gleichartiges, zielorientiertes Visionsverständnis aller beteiligten Menschen in der Rolle als „Projektkooperationspartner".
3. Digitalisierungsinitiativen werden zumeist nicht im „Big Bang" geliefert. Es gilt Anpassungszeit für Lerneffekte einzukalkulieren. Das „Projekt-Hotel" ist der Ort an dem individuelle Lerneffekte von Menschen in innovative Lösungen eingehen.

Digitalisierung betrifft und verändert unter anderem IT-Architekturen, Anwendungen und Arbeitsprozesse. Erst in der Kombination dieser Bestandteile werden Lösungen zur strategischen Zielerfüllung erschaffen. Wem bereitet die Digitalisierung den größten Nutzen? Dem Menschen. Als sowohl Konsument und Produzent ist er es, der Digitalisierungsangebote nachfragt und produziert. Die Wichtigkeit des menschlichen Verständnisses mit Bezug auf den Erfolg einer digitalen Projektkooperationsinitiative wird deutlich in der Perspektive von Chris Colbert. Der Mensch als „nicht verstandener Konsument". Mag das der einzige Grund sein, weshalb so viele digitale Projekt-initiativen scheitern? Wohl kaum. Mit Rückblick auf das Fallbeispiel wird deutlich, welche Herausforderungen bestehen, wenn der Mensch in der Rolle als „Produzent" von digitalen Lösungen auftritt. Es gilt, Veränderungen auf mehreren Ebenen gleichzeitig zu bewältigen. Neues Wissen in innovative digitale Lösungen zu konvertieren, bedarf der Bündelung und dem Aufbau von individuellen Kompetenzen.

Auch die Zusammenarbeit in der Gruppe, im Team und international-virtuell muss gelingen. Dieses Erfordernis, Veränderungen sowohl bei Menschen als auch im Unternehmen nachhaltig zu gestalten, ist eine Aufgabe für das Change-Management. Nur wenn der Mensch als Hauptakteur der Digitalisierungsinitiative ein zielorientiertes Verständnis entwickelt hat, ist er motiviert, sie zu unterstützen. Die Begleitung der Digitalisierungsinitiative durch Change-Management-Kommunikation ist daher eine zwingende Voraussetzung. Nur so gelingt es, Widerständen aktiv und konstruktiv entgegenzutreten und ein Sinnbild im gegenseitigen Dialog zu erarbeiten (Simoes und Esposito 2014, S. 331 ff.). Somit verbindet Change-Management die Linienführungskräfte und die Projektleiter auf Grundlage eines gemeinsamen Zielbildes.

Die in der Übersicht aufgeführten Handlungsempfehlungen basieren auf den Lerneffekten des Fallbeispiels. Daher gelten die nachfolgenden Punkte als Angebot und Inspiration für die Umsetzung Ihrer Projektkooperation.

Handlungsempfehlungen

- **Stimmen Sie die Ziele und Ergebnisse auf die Projektkooperation ab.** Diese Informationen bilden den Ausgangspunkt für den Dialog mit Ihren Projektkooperationsteilnehmern. Überprüfen Sie, inwieweit übergeordnete strategische Ziele im Einklang mit Ihrer Projektinitiative stehen.

- **Wenden Sie Ihr Führungsgeschick an, um das Potenzial „Mensch" zu entfalten.** Überprüfen Sie das gemeinsame Zielverständnis Ihrer Mitarbeiter. Finden Sie heraus, ob diese Ihre Unternehmensvision kennen und teilen. Wertschätzen Sie das Potenzial Ihrer Mitarbeiter und entwickeln Sie dieses. Setzen Sie realistische, jedoch herausfordernde Ziele. Bieten Sie Hilfe an, wenn Kompetenzen zu entwickeln sind.

- **Setzen Sie Change-Management in Begleitung Ihrer Projektumsetzung ein.** Prägen Sie Ihre Projektkooperation durch eine „gemeinsame Vision". Nutzen Sie die Unterstützung Ihrer Stakeholder für den gleitenden Übergang der Projektergebnisse in den operativen Produktionsbetrieb.

- **Identifizieren Sie Barrieren und Schlüsselfaktoren.** Nutzen Sie diese Kenntnis für eine anfängliche Einschätzung der Projektrisiken. Reflektieren Sie gemeinsam die Machbarkeit einer erfolgreichen Umsetzung mit den relevanten Stakeholdergruppen.

- **Nutzen Sie Projektmarketing zur Information und Motivation.** Wählen Sie bewusst die Kommunikationskanäle und Medien, die Ihre Stakeholdergruppen erreichen. Testen Sie vorab, welche Motivatoren Ihre Stakeholder zum Nachdenken und Handeln antreiben.

- **Verleihen Sie Ihrer Projektkooperation einen ansprechend attraktiven Namen.** Wählen Sie einen Namen mit Bezug auf die Unternehmensvision. Lassen Sie erkennen, welchen Nutzen Ihr Vorhaben für Ihre Stakeholder stiftet.

- **Wählen Sie *einen* Ort als den zentralen „Anlaufpunkt" Ihrer Projekt-kooperation.** Beschreiben Sie diesen Ort als Angebot für Ihre Stakeholder. Die Bezeichnung „Projekt-Hotel" < Ihr visionärer Projektname > verdeutlicht die Offen-heit Ihres Angebotes. Aktivieren Sie die Nutzung dieses Ortes auf Grundlage von Informations- und Schulungsangeboten.
- **Steuern Sie umfänglich die Ergebniserstellung mithilfe der Projekt-organisation.** Stimmen Sie Planung, Umsetzung, Kontrolle und Berichterstattung auf den Ebenen Projekt-, Programm- und Projektmanagement ab. Setzen Sie Projektmethoden ein, die unterstützend wirken und Ihren Projektfortschritt ver-ständlich und transparent darstellen. Nutzen Sie Change-Management für Ihre Erfolgskommunikation und erreichen Sie so alle relevanten Stakeholdergruppen in Ihrem Unternehmen.
- **Beobachten Sie im „Jetzt" und denken Sie an das „Morgen".** Seien Sie auf der Suche nach neuen Praktiken, die Ihnen und Ihrem Unternehmen zukünftig Wett-bewerbsvorteile bieten. Konservieren Sie die neuen Praktiken durch die Aufnahme in Ihr Organisationshandbuch und den operativen Prozessbeschreibungen. ◄

Literatur

Chaudhry, S. (2018). Managing employee attitude for a successful information system implementation: A change management perspective. *Journal of International Technology & Information Management, 27*(1), 58–90.

Colbert, C. (2018). Technology is Dead. Retrieved September 18, 2019, from https://www.chriscolbert.com/blog/2018/11/16/technology-is-dead

Gioia, D. A., & Chittipeddi, K. (1991). Sensemaking and sensegiving in strategic change initiation. *Strategic Management Journal, 12*(6), 433–448. https://doi.org/10.1002/smj.4250120604

Miterev, M., Mancini, M., & Turner, R. (2017). Towards a design for the project-based organization. *International Journal of Project Management, 35*(3), 479–491. https://doi.org/https://doi.org/10.1016/j.ijproman.2016.12.007.

Niklas, C. (2017). Risikoanalyse. Retrieved September 18, 2019, from https://www.projekt-magazin.de/methoden/risikoanalyse.

Ponte, D., Pesci, C., & Camussone, P. F. (2017). Between mission and revenue: measuring performance in a hybrid organization. *Managerial Auditing Journal, 32*(2), 196–214. https://doi.org/10.1108/MAJ-11-2015-1276

Rehkopf, M. (2019). What is a kanban board? Retrieved September 18, 2019, https://www.atlassian.com/agile/kanban/boards

Rodney Turner, J., & Lecoeuvre, L. (2017). Marketing by, for and of the project: project marketing by three types of organizations. *International Journal of Managing Projects in Business, 10*(4), 841–855. https://doi.org/10.1108/IJMPB-10-2016-0080

Schwaber, K., & Sutherland, J. (2013). DerScrum Guide. Retrieved September 18, 2019, https://www.scrumguides.org/docs/scrumguide/v1/Scrum-Guide-DE.pdf.

Simoes, P. M. M., & Esposito, M. (2014). Improving change management: How communication nature influences resistance to change. *Journal of Management Development, 33*(4), 324–341. https://doi.org/10.1108/JMD-05-2012-0058

Snowden, D. J., & Boone, M. E. (2007). A leader's framework for decision making. Harvard Business Review.

Lars Gottschling-Knudsen (PMP, MSP, CCMP, CBAP) ist zertifizierter Projekt-, Programm-, Changemanager und Business Analysis Professional. Er verfügt über mehr als 20 Jahre Erfahrungen im Projekt- und Consultingumfeld. Seine Führungserfahrungen im Umgang mit Digitalisierungsinitiativen sammelte er bei IBM, Danske Bank und BEC. Lars Gottschling-Knudsen ist als Associate Professor am VIA University College in Horsens, Dänemark, tätig. Neben seiner Lehrtätigkeit in den Bereichen Projekt- und Organisationsmanagement ist er auch an Forschungsprojekten beteiligt. An der FOM doziert er seit mehr als 8 Jahren die Themen Business Consulting, Projekt- und Innovationsmanagement.

Kommunale Bildungslandschaften – Multilaterales Kooperationsmanagement im öffentlichen Sektor

10

Sebastian Müller

Inhaltsverzeichnis

Zusammenfassung

Ob Kinder, Jugendliche und Erwachsene erfolgreiche Bildungsbiografien durchlaufen, hängt in Deutschland mehr davon ab, in welcher sozialen Lage sie aufwachsen
und leben, als von persönlichen Bemühungen. Kommunale Bildungslandschaften
gehen diesen Missstand an. Sie schließen Lücken zwischen den Bildungsangeboten
und die bessere Kooperation zwischen den Bildungsakteuren schafft durch die Ver-
schränkung von Angeboten und Leistungen neue Synergien. Diese Kooperationen
zwischen öffentlichen Einrichtungen, privaten Bildungsträgern und zivilgesellschaft-
lichen Akteuren müssen von Menschen getragen und lebendig gehalten werden. Als
Kooperationsmanagerinnen und -manager treten sie komplexe und herausfordernde
Aufgaben an. Dieser Beitrag beschreibt Stellschrauben im Startprozess, die helfen,

S. Müller (✉)
Transferagentur Kommunales Bildungsmanagement Rheinland-Pfalz – Saarland, Trier,
Deutschland
E-Mail: sebastian.kai.mueller@gmx.de

© Springer Fachmedien Wiesbaden GmbH, ein Teil von Springer Nature 2021
M. H. Dahm (Hrsg.), *Kooperationsmanagement in der Praxis,* FOM-Edition,
https://doi.org/10.1007/978-3-658-28112-0_10

diese Herausforderungen zu meistern und zu einem Nährboden für nachhaltige Kooperationsprozesse und -projekte zu formen. Diese Stellschrauben sind eine saubere Auftrags- und Rollenklärung, strategisches Denken, Beziehungsarbeit und Prozessgestaltung.

▶ **Nutzen für den Leser**

Der Fokus des Beitrags liegt auf dem Startprozess eines Kooperations-projektes, bei welchem die Grundsteine für spätere Erfolge und Probleme gelegt werden. Mitarbeiterinnen und Mitarbeiter, die gerade neu die Aufgabe als Kooperationsmanagerinnen und -manager antreten, werden mit hohen Zielen und Erwartungen konfrontiert. Dazu kommt ein nicht minder hoher Berg ungeklärter Fragen und aufzubauender Strukturen und Prozesse. Den Leserinnen und Lesern vermittelt dieser Beitrag sowohl ein Framework für die Startphase des Kooperationsmanagements am Beispiel des kommunalen Bildungsmanagements als auch in Beratung und Praxis erprobte Methoden für den Einstieg in multilaterale Kooperationsprojekte. Kurzum, was Sie durch Auftragsklärung, strategisches Denken, Beziehungsarbeit und Prozess-gestaltung tun können, um späteren Problemen und Konflikten vorzu-beugen. Der Beitrag gibt aber auch Einblicke in das Konzept der Educational Governance und in Kooperationen im öffentlichen Sektor und zwischen Ver-waltungen und privaten Bildungsakteuren.

10.1   Einleitung

Die Digitalisierung stellt mit ihrem gesellschaftlichen Wandel und veränderten Arbeits-welt neue Anforderungen an das Wissen und die Kompetenzen der Menschen. Roboter werden in der Mensch-Roboter-Kooperation nicht nur Arbeitskollegen, sondern es entstehen in der Industrie 4.0 bisher nicht dagewesene Arbeitsprozesse. Künstliche Intelligenz wird neben Tacker und Locher neuer Standard in vielen Büros. Die Filter-blasen sozialer Medien stellen demokratische Diskurse und Prozesse vor bisher nicht überwundene Herausforderungen. Und weite Teile des formalen Bildungssystems folgen einem Curriculum, das wenig auf diese Zukunft ausgerichtet ist.

Kein Bildungsanbieter kann allein mit seinem Angebot auf diese Anforderungen vorbereiten. Vor allem da es meist nur einen Ausschnitt der Bildungsbiografie umfasst. Die Bildungsangebote und Ressourcen vieler verschiedener Bildungsakteure sind not-wendig: Entscheidend sind die Synergien, die an den Schnittstellen entstehen. Man braucht die Hochschulen und Unternehmen mit ihrem Know-how und Praxisnähe zur Digitalisierung, die Kindergärten, um Kinder schon früh spielerisch mit MINT (Mathematik, Informatik, Naturwissenschaften, Technik) vertraut zu machen. Die Volks-

hochschule macht die Eltern mit neuen Medien vertraut und in ihrer Experimentier-
werkstatt können Jugendliche mit neuen Fertigungsmethoden experimentieren. Schulen
sind der Ort, an dem ihre Schülerinnen und Schüler fast jeden Tag durch Bildungsangebote erreicht werden können. Die Berufsberater der Agentur für Arbeit helfen bei
der Orientierung im Dschungel der neuen Berufsfelder und die Jugendhilfe unterstützt
Jugendliche, denen ihre soziale Herkunft Steine in den Weg legt. Diese Angebote sollen
in der Bildungsbiografie eines Menschen ineinandergreifen und aufeinander aufbauen
und nicht unabhängig voneinander in verschiedene Richtungen führen.

Kommunale Bildungslandschaften und kommunales Bildungsmanagement
Kommunalverwaltungen haben durch das kommunale Bildungsmanagement nun das
Werkzeug in ihren Bildungslandschaften diese und andere Lücken zu schließen und
ihre Kommunen und ihre Bürgerinnen und Bürger fit für diese Zukunft zu machen. Aber
diese Kooperationen entstehen nicht von selbst. Es braucht Räume, in denen sie entstehen können und Menschen, die die Fäden zusammenführen und dafür sorgen, dass sie
zusammenbleiben. Es braucht professionelle Kooperationsmanagerinnen und -manager,
auch im Bildungssystem.

Neben dem in der Einleitung erwähnten Aspekt der Vorbereitung auf die Aufgaben
der Zukunft gibt es noch einen zweiten wichtigen Grund, der für mehr Kooperation im
Bildungssystem, für kommunale Bildungslandschaften spricht: die fehlende Chancengerechtigkeit. Die erstmals im Jahr 2000 durchgeführte PISA-Studie ist immer noch
einer der entscheidenden Wendepunkte der deutschen Bildungspolitik. Nicht ohne
Grund wird von der Zeitrechnung „vor und nach PISA" gesprochen. Die PISA-Studie,
wie auch andere internationale Vergleichsstudien im Bildungsbereich, haben nicht nur
gezeigt, dass die Resultate des deutschen Bildungssystems im internationalen Vergleich
schlechter ausfallen als gemeinhin angenommen. Sie hat auch die geringe Chancengerechtigkeit des formal recht durchlässigen deutschen Schulsystems sichtbar gemacht
(Artelt et al. 2001). Chancengerechtigkeit im Bildungswesen bedeutet, dass der
Bildungserfolg, also zum Beispiel Noten und Abschlüsse nicht von der sozialen Herkunft oder dem sozioökonomischen Status des Elternhauses abhängig sein dürfen. PISA
und Co. haben aber gezeigt, dass dies oft der Fall ist. Die Bildungserfolge sind geringer
als wünschenswert und zu viele Schülerinnen und Schüler verlassen die Schule ohne
einen Abschluss. Im Abgangsjahr 2017 waren dies 6,3 %. Regional können diese Zahlen
durchaus um ein Mehrfaches höher liegen (Statistisches Bundesamt 2018). Im weiteren
Verlauf der Bildungsbiografie ist das nur schwer auszugleichen.

Kommunale Bildungslandschaften sind das gemeinsame Netzwerk der Bildungsakteure und ein kommunales Bildungsmanagement bietet die Prozesse und Strukturen,
die effektive Kooperation dieses Netzwerkes ermöglicht. Das Ziel ist, die Angebots-
lücken zu schließen und die Chancengerechtigkeit des deutschen Bildungssystems
herzustellen. Hinter dem Konzept der kommunalen Bildungslandschaften steht ein
grundlegender Gedanke: Der Komplexität der bildungsbiografischen und sozialen
Herausforderungen der Menschen kann nicht durch die Leistungen und die Blickwinkel

einzelner Bildungsakteure begegnet werden. So sind zum Beispiel für den Übergang von der Schule in den Beruf bei Schülern mit schwierigen sozialen und pädagogischen Biografien das Elternhaus, die Schule, das Team U25 des Jobcenters, die Berufsberater der Agentur für Arbeit, die Jugendberufshilfe (Jugendamt wie freie Träger der Jugendhilfe) und die Berufsbildende Schule beteiligt, die teils sehr unterschiedliche Perspektiven auf die Lage der Jugendlichen und die richtige Unterstützungsleistung haben. Erst durch die Zusammenarbeit und das Hand-in-Hand-Gehen der einzelnen Leistungen, in jedem Abschnitt einer Bildungsbiografie und an den Übergängen zwischen Bildungsabschnitten, können auch schwierige Bildungsbiografien erfolgreich werden. Aus diesem Grund ist die interorganisationale Kooperation zwischen verschiedenen Bildungsträgern das Ziel kommunaler Bildungslandschaften. Die Förderung dieser Kooperation ist die Kernaufgabe von Bildungsmanagerinnen und -managern. Dafür folgen sie mehreren Leitprinzipien, die auch die Arbeitsweise der Kooperationsmanagerinnen und -manager prägen: die Orientierung am lebenslangen Lernen, die Gestaltung der Übergänge in der Bildungskette, der Fokus auf Wirkungen und Leistungen (Maßnahmen). Entscheidungen sollen datenbasiert und nicht nach Bauchgefühl getroffen werden (Luthe 2009). Ein verbesserter Informationsfluss, bottom-up von der Fachlichkeit hin zu den Entscheidern, sowie der Perspektivwechsel von formalen Zuständigkeiten hin zu einer an der Letztzielgruppe[1] orientierten Verantwortungsgemeinschaft soll eine höhere Praxisnähe und Effektivität von Angeboten gewährleisten (Lohre 2015).

Ein solches Vorgehen hat für die kommunalen Bildungslandschaften mehrere Vorteile: Sie können Herausforderungen bearbeiten, die in den Zwischenräumen formaler Zuständigkeiten liegen. Durch die Netzwerke können sie flexibler auf neu auftretende Probleme oder Chancen reagieren. Kommunale Bildungslandschaften denken und handeln zukunftsorientierter. Bildung wird damit als Standortfaktor ernst genommen, was sich sowohl in einer besseren Lage für die Bürgerinnen und Bürger als auch die lokale Wirtschaft niederschlägt. Ein weiteres Argument für die Kommunalverwaltung ist auch die Senkung der Sozialausgaben. Denn hohe Sozialkosten aufgrund nicht gelingender Bildungsbiografien sind eine der größten Belastungen jedes kommunalen Haushalts (Allmendinger et al. 2011).

Zur Unterstützung der Kommunalverwaltungen, die sich entschlossen haben, ein kommunales Bildungsmanagement aufzubauen, wurden im Rahmen der Transferinitiative kommunales Bildungsmanagement des Bundesministeriums für Bildung und Forschung bundesweit Transferagenturen gegründet, die interessierte kommunalen Bildungslandschaften beim Aufbau eines Bildungsmanagements unterstützen und einen Rahmen schaffen, in denen Erfahrungen zwischen Kommunen transferiert werden können. Neben der Unterstützung der Transferagenturen umfasst die Transfer-

---

[1]Die Letztzielgruppe sind die Empfänger von Bildungsangeboten wie Schülerinnen und Schüler; im Vergleich zu den Bildungsanbietern (auch Multiplikatoren genannt), die die Zielgruppe der Kooperationsmanagerinnen und -manager sind.

initiative des BMBF zwei Förderprogramme: „Bildung integriert" und „Kommunale Koordinierung der Bildungsangebote für Neuzugewanderte", die für mehrere Jahre Mitarbeitende im Bildungsmanagement, -monitoring und in der Bildungskoordination für Neuzugewanderte finanzieren, die in den kommunalen Bildungslandschaften ein Kooperationsmanagement aufbauen.

Das „Transfer" im Namen bedeutet, dass ein wichtiger Teil der Arbeit darin besteht, Erfahrungen und Good-Practices, die in einer Kommune beim Aufbau kommunaler Bildungslandschaften gesammelt wurden, anderen interessierten Kommunen zur Verfügung zu stellen. Denn das kommunale Bildungsmanagement kann auf eine lange Reihe von Projekten zurückblicken, in denen wertvolle Erfahrungen gesammelt wurden: Erste Pilotprojekte für den Aufbau kommunaler Bildungslandschaften waren beispielsweise „Schule & Co." des Schulministeriums Nordrhein-Westfalen, in dem versucht wurde, Schulen mit den Angeboten außerschulischer Bildungsakteuren in ihrem Umfeld zu verknüpfen. Daraus entwickelte sich später das Landesprogramm „Regionale Bildungsnetzwerke Nordrhein-Westfalen". Auch weitere Bundesländer wie Bayern, Baden-Württemberg oder Niedersachsen haben Landesprogramme zum kommunalen Bildungsmanagement aufgelegt. Auf Bundesebene waren dies die vom Bundesministerium für Bildung und Forschung aufgelegten Programme „Lernende Regionen" und „Lernen vor Ort". Gerade im Rahmen von „Lernen vor Ort" wurden von 2009 bis 2014 in über 30 Modellkommunen Konzepte und Projekte erprobt, die jetzt im Rahmen der „Transferinitiative kommunales Bildungsmanagement" verbreitet werden.

Kommunale Bildungslandschaften zeichnen sich dadurch aus, dass sie eine Vielzahl von Akteuren umfassen, die üblicherweise in keinem Über- oder Unterordnungsverhältnis zueinander stehen. Entscheidungen müssen daher im Konsens getroffen werden. Der Idee des Educational-Governance-Ansatzes folgend, treten Kommunalverwaltungen nicht mehr nur als Erbringer oder Überprüfer von Leistungen auf, sondern als Moderatoren ihrer kommunalen Bildungslandschaft, die das breite Feld kommunaler Bildungsakteure durch konsensorientierte Steuerungs- und Beteiligungsstrukturen einbindet (Lindner et al. 2016).

Aber auch die Kommunalverwaltungen selbst sind keineswegs monolithische Organisationen, die straff hierarchisch auf Ziele hin ausgerichtet geführt werden. Viele Kommunalverwaltungen zeichnen sich nach wie vor durch eine starke organisationale Versäulung nach Zuständigkeiten („Silodenken") aus, die durch die vorgegebene Orientierung an gesetzlich geregelten Zuständigkeiten als ungeplanter Nebeneffekt entstanden ist. Diese Zuschreibung von Zuständigkeiten in einem gesetzlich geregelten Rahmen ist in vielen Fällen sinnvoll und berechtigt. Wenn die sozialen oder bildungsbiografischen Problemlagen von Menschen allerdings in die Zwischenräume von formalen Zuständigkeiten fallen, können diese Problemlagen nicht mehr sinnvoll gelöst werden und eine neue Arbeitsorganisation wird nötig (Lohre 2015). Daher wirkt ein kommunales Bildungsmanagement nicht nur durch die interorganisationale Kooperation in die Bildungslandschaft hinein, sondern versucht auch die intraorganisationale Kooperation innerhalb der Kommunalverwaltung zu verbessern und tritt zumindest implizit mit einem Anspruch der Organisationsentwicklung an. Ziel ist der Sprung von Denken in Zuständigkeiten hin zu einer Verantwortungsgemeinschaft.

Auch wenn im Rahmen der Transferinitiative Kommunales Bildungsmanagement von Bildungsmanagerinnen und -managern gesprochen wird, werden diese im weiteren Verlauf als Kooperationsmanagerinnen und -manager bezeichnet. Dieser Beitrag richtet sich vor allem an diejenigen Kooperationsmanagerinnen und -manager, die sich neu in dieser Funktion wiederfinden und das häufig als Quereinsteiger oder ohne größere Vor-erfahrungen. In dieser Situation befanden sich auch viele Bildungsmanagerinnen und -manager, mit denen ich zusammengearbeitet habe. Versetzen Sie sich also in diese Rolle: Sie treten Ihr neues Stellenprofil an. Ihre geforderte Arbeitsweise existiert bis-her in dieser Form in der Verwaltung noch nicht. Die in Sie gesetzte Erwartung ist groß, aber unklar definiert und lautet zum Beispiel „Jugendliche müssen besser auf die Digitalisierung vorbereitet sein, wenn sie die Schule verlassen".

In den folgenden Abschnitten möchte ich Ihnen als Leserinnen und Lesern einige Erfahrungen an die Hand geben, um sich gerade in der Anfangsphase ein stabiles Funda-ment für Ihr weiteres Kooperationsmanagement aufzubauen. Dieser Beitrag basiert dabei unter anderem auf Erfahrungen, die ich bei der Beratung von Kommunen zum Aufbau kommunaler Bildungslandschaften gesammelt habe.

10.2   Auftrag und Rolle des Kooperationsmanagements in kommunalen Bildungslandschaften

In vielen Fällen sind die eigenen Aufgaben und Rollen auf dem Weg zur Erreichung des Ziels der Kooperation nur wenig definiert, wenn man die neue Stelle im Kooperations-management antritt. „Auftrag" und „Rolle" sind nicht trennscharf zu verstehen, sondern eng miteinander verwoben. Der „Auftrag" wird hier verstanden als Antwort auf die Frage „Was habe ich zu erledigen?" und die „Rolle" als die Antwort auf die Frage „Wie soll ich mich verhalten, während ich es erledige?".

Dieser Klärungsprozess ist also eine der ersten Aufgaben, die Sie anpacken sollten. Eine saubere Auftrags- und Rollenklärung ist dabei mehr als nur eine theoretische Haar-spalterei. Bleibt sie aus oder wird sie nur oberflächlich vollzogen, folgen oftmals Miss-verständnisse oder sogar Konflikte. Diese Missverständnisse entstehen durch nicht offen ausgesprochene, aber trotzdem vorhandene Erwartungen. Aber auch ein unter-schiedliches Verständnis darüber, was zu den Aufgaben gehört (und was nicht) oder welche Abstimmungen und Abstimmungswege zu gehen sind, kann zu Konflikten führen. Gerade in Verwaltungen sind ungenügende Abstimmung, falsche Abstimmungs-wege oder ein „Wildern" in den Zuständigkeitsbereichen anderer Abteilungen einer der häufigsten Fehler von Quereinsteigern, die zu Irritationen führen können. Dazu gehört auch, wie mit verwaltungsexternen Akteuren kommuniziert wird und welche Entscheidungswege dabei einzuhalten sind. In kommunalen Bildungslandschaften ist dies ein kritischer Punkt, da organisationsinterne hierarchische und organisationsübergreifende, konsensorientierte Entscheidungsverfahren aufeinandertreffen und ein Wechselspiel zwischen den verschiedenen Organisationskulturen gefunden werden muss (Suthues et al. 2017).

In kommunalen Bildungslandschaften werden Entscheidungen zwischen Akteuren im Konsens getroffen, da die Kooperationspartner weder in einem hierarchischen Verhältnis zueinander stehen noch vertraglich aneinandergebunden sind. Hier sind der Auftrag und die Rolle nicht nur mit den eigenen Linienvorgesetzten zu klären, sondern auch mit den Kooperationspartnern, die in verschiedenen Steuerungsstrukturen organisiert sind, vom strategischen Lenkungskreis bis zur operativen Projektgruppe (Minderop 2014). Als Kooperationsmanagerin und -manager im kommunalen Bildungsmanagement benötigen Sie für eigenen Erfolg den gemeinsamen Prozess. Sie sind von ihm abhängig und damit zwangsläufig gegenüber der Kooperation verantwortlich. Das führt dazu, dass man in hohem Maße die Interessen und Anliegen vieler Akteure berücksichtigen muss, manchmal auch gleichberechtigt zu den Interessen des eigenen Hauses: Eine für Kommunalverwaltungen oft neue Rolle, an die sich auch viele Vorgesetzte erst gewöhnen müssen. Aber auch über die eigene Rolle in der Kooperation sollte mit den Kooperationspartnern explizit gesprochen werden. Insbesondere wenn wie oft im kommunalen Bildungsmanagement die Kooperationspartner nur nebenher und mit geringen Stellenanteilen an den Projekten mitwirken, ist oftmals die Erwartung groß, dass operative Aufgaben durch die Kooperationsmanagerinnen und -manager übernommen werden. Diese Erwartung sollte aber möglichst konstruktiv enttäuscht werden, da die Aufgaben des Kooperationsmanagement umfangreiche Zeitressourcen erfordern, die gerade zu Beginn oft unterschätzt werden.

Damit die Auftrags- und Rollenklärung etwas anschaulicher wird, finden Sie im unteren Kasten einige Fragen, auf die Sie im Laufe des Klärungsprozesses Antworten finden sollten. Nach der Klärung sollte Bilanz gezogen werden, ob Auftrag und Rolle auch zusammenpassen oder ob man schlimmstenfalls einen Auftrag hat, der durch die erhaltene Rolle nicht erfüllt werden kann. Auftrag oder Rolle können sich mit der Zeit verändern, sodass dieser Klärungsprozess in regelmäßigen Abständen wiederholt werden sollte.

Fragen zur Auftrags- und Rollenklärung

1. Was wird konkret anders sein, wenn das Kooperationsprojekt/-management erfolgreich war? (Angestrebte Wirkung des Auftrags verstehen)
2. Was sind Kriterien (auch implizite Nebenkriterien), an denen gemessen wird, ob man erfolgreich ist? (Woran misst der Auftraggeber den Erfolg? Wie werden diese Kriterien operationalisiert?)
3. Was sind Nicht-Ziele? (Grenzen des Auftrags definieren)
4. Wie stellen Sie sich als Vorgesetzter vor, wie ich meine Aufgaben erledige? (Rollenklärung)

5. Was müsste ich tun, damit Sie als Auftraggeberin/-geber unzufrieden sind? (Grenzen des Misserfolgs definieren)
6. Mit welchen Kompetenzen und Ressourcen ist die Stelle einer/eines Kooperationsmanagerin/-managers in dieser Organisation ausgestattet? (Was darf man tun? Worüber darf man entscheiden?)
7. Wen muss man informieren, wem gegenüber Rechenschaft ablegen? (Abstimmungswege verstehen)
8. Wer kann Rückmeldung zum Projektfortschritt geben? (Reporting)
9. Mit welcher Rückendeckung kann im Konfliktfall gerechnet werden? (Den eigenen Schutz verstehen)
10. Mit wem sollte man sprechen, um mehr über das Umfeld des Kooperationsprojektes zu erfahren? (implizite Meinungsbildner)

Kooperationsmanagerinnen und -manager müssen allerdings mit vielen Antworten auf diese Fragen in Vorleistung treten. Sie sollten sich also schon im Vorfeld darüber Gedanken machen, welche Varianten sie bevorzugen würden und eine Entscheidungsvorlage bieten, anstatt zu erwarten, dass die Auftraggeber jede dieser Antworten bereits in petto haben.

Zu den wichtigsten Ressourcen von Kooperationsmanagerinnen und -managern gehört eine gute Kenntnis des Feldes. Diese Feldkenntnis ist Voraussetzung für alle strategischen Klärungsprozesse, für den Aufbau von Beziehungen und für die Auswahl der passenden Prozess- und Projektschritte. Mit „Feld" ist die Gesamtheit der Beziehungen zwischen Akteuren, die sozialen und organisatorischen Hintergründe und ihre Vorgeschichten gemeint und alle Interdependenzen, die daraus entstehen. Diese Feldkenntnis ist die nicht zu unterschätzende Voraussetzung dafür, dass Kooperationsmanagerinnen und -manager zwischen all den verschiedenen Vorgehensweisen, aus denen sie wählen können, sich für diejenigen entscheiden können, die an das Feld anschlussfähig sind und damit überhaupt erst Aussicht auf Erfolg haben. Später werden einige praktisch handhabbare Diagnosewerkzeuge genannt, die helfen können, diese Feldkenntnis zu erhalten.

Der Erfolg von Kooperationsmanagerinnen/-managern hängt neben ihrem Gespür für Prozesse, ihrer strategischen Weitsicht und ihrem Umgang mit Menschen auch von Faktoren ab, die sie nur beschränkt selbst in den Händen haben. Neben der Struktur des Feldes, in dem sie arbeiten, gehört dazu auch die Haltung der Vorgesetzten zur Rolle der Kooperationsmanagerinnen und -manager. Diese Haltung kann über den Erfolg der Kooperation entscheiden. Dies ist eine Verantwortung, derer sich die Vorgesetzten bewusst sein sollten. Im Falle der strategischen Vorgesetzten kann ein nicht vorhandenes oder häufig wechselndes Zielbild, die fehlende Bereitschaft zu Rückkopplung und Rückendeckung oder eine fehlende Bereitschaft, sich auf die Logiken anderer Organisationen bzw. einen konsensorientierten Prozess einzulassen, das Kooperationsmanagement und seine Projekte torpedieren und im schlimmsten Fall die Kooperationsbereitschaft des Feldes reduzieren. Kooperationsmanagerinnen und -manager müssen die Interessen verschiedener Partner berücksichtigen und mit vielen Personen in engem Kontakt stehen. Der dafür nötige weite Kommunikations- und Handlungsspielraum kann in Konflikt mit einem engen Führungs- und Kontrollverständnis des Linienvorgesetzten stehen. Gerade wenn Kooperationsmanagerinnen und -manager als Quereinsteiger diese Aufgabe übernehmen, sollten die Linienvorgesetzten mit Rückendeckung, mit Unterstützung bei der bereichs- und akteursübergreifenden Kommunikation und durch das Öffnen von Türen zu Gesprächspartnern unterstützen.

Im besten Falle haben Sie als neue Kooperationsmanagerinnen und -manager nun ein klareres Bild davon, was von Ihnen erwartet wird und welche Freiräume und Wege Ihnen für Ihre Arbeit zur Verfügung stehen. Jetzt benötigen Sie Kooperationspartner, mit denen Sie Ihr Ziel „bessere digitale Bildung für alle Jugendlichen" erreichen können. Leider trifft man bei der Ansprache potenzieller Kooperationspartner auf ein sehr wechselhaftes Interesse und das ein oder andere Mal auch auf verschlossene Türen. Aber auch wenn man die Partner mit an Bord hat, ist es von da an keineswegs eine Reise in leichtem Fahrwasser. Sie als Kooperationsmanagerin oder -manager werden alle Hände voll zu tun haben, das Boot auf Kurs und alle an Bord zu halten oder sogar das Kentern zu verhindern. Kooperationsmanagement kann also ein mühsames Geschäft sein, da immer wieder an vielen kleinen Stellschrauben gedreht werden muss, um die Kooperationspartner auf einem gemeinsamen Weg zu halten. Das setzt eine bestimmte Haltung und Kenntnis darüber voraus, welche Stellschrauben und Prozesse Ihnen dafür zur Verfügung stehen. In diesem Beitrag werden Sie drei Werkzeugkisten (aber das sind bei Weitem nicht alle) kennenlernen, die gerade zu Beginn hilfreich sind: strategisches Denken, Beziehungsaufbau und Prozessgestaltung.

Aber zunächst ein kurzer Tipp zur Haltung vorweg: Sie benötigen große Gelassenheit, denn kein Prozess läuft so schnell und effizient, wie man es sich erhoffen würde. Sie brauchen die Bereitschaft, immer wieder die Extrameile zu gehen, um Kooperationspartner einzubinden und eine Liebe zu den Details sozialer Prozesse. Ebenso gehört ein Interesse am Aufbau von professionellen Beziehungen und Netzwerken dazu. Eine dafür wichtige Kompetenz ist der Wechsel in die Perspektive der Kooperationspartner. Dass gelegentlich eine Tür vor Ihnen zugeschlagen wird, sollte Sie nicht aus der Fassung bringen. Meistens wird die Kooperation in anderer Form, mit einem anderen Ansatz oder zu einem späteren Zeitpunkt im Prozess doch noch möglich.

Manche dieser Aspekte werden Ihnen im Rückblick simpel und selbstverständlich erscheinen, aber im Arbeitsalltag ist die Umsetzung nicht mehr simpel und selbstverständlich. Eine Vielzahl von Kooperationsprojekten ist gescheitert oder zumindest in schwierige Fahrwasser geraten, weil diese Aspekte nicht ausreichend beachtet wurden. Unsere Aufgabe als Transferagentur Rheinland-Pfalz-Saarland ist es daher, unter anderem dafür zu sorgen, dass das vermeintlich Simple und Selbstverständliche auch beachtet und umgesetzt wird.

10.3 Strategisches Denken

Unter strategischem Denken wird hier nach der Idee von Henry Mintzberg die Fähigkeit verstanden, ein Muster im Strom der vielen, tagtäglich zu treffenden Entscheidungen („pattern in a stream of decisions") zu erschaffen, bei dem die Entscheidungen aufeinander aufbauen und sich gegenseitig stützen, um einen Weg zu formen, der von der Ausgangslage hin ins Zielbild führt (Mintzberg 1978).

Ich möchte vermeiden, Strategie als etwas im Vorhinein Gefasstes und Statisches zu sehen. Deshalb möchte ich dazu anregen, den Fokus auf die Fähigkeit zu legen und nicht das Ergebnis (die Strategie selbst). Strategie sollte bei allen Schnittmengen keinesfalls mit Planung gleichgesetzt werden. Ein simples Planungsverständnis wird in den meisten Fällen zu einem Scheitern des Projektes führen. Flexible Planung ohne eine übergreifende Strategie als Messlatte für Entscheidungen führt schnell zu Problemen. Strategisch zu arbeiten bedeutet, ein festes Ziel zu haben und die Schritte im Sinne eines critical-point-planning so zu wählen, dass sie zum Ziel hin aufeinander aufbauen (an dieser Stelle möchte ich auf den Beitrag von Alexander Dregger in diesem Sammelband verweisen, der diesen Aspekt sehr ausführlich beschreibt). An jeder Weggabelung eines Kooperationsprojektes sind dabei mehrere Varianten für das weitere Vorgehen möglich und eine Entscheidung muss getroffen werden. Ohne strategisches Denken werden diese Entscheidungen als „opportunistic planning" (Frese et al. 2000) von Faktoren bestimmt, die nicht automatisch dazu führen, dass sie zur Zielerreichung beitragen. Zu diesen Faktoren gehören persönliche oder institutionelle Gewohnheiten, Vorlieben, persönliche Kompetenzen, institutionelle Zwänge oder Partikularinteressen von Kooperationspartnern.

Im kommunalen Bildungsmanagement und in unserer Beratung unterscheiden wir als Transferagentur RLP-SL bei der Entwicklung von Zielen zwischen Wirkungsorientierung und Leistungsorientierung. Wirkungsorientierung bedeutet den Fokus auf „erwünschte Stabilisierungen oder Veränderungen im Wissen, Verhalten oder in den Einstellungen von Zielgruppenmitgliedern *und* […] erwünschte Veränderungen im sozialen System, z. B. in Schulen, einem Stadtviertel, einer Stadt" (Schmidt 2012) zu legen. Demgegenüber steht die Orientierung an Leistungen. Dies ist der Standardmodus nicht nur der meisten Verwaltungen, sondern der meisten Menschen. Zählbare Leistungen (zum Beispiel Anzahl der durchgeführten Fortbildungen, die Anzahl der durch ein Angebot erreichten Schülerinnen und Schüler) sind durchaus wichtige Kennzahlen, sagen aber noch nichts über den tatsächlichen Effekt aus. Den Fokus auf die Wirkung einer Leistung und nicht nur ihre Durchführung zu legen, sorgt dafür, dass man all die Stellschrauben bedient, die eine Leistung wirksam werden lassen und man sich nicht nur mit der alleinigen Durchführung zufriedengibt. Darüber hinaus können Maßnahmen, je nach Ausrichtung, unterschiedliche Ziele erreichen. Ohne die Definition einer angestrebten Wirkung bleibt diese Ausrichtung aber beliebig.

Weil das Denken in Wirkungszielen oft nicht der gewohnten Denkweise entspricht, bietet die Transferagentur RLP-SL neben der persönlichen Beratung zwei aufeinander aufbauende Formate an, um akteursübergreifende Wirkungsziele zu finden sowie Leistungen und einen Umsetzungsprozess zu entwickeln, um diese Ziele kooperativ zu erreichen.

Das erste Format ist der „Ziel- und Strategieentwicklungs-Workshop". Dem Zielsystem der Kommunalen Gemeinschaftsstelle für Verwaltungsmanagement (KGSt) folgend werden in gemischten Kleingruppen Wirkungsziele für verschiedene Altersgruppen entwickelt. Diese Gruppen bilden die Akteurslandschaft einer Bildungsregion entlang der gesamten Bildungskette vom Kindergarten bis zur Seniorenbildung ab. Diese Wirkungsziele bilden die Basis für die zweite Phase. Dort erarbeiten nach Altersgruppen homogene Teams Leistungen, Prozesse, Strukturen und Ressourcen, um diese Wirkungsziele zu erreichen (Heinz 2000). Die Ergebnisse werden für die Kommune in einer Handlungsempfehlung zusammengefasst. In einem Lenkungskreis werden diese Ergebnisse anhand des Schemas „Quick Win – Quick Start" priorisiert, um das Momentum der Zusammenarbeit aus dem Workshop auszunutzen und durch schnelle Erfolge den Kooperationsmanagerinnen und -managern Legitimation zu verleihen. Der Grund für diese Priorisierung ist es, mit kleinen Projekten schnell Sichtbarkeit zu erreichen und die Partner zu gewinnen, um die dicken Bretter angehen zu können. Denn nichts schadet dem Ansehen von Kooperationsmanagerinnen und -managern mehr als Ziele, die angegangen werden und nach kurzer Zeit versanden. Dieses Format garantiert eine hohe Nähe der Ergebnisse zur Praxis, eine frühe Beteiligung der Akteure am Prozess sowie die Einbindung der Ebene der Entscheider (Weigel und Winkler 2018). Es zeigt einen wichtigen Mehrwert eines kommunalen Bildungsmanagements: Das entscheidende und realitätsnahe Fachwissen der operativen Ebene fließt in den strategischen Prozess ein. Ziele werden zwar weiterhin top-down entschieden, aber zusammen mit den Partnern bottom-up formuliert. Im Falle unseres Beispiels wäre dann das folgende Vorgehen denkbar. Um Ihrem Ziel näher zu kommen, dass Jugendliche nach Abschluss der Schule besser auf die Anforderungen der Digitalisierung vorbereitet sind, laden Sie eine ganze Reihe von Akteuren ein: zum Beispiel Kindertagesstätten, Lehrerinnen und Lehrer, Vertreter der Volkshochschule, Berufsberaterinnen und -berater der Agentur für Arbeit, Wissenschaftlerinnen und Wissenschaftler der nahegelegenen Hochschule sowie lokale Initiativen und Unternehmen, die einen engen Bezug zur Digitalisierung haben. Ein solches Wirkungsziel kann sein, dass alle Schülerinnen und Schüler in der 8. Klasse ein eigenes, kleines Computerprogramm programmiert haben. Eine Leistung, um das zu erreichen, wäre die Organisation einer CodeWeek an allen Schulen der Kommune. Da dies keine Schule allein leisten kann, muss sich ein Netzwerk von Akteuren bilden, die eine solche CodeWeek umsetzen können.

Ein solches Wirkungsziel ist noch recht abstrakt und kann oft noch nicht auf bereits existierende Kooperationsstrukturen zurückgreifen. Um es zu konkretisieren und eine stabile Netzwerkbasis zu schaffen, nutzen wir ein zweites Format, die „Kooperationswerkstatt". Dieses Format wurde gemeinsam mit der Freiburger Organisationsberaterin Anna Merklin für die Transferagentur RLP-SL aufbauend auf den Erfahrungen eines Vorgängerformates („Lupengespräche" im Rahmen des Bildungsberatungswerkzeuges Freiburger Lupe) entwickelt.

Durch eine systemische Vorgehensweise und Partizipation werden nachhaltige Lösungen ermöglicht. Gleichzeitig dient die Kooperationswerkstatt dem Aufbau und der Pflege flexibler Kooperations- und Netzwerkstrukturen. Auch in diesem Format ist der Vorprozess entscheidend. Es wirkt nur dann, wenn es für die eingeladenen Akteure und hoffentlich zukünftigen Kooperationspartner anschlussfähig und relevant ist. Deswegen werden vor der Kooperationswerkstatt mit Schlüsselakteuren des Feldes Stakeholder-interviews geführt, um deren Sichtweise als auch deren Interessen und Vorstellungen vom Prozess zu erfahren. Ebenso werden kritische Ereignisse der Vorgeschichte beleuchtet und versucht herauszufinden, welche Leitplanken der Kooperationsprozess haben muss, damit sie zu einer Zusammen- und Mitarbeit bereit sind. Im folgenden Kasten finden Sie einige Beispielfragen, die in einem solchen Stakeholderinterview gefragt werden können:

Beispielfragen in Stakeholderinterviews

- Was ist Ihre Geschichte im Zusammenhang mit dem Thema „Digitale Bildung"? Was ist Ihr Zugang?
- Woher kommt aus Ihrer Sicht die „Lust auf die Beschäftigung mit ‚digitalen Medien'"? Konkrete Situationen? Beispiele? (Als Kontrapunkt zur Problem-sicht!)
- Welchen Beitrag möchten Sie persönlich und als Institution leisten?
- Was ist dabei Ihrer Institution und Ihnen persönlich am wichtigsten?
- Was ist Ihr wichtigstes Ziel, und wie kann ich (ich vom Kommunalen Bildungs-management) helfen, es zu realisieren?
- Wenn Sie zwei Dinge in meinem Verantwortungsbereich in den nächsten sechs Monaten verändern könnten, was würde Ihnen am meisten helfen, und was hätte den größten Wert für Sie?
- Was sind eventuelle Altlasten aus der Vergangenheit oder widersprechende Anforderungen, die es Personen in meiner Rolle (Kooperationsmanagement) erschwert haben, Ihre Erwartungen zu erfüllen?
- In welchem Fall würden Sie sagen, dass sich Ihre Teilnahme an der Kooperationswerkstatt für Sie zu 100 % gelohnt hat? Was müsste passieren, dass es für Sie reine Zeitverschwendung war?
- Gibt es sonst noch einen Hinweis oder einen Achtungspunkt, den Sie mir für eine gute Vorbereitung und Durchführung der Kooperationswerkstatt mit auf den Weg geben wollen?
- Mit wem sollte ich aus Ihrer Sicht sonst noch reden, um ein tieferes und weiteres Verständnis der Situation hier in unserer „Kommune" zu bekommen?

Wie bei einem Eisberg liegen die wichtigen Aussagen oft unter der Oberfläche verborgen. Fragen Sie unbedingt nach. Bohren Sie nach und lassen Sie sich selbst Aspekte erläutern, die Sie zu verstehen glauben. Oft erhalten Sie dadurch Wissensbausteine, von denen Sie nicht wussten, dass sie existieren könnten oder verstehen die Hintergründe, warum Stakeholder auf diese Weise denken und handeln. Lassen Sie sich auf die Komplexität der Arbeitswelt Ihrer Interviewpartnerinnen und -partner ein!

Die aufgezeichneten und transkribierten (in lockerer Form und nicht im Sinne qualitativer Sozialforschung) Ergebnisse werden dann für die Planung der Kooperationswerkstatt genutzt. Es wird versucht, die „echte Frage", die die Akteure bewegt, herauszuarbeiten. Denn für ein „nice-to-have" wird niemand in einem sowieso stressigen Job zusätzliche Energie und Leidenschaft investieren. Es wird nicht versucht, Akteure zu überzeugen, sondern das gemeinsame Interesse zu finden, für das auch jeder bereit ist, seine Energie einzusetzen. Das Format lebt von einer kontext-, institutionen- und professionsübergreifenden Besetzung und einem Austausch auf Augenhöhe zwischen Experten. Ziel dieses Austausches ist es, die Teilnehmerinnen und Teilnehmer zu einem Perspektivwechsel anzuregen: Im ersten Schritt von der eigenen Perspektive zu der der anderen Akteure (dem Gegenüber in der Wahrnehmung ihrer Problemsicht und ihrer Sachzwänge zuhören). Dann im zweiten Schritt der Wechsel hin zur Perspektive der Letztzielgruppe und zu gemeinsamen wirkungsorientierten Zielen, um der Letztzielgruppe zu helfen. Der Horizont öffnet sich für neuartige gemeinsame Lösungen. Die Methode des Storytellings kann hier helfen, Wille, Herz und Hirn für neue Impulse zu öffnen. Ein Beispiel kann folgendermaßen aussehen: „Stellen Sie sich Ihre Kommune im Jahr 2040 vor. Neue Entwicklungen digitalisierter Arbeitsprozesse haben inzwischen auch in den meisten KMU Einzug gehalten. Sie sprechen auf einer Veranstaltung der örtlichen Industrie- und Handelskammer mit Unternehmerinnen und Unternehmern aus dem Mittelstand, die gerade auf der Suche nach neuen Auszubildenden für ihre Unternehmen sind und fragen welche Kompetenzen die Jugendlichen mitbringen. Welche Antworten erhalten Sie?"

Dieses Konzept basiert auf der Theorie U von C. Otto Scharmer (Scharmer 2009). Die Kooperationswerkstatt startet mit einer moderativen und inhaltlichen Rahmung, die die wichtigsten Ergebnisse der Stakeholderinterviews und der Empirie zusammenfasst und für die nachfolgenden drei Stunden ein gemeinsames Framing des Feldes bietet. Das Format ist ergebnisorientiert, klar strukturiert und wird eng moderiert. Die Moderatorinnen und Moderatoren, die gleichzeitig als Gastgeber fungieren, zeigen ein hohes Maß an Wertschätzung gegenüber den Akteuren. Die Interaktion zielt darauf ab, einen hochwertigen Wirklichkeitsabgleich zwischen den Teilnehmerinnen und Teilnehmern zu erreichen. Nach der Kooperationswerkstatt werden die festgehaltenen Ergebnisse und das Feedback der Teilnehmer zusammen mit einer Kerngruppe zu einem gemeinsamen Prozess mit den Kooperationspartnerinnen und -partnern geformt, der dann, gegebenenfalls nach mehreren Konkretisierungsschleifen in konkreten, zum Teil pilothaften Kooperationsprojekten mündet (Merklin 2018).

Als Ergebnis der Kooperationswerkstatt entsteht ein gemeinsames, lebendiges Zielbild. Aber es wird auch eine Vision entwickelt, welche Fortschritte die Schülerinnen und Schüler über den Projektzeitraum der „CodeWeek" hinausgehend, erreichen sollen. Dieses Ziel treibt die Kooperationspartner an und verleiht Energie für ihr Engagement. Erste Absprachen sind am Ende der Kooperationswerkstatt getroffen. Man hat eine Idee, welchen Beitrag jeder der Kooperationspartner allein aber auch die Gemeinschaft der Kooperationsgruppe für die Zukunftsvision leisten kann und wie die Schnittstellen aussehen. Eine Kerngruppe bildet sich, die die Ideen weiter ausarbeitet und das Netzwerk zu einem gemeinsamen Prozess verbindet. Es sind diese strategischen Erzählungen, die ein Kooperationsprojekt auf den Weg zum richtigen Ziel bringen und es zusammenhalten.

Für die Netzwerke oder losen Projektteams, mit denen man es im Kooperationsmanagement kommunaler Bildungslandschaften zu tun hat, wirken diese gemeinsam entwickelten und geteilten Zielbilder als ein wichtiges und effektives Steuerungsinstrument. Haben verschiedene Kooperationspartner verschiedene Zielvorstellungen, ohne dass dies offen kommuniziert wird, sind meist Blockaden oder sogar unterschwellige Sabotage die Folge; ohne dass das für das Kooperationsmanagement klar ersichtlich ist. Auf der anderen Seite machen geteilte Ziele sowie ein geteiltes Bewusstsein des Feldes und der Situation und Arbeitsweise der verschiedenen Kooperationspartner die Selbstorganisation sehr wahrscheinlich. In diesem Fall müssen die Kooperationsmanagerinnen und -manager mehr an förderlichen Rahmenbedingungen (wie Gärtner einen Boden bereiten, in dem zwangsläufig gute Kooperationen gedeihen) arbeiten als daran, die Kooperationspartner wie Hirten auf dem richtigen Weg zu halten (McChrystal et al. 2015).

Strategisches Denken hilft auch bei Entscheidungen für die passenden Maßnahmen eines Kooperationsprojektes – passt es zum Feld, das heißt ist es leicht umsetzbar und anschlussfähig, passt es aber nicht zum Ziel, wird dieses nicht erreicht werden. Passt die Maßnahme zum Ziel, aber nicht zum Feld, dann ist die Umsetzung für die Kooperationspartner äußerst schwierig und nur unter großem Überzeugungs- und Kraftaufwand gegen Widerstände umzusetzen. Dies ist entscheidend, wenn man die erhobenen Ergebnisse der verschiedenen Werkzeuge nutzt, um die kritischen Punkte und Meilensteine zu identifizieren und festzulegen, die der Kooperationsprozess und das Projekt abschreiten müssen, um das Ziel zu erreichen. Diese Meilensteine können dann für die Planung in ein Projekt- und Prozessmanagement überführt werden.

Was am strategischen Denken in vielen Punkten recht selbstverständlich klingt, ist in der Praxis nicht immer einfach umzusetzen, denn es müssen persönliche und organisationale Voraussetzungen gegeben sein. Ein beispielhafter Grund, warum strategisches Denken und Handeln im Arbeitsalltag so herausfordernd ist, sind Opportunitätskosten. Die Entscheidung für etwas ist immer auch die Entscheidung gegen etwas, ohne dass im Vorhinein Konsequenzen, geschweige denn richtig oder falsch, klar erkennbar sind. Sowohl die Kooperationsmanagerinnen und -manager als auch die Kooperationspartner und Vorgesetzten müssen in der Lage sein, das auszuhalten und nicht in eine Analyseparalyse zu verfallen, sich nicht festlegen zu wollen (möglichst lange möglichst viele Optionen offenzuhalten) oder zu versuchen, immer wieder eigene Vorstellungen durchzusetzen.

10.4 Beziehungsarbeit

In den meisten Aufbauprozessen eines kommunalen Bildungsmanagements konnte man beobachten, dass die Kooperationsmanagerinnen und -manager selbstständig ihre Projektteams und Arbeitskreise aufbauen mussten und sich nicht darauf verlassen konnten, dass ihnen von der Hierarchie der Kooperationspartner Ansprechpartnerinnen und -partner zur Seite gestellt wurden.

Eine grundlegende Erfahrung aus dem Aufbau von Kooperationen ist, dass die informelle, persönliche Beziehung deutlich mehr Gewicht hat, als die formale Beziehung (im Englischen gibt es dafür das Sprichwort: „work the people, not the system"). Ein kommunales Bildungsmanagement oder Kooperationsmanagement schafft Verbindungen zwischen Organisationen, für die zunächst oft keine formalen Schnittstellen vorgesehen sind. Deswegen setzt man an der persönlichen Ebene an und baut von dort aus professionelle Beziehungen auf. Daraus können längerfristige organisationale Verbindungen entstehen. Aufgabe von Kooperationsmanagerinnen und -managern ist es, Menschen und Funktionen zusammenzubringen, die für eine gemeinsame Sache voneinander profitieren und Räume zu schaffen, in denen informelle Begegnungen und damit das Knüpfen von Beziehungen und Verbindungen möglich wird (Minderop 2014).

Die Auswahl der passenden Kooperationspartner ist eine entscheidende Stellschraube für den Erfolg eines Kooperationsprojektes. Mit Kooperationspartnern sind nicht nur die Organisationen gemeint, sondern die konkreten Menschen, die ihre Organisation im Kooperationsprojekt vertreten.

Diese Menschen sollten im besten Fall einige Eigenschaften mitbringen, die für eine Teilnahme an einem Kooperationsprojekt hilfreich sind. Dazu gehören persönliches Interesse oder sogar Leidenschaft am Ziel des Kooperationsprojektes, daneben die Bereitschaft zum Perspektivwechsel aus der Sicht ihrer Organisation hinaus, die Erfahrung mit Projektarbeit und die Bereitschaft auch durch schwierige und langwierige Projektabschnitte hinaus zu gehen. Jeder Kooperationsmanager muss Partner finden, die sich um der Sache willen engagieren, ohne allzu sehr auf den eigenen Nutzen zu schauen. Mit dieser Avantgarde lassen sich die Vorleistungen erbringen, die nötig sind, um andere zu überzeugen, mit einzusteigen.

Denn in vielen Fällen sind potenzielle Kooperationspartner zunächst skeptisch gegenüber dem Kooperationsprojekt. Gerade bei Projekten, bei denen zum Beispiel aufgrund einer öffentlichen Projektförderung die Laufzeit begrenzt ist, werden sie schon die Erfahrung gemacht haben, dass mit viel Kraftaufwand ein Projekt aufgebaut wurde, das nach Ende der Laufzeit umso schneller wieder zerbrach und verschwand. Diese frustrierende Erfahrung führt dazu, dass vonseiten der Kooperationsmanagerinnen und

-manager Vorleistungen erbracht werden müssen, um zu zeigen, dass es ernst gemeint ist und ein nachhaltiges Vorgehen angestrebt wird.

Es kann also sinnvoll sein, auch wenn man plant die CodeWeek an allen Schulen einer Kommune einzuführen, mit einem kleinen Kreis von Partnern zu beginnen und zunächst nur eine Schule einzubeziehen, an der bereits gute Bedingungen, Interesse und Engagement herrschen. Ein solches Pilotprojekt ist Experimentierfeld, hilft erste Fehler in einem vergebenden Umfeld zu begehen und daraus zu lernen, hilft bei der Überzeugung und ist Beweis für die Wirksamkeit der Ideen, um die breite Masse der weiteren Akteure zu gewinnen, ganz im Sinne der Diffusionstheorie von Innovationen (Rogers 2003).

Deswegen sollte der erste Schritt sein, eine Veränderungsallianz aufzubauen. Das Promotorenmodell von Witte gibt einen ersten Anhaltspunkt, welche verschiedenen Partner mit verschiedenen Funktionen für ein erfolgreiches Kooperationsprojekt benötigt werden. Dazu gehören Machtpromotoren, die Entscheidungen herbeiführen und Ressourcen bereitstellen können und Beziehungspromotoren, die Verbindungen zu Menschen herstellen. Dazu gehören aber auch Fachpromotoren, die über spezifisches Fachwissen verfügen. Dies ist in Verwaltungen meist die Ebene der Sachbearbeiter und Sachgebietsleiter (Witte 1973). Aufgabe der Kooperationsmanagerinnen und -manager ist es, diese Personen zu einem Team mit einem hohen Maß an Kohäsion zusammenzuschweißen. Faktoren, die dies fördern sind: ein gemeinsames Ziel, Ähnlichkeit der Interessen und Arbeitsweisen, ein Wir-Gefühl (erzeugt zum Beispiel durch einen gemeinsamen Namen oder Symbole) und eine hohe Beteiligungsorientierung. Essenziell ist auch die Anerkennung der Leistungen der Kooperationspartner, sowohl im Kooperationsprojekt als auch deren alltäglichen Leistungen.

Da die Kooperations- und Projektpartnerinnen und -partner aus verschiedenen Organisationen mit unterschiedlichen Organisationslogiken und -kulturen kommen, ist eine Grundlage für die Zusammenarbeit also ein wechselseitiges Verständnis zwischen ihnen zu schaffen und Brücken zwischen den Perspektiven durch wechselseitige Wahrnehmung zu schlagen, damit eine gegenseitige Rollen- und Erwartungsklärung stattfinden kann. Aus diesem Grund enthält unsere Kooperationswerkstatt eine Phase, in der die Teilnehmerinnen und Teilnehmer explizit ihre Sichtweise und Angaben zu ihren Bildungsangeboten austauschen und dokumentieren. Entscheidend ist, dass jede Perspektive den Raum bekommt, um gehört zu werden, nicht sofort kommentiert oder diskutiert wird. Direkte Einwände oder Diskussionen der Perspektiven würden schnell Frust erzeugen und jedes Interesse am Kooperationsprozess im Keim ersticken. Kooperationsmanagerinnen und -manager arbeiten aber nicht nur mit dem direkten Team, sondern müssen auch Stakeholder (zum Beispiel die Politik in Form der Stadträte und Kreistage, die frühzeitig über die Zielsetzung und den Nutzen für die Kommune informiert werden müssen) und Führungskräfte, vor allem anderer Ämter oder Bildungsakteure, deren gesetzliche Zuständigkeiten oder kommerziellen Interessen berührt werden, einbinden. Sie vertreten gerade im kommunalen Bildungsmanagement ihr

Kooperationsprojekt auch regelmäßig vor den Entscheidungsträgern mit Auftragsklärung und Reporting.

Aus diesen Gründen ist Kommunikationsfähigkeit die entscheidende Kernkompetenz aller Kooperationsmanagerinnen und -manager. Eine dagegen weniger offensichtliche Fähigkeit ist Empathie. In der Lage zu sein, sich in die Perspektive anderer Personen und deren Arbeitskontexte und Organisationskulturen hineinversetzen zu können, ist ein zentrales Element und Werkzeug des Kooperationsmanagements. Erst diese Fähigkeit ermöglicht ein anschlussfähiges Design von Kooperationsstrukturen.

Auch für eine gute Beziehungsarbeit ist eine gute Feldkenntnis entscheidend, um strategisch die richtigen Vorgehensweisen auswählen zu können. Deswegen müssen Kooperationsmanagerinnen und -manager Beziehungsgeflechte erkennen (zum Beispiel über eine Stakeholder- oder Kraftfeldanalyse, die sich zu einem Kommunikationsplan erweitern lässt, der angibt, wann mit wem über was gesprochen werden sollte) und sich in die Situation der Kooperationspartner hineinversetzen und anschlussfähig kommunizieren können (hier helfen zum Beispiel Empathiekarten, die anhand von Leitfragen versuchen, den Lebens- und Arbeitsalltag einer Zielgruppe nachzuvollziehen, um anschlussfähige Angebote zu designen). Gerade die Empathie für die Situation der Kooperationspartner ist essenziell: Oft wird bei den Kooperationspartnern nur der Teil ihrer Arbeit gesehen, von dem man selbst direkt betroffen ist, aber gute Kooperation funktioniert nur dann, wenn sie anschlussfähig an den Arbeitsalltag der jeweiligen Kooperationspartner ist. Kenntnisse der Situation, Vorerfahrung, Interessen und Zwänge eines hoffentlich zukünftigen Kooperationspartners erlauben ein situationsgerechtes Handeln. Die in einem vorherigen Abschnitt erläuterten Stakeholderinterviews sind auch hierfür wertvolle Werkzeuge, um an die Informationen zu gelangen, die es für eine wirksame Kommunikation benötigt.

Für das Projekt CodeWeek bedeutet das beispielsweise, sich intensiv mit den Bedingungen an einer Schule und dem Arbeitsalltag der Lehrerinnen und Lehrer vertraut zu machen. Wie muss das Projekt gestaltet werden, damit es zum Lehrplan und zum zeitlichen Rhythmus einer Schule passt? Welche Abstimmungen mit der Schulaufsicht sind nötig? Wie werden die Schülerinnen und Schüler und ihre Eltern eingebunden? Ist die IT-Infrastruktur an der Schule vorhanden oder werden externe Partner benötigt? Wie kann die Schulleitung, ein kleines Kernteam aus dem Kollegium und das Schulamt frühzeitig eingebunden werden und was sind deren Interessen und Befürchtungen? Und vor allem: Wie kann das Projekt gestaltet werden, damit zusätzlicher, unbezahlter Mehraufwand minimiert wird und nicht das Interesse am Projekt untergräbt. Vor allem aber müssen die außerschulischen Kooperationspartner rekrutiert und eingebunden werden, die externes Know-how, Methoden und Technologien für das Projekt einbringen. Zwischen diesen Partnern und der Schule müssen trotz der sehr unterschiedlichen Arbeitsweisen und Organisationslogiken ein Modus der Zusammenarbeit entwickelt werden.

10.5   Prozessgestaltung

Die Entwicklung eines gemeinen Zieles, einer Strategie und eines starken Teams ist der Nährboden, auf dem der weitere Prozess wächst. Die Arbeit an diesem Nährboden kann niemals als abgeschlossen betrachtet werden. Konstante Pflege ist nötig, damit der Prozess gesund bleibt und stetig in die gewünschte Richtung wächst.

Dies mag vielen als eine gegenüber der eigentlichen Arbeit am Projekt recht umfangreiche Vorbereitung erscheinen. Aber wir haben immer wieder in unserer Beratung die Erfahrung gemacht, dass zum Beispiel eine fehlende saubere Auftrags- und Rollenklärung unter anderem zu diffusen Erwartungen führt, die schnell Konflikte, Frustration oder Enttäuschungen provozieren können, die vermeidbar wären, aber sehr schnell den Erfolg eines Kooperationsprojektes gefährden können. Zudem führt eine ungenaue Zielklärung dazu, dass für Kooperationsmanagerinnen und -manager nur schwer zu entscheiden ist, welche Prozessschritte relevant sind, um Kooperationspartner und -projekt in die richtige Richtung zu führen.

Auch im letzten Abschnitt liegt der Fokus auf der Startphase des Prozesses: Das Fundament, das hier gelegt wird, trägt entweder den weiteren Prozess oder lässt ihn später spektakulär einstürzen beziehungsweise langsam versanden. Dann ist eine immense Mühe der Kooperationsmanagerinnen und -manager notwendig, um das Kooperationsprojekt zu retten. Eine Mühe, die man mit einer guten Vorbereitung vermeiden kann. In welchem Umfang der Prozess gestaltet, moderiert und strukturiert werden kann, muss je nach Situation von den Kooperationsmanagerinnen und -managern entschieden werden. Ein kleines und zeitlich begrenztes Projekt, bei dem sich die Kooperationspartner schon kennen, würde durch ein komplexes Kooperationsmanagement überladen und die Kooperationspartner mit hoher Wahrscheinlichkeit gegen diesen Versuch rebellieren. Hier sollten die Kooperationsmanagerinnen und -manager sich auf die Arbeit am Zielbild und auf einen transparenten Informationsfluss konzentrieren. Bei einem komplexen Kooperationsprojekt mit einer Vielzahl von einander unbekannten Partnern werden die Kooperationsmanagerinnen und -manager deutlich mehr in ein elaboriertes Kooperationsmanagement investieren müssen. Stellen Sie sich also regelmäßig die Frage, welchen Zweck oder Zusatznutzen ein angedachtes Moderations- oder Projektmanagementtool hat und wenn die Antwort nicht klar ausfällt, nutzen Sie es nicht. Es sollte keine „nice-to-haves" geben, nur weil man sie als Kooperationsmanagerin oder -manager interessant findet.

Kooperative Projektarbeit ist nach wie vor für viele Mitarbeiterinnen und Mitarbeiter in den Verwaltungen eine noch ungewohnte Vorgehensweise. Verwaltungshandeln findet aufgrund seiner Orientierung an formalrechtlichen Vorgaben und daraus abgeleiteten Zuständigkeiten, mit dem Ziel einer Nachvollziehbarkeit von Handelnden und Grundlage des Handelns, in standardisierten Prozessen statt. Dies kann oft mit einem klassischen Planungsverständnis mit im Vorhinein festgelegten Leistungszielen einhergehen („habit oder routine planning" (Frese et al. 2000)).

Dies steht in einem gewissen Widerspruch dazu, dass im Rahmen eines kommunalen Bildungsmanagements Projekte und Prozesse angegangen werden, für die es oft keine vordefinierten oder blaupausenförmigen Vorgehensweisen und Lösungen gibt (Frese et al. 2000). In vielen Fällen wäre deswegen eine agilere Vorgehensweise angemessen. Die Herausforderungen für Kooperationsmanagerinnen und -manager, die Kooperationsprojekte in Kommunalverwaltungen unterstützen, ist es, eine Brücke zwischen diesen zwei unterschiedlichen Handlungslogiken zu schlagen. Das bedeutet auf der einen Seite, die Entscheidungswege einer Verwaltung zu beachten, und auf der anderen Seite Verständnis bei den Kooperationspartner dafür zu schaffen und sie in die Verfahrenswege einer Verwaltung einzuführen. Umgekehrt gilt dies natürlich genauso. So ist es jedem Kooperationspartner möglich, seine eigenen Prozesse auf vielleicht kleine Weise anzupassen, sodass die verschiedenen Zahnräder etwas besser ineinandergreifen und sich zusammen in die gleiche Richtung bewegen können, anstatt sich gegenseitig zu blockieren.

Die Prozessgestaltung eines Kooperationsprojektes besteht aus vielen kleinen Bausteinen, die tagtäglich aufeinandergesetzt werden müssen. Größere Maßnahmen wie Workshops oder Strategiesitzungen haben wichtige Funktionen, sind allein aber nicht ausreichend. Die eigentliche Aufgabe der Kooperationsmanagerinnen und -manager liegt zwischen diesen Meilensteinen. Zum Beispiel das Verdichten der Ergebnisse von Workshops und die Ableitung neuer Prozessschritte und Ergebnisse. Aber auch die Information und weitere Einbindung der Teilnehmerinnen und Teilnehmer. Gut veranschaulicht dies die Metapher des Zähneputzens: Die großen Maßnahmen sind wie der halbjährliche Besuch beim Zahnarzt für Check-up und professionelle Zahnreinigung. Sie ist wichtig, um die Veränderung im Alltag ins Rollen zu bringen und für manche Aspekte unerlässlich. Aber ohne dass mehrmals täglich die Zähne geputzt werden, zerfallen sie trotzdem. So wie auch Kooperationsprojekte ohne diese kleinen Maßnahmen zerfallen.

Neben den bisher erläuterten Workshop-Formaten und Methoden der Feldanalyse (wie die Stakeholderinterviews) möchte ich für diesen Zweck zum Abschluss einige kleinere prozessorientierte Werkzeuge vorstellen. In den nächsten Abschnitten möchte ich daher einige weitere Wege vorstellen, wie Sie Ihren Werkzeugkoffer für das Kooperationsmanagement erweitern können.

Dazu gehört zum Beispiel auch der Beziehungsaufbau an der Kaffeemaschine, die schnelle Unterstützung bei kleinen Problemen, der Perspektivwechsel oder die wichtige Information im Small Talk und ein offenes Ohr für die kleinen Frustrationen und Konflikte der Kooperationspartner. Ebenso gehören die Kontaktpflege nach außen und die kleinen Gesten in Sitzungen, die sie angenehm und lebendig anstatt überformalisiert werden lassen.

Mit diesen Maßnahmen tragen Kooperationsmanagerinnen und -manager den Prozess. Mit der Gestaltung des Wechsels zwischen der Arbeit mit dem Projektteam in den Projektsitzungen und der Arbeit des Teams mit dem erweiterten Netzwerk und den Zielgruppen sorgen die Kooperationsmanagerinnen und -manager für den Herzschlag des Projektes. Zugleich tragen sie die Verantwortung, zwischen allen Sitzungen das Projekt voranzutreiben, damit alle Kooperationspartner, aber auch Stakeholder und Auftraggeber, das Gefühl der Sicherheit haben, dass das Projekt fortschreitet und das Momentum und die Akzeptanz für einen flüssigen Projektverlauf erhalten bleiben. Eine weitere wichtige Aufgabe ist die Sicherstellung eines gleichmäßigen Informationsflusses, damit die Kooperationspartner zeitnah und umfassend über Entwicklungen und Veränderungen informiert sind, die ihre Entscheidungen innerhalb des Projektes beeinflussen könnten (Hermann und Schwittek 2014).

Die Kooperationspartner kommen in das Projektteam mit ihren ganz eigenen, gewohnten Arbeitsroutinen. Es kann nicht davon ausgegangen werden, dass die unterschiedlichen Herangehensweisen gleich ohne Reibungsverluste ineinandergreifen. Es wird auch dieses Kooperationsprojekt die üblichen Phasen (wie zum Beispiel Tucksman's „Forming – Storming – Norming – Performing – Adjourning" (Bonebrigt 2010)) der Gruppenbildung durchlaufen, bei dem es zu einem durchaus nicht immer konfliktfreien Prozess der gemeinsamen Bildung neuer Regeln und Abläufe kommt. Kooperationsmanagerinnen und -manager können diesen Prozess aber gestalten und kanalisieren, indem sie eine Umgebung schaffen, in der diese neue Form der organisationsübergreifenden Zusammenarbeit ausprobiert und gelernt werden kann und der Organisationskulturen der Kooperation fördert.

Dies gelingt zum Beispiel, indem für die Kooperation förderliche Regeln von den Kooperationsmanagerinnen und -managern vorgeschlagen und umgesetzt werden, die Kooperationspartner aber auch Regeln einbringen können, die sie benötigen, um sich sicher und sinnvoll in alle Prozesse einbringen zu können.

Ebenso erfordert ein solches organisationsübergreifendes Kooperationsprojekt bei den Kooperationspartnern neue Kompetenzen der Moderation, Kommunikation, des Wissens über Abläufe anderer Akteure und des Projektmanagements. Nichts davon sollte von den Kooperationsmanagerinnen und -managern ohne Überprüfung einfach als vorhanden angenommen werden. Wo diese Kompetenzen nicht ausreichend vorhanden sind, können zum Beispiel Sitzungen und andere strukturierende Prozesse so gestaltet werden, dass sie gleichzeitig qualifizierende Elemente enthalten. So kann zum Beispiel immer wieder Raum gegeben werden, in dem Kooperationspartner an Leitfragen und Zeitvorgaben orientiert über Vorgehensweisen, Rahmenbedingungen und Erfahrungen berichten.

Eine weitere mächtige, aber auch zeitaufwendige Methode, um das wechselseitige Verständnis der Arbeitsprozesse zu fördern sind Hospitationen. Man erlebt ein bis zwei Tage den Arbeitsalltag einer Mitarbeiterin oder eines Mitarbeiters in einer anderen Organisation mit. Übrigens gerade für neue Kooperationsmanagerinnen und -manager eine der besten Wege, um Kooperationspartner und ihre Prozesse und individuellen Herausforderungen kennenzulernen.

Kooperationspartner, die in der Prozessbegleitung wenig Erfahrung haben, können durch die Delegation einer Moderation oder einer Projektmanagementaufgabe schnell in diese Rollen hereinwachsen und unterstützen. Dies trägt auch zur Nachhaltigkeit eines Projektes bei, wenn die Kooperationsmanagerinnen oder -manager verhindert sind oder das Projekt abgeben müssen. Es erleichtert nicht nur den weiteren Prozess, sondern ist gleichzeitig ein Mehrwert für die Kooperationspartner.

Diese Prozesse werden aber nur dann Wirkung zeigen, wenn sie passgenau zu den Personen, Organisationen und Situationen passen. Aber diese Prozesse finden zum einen in dynamischen Situationen statt und zum anderen wird es kaum möglich sein, im Vorhinein ein komplettes Bild zu erhalten. Für die konstante Weiterentwicklung des Prozess- und Projektmanagements der Kooperationsmanagerinnen und -manager ist es sinnvoll, iterative Feedback-Mechanismen zu etablieren, um die Vorstellungen, Bedenken, Erwartungen und Wünsche zu erfahren, die die Kooperationspartner an den Prozess haben. Dies kann ein kurzes Blitzlicht zu zwei bis drei Leitfragen zum Abschluss sein, aber auch Fragen, die die Teilnehmerinnen und Teilnehmer einer Sitzung auf einem Blatt Papier festhalten, genauso können die Fragen aber auch in einer Pause und ähnlichen Gelegenheiten gestellt werden. Die Antworten werden vom Kooperations-managerinnen und -managern zu einem weiterentwickelten Prozess verdichtet und dann mit den Kooperationspartnern abgestimmt.

Eine Steuerung über Kontrolle der Kooperationspartner ist für die Kooperations-managerinnen und -manager nicht möglich, denn sie haben keinerlei hierarchische Kompetenz. Die Vorgesetzten der Partnerorganisationen zu einer hierarchischen Handlung zu veranlassen, kann das fragile Gefüge des Projektteams beschädigen. Kooperationsmanagerinnen und -manager können nur über ein Interesse am gemeinsamen Ziel und das Interesse am gemeinsamen Prozess führen und steuern, was eine große Chance ist. Ein gemeinsames Zielbild und das damit verbundene Engagement und Freiheit der Mitarbeiter führen meist zu besseren Ergebnissen als angeordnete Arbeit, die sowieso meist zusätzlich ist. Um dieses gemeinsame Zielbild im Blick zu behalten, können viele Werkzeuge des Projektmanagements nützlich sein, die die gemeinsamen Ziele und Arbeitsprozesse zu visualisieren. Diese Werkzeuge sind Seh-hilfen, um sich den Gesamtprozess und die Funktionen der einzelnen Aufgaben und Partner und ihr Zusammenwirken immer vor Augen halten zu können. Das alles ist nütz-lich für die Koordination, trägt aber noch nicht zur Motivation bei. Ganz im Sinne der strategischen Erzählung müssen Kooperationsmanagerinnen und -managern gelegentlich Raum für Geschichten über das Warum des Kooperationsprojektes geben werden. Für die Kooperationsmanagerinnen und -manager selbst ist Storytelling deswegen ein macht-volles Werkzeug sein. Wichtig ist, dass diese strategischen Erzählungen eng mit den Arbeitsprozessen verknüpft sind und zeitlich nicht allzu sehr auf deren Kosten gehen, sonst schlagen sie als „Kaffeekränzchen" schnell in ihr Gegenteil um.

Gerade mit Blick von außen wirkt das Kooperationsmanagement deswegen oft unscheinbar und nicht selten müssen Kooperationsmanagerinnen und -manager darüber Rechenschaft ablegen, was eigentlich ihr Beitrag ist. Ein guter Grund, sich selbst ein-mal ins Bewusstsein zu rufen, was man eigentlich den ganzen Tag lang tut, um ein Kooperationsprojekt am Leben zu erhalten. Dies ist auch essenziell für das Reporting gegenüber Vorgesetzten und Auftraggebern.

Sie haben nun als Kooperationsmanagerin oder -manager in mehreren Schritten aus einem diffusen Bedarf ein konkretes Pilotprojekt geformt. Sie haben einen klaren Fahrplan vor Augen und ein kleines engagiertes Team um sich versammelt, das schnell weitere Interessierte für die Mitarbeit begeistern wird. Der Erfolg Ihres Piloten wird hoffentlich bald für sich selbst sprechen. Die eigentliche Projektarbeit und Umsetzung werden jetzt in den Vordergrund treten. Trotzdem muss der Nährboden der Kooperation weiter gepflegt werden. Ihre Aufgabe ist es weiterhin, ein lebendiges und klares Zielbild zu bieten, die immer wieder auftretenden Reibungen aufgrund der unterschiedlichen Organisationslogiken und Arbeitsweisen der Partner in ein konstruktives Miteinander zu formen und die Zusammenarbeit durch viele kleine Gesten und Interventionen als sozialen Prozess lebendig zu halten, anstatt nur zu einem formalen und freudlosen Abarbeiten von Arbeitspaketen verkommen zu lassen.

10.6 Fazit

Der Beitrag hat primär den Fokus auf die unterschiedlichen Klärungsprozesse gelegt und versucht, möglichst praxisnahe Handlungsempfehlungen daraus abzuleiten, zudem wurde versucht, die Prinzipien und Kompetenzen zu vermitteln, um selbst situationsangemessene Entscheidungen zu fällen. Gerade in der Startphase eines Kooperationsprozesses und dem von ihm getragenen Projekt wird eine Vielzahl von Weichen gestellt, die über die Qualität des späteren Prozesses entscheiden.

Drei Kompetenzsets habe ich dabei als die grundlegende Bausteine für dieses Fundament vorgestellt: Strategisches Denken, die Fähigkeit gute Beziehungen aufzubauen und Gespür und Methoden für die Gestaltung eines Prozesses, der die Kooperation und damit das Projekt stützt. Anschlussfähigkeit ist dabei das entscheidende Erfolgskriterium. Deswegen ist eine gute Feldkenntnis und gute Kenntnis der Arbeitsprozesse und Organisationsentwicklung der Kooperationspartner notwendig. Klarheit über die eigene Situation, in der man steckt, sorgt dafür, dass man schnell in der Lage ist, die passenden Lösungswege zu finden. Daher hoffe ich, dass ich Ihnen einige brauchbare Ideen für Ihre Arbeit als Kooperationsmanagerin oder -manager mitgeben konnte und wünsche Ihnen viel Erfolg.

Handlungsempfehlungen

- Klären Sie Fragen zu Beginn, anstatt später Konflikte auszutragen.
- Strategisches Denken ist der ständige Abgleich, was zum Ziel führt und was nicht.
- Lernen Sie systematisch und persönlich Ihr Feld kennen.
- Ihre Perspektive zu wechseln ist ein mächtiges Werkzeug.
- Versetzen Sie sich in den Arbeitsalltag der Kooperationspartner.
- Persönliche Verbindungen schlagen organisationale Verbindungen.
- Starten Sie den Prozess mit denen, die wollen, und gewinnen Sie andere später.
- Nichts ist klar, das nicht explizit geklärt wurde.

- Es sind die alltäglichen kleinen Dinge, die einen Prozess am Leben erhalten.
- Achten Sie auf die Anschlussfähigkeit Ihrer Prozesse. ◄

Literatur

Allmendinger, J., Giesecke, J., & Oberschachtsiek, D. (2011). *Unzureichende Bildung: Folgekosten für die öffentlichen Haushalte.* Bertelsmann Stiftung. https://www.bertelsmann--stiftung. de/fileadmin/files/BSt/Publikationen/GrauePublikationen/GP_Unzureichende_Bildung_Folgekosten.pdf. Zugegriffen: 24. Mai 2019.

Artelt, C., Baumert, J., Klieme, E., Neubrand, M., Prenzel, M., Schiefele, U., Schneider, W., Schümer. G., Stanat, P., Tillmann, K., & Weiß, M. (2001). *PISA 2000 Zusammenfassung zentraler Befunde.* Max-Planck-Institut für Bildungsforschung. https://www.mpib-berlin.mpg. de/Pisa/ergebnisse.pdf. Zugegriffen: 24. Mai 2019.

Bonebright, D. (2010). 40 years of storming: A historical review of Tuckman's model of smallgroup development. *Human Resource Development International, 13*(1), 111–120.

Frese, M., von Gelderen, M., & Ombach, M. (2000). How to plan as a small scale business owner: Psychological process characteristics of action strategies and success. *Journal of Small Business Management, 38*(2), 1–18.

Heinz, R. (2000). *Kommunales Management: Überlegungen zu einem KGSt-Ansatz.* Stuttgart: Schäffer-Poeschel.

Hermann, D., & Schwittek, S. (2014). *Projekte und Prozesse managen – Methodische Kompetenzen für Führungskräfte in der Verwaltung.* Wiesbaden: Kommunal- und Schulverlag.

Lindner, M., Niedlich, S., Klausing, J., & Brüsemeister, T. (2016). Regelungsbereiche des kommunalen Bildungsmanagements im Programm „Lernen vor Ort" aus Sicht der Governance-Forschung. In F. Brümmer, T. Brüsemeister, J. Klausing, M. Lindner, K. Lüthi, S. Niedlich, et al. (Hrsg.), *Kommunales Bildungsmanagement als sozialer Prozess - Studien zu „Lernen vor Ort"* (S. 99–110). Wiesbaden: Springer Fachmedien.

Lohre, W. (2015). Kommunalstrukturen und kommunale Bildungssteuerung. In H. Döbert & H. Weishaupt (Hrsg.), *Bildungsmonitoring, Bildungsmanagement und Bildungssteuerung in Kommunen – Ein Handbuch* (S. 47–68). Münster: Waxmann Verlag.

Luthe, E.-W. (2009). *Kommunale Bildungslandschaften – Rechtliche und organisatorische Grundlagen.* Berlin: Erich Schmidt Verlag.

McChrystal, S., Collins, T., Silverman, D.,& Fussell, C. (2015). Team of teams – New rules of engagement for a complex world. Portfolio Penguin.

Merklin, A. (2018). Das Lupengespräch – Nachhaltige Lösungen durch Partizipation in kommunalen Bildungslandschaften. *Stadt, Land, Bildung – Magazin für kommunales Bildungsmanagement, 05,* 11–13.

Minderop, D. (2014). *Kommunen auf dem Weg zur Bildungslandschaft – Ein Handbuch für kommunale Akteure.* Gütersloh: Verlag Bertelsmann Stiftung.

Mintzberg, H. (1978). Patterns in strategy formation. *Management Science, 24*(9), 934–948.

Rogers, E. (2003). *Diffusion of Innovations* (5. Aufl.). New York: Free Press.

Schmidt, S. (20120). *Regionale Bildungslandschaften wirkungsorientiert gestalten – Ein Leitfaden zur Qualitätsentwicklung.* Gütersloh: Verlag Bertelsmann Stiftung.

Scharmer, C. O. (2009). *Theorie U - Von der Zukunft her führen.* Heidelberg: Carl-Auer-Verlag.

Statistisches Bundesamt. (2018). Absolventen/Abgänger nach Abschlussart und Geschlecht. https://www.destatis.de/DE/Themen/Gesellschaft-Umwelt/Bildung-Forschung-Kultur/Schulen/ Tabellen/liste-absolventen-abgaenger-abschlussart.html. Zugegriffen: 27. Aug. 2019.

Suthues, B., Bienek, M., & Roland, M. (2017). Einblicke ins Bildungsmanagement: Verortungen in Bildungslandschaften und kommunaler Verwaltung. Institut für Soziale Arbeit e. V.

Weigel, H., & Winkler, C. (2018). Partizipative Zielentwicklung und Vernetzung als Einstieg in das kommunale Bildungsmanagement. *Stadt, Land, Bildung – Magazin für kommunales Bildungsmanagement*, 05, 8–10.

Witte, E. (1973). *Organisation für Innovationsentscheidungen – Das Promotoren-Modell.* Göttingen: Schwartz & Co.

Sebastian Müller (M.A.) ist für die Transferagentur Kommunales Bildungsmanagement Rheinland-Pfalz – Saarland als Qualifizierungsmanager und kommunaler Berater tätig. Seit 2015 unterstützt er kommunale Bildungslandschaften beim Aufbau eines professionellen Kooperationsmanagements. Als Wirtschaftssoziologe, systemischer Verhaltenstrainer und mit eigenen Kooperationserfahrungen rund um Bildung für nachhaltige Entwicklung vermittelt er Mitarbeiterinnen und Mitarbeitern der Kommunalverwaltungen Hintergrundwissen, Konzepte und Werkzeuge für den Aufbauprozess eines kommunalen Bildungsmanagements.

Strukturwandel im Vertrieb – Kooperationen als Antwort auf die Herausforderungen verschiedener Unternehmenscluster

Frank Borrmann, Finn Petersen und Alexander Seeboth

Inhaltsverzeichnis

Zusammenfassung

Die Herausforderungen des Strukturwandels werden in Abhängigkeit von der Größe und des Standortes eines Unternehmens unterschiedlich bewertet. Dabei gibt es im Vertrieb verschiedene Probleme, die durch Kooperationen gelöst werden können. Basierend auf einer Umfrage unter Vertriebsmanagern der Sicherheitsventilbranche ist eine differenzierte und nach Unternehmensclustern bewertete Übersicht über die Herausforderungen des industriellen Strukturwandels im Vertrieb entstanden. Die Auseinandersetzung mit diesen Problemen ermöglicht es, das eigene Unternehmen

F. Borrmann
FOM Hochschule für Oekonomie & Management, Hamburg, Deutschland
E-Mail: frank.borrmann@fom.de

F. Petersen · A. Seeboth (✉)
LESER GmbH & Co. KG, Hamburg, Deutschland
E-Mail: a.seeboth@gmx.de

F. Petersen
E-Mail: petersen.f@leser.com

© Springer Fachmedien Wiesbaden GmbH, ein Teil von Springer Nature 2021
M. H. Dahm (Hrsg.), *Kooperationsmanagement in der Praxis,* FOM-Edition,
https://doi.org/10.1007/978-3-658-28112-0_11

in den Kontext einzuordnen und über ähnliche Herausforderungen nachzudenken. Außerdem werden einige etablierte Kooperationen aus der Praxis vorgestellt, die sich bewährt haben, um auf die Herausforderungen zu reagieren.

◆   **Nutzen für den Leser**
    Für Sie als Entscheider in einem Unternehmen oder an Kooperationen interessierter Forscher erscheint es notwendig, die Herausforderungen des (industriellen) Strukturwandels differenzierter zu betrachten, als es heute in der Fachliteratur getan wird. Dieses Kapitel analysiert die Herausforderung in Abhängigkeit von Unternehmensclustern und gibt Denkanstöße für Kooperationen. Damit werden Sie in die Lage versetzt, über Ihre eigenen Herausforderungen nachzudenken und wie diese von ähnlichen Unternehmen bewertet werden. Außerdem können Sie erkennen, welche Unternehmenscluster bereit sind, Kooperationen zur Begegnung verschiedener Herausforderungen einzugehen und sich damit als potenzielle Kooperationspartner eignen.

11.1   Einleitung

Albert Einstein sagte einst, „das Problem zu erkennen ist wichtiger als die Lösung zu kennen, denn die genaue Darstellung des Problems führt zur Lösung" (Fritze und Uebelhart 2015, S. 119). Mit diesem Aphorismus beschreibt er die Gewichtung im menschlichen Erkenntnisgewinnungsprozess. Insbesondere im Bereich der Naturwissenschaften und der Mathematik unterstellt er jeder bekannten Problemstellung, zum Beispiel in Form einer oder mehrerer Gleichungen, Lösbarkeit mit gegebenen Mitteln, wie zum Beispiel Umformungen oder mathematischen Verfahren. Die eigentliche Schwierigkeit schreibt Einstein der Erkenntnis und exakten Beschreibung einer Problemstellung zu, da ohne selbige keine Lösungsfindung angestoßen werden kann. Beim Übertragen dieses Gedankens in einen betriebswirtschaftlichen Kontext bleibt diese Konstellation erhalten. Sobald eine Problemstellung möglichst umfassend erfasst und analysiert ist, erfolgt eine Lösung mittels einer Managemententscheidung. Diese kann jedoch nur herbeigeführt werden, wenn dem Management bekannt ist, dass der Bedarf einer Entscheidung bzw. anderweitigen Handlung besteht (Bayer und Beck 2008, S. 44–45). Bezogen auf die Herausforderungen, die der Strukturwandel mit sich bringt, gilt es zu analysieren, welche Herausforderungen als relevant erachtet werden und inwieweit Unternehmen bereit sind, Geld zur Begegnung dieser zu investieren. Diese Analyse gibt Inspiration, welche Herausforderungen für das eigene Unternehmen relevant sein könnten und durch Kooperationen angegangen werden können. Außerdem werden Hinweise darauf gegeben, welche Art von Unternehmen sich als Kooperationspartner eignen kann, weil es die gleichen Herausforderungen als relevant erachtet.

Heute sind die Herausforderungen, die der industrielle Strukturwandel mit sich bringt, nur bedingt erforscht, bzw. werden in der gängigen Fachliteratur häufig unabhängig voneinander und den Charakteristika eines Unternehmens diskutiert. Um jedoch Kooperationen eingehen und managen zu können, ist es notwendig, die Herausforderungen differenzierter zu betrachten und herunterzubrechen, inwieweit verschiedene Cluster von Unternehmen von Herausforderungen des Strukturwandels unterschiedlich betroffen sind. Dabei wird der Vertrieb der Sicherheitsventilbranche als Beispiel genutzt. Die Branche eignet sich durch ihre heterogene Beschaffenheit zur Analyse verschiedener Unternehmenscluster. In diesem Markt treten sowohl lokale Kleinanbieter mit unter 100 Mitarbeitern, Mittelständler, als auch Konzerne mit Tausenden Mitarbeitern und jährlichen Milliardenumsätzen auf. Auch die regionale Streubreite ist mit den Kontinenten Europa, Asien und Amerika sehr ausgeprägt. Die gezogenen Schlüsse lassen sich dementsprechend auf verschiedene herstellende Maschinenbauunternehmen mit Zielmärkten, wie der Prozess-, Öl- und Gas- oder Pharmaindustrie anwenden.

In diesem Beitrag wird dargestellt, inwieweit verschiedene Unternehmen die Herausforderung des Strukturwandels für den Vertrieb abhängig von den Charakteristika des Unternehmens unterschiedlich bewerten. Außerdem wird offengelegt, in welchem Umfang die Unternehmen bereit sind, diese Herausforderungen, unter Aufwendung von Ressourcen, anzugehen und somit inwieweit diese Herausforderungen abhängig vom Unternehmenscluster als Trigger für Kooperationen gesehen werden können. Eine fehlende Bereitschaft in Kooperationen zu investieren führt dazu, dass Unternehmen Investitionen gar nicht erst eingehen (Roessl 2005, S. 207).

Die Ergebnisse machen deutlich, dass es im Vertrieb der Sicherheitsventilbranche zehn Herausforderungen gibt, die im Jahr 2019 als relevant und mit dem Strukturwandel in Verbindung stehend, betrachtet werden (siehe Tab. 11.1). Dabei zeigt sich, dass einige Herausforderungen von allen Unternehmen gleich bewertet werden. Bei anderen gibt es große Unterschiede, abhängig von der Größe und des Standorts, der Unternehmen. Einige dieser Herausforderungen lassen sich, wie die Praxis zeigt, sehr gut durch Kooperationen angehen. Bei anderen scheint der zu beobachtende, zunehmende Anstieg zwischenbetrieblicher Kooperationen ein Treiber der Relevanz zu sein und es müssen Wege gefunden werden, diese zu minimieren.

In den folgenden Unterkapiteln werden die Herausforderungen, basierend auf Literaturrecherche und Interviews, mit zwei Branchenexperten eingeführt. Danach werden die Relevanz und Bereitschaft, Ressourcen zu investieren, in Abhängigkeit der Größe und des Standorts verschiedener Unternehmen analysiert. Hierbei werden Antworten von 72 Experten aus 29 befragten Unternehmen mit einbezogen. Die Ergebnisse sind hierbei in vereinfachter grafischer Form dargestellt, um Gemeinsamkeiten und Unterschiede kenntlich zu machen. Abschließend werden ausgewählte Herausforderungen als Trigger für Kooperationen betrachtet und Empfehlungen für Kooperationsarten in Abhängigkeit der Relevanz und des zu erwarteten Ressourcenaufwandes gegeben. Als Inspiration für die Praxis wird sich dabei auf einzelne Fallbeispiele aus der Branche bezogen, in denen bereits Kooperationen zur Bewältigung der betrachteten Herausforderungen eingegangen wurden.

11.2   Herausforderungen im Vertrieb

Als Grundlage für die Herausforderungen des Strukturwandels für den Vertrieb, dient die aktuelle wissenschaftliche Literatur zu Chancen und Herausforderungen im B2B-Vertrieb, sowie zu Herausforderungen in den Branchen, in denen Sicherheitsventile eingesetzt werden (zum Beispiel Öl- und Gasförderung). Um den Praxisbezug, Glaubwürdigkeit und Authentizität zu gewährleisten, wurden die gewonnenen Erkenntnisse durch halbstrukturierte Experteninterviews mit zwei Branchenexperten validiert und ergänzt. Aus dieser Untersuchung geht ein Katalog mit unterschiedlichen Herausforderungen hervor, die für den Vertrieb in Zeiten des Strukturwandels relevant zu sein scheinen. Tab. 11.1 bietet eine Übersicht ausgewählter, mit dem Strukturwandel verbundener, Herausforderungen im Vertrieb am Beispiel der Sicherheitsventilbranche. Diese werden in diesem Unterkapitel, als Einstieg in die Thematik und Grundlage für die anschließende Analyse, erläutert.

Eine der eminentesten übergeordneten Herausforderungen ist die Digitalisierung, welche sich in mehrere Unterpunkte unterteilen lässt. Unternehmen müssen heutzutage soziale Medien nutzen, um Kundenbeziehungen zu verbessern, den Vertrieb zu unterstützen oder Markeninhalte zu transportieren, weil sogenannte „Digital Natives", welche auf diese Art von Kundenbindung sprechen, vermehrt in Entscheidungspositionen drängen (Rodriguez et al. 2012, S. 375). Jedoch zeigt sich, dass der bisherige Einsatz in der Geschäftswelt hinter den Möglichkeiten zurückbleibt (Karjaluoto et al. 2015, S. 705–710). Daraus ergibt sich die Herausforderung, soziale Medien zur Verbesserung von Reichweite und Kundenbeziehung nutzen zu müssen. Außerdem zeigt sich, dass die Generation Y heute nicht mehr nur über Telefon und E-Mail kommuniziert, sondern Unternehmen zunehmend gefordert sind, auch innovative Vertriebs- und Kommunikationskanäle (zum Beispiel Messenger) zu nutzen.

Weiterhin führen die Experten an, dass es vermehrt Anfragen gibt, die eine Einbindung von mechanischen B2B-Gütern (zum Beispiel Sicherheits- oder Kontrollventile mit Sensoren) in „smarte" Produktumgebungen fordern. Dies stellt für viele Maschinenbauunternehmen eine Herausforderung dar, da die hierfür notwendigen Ressourcen und Fähigkeiten in der Organisation nicht ausgebildet sind (Dispan und Schwarz-Kocher 2018, S. 61–63).

Tab. 11.1 Übersicht über die untersuchten Herausforderungen

Herausforderung	Definition
Soziale Medien	Soziale Medien müssen vermehrt zur Verbesserung der Reichweite und Kundenkommunikation genutzt werden (Rodriguez et al. 2012)
Innovative Vertriebskanäle	Neue Vertriebskanäle wie Messenger und Chat Bots müssen entwickelt werden (Karjaluoto et al. 2015)
Smarte Produktumgebung	Traditionell mechanische B2B-Güter müssen in „smarte" Produktumgebungen eingebunden werden, es fehlen jedoch die notwendigen Fähigkeiten in den Unternehmen (Dispan und Schwarz-Kocher 2018; Experten)
Globaler Wissenstransfer	Wissen muss in einem globalen Netzwerk über digitale Kanäle vermittelt werden (Mudambi et al. 2009; Experten)
Fluktuation	Der nahende Renteneintritt der Generation Babyboomer und das Verhalten der Generation Y führen zu einer höheren Fluktuation (Bollessen 2014; Experten)
Wissensinseln	Wissensinseln bilden sich und erschweren den Vertriebserfolg (Anaza und Nowlin 2017)
Produktportfolio	Die Anforderungen an den Umfang des Produktportfolios steigen (Experten)
Fähiges Personal	Lokale Verfügbarkeit von fähigem Personal mit dem nötigen technischen Verständnis für den Vertrieb von erklärungsbedürftigen Industriegütern (Jardon und Molodchik 2017; Experten)
Managementkapazität	Lokale Verfügbarkeit von Managern, die das nötige Fachwissen und internationale Führungskompetenz haben (Jardon und Molodchik 2017; Experten)
Organisationsform	Die richtige Organisationsform für verschiedene Märkte muss gefunden werden (Backhaus et al. 2012; Experten)

Quelle: Eigene Darstellung

Auch unternehmensintern stellen sich verschiedene Herausforderungen dar. Aufgrund des Fachkräftemangels in Deutschland und neuer internationaler Märkte, die lokale Unterstützung erfordert, werden bestimmte Tätigkeiten zunehmend ins Ausland verlagert. Besonders im Zuge dieser internationalen Kooperationen stellt sich die Frage, wie eine Organisation schnell, effizient und sicher Wissen zu einem Vertriebspartner oder einer Tochterorganisation transferieren kann (Mudambi et al. 2009, S. 181). Hieraus resultiert die Herausforderung, einen globalen digitalen Wissenstransfer zu gewährleisten.

Gleichzeitig stellen die Experten fest, dass ältere Wissensträger in Rente gehen und junge Mitarbeiter oftmals eine höhere Fluktuationsrate zu haben scheinen (Bollessen 2014, S. 1). Die Fluktuation von Wissensträger an sich stellt damit eine Herausforderung dar, aber auch das Bilden von Wissensinseln (Nicht-Teilen von Wissen durch Vertriebsmitarbeiter) ist in diesem Zusammenhang etwas, was es zu untersuchen gilt. In diesem Bereich gibt es weitreichende aktuelle Forschung und Veröffentlichungen (Anaza und Nowlin 2017, S. 14), welche darauf schließen lässt, dass dieses Thema eine hohe Relevanz hat.

Eine weitere Herausforderung, die von den interviewten Vertriebsmanagern beobachtet wird, ist die steigende Nachfrage nach „One-Stop-Shop"-Lösungen. Das heißt, dass verschiedene Equipments von einem Lieferanten und nicht verschiedene Produkte von spezialisierten Herstellern bereitgestellt werden sollen. Dies zeigt sich dadurch, dass das gesamte Produktportfolio von druckabsichernden Einrichtungen angefragt wird. Eine Herausforderung für viele Hersteller, die entweder eine Erweiterung des Produktportfolios oder das Bilden von strategischen Allianzen, zu erfordern scheint, wie der Experte weiter ausführte.

Um sich innerhalb eines Marktes behaupten zu können, stellt technologischer Fortschritt, besonders die Digitalisierung, einen bedeutenden Aspekt dar. Diese wird zum einen vorangetrieben, um die genannten Serviceleistungen zu entwickeln, aber auch, um Arbeitgeber interessanter für zukünftige Mitarbeiter der Generation Y zu machen. Hieraus ergibt sich die Herausforderung, dass eine Digitalisierung interner Prozesse und zunehmende Kooperation mit anderen Unternehmen in diesem Bereich notwendig für weiteres Wachstum ist (Pagani und Pardo 2017, S. 190).

Im Zuge der Übersättigung des Marktes gilt es für Unternehmen neue Märkte und Einnahmequellen zu erschließen. Oftmals wird deshalb ein stärkerer Fokus auf die Globalisierung gelegt, für die viele materielle Ressourcen (zum Beispiel Personal, Kapital oder Managementkapazität) und immaterielle Ressourcen (zum Beispiel Beziehungen) benötigt werden (Jardon und Molodchik 2017, S. 579–581). Als Herausforderung stellt sich hierbei in den Experteninterviews, die lokale Verfügbarkeit von qualifiziertem Personal sowie ausreichend Managementkapazität heraus.

Dies führt weiterhin zu der Herausforderung, eine geeignete Organisationsform für unterschiedliche Märkte auszuwählen (Backhaus et al. 2012, S. 439–442). Im Vertrieb der Sicherheitsventilbranche haben sich hierbei unterschiedliche Kooperationen etabliert, die von Tochtergesellschaften, über Joint Ventures, Partnervertrieb, bis hin zu bevorzugten Händlern reichen. Die verschiedenen Modelle gehen mit unterschiedlich hohen Einsätzen von eigenen Ressourcen einher und die Bereitschaft eines Unternehmensclusters in diesen Bereich zu investieren, kann Aufschluss darüber geben, welche Kooperationen angestrebt werden.

Die beiden letztgenannten Herausforderungen schließen den Kreis zum Kooperationsmanagement. Die aufgezeigten Probleme sind einige derer, vor denen der Vertrieb im Zuge des Strukturwandels steht. Allerdings ist anzunehmen, dass verschiedene Unternehmen die Herausforderungen anders bewerten und es gilt im nächsten Kapitel zu bestimmen, welche Herausforderungen in bestimmten Unternehmensclustern vorliegen und durch Kooperationen adressiert werden können.

11.3 Bewertung der Herausforderungen in Abhängigkeit von Unternehmensclustern

Nachdem die Herausforderungen des industriellen Strukturwandels im Vertrieb im vorangegangenen Unterkapitel eingeführt wurden, erfolgt an dieser Stelle eine Analyse der Herausforderungen bezüglich ihrer Relevanz und der Bereitschaft, Geld zu investieren. Um eine differenzierte Analyse zu ermöglichen, werden außerdem verschiedene Unternehmenscluster mit einbezogen. Der Abschnitt stellt die Bewertung für jede Herausforderung grafisch dar und thematisiert die signifikanten Unterschiede zwischen verschiedenen Clustern.

Um die Herausforderungen im Kontext verschiedener Unternehmenscharakteristika zu bewerten, müssen zunächst verschiedene Unternehmenscluster gebildet werden. Zunächst kann zwischen verschiedenen Unternehmensgrößen (Kleinunternehmen, Mittelstand, Konzern) unterschieden werden (Acs et al. 1997, S. 7). Die Größe wird in dieser Analyse anhand der Mitarbeiterzahl und des Umsatzes zugeordnet, wobei das jeweils niedrigste Kriterium zur Zuordnung der Cluster gewählt wird (siehe vertikale Spalten in Tab. 11.2). Erwirtschaftet ein Hersteller zum Beispiel mit 180 Mitarbeitern einen jährlichen Umsatz von 25 Mio. €, so wird er als Kleinunternehmen gewertet, da das relevante Kriterium der kleinste erreichte Skalenwert ist. Diese Aufteilung macht es möglich zu bewerten, ob unterschiedlich große Unternehmen die beschriebenen Herausforderungen des Strukturwandels unterschiedlich wahrnehmen.

Als weiteres Unterscheidungsmerkmal kann die Region gesehen werden, in der das Unternehmen seinen Hauptsitz hat. Basierend auf diesen Daten kann bewertet werden, inwieweit die Herausforderungen in unterschiedlichen Regionen unterschiedlich bewertet werden und in welchen Bereichen globale Kooperationen sinnvoll sind. Die Skalierung erfolgt hierbei nominal auf Basis der Verbreitungsgebiete von Sicherheitsventilherstellern. Die Skalenwerte lauten folglich: Deutschland, Europa ohne Deutschland, Nordamerika, Mittlerer Osten und Ferner Osten (siehe horizontale Spalten in Tab. 11.2).

Aus den beiden Unternehmenscharakteristika ergeben sich insgesamt sieben Cluster, die über eine hinreichend große Teilnehmerzahl verfügen, um eine statistische Analyse durchzuführen. Diese sind in Tab. 11.2 hervorgehoben. Alle nicht relevanten Cluster sind mit „n. a." gekennzeichnet und in der Analyse ausgeschlossen.

Basierend auf den in Abschn. 11.2 dargestellten Herausforderungen des Strukturwandels und den hier dargestellten Unternehmensclustern, wurde eine Cross-Secional-Studie entworfen. Hieraus leitet sich das standardisierte oder auch strukturierte Interview als einzusetzende Forschungsmethode ab. Da jeder Teilnehmer den gleichen Fragebogen erhält, entsteht eine vergleichbare Basis, die durch statistische Methoden exakt ausgewertet werden kann. Unterschiedliche Antworten durch die Umfrageteilnehmer sind eindeutig auf deren Meinung zurückzuführen und nicht auf eine eventuell abweichende Fragestellung (Bell et al. 2018, S. 233–234). In dem Fragebogen sind für jede der Herausforderungen eine Hypothese zur Relevanz und eine Hypothese zur Investmentbereitschaft der einzelnen Herausforderungen gebildet. Die Null-Hypothese ist in allen Fällen, dass ein Unternehmen die Herausforderung als relevant erachtet und bereit ist zu investieren, um der Herausforderung zu begegnen.

Der Fragebogen wurde anschließend anonym von Führungskräften aus dem Bereich Vertrieb beantwortet. Teilnehmer wurden dabei anhand festgelegter Kriterien eingeladen. Sie sollten zum Zeitpunkt der Umfrage Vertriebsmanager in der Sicherheitsventilbranche sein. Damit mussten Teilnehmer zunächst Vertriebserfahrung in der Sicherheitsventilbranche haben. Außerdem wurden nur Personen mit überwiegend strategischen Aufgaben und bzw. oder Personalverantwortung im Vertrieb kontaktiert. Die Umfrage wurde online nach persönlicher Einladung jedes einzelnen Teilnehmers durchgeführt. Insgesamt wurden 120 Teilnehmer angesprochen, von denen 72 Probanden an der Umfrage teilnahmen. Hiervon gehören 60 Teilnehmer den sieben relevanten Clustern an und sind in die Analyse mit einbezogen. Eine Einzelmeinung durch eine zu kleine Stichprobe als Tendenz in einem Cluster darzustellen, wird dadurch vermieden, dass der Stichprobenumfang in die Analyse mit einfließt. Zunächst kann festgestellt werden, dass alle in Abschn. 11.2 beschriebenen Herausforderungen relevant sind, das heißt statistisch signifikant oberhalb des Mittelwertes der Fragebogen-Skala von „Keine Zustimmung" bis „Volle Zustimmung" liegen.

Die generelle Relevanz ist nicht die Hauptfragestellung dieses Kapitels. Vielmehr soll die Relevanz und Investitionsbereitschaft innerhalb verschiedener Unternehmenscluster untersucht werden. Die Ergebnisse der Analyse sind in Abb. 11.1 und 11.2 dargestellt. Die Abszisse der Diagramme stellt die wahrgenommene Relevanz der Herausforderungen dar und die Ordinate bildet die monetäre Investitionsbereitschaft ab. Durch die gestrichelten Markierungen werden verschiedene Gruppen gekennzeichnet. Unternehmenscluster einer Gruppe nehmen die Herausforderungen grundsätzlich ähnlich wahr, auch wenn ihre Position im Diagramm darstellungsbedingt abweichen.

Bei der Betrachtung der innovativen Vertriebskanäle wird deutlich, dass große Unternehmen hier eine höhere Relevanz erkennen und diese sich auch in der Bereitschaft zu investieren widerspiegelt. Besonders große fernöstliche Konzerne unterscheiden sich in beiden Dimensionen von den anderen betrachteten Unternehmensclustern. Auf der

Tab. 11.2 Übersicht über die Unternehmenscluster anhand des Standortes und der Unternehmensgröße	Umsatz (€/Jahr) Mitarbeiter Standort	< 10 Mio < 200	< 125 Mio < 1000	> 125 Mio > 1000
	Ferner Osten	n. a	n. a	GR_FO
	Mittlerer Osten	KL_MO	n. a	n. a
	Nordamerika	n. a	n. a	GR_NA
	Europa	KL_EU	MI_EU	n. a
	Deutschland	KL_DE	MI_DE	n. a

anderen Seite stehen kleine Unternehmen aus dem mittleren Osten, die diese Herausforderung signifikant geringer bewerten als alle anderen Unternehmenscluster.

Im Bereich der sozialen Medien ergibt sich das differenzierteste Bild in der Bewertung der verschiedenen Herausforderungen. Erneut bewerten fernöstliche Konzerne die Notwendigkeit von sozialen Medien deutlich höher als alle anderen Unternehmenscluster. Die verschiedenen Gruppen mit starken Überschneidungen innerhalb der anderen Cluster machen eine generelle Aussage schwierig. Es ist jedoch festzuhalten, dass Konzerne aus Nordamerika die Herausforderung höher bewerten als kleine Unternehmen des Mittleren Ostens. Eine Beobachtung, die sich mit den Ergebnissen aus der Analyse der Herausforderung innovativer Vertriebskanälen deckt. Das Thema Digitalisierung wird im Mittleren Osten anscheinend nicht so stark verfolgt wie in anderen Teilen der Welt, insbesondere dem Fernen Osten.

Beim globalen Wissenstransfer zeigt sich erwartungsgemäß, dass die kleinen Unternehmen unabhängig vom Standort eine geringere Relevanz erkennen. Es ist anzunehmen, dass sie oftmals nicht in gleicher Weise global aufgestellt sind wie größere Unternehmen und deshalb die Herausforderung anders wahrnehmen. Am signifikantesten ist der Unterschied zu den großen nordamerikanischen Unternehmen, die bereit sind, viel Geld in die Sicherstellung des globalen Wissenstransfers zu investieren.

In der Bewertung der Herausforderung, genügend Managementkapazität zur Verfügung zu haben, zeigen sich ebenfalls zwei Gruppen. Auf der einen Seite stehen große Unternehmen aus dem Fernen Osten, für die die Herausforderung sehr relevant ist. Dies unterscheidet sich signifikant von der Bewertung durch mittelständische deutsche Unternehmen, bei denen die Relevanz eher gering ist. Auffällig ist jedoch, dass auch mittelständische deutsche Unternehmen bereit sind, in diese Herausforderung zu investieren. Man kann annehmen, dass die Wichtigkeit von Managementkapazität im deutschen Mittelstand durchaus präsent ist, durch gute Personalarbeit jedoch in den letzten Jahren nicht unbedingt als hoch relevante Herausforderung gesehen wird.

Im Bereich des vollständigen Produktportfolios zeigt sich eine deutliche Abweichung zwischen der Bewertung dieser Herausforderung durch amerikanische Konzerne gegenüber dem Rest der Welt. Ein zu erwartendes Ergebnis, da amerikanische Unternehmen in deutlich mehr Zukäufen und Zusammenschlüssen involviert sind als andere Länder (Rossi und Volpin 2004, S. 281). Dadurch ergibt sich natürlicherweise ein breiteres Produktportfolio. Dem gegenüber stehen deutsche klein- und mittelständische Unternehmen, die diese Herausforderung als deutlich relevanter bewerten. Dementsprechend erscheinen strategische Partnerschaften zur Erweiterung des Produktportfolios für kleine und mittelständische Unternehmen deutlich interessanter, worauf im Abschn. 11.4 genauer eingegangen wird.

Im Bereich der smarten Produktumgebung sind zum einen die großen Konzerne aus China und Asien sehr aktiv. Zum anderen aber auch deutsche Mittelständler, die hierin offensichtlich eine Gefahr für ihren Markt durch die Konzerne, aber auch eine Chance sehen, Standortvorteile zu halten.

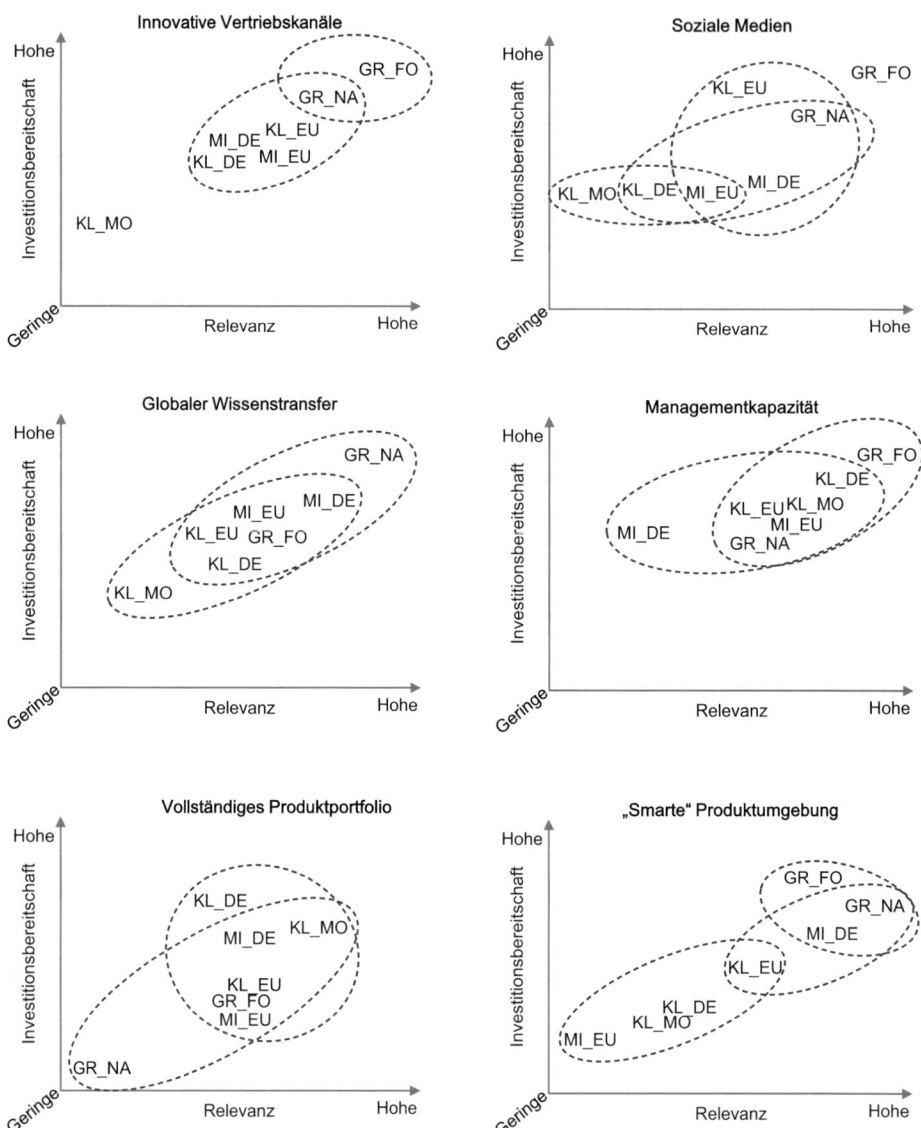

Abb. 11.1 Relevanz und Investitionsbereitschaft zu den Herausforderungen anhand verschiedener Unternehmenscluster Teil 1

Die sechs analysierten Herausforderungen weisen unterschiedliche Gruppen auf und es zeigt sich, dass eine differenzierte Betrachtungsweise notwendig ist, da die Relevanz und Investitionsbereitschaft nicht über das breite Spektrum aller Unternehmen angenommen werden kann. Für das Kooperationsmanagement bedeutet dies, dass eine gezielte Ansprache einzelner Unternehmen der verschiedenen Gruppen vorteilhaft ist.

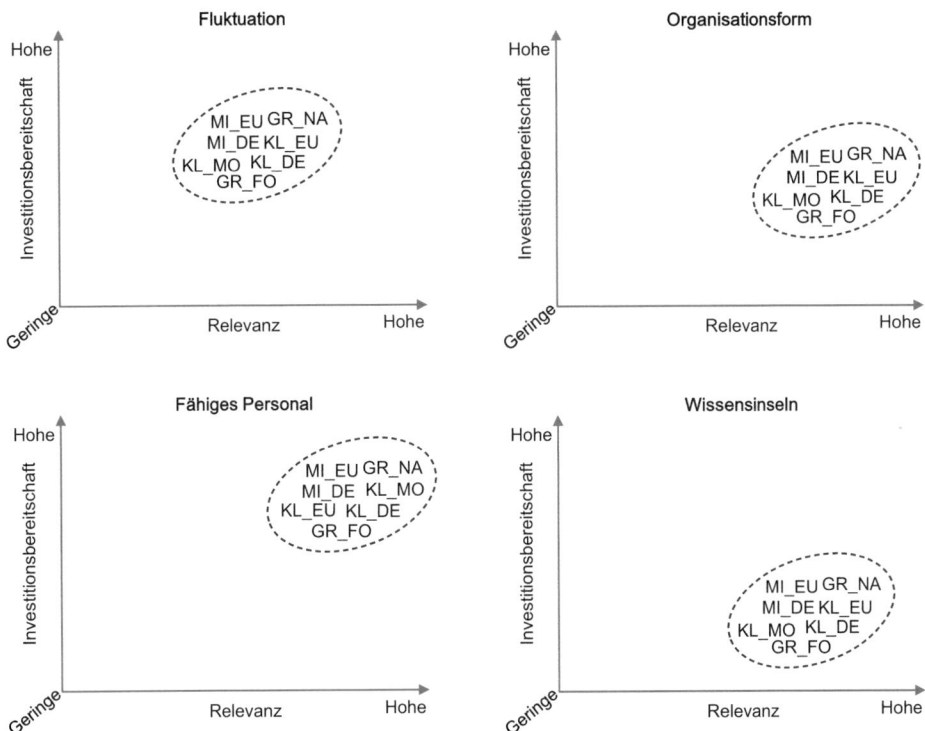

Abb. 11.2 Relevanz und Investitionsbereitschaft zu den Herausforderungen anhand verschiedener Unternehmenscluster Teil 2

Inwieweit sich dies auf mögliche Kooperationen auswirkt, wird in Abschn. 11.4 im Detail betrachtet. Der zweite Teil der Herausforderungen (Abb. 11.2) weist ein deutlich homogeneres Bild auf. Alle Unternehmenscluster bewerten die Herausforderungen ähnlich und Unterschiede sind eher zwischen den einzelnen Herausforderungen zu finden, als zwischen einzelnen Clustern.

Bei der Fluktuation von Wissensträgern zeigt sich ein sehr homogenes Bild. Es gibt nur eine Gruppe, die sich sowohl was Relevanz als auch Investitionsbereitschaft angeht, im Mittelfeld der betrachteten Herausforderungen bewegt. Unternehmen jeder Größe und auf jedem Kontinent spüren die Schwierigkeiten, die die erhöhte Wechselbereitschaft junger Mitarbeiter und das nahende Renteneintrittsalter großer Teile der Stammbelegschaft mit sich bringen.

Die Auswahl einer geeigneten Organisationsform für verschiedene Märkte stellt eine hochrelevante Herausforderung für alle Unternehmenscluster dar, wobei die Bereitschaft, Geld zu investieren, im Vergleich etwas niedriger bewertet wird als die Relevanz. Hierbei wird im Vertrieb von erklärungsbedürftigen Industriegütern generell in drei Stufen gedacht. Es gibt die Produktion, einen technisch orientierten Vertriebsinnendienst und einen kundenorientierten Vertriebsaußendienst (Backhaus et al. 2012, S. 441). Hieraus ergeben sich verschiedene Kooperationsformen für die drei Stufen, die im folgenden Unterkapitel genauer betrachtet werden.

Noch eklatanter scheint das Ungleichgewicht zwischen der Relevanz und der Bereitschaft, Geld zu investieren, bei der Bewertung von Wissensinseln als Herausforderung zu sein. Alle Unternehmen bewerten diese Herausforderung als höchst relevant, während nur geringe Geldmittel zur Verfügung gestellt werden.

Die Verfügbarkeit von fähigem Personal stellt dagegen eine Herausforderung dar, die sowohl von der Relevanz als auch der Bereitschaft, Geld zu investieren, als sehr hoch bewertet wird. Angeführt von kleinen und mittelständischen deutschen Unternehmen bewerten alle Unternehmenscluster die Herausforderung mit durchschnittlich vier bis fünf von fünf Punkten.

Die Analyse der Herausforderungen im Kontext verschiedener Unternehmenscharakteristika macht deutlich, dass es bei sechs der zehn Herausforderung Unterschiede in der Bewertung in Abhängigkeit zum Unternehmenscluster gibt. Generell sind alle Herausforderungen relevant und die Unternehmen bereit, Geld zu investieren. Besonders im Bereich der Digitalisierung (innovative Vertriebskanäle und soziale Medien) und dem globalen Wissenstransfer gibt es jedoch teils erhebliche Unterschiede. Im folgenden Abschnitt wird basierend auf den gewonnenen Erkenntnissen betrachtet, inwieweit sich verschiedene Kooperationen für unterschiedliche Unternehmenscluster eignen.

11.4   Empfehlung für Kooperationen

Die Analyse der Herausforderungen hat gezeigt, dass diese abhängig von bestimmten Unternehmenscharakteristika unterschiedlich wahrgenommen werden. Sollten Sie sich verschiedenen der genannten Herausforderungen gegenübersehen, liefern die verschiedenen Diagramme Aufschlüsse darüber, wie andere Unternehmen mit ähnlichen Charakteristika diese Herausforderungen sehen. Anderseits ist es möglich zu bewerten, welche Organisationen am ehesten bereit sind, Kooperationen zur Begegnung der verschiedenen Herausforderungen einzugehen. Diese Organisationen erfüllen die für das Eingehen von Kooperationen wichtige Investitionsbereitschaft (Roessl 2005, S. 207). Dieses Kapitel geht auf die einzelnen Herausforderungen ein und gibt Kooperationsempfehlungen für diejenigen Unternehmenscluster, die sich signifikant von anderen unterscheiden.

Im Bereich der Digitalisierung stehen Unternehmen vor der Herausforderung, die Reichweite und Kundenbeziehung durch die Nutzung von sozialen Medien zu verbessern und neue innovative Vertriebskanäle zu erschließen (Rodriguez et al. 2012, S. 375). In der Bewertung beider Herausforderungen zeigt sich, dass große fernöstliche Konzerne eine besonders hohe Relevanz und Investmentbereitschaft sehen. In China ist heute schon zu beobachten, dass WeChat für einen Großteil der Interaktionen des alltäglichen Lebens, vom Buchen eines Termins beim Doktor über das Bezahlen am Kiosk, genutzt wird (Plantin und de Seta 2019, S. 4). Diese Affinität für Technologie und soziale

Medien wirkt sich anscheinend auch auf die Fertigungsindustrie aus. Es bietet sich für diese Konzerne an, mit Softwareanbietern gemeinsam an innovativen Vertriebskanälen zu arbeiten, um die Technologie mit dem Produkt Know-how zu verknüpfen.

Die Herausforderung, traditionell mechanische Produkte in smarte Produktumgebungen einzubinden, ist besonders im deutschen Mittelstand und bei großen Konzernen relevant. Hierbei ergibt sich jedoch gerade beim Mittelständler die Problematik, dass Ressourcen stark begrenzt sind und das nötige Know-how oftmals nicht vorhanden ist (Dispan und Schwarz-Kocher 2018, S. 62–63). Das macht es notwendig, Partnerschaften zur Entwicklung solcher Lösungen zu schließen oder strategische Allianzen einzugehen. Beide Kooperationsformen erfordern ein hohes Maß an Vertrauen, da das Produktwissen (eines der höchsten Güter jeder Firma) mit den Partnern geteilt werden muss, um eine Integration zu ermöglichen (Fink und Kessler 2010, S. 470). Gleichzeitig kann angenommen werden, dass mögliche Partner (zum Beispiel ein Softwareunternehmen und ein Maschinenbauer) in der Vergangenheit keine gemeinsamen Geschäftsbeziehungen hatten. Vertrauen kann also nicht aus jahrelanger Zusammenarbeit gezogen werden, sondern muss in der Entstehungsphase der Kooperation gebildet werden.

Strategische Allianzen, auf der anderen Seite, können zwischen Unternehmen einer Branche gebildet werden und ein gewisses Vertrauen ist durch jahrelange Bekanntschaften zu erwarten (Fink und Kessler 2010, S. 473). Gleichzeitig ist hierbei die Frage nach dem Profit relevanter als vielleicht bei Entwicklungspartnerschaften, welche oftmals als Kunden und Zulieferkooperation entstehen. In einer strategischen Allianz müssen alle Parteien einen wirtschaftlichen Vorteil durch die Zusammenarbeit haben (Fink und Kessler 2010, S. 471). Wie eine solche Allianz in der Prozessindustrie aussehen kann, zeigt das Praxisbeispiel einer cloudbasierten Plattform zur Verwaltung von Equipment Informationen.

Beispiel

Smarte Produktumgebungen durch strategische Allianzen in der Praxis

Dass strategische Allianzen zur Begegnung der Herausforderung smarten Produktumgebungen zu realisieren mehr als nur ein theoretischer Ansatz sind, zeigt die Kooperation zwischen einer Reihe an Herstellern von Industrieequipment, dem größten deutschen Chemiekonzern BASF und dem Softwarehaus SAP.

Über das von SAP bereitgestellte Asset Intelligence Network (AIN) teilen verschiedene Hersteller und der Analagenbetreiber Daten über verschiedenste Produkte. Hersteller, wie SAMSON oder Andress & Heuser, stellen Stammdaten und Dokumente zu verschiedenen Modellen zur Verfügung. BASF als Nutzer der Bauteile kann die Daten in das im Haus genutzte System übernehmen und mit den eigenen Daten anreichern bzw. verbinden. Letztendlich bildet sich somit ein verknüpfter und in der Cloud verwalteter Informationsspeicher, der von allen Parteien ein großes Maß an Transparenz und Offenheit erfordert. Etwas, das nicht ohne das notwendige Vertrauen und Risikomanagement möglich ist, das in diesem Sammelband thematisiert wird.

Die Früchte dieser strategischen Allianz trägt zum einen der Anlagenbetreiber, der aufwendige manuelle Arbeit vermeiden und die Effizienz von Instandhaltungs-prozesse optimieren kann. Für die Hersteller bietet sich anderseits die Möglichkeit, neue Geschäftsmodelle zu entwickeln und an den Kosteneinsparungen teilzuhaben, indem bestimmte Leistungen kostenpflichtig angeboten werden. Die Rechnung ist dabei einfach, kann der Betreiber Kosten einsparen, die höher sind als der Preis der angebotenen Leistung und der Lizenzgebühr der Plattform, entsteht eine Win–Win-Situation (Böhler 2016 und Geipel-Kern 2017). ◄

Im Zuge einer verstärken Globalisierung, bei gleichzeitigem Margendruck, stehen Unter-nehmen vor der Herausforderung, eine geeignete Organisationsform für unterschied-liche Märkte auszuwählen (Backhaus et al. S. 464). Die Analyse der Unternehmen in der Sicherheitsventilbranche zeigt hierbei, dass in der Bewertung dieser Herausforderung keine signifikanten Unterschiede zwischen den einzelnen Unternehmensclustern gibt. Natürlich sind die Fragestellungen im Detail unterschiedlich. Ein kleines deutsches Unternehmen beschäftigt sich eher mit der Fragestellung, inwieweit ein Einstieg in einen Markt gefunden werden kann. Große Konzerne auf der anderen Seite, sind davon getrieben, inwieweit die Marktbearbeitung optimiert werden kann.

Bezogen auf die eingeführten drei Stufen des internationalen Vertriebsprozesses (Produktion, Vertriebsinnendienst, Vertriebsaußendienst) gibt es verschiedene Kooperationsmöglichkeiten, um der Herausforderung zu begegnen. An dieser Stelle liegt der Fokus dabei auf dem Vertriebsinnen- und Außendienst, wobei auch in der Produktion verschiedene Kooperationsformen (Niederlassung, Joint Venture, Franchise, Lizensierung) denkbar sind (Thommen und Achleitner 2009, S. 107). Bei der Auswahl der richtigen Kooperationsform spielen die Kontrolle, die Kosten und das Produkt eine entscheidende Rolle (Backhaus et al. 2012, S. 444). Während die Relevanz für alle Unternehmenscluster hoch war, fiele die Bereitschaft, Geld in diese Herausforderung zu investieren, ab. Daraus ist zu schließen, dass viele Unternehmen weniger kostenintensive Kooperationen bevorzugen würden. Je direkter der Vertrieb ist, desto höher sind die Fixkosten und gleichzeitig legen die Umfrageergebnisse nahe, dass Unternehmen nicht bereit sind, viel Geld zu investieren. Dies spricht für den Einsatz eines indirekten Vertriebsaußendienstes, das heißt der Nutzung von Vertriebspartner anstelle von eigenen Ressourcen (Backhaus et al. 2012, S. 448). Gleichzeitig werden viele der Unternehmen auf einen internen, am Stammsitz des Unternehmens befindlichen Vertriebsinnendienst setzen. Auch hier sind die Kosten besser steuerbar, die Kontrolle somit höher (Backhaus et al. 2012, S. 448).

Für einen indirekten Vertriebsaußendienst eignet sich besonders die Kooperations-form der Handelsvertretung. Durch etablierte Strukturen und Kundenbeziehungen beim Partner können die Kosten für Unternehmen gering gehalten werden. Gleichzeitig bietet die Handelsvertretung die Möglichkeit, verschiedene Produkte zu bündeln und somit der Herausforderung des vollständigen Produktportfolios zu begegnen. Gerade deutsche klein- und mittelständische Unternehmen weisen in diesem Bereich eine hohe Bewertung der Relevanz auf und die Nutzung von Handelsvertretern für die Bearbeitung von internationalen Märkten und gleichzeitiger Vervollständigung des Produktportfolios ist eine attraktive Option. Im Umkehrschluss wird Unternehmen, die eine Handelspartnerschaft mit Herstellern eingehen wollen, empfohlen, sich nicht auf einen dieser Aspekte zu fokussieren. Vielmehr sollte die Relevanz beider Herausforderungen in den Fokus der Entscheidungsträger gerückt werden, um eine erfolgreiche Verhandlung zu führen.

Eine Alternative zur Vervollständigung des Produktportfolios für kleine und mittelständische Unternehmen stellen strategische Allianzen dar. Während amerikanische Konzerne augenscheinlich viele verschiedene Produkte in ihrem Portfolio haben, können sich KMUs zusammenschließen und ihre Produkte gemeinsam vermarkten, um dieser Herausforderung zu begegnen.

> **Beispiel**
>
> Star Pump Alliance
>
> Die Star Pump Alliance ist ein Zusammenschluss verschiedener deutscher, mittelständischer Pumpenhersteller mit dem Ziel, den Kunden die richtige Industriepumpe für eine Vielzahl an Anwendungen bereitzustellen. Die insgesamt zehn Hersteller haben Produkte für verschiedene Marktsegmente und Anwendungsfälle. Bevor ein Kunde für seine Anwendung verschiedener Hersteller kontaktieren muss, um die Machbarkeit zu prüfen, wendet er sich vielleicht an einen Konzern mit einem deutlich breiteren Produktspektrum. Durch die Allianz wird den Kunden ein Auswahltool „PumpSelector" an die Hand gegeben, der die Auswahl eines Pumpenherstellers unabhängig ermöglicht und erst danach an den entsprechenden Hersteller verweist. ◄

Im Bereich des Wissensmanagements zeigen sich zwei Muster in der Bewertung von Herausforderungen. Einerseits sind alle Unternehmenscluster bestrebt, die Bildung von Wissensinseln zu verhindern und sprechen dieser Herausforderung eine hohe Relevanz zu. Auf der anderen Seite ergibt sich bei der Herausforderung des globalen Wissenstransfers ein deutlich differenzierteres Bild, welches auch dadurch erklärt werden kann, dass kleinerer Unternehmen nicht so global aufgestellt sind wie größere. In Kombination mit den betrachteten verschiedenen Organisationsformen und globalen Kooperationen ist die Wichtigkeit von einem funktionierenden Wissenstransfer unabdingbar für den Erfolg der Kooperation (Lam 1997, S. 974–976).

11.5   Fazit und Ausblick

Inwieweit verschiedene Unternehmenscluster von den gleichen Herausforderungen betroffen sind und wie sich dies auf die Bereitschaft und Ausgestaltung von Kooperationen auswirkt, ist in der bisherigen Fachliteratur nur bedingt thematisiert. Um jedoch Kooperationen eingehen und managen zu können, ist es notwendig, die Herausforderungen differenzierter zu betrachten und herunter zu brechen, inwieweit verschiedene Cluster von Unternehmen von Herausforderungen des Strukturwandels unterschiedlich betroffen sind.

Im Vertrieb der Sicherheitsventilbranche gibt es zehn Herausforderungen des Strukturwandels, die im Jahr 2019 als relevant betrachtet werden. Bei der Fluktuation von Wissensträgern, der Auswahl einer geeigneten Organisationform für Auslandsmärkte, der Bildung von Wissensinseln und der Herausforderung, fähiges Personal zu finden, sind alle Unternehmen, unabhängig ihrer Größe und Herkunft, einig in der Bewertung. Kooperationen sind gerade bei der richtigen Organisationsform eine wichtige Maßnahme, um der Herausforderung zu begegnen.

Im Bereich der smarten Produktumgebungen und eines vollständigen Produktportfolios gibt es deutliche Unterschiede in der Bewertung der Relevanz und der Bereitschaft, Geld zu investieren. Gerade für den deutschen Mittelstand haben sich jedoch strategische Allianzen als eine wertvolle Kooperationsform erwiesen, wie die Praxisbeispiele aus der Prozessindustrie deutlich machen. Diese Allianzen stehen allerdings noch an ihren Anfängen. Es wird zu beobachten sein, wie Kosten und entstehende Einnahmen verteilt werden und welche Kooperationstiefe mit Hinblick auf Betriebsgeheimnisse erreicht wird.

Asiatische und nordamerikanische Konzerne weisen eine deutlich höhere Investmentbereitschaft, begründet in einer größeren Relevanz, bei den Herausforderungen der Nutzung von innovativen Vertriebskanälen und sozialen Medien auf. Unternehmen, die an Kooperationen, wie Forschungs- und Entwicklungspartnerschaften oder klassischen Lieferantenbeziehungen interessiert sind, sollten sich dementsprechend eher an Konzernen und Mittelständlern als an kleinen Unternehmen orientieren. Während diese die notwendigen Lösungen nicht unbedingt selbst entwickeln werden, sehen sie auch noch nicht die Relevanz.

Die Ergebnisse stützen sich auf die Unternehmen der Sicherheitsventilbranche und können deshalb nicht für alle möglichen Industrien verallgemeinert werden. Allerdings zeigen die Praxisbeispiele, dass sich andere Maschinenbauer, die in die Prozess-, Öl- und Gas-, sowie Pharmaindustrie liefern, mit den gleichen Herausforderungen beschäftigen. Demnach geben die Ergebnisse mindestens einen Hinweis auf die Bewertung von Herausforderungen des Strukturwandels durch Maschinenbauunternehmen.

Die Herausforderungen des industriellen Strukturwandels, so lässt sich zusammenfassend sagen, werden von verschiedenen Unternehmensclustern unterschiedlich wahrgenommen, aber von Unternehmen unterschiedlichster Größe und Herkunft als relevant empfunden. Um diesen zu begegnen, sind Kooperationen notwendig, da einerseits nicht immer die Bereitschaft existiert, Geld zu investieren und eine Kooperation einen kosten-günstigen Lösungsansatz darstellen kann. Anderseits stellen Kooperationen in vielen Fällen die bestmögliche Lösung für die Herausforderungen dar. Gerade die Heraus-forderung des globalen Wissenstransfers zeigt aber auch, dass Kooperationen richtig geplant und gemanagt werden müssen, um neue Herausforderungen zu vermeiden.

Handlungsempfehlungen

- Ordnen Sie Ihr Unternehmen anhand des Standortes und der Unternehmensgröße aus Tab. 11.2 in das entsprechende Cluster ein. Vergleichen Sie anschließend Ihre eigene Einschätzung zu den zehn Herausforderungen mit den Studienergebnissen in Abb. 11.1 und 11.2. Bei einigen Herausforderungen wird Ihre eigene Bewertung zu Relevanz und Investmentbereitschaft von den Ergebnissen abweichen. Liegt dies daran, dass Sie bereits Maßnahmen eingeleitet haben, um diesen Heraus-forderungen zu begegnen? Alternativ kann es sein, dass diese Herausforderung in Zukunft noch auf Sie zukommen wird.
- Konzentrieren Sie sich nach der allgemeinen Einschätzung aller Heraus-forderungen auf diejenige mit der höchsten Relevanz für Ihr Unternehmen. Prüfen Sie, inwieweit die in Abschn. 11.4 beschriebenen Kooperationsformen Ihnen helfen können, der entsprechenden Herausforderung zu begegnen. Gibt es in Ihrem Netzwerk bereits potenzielle Kooperationspartner, um dieser Herausforderung zu begegnen?
- Nutzen Sie dieses Kapitel bei der nächsten Netzwerk-Veranstaltung (zum Beispiel Messe, Kongress), um mit anderen Unternehmen über das Thema Kooperationen ins Gespräch zu kommen. „Ich habe vor einiger Zeit einen Beitrag über die durch den Strukturwandel bedingten Herausforderungen im Vertrieb gelesen. Hier wurden Kooperationen, als eine Möglichkeit dargestellt, diesen Herausforderungen zu begegnen. Für mein Unternehmen ist (hier Ihre relevanteste Herausforderung einfügen) momentan besonders relevant. Wie bewerten Sie diese? Glauben Sie, dass (hier Kooperationsform einfügen) dazu geeignet ist, dem entgegenzuwirken?"
- Die Analyse zum „globalen Wissenstransfer" zeigt, dass große und mittel-ständische Unternehmen vermehrt mit dieser Herausforderung zu kämpfen haben. Dies ist wahrscheinlich aufgrund des weitreichenderen Netzwerkes der Fall. Eine Kooperation, egal bei welcher Unternehmensgröße, erweitert das unternehmens-interne Netzwerk und der Wissenstransfer wird eine eigene Herausforderung werden. Legen Sie deshalb schon zu Beginn einer Kooperation fest, welche Maßnahmen ergriffen werden, um den Austausch von Wissen zu fördern.
- Ordnen Sie Ihre Mitbewerber anhand des Standortes und der Unternehmensgröße aus Tab. 11.2 in die einzelnen Cluster ein. Anschließend können Sie Abb. 11.1 und 11.2 nutzen, um abzuleiten, mit welchen Herausforderungen diese sich momentan beschäftigen. Ergänzen Sie die Einschätzungen in dem Wettbewerbsprofil oder der SWOT-Analyse über Ihre Marktbegleiter. Können Sie hieraus Vertriebsstrategien und Wettbewerbsvorteile ableiten? ◄

Literatur

Acs, Z. J., Morck, R., Shaver, J. M., & Yeung, B. (1997). The internationalization of small and medium-sized enterprises: A policy perspective. *Small business economics, 9*(1), 7–20.

Anaza, N. A., & Nowlin, E. L. (2017). What's mine is mine: A study of salesperson knowledge withholding & hoarding behavior. *Industrial Marketing Management, 64,* 14–24.

Backhaus, K., Budt, M., & Lügger, K. (2012). Direkter oder indirekter Vertrieb? Vertriebsstrukturelle Entscheidungen in Auslandsmärkten. In C. Belz & L. Binckebanck (Hrsg.), *Internationaler Vertrieb* (S. 439–467). Wiesbaden: Springer Gabler.

Bayer, W., & Beck, C. (2008). *Ziele erreichen-Zukunft gestalten: 37 Erfolgsbausteine für das Selbst-, Ziel- und Zeitmanagement.* München: Mi Fachverlag, FinanzBuch Verlag.

Bell, E., Bryman, A., & Harley, B. (2018). *Business research methods.* Oxford: Oxford University Press.

Bollessen, D. (2014). *Fachkräftemangel vor dem Hintergrund des demographischen Wandels: Bedeutung und Lösungsansätze.* München: GRIN Verlag.

Böhler, T. (2016). SAP Asset Intelligence Network – Die Plattform für Anlagendaten. https://www.produktion.de/digital_supply_chain/sap-asset-intelligence-network-die-plattform-fuer-anlagen-daten-353.html. Zugegriffen: 2.Juni 2019.

Dispan, J. & Schwarz-Kocher, M. (2018). Digitalisierung im Maschinenbau. Entwicklungstrends, Herausforderungen, Beschäftigungswirkungen, Gestaltungsfelder im Maschinen- und Anlagen-bau. *Working Paper Forschungsförderung der Hans-Böckler-Stiftung, 094.*

Fink, M., & Kessler, A. (2010). Cooperation, trust and performance–empirical results from three countries. *British Journal of Management, 21*(2), 469–483.

Fritze, A., & Uebelhart, B. (2015). Wirkungsorientierung in der Kooperation. In U. Merten & U. Kaegi (Hrsg.), *Kooperation kompakt. Professionelle Kooperation als Strukturmerkmal und Handlungsprinzip der Sozialen Arbeit* (S. 119–134). Opladen: Verlag Barbara Budrich.

Geipel-Kern, A. (2017). Digitalisierung – So digital ist die Prozessindustrie. https://www.process.vogel.de/so-digital-ist-die-prozessindustrie-a-624968/. Zugegriffen: 2.Juni 2019.

Jardon, C., & Molodchik, M. (2017). What types of intangible resources are important for emerging market firms when going international? *JEEMS Journal of East European Management Studies, 22*(4), 579–595.

Karjaluoto, H., Mustonen, N., & Ulkuniemi, P. (2015). The role of digital channels in industrial marketing communications. *Journal of Business & Industrial Marketing, 30*(6), 703–710.

Lam, A. (1997). Embedded firms, embedded knowledge: Problems of collaboration and knowledge transfer in global cooperative ventures. *Organization studies, 18*(6), 973–996.

Mudambi, S. M., Oliva, T. A., & Thomas, E. F. (2009). Industrial marketing firms and knowledge transfer: Toward a basic typology of community structures. *Industrial Marketing Management, 38*(2), 181–190.

Pagani, M., & Pardo, C. (2017). The impact of digital technology on relationships in a business network. *Industrial Marketing Management, 67,* 185–192.

Plantin, J. C., & de Seta, G. (2019). WeChat as infrastructure: the techno-nationalist shaping of Chinese digital platforms. *Chinese Journal of Communication.* https://doi.org//10.1080/17544750.2019.1572633

Rodriguez, M., Peterson, R. M., & Krishnan, V. (2012). Social media's influence on business-to-business sales performance. *Journal of Personal Selling & Sales Management, 32*(3), 365–378.

Roessl, D. (2005). Family businesses and interfirm cooperation. *Family Business Review, 18*(3), 203–214.

Rossi, S., & Volpin, P. F. (2004). Cross-country determinants of mergers and acquisitions. *Journal of Financial Economics, 74*(2), 277–304.

Thommen, J. P., & Achleitner, A. K. (2009). *Allgemeine Betriebswirtschaftslehre. Umfassende Einführung aus managementorientierter Sicht.* Wiesbaden: Gabler.

Prof. Dr. Frank Borrmann ist Professor an der FOM Hochschule für Oekonomie & Management am Standort Hamburg für die Bereiche Marketing und Entrepreneurship. Nach betriebswirtschaftlichen Studien in Hamburg und Växjö (Schweden) war er als CRM-Berater tätig und gründete ein Unternehmen zum Management von Finanzmarktprodukten und Risikomanagement. Seine Promotion erfolgte an der Universität Hamburg zu internationalen Aspekten der Kundenbindung.

Finn Petersen ist in der Marktentwicklung bei einem führenden Unternehmen der Sicherheitsventilbranche tätig. Zuvor hat er seinen Bachelor (B.Sc.) an der wirtschaftsnahen Nordakademie und einen Master (M.Sc.) an der Chalmers University of Technology, Göteborg (Schweden), im Bereich Wirtschaftsingenieurwesen erlangt. Während seiner Masterarbeit hat er sich mit dem Vertriebsmanagement im Spannungsfeld zwischen Tages- und Projektgeschäft beschäftigt und in Zuge dessen einige der Herausforderungen des industriellen Strukturwandels analysiert.

Alexander Seeboth beschäftigte sich in seinem Master-Studium (M.Sc.) an der FOM Hochschule für Oekonomie & Management mit den kommenden Herausforderungen für das Vertriebsmanagement der Sicherheitsventilbranche. Hauptberuflich ist er als Vertriebsingenieur und Marktentwickler für Luftzerlegeranlagen mit Fokus auf dem chinesischen Markt in der Branche tätig. Seinen Bachelor (B.Sc.) hat er an der Nordakademie im Fachbereich Wirtschaftsingenieurwesen erlangt.

MIX
Papier aus verantwortungsvollen Quellen
Paper from responsible sources
FSC® C105338

If you have any concerns about our products,
you can contact us on
ProductSafety@springernature.com

In case Publisher is established outside the EU,
the EU authorized representative is:
Springer Nature Customer Service Center GmbH
Europaplatz 3, 69115 Heidelberg, Germany

Printed by Libri Plureos GmbH
in Hamburg, Germany